개발 환경 설정부터 컴포넌트 테스트까지 다양한 예제로 익히는

ANGULAR

앵귤러 4, 타입스크립트 2, ECMAScript 6 기반

앵귤러 첫걸음

앵귤러 첫걸음

개발 환경 설정부터 컴포넌트 테스트까지 다양한 예제로 익히는

초판발행 2017년 06월 01일
2쇄발행 2017년 07월 24일

지은이 조우진 / **펴낸이** 김태헌
펴낸곳 한빛미디어(주) / **주소** 서울시 마포구 양화로7길 83 한빛미디어(주) IT출판부
전화 02-325-5544 / **팩스** 02-336-7124
등록 1999년 6월 24일 제10-1779호 / **ISBN** 978-89-6848-680-7 93000

총괄 전태호 / **책임편집** 김창수 / **기획 · 편집** 이미연
디자인 표지 그라프 / **교정 · 조판** 박혜림
영업 김형진, 김진불, 조유미 / **마케팅** 박상용, 송경석, 변지영 / **제작** 박성우, 김정우

이 책에 대한 의견이나 오탈자 및 잘못된 내용에 대한 수정 정보는 한빛미디어(주)의 홈페이지나 아래 이메일로
알려주십시오. 잘못된 책은 구입하신 서점에서 교환해 드립니다. 책값은 뒤표지에 표시되어 있습니다.

한빛미디어 홈페이지 www.hanbit.co.kr / **이메일** ask@hanbit.co.kr

지금 하지 않으면 할 수 없는 일이 있습니다.
책으로 펴내고 싶은 아이디어나 원고를 메일(**writer@hanbit.co.kr**)로 보내주세요.
한빛미디어(주)는 여러분의 소중한 경험과 지식을 기다리고 있습니다.

개발 환경 설정부터 컴포넌트 테스트까지 다양한 예제로 익히는

ANGULAR

앵귤러 4, 타입스크립트 2, ECMAScript 6 기반

앵귤러 첫걸음

조우진 지음

HB 한빛미디어
Hanbit Media, Inc.

지은이 소개

조우진

읽는 것을 좋아하는 개발자입니다. 사실 읽는 것보다 멋진 책을 모으는 것에서 더 큰 즐거움을 느낍니다. 대학원 시절 워드프레스로 NGO단체 홈페이지를 만들어 주면서 기술로 누군가에게 도움을 주는 일에 흥미를 느꼈습니다. 티켓몬스터에서 2년간 상품 등록/연동 업무를 했었고 지금은 라인플러스에서 SNS 서비스 개발팀 일원으로 새로운 도전을 하고 있습니다.

- **메일:** jwj0831@gmail.com
- **블로그:** http://www.notforme.kr
- **Github:** https://github.com/not-for-me

지은이의 말

이 책은 앵귤러 프레임워크에 관한 책입니다. 저는 대학원 시절 앵귤러JS를 처음 알게 되었습니다. 졸업 논문에 들어갈 시스템의 관리 툴을 시작으로 앵귤러JS를 쓰기 시작했습니다. 취업후에는 앵귤러JS의 고급 기능을 학습하면서 앵귤러JS를 더욱 적극적으로 사용해 왔습니다.

이 책의 주제인 앵귤러 프레임워크를 만난 것도 실제 업무에서 사용하기 시작하면서입니다. 2016년 1월에 신규 프로젝트에 참여하게 되었습니다. 당시 프로젝트는 웹 애플리케이션 2개를 개발해야 하는 상황이었습니다. 모두에게 익숙한 jQuery 기반으로 갈지 아니면 프레임워크를 도입할지 프로젝트의 기술 스택을 결정해야 했습니다. 두 가지 선택은 각각 일장일단이 있었습니다. 논의 끝에 저를 포함한 프로젝트팀은 갓 베타 버전으로 출시된 앵귤러 프레임워크를 도입하기로 했습니다. 이후 프로젝트를 마칠 때 앵귤러 프레임워크는 RC4가 되었고 얼마 지나지 않아 정식 버전이 출시되었습니다.

업무를 통해 만난 앵귤러 프레임워크는 저에게 많은 경험을 주었습니다. 출퇴근 지하철 안에서 끊임 없이 공식 매뉴얼을 읽으면서 소소한 타이포를 발견하여 몇몇 PR이 병합되었습니다. 베타 버전 때 일부 브라우저에서 나타나는 버그를 발견하기 위해 앵귤러 코드를 보면서 앵귤러를 깊이 들여다보고 이해할 수 있었습니다. 덕분에 앵귤러 코드를 읽으면서 발견한 작은 타이포 하나도 PR하여 병합되는 경험도 했습니다.

이 책은 전적으로 프로젝트의 경험에서 나온 산물입니다. 단순히 호기심으로 앵귤러를 살펴봤다면 지금과 같이 깊이 들여다보지 않았을 것입니다. 프로젝트를 하면서 만난 다양한 이슈도 앵귤러를 어떻게 하면 더 잘 사용할 수 있을지 많은 생각을 남겨 주었습니다. 이러한 고민들이 큰 덩어리가 되어 하나의 책이 되었습니다.

이 책이 나오는 데 많은 분의 도움을 받았습니다. 무엇보다 처음 앵귤러 프레임워크를 함께 도입하며 일한 프로젝트팀의 최정오 님, 이길주 님, 신동훈 님, 이승목 님께 감사를 드립니다.

또한 프로젝트에 과감하게 앵귤러를 도입한 것을 지원하고 묵묵히 지켜봐 주신 성진수 님, 함수연 님과 윤평오 랩장님께도 진심으로 감사를 드립니다. 책의 완성도를 높이기 위해서 수고해주신 베타 리더 분들과 책을 쓸 수 있는 기회를 주신 이미연 님과 김창수 님께도 감사 드립니다. 여러 책을 보면서 많은 저자 분이 가족에게 감사를 표하는 글을 수없이 보았습니다만 저 또한 진심을 담아 감사를 표하지 않을 수 없습니다. 긴 시간 좋은 날씨에도 집과 카페에서 책 쓰는 것을 응원해 준 아내에게 진심으로 고맙다는 말을 전합니다.

서문

앵귤러는 프레임워크입니다. 선의의 경쟁 상대에 있는 리액트^{React}나 Vue.js와 비교하여 제공하는 기능이나 다루는 내용이 많습니다. 그렇다 보니 여타 프론트엔드 기술에 비해 앵귤러를 시작하기가 쉽지 않은 것이 사실입니다. 또한 기존에 앵귤러JS를 잘 사용해 온 분들도 앵귤러 프레임워크가 완전히 새롭게 바뀌었기에 다시 학습하여야 한다는 부담이 적지 않습니다. 두 가지 우려에 대해서 하나씩 생각해 보겠습니다.

먼저 학습 부담에 관한 부분입니다. 프레임워크로서 학습 부담이 높은 것은 사실이지만 이전에 없던 전혀 새로운 개념으로 무장한 것은 아닙니다. 갈수록 복잡해지는 웹 애플리케이션 개발을 효율적으로 돕기 위해 기존에 오랫동안 사용해 온 여러 설계 패턴과 철학을 흡수하여 프레임워크를 만든 것입니다. 브라우저나 모바일이라는 실행 환경과 타입스크립트라는 언어의 외향만 다를 뿐 앵귤러 프레임워크의 아키텍처와 개념은 그리 새로운 것은 아닙니다.

둘째로 기존에 앵귤러JS를 사용해 온 분들의 고민입니다. 모든 문제를 해결해 주는 은 탄환^{Silver} ^{Bullet}이 없다는 것은 소프트웨어 분야의 오랜 격언입니다. 앵귤러 프레임워크가 이전 버전의 문제점을 보완한 것은 맞지만 그렇다고 앵귤러JS를 당장 앵귤러로 업그레이드하여야 하는 것은 아닙니다. 다만 앵귤러 프레임워크는 앵귤러JS에 비하여 명확한 아키텍처를 바탕으로 만들어졌기에 유지보수하기 쉬운 코드를 작성할 수 있습니다. 더불어 앵귤러 프레임워크는 근래 각광받는 리액트, Vue.js 등과 개발 환경 및 개념을 일부 공유하고 있습니다. 앵귤러 프레임워크의 학습은 최근 프론트엔드 기술의 발전상을 경험하고 다른 기술을 이해하는 데 큰 도움을 줄 수 있습니다.

이러한 우려를 포함하여 앵귤러 프레임워크의 진입 장벽을 조금이나마 낮추는 것이 이 책의 목표입니다. 우리는 차근히 하나씩 앵귤러 프레임워크의 개념과 기능을 다루게 될 것입니다. 가능하면 단순한 개념의 나열이 아닌 왜 이러한 개념이 등장하는지를 설명하고자 노력하였습니다. 프레임워크 이면에 자리 잡은 개념을 전달하려는 욕심과 달리 제 부족한 글솜씨가 독자분의 학습에 누가 되지 않기를 소망합니다. 아무쪼록 이 책을 통하여 앵귤러 프레임워크에 한 발 다가설 수 있기를 바랍니다.

대상 독자

이 책은 jQuery나 앵귤러JS 등을 사용하여 웹 개발을 해 본 경험이 있는 분을 대상으로 합니다. 주로 백엔드 개발을 하면서 웹 개발이 필요한 개발자를 염두에 두고 이 책을 썼습니다. 특정 라이브러리나 프레임워크에 대한 지식이 필요한 것은 아니지만 적어도 자바스크립트에 대한 기본적인 내용을 알고 있다고 가정합니다. 기본적인 프로그래밍 언어의 개념 및 객체 지향 프로그래밍에 대해서도 알고 있다고 가정합니다. 예를 들면 이 책에서는 변수와 타입이 무엇을 의미하는지 클래스가 무엇인지 설명하지 않습니다.

마지막으로 이 책은 일회성이 아니라 점진적으로 개선하는 방식의 실습 예제가 많습니다. 실습 예제가 Github를 통해서 제공되기 때문에 Git의 간단한 사용법을 알고 있으면 좋습니다.

개발 환경

이 책의 예제를 실행하기 위한 최소한의 개발 환경은 다음과 같습니다.

- **운영체제:** 윈도우 7 이상 혹은 맥
- **Node.js:** 4.x.x 이상
- **NPM:** 3.x.x 이상
- **Git**

Node.js 6.10.1과 NPM 3.10.10 버전으로 맥의 크롬 브라우저, 윈도우 7, 10의 IE 11, Edge, 크롬에서도 예제의 실행을 확인하였습니다.

예제 다운로드 안내

이 책의 예제는 Github를 통해서 제공합니다. 예제 소스를 다운로드하는 방법은 두 가지입니다.

1) 다음 링크를 통해서 전체 소스를 한 번에 받는 것입니다.

예제 소스 링크: https://github.com/not-for-me/hb-angular-first/archive/master.zip

2) (권장) Git을 사용하여 소스를 받는 것입니다. 다음 명령을 사용하여 Git을 통하여 전체 소스를 받을 수 있습니다.

git clone https://github.com/not-for-me/hb-angular-first.git

이 책은 실습 코드를 점진적으로 확장시켜 나가는 방식의 예제가 많습니다. 가능하면 2)의 방법을 사용하여 코드를 받아 실습을 진행하는 것을 권장합니다.

실습 코드 활용 방법

이 책에서는 실습 코드의 주요한 변경 내역에 Git 태그를 붙여 손쉽게 체크아웃받을 수 있도록 해 두었습니다. 이 책의 예제를 따라하는 데 필요한 Git 명령어는 checkout뿐입니다. 예를 들어 책의 예제 코드에서 다음과 같이 경로와 함께 맨 뒤에 [ ]를 이용하여 특정 파일의 커밋 태그를 기록한 경우가 많습니다.

ng-welcome-msg-app/src/app/welcome-msg/welcome-msg.component.ts [ch3-6]

이 태그로 현재 소스를 해당 변경 내역으로 치환할 수 있습니다. 다음과 같이 터미널에서 Git 명령을 실행하면 됩니다.

git checkout ch3-6

물론 전체 소스가 있는 Github에서 변경 내역을 직접 확인하고 파일을 볼 수도 있습니다. 예를 들면 다음 경로는 ch3-6 태그에서 이전 코드와의 변경 부분을 확인할 수 있도록 단축 경로를 만든 것입니다.

http://bit.ly/hb-af-ch3-6

Git을 처음 사용하는 분은 다음 링크에서 간단히 안내받을 수 있습니다.

https://rogerdudler.github.io/git-guide/index.ko.html

CONTENTS

PART **| 기초 다지기**

CHAPTER 1 앵귤러 준비하기

CHAPTER 2 앵귤러 시작하기

PART **II** 기본기 향상하기

CHAPTER 4 뷰를 구성하는 기초

CONTENTS

CHAPTER **5 견고한 애플리케이션 만들기**

CONTENTS

CHAPTER **8 폼 다루기**

CHAPTER **9** 앵귤러 동작 원리

PART **III** 깊이 들어가기

CHAPTER **10** 프로젝트: 상품 관리 애플리케이션 구성

CONTENTS

CHAPTER 11 모듈과 라우터

CONTENTS

기초 다지기

앵귤러 프레임워크는 사용자용 애플리케이션 개발을 위하여 구글에서 만든 오픈 소스 프레임워크입니다. 앵귤러는 앵귤러JS의 후속 버전이지만 최신 프론트엔드 웹 기술을 기반으로, '앵귤러JS 2' 또는 '앵귤러 2'라는 이름 대신 '앵귤러'라는 이름으로 처음부터 완전히 새롭게 만들어졌습니다.

프로젝트에 앵귤러를 도입할 때 가장 어려운 점은 프론트엔드 기술이 발전하면서 새로운 개념이 늘고 개발 환경이 복잡해졌다는 점입니다. 최근 몇 년 간 급속도로 성숙해진 자바스크립트 생태계를 주의 깊게 바라보지 않았다면 앵귤러를 접하기도 전에 환골탈태한 웹 프론트엔드 환경에 주눅 들기 쉽습니다.

하지만 다행히도 우리가 알아야 할 개념은 이전에 들어본 적 없는 새로운 내용이 아닙니다. 소위 백엔드 개발이라고도 하는 서버에서 동작하는 기존 언어의 개발 경험이 있다면 대부분 익숙한 개념입니다. 일정 규모 이상의 소프트웨어를 개발할 때 꼭 필요한 도구와 기술이 웹의 대중화와 자바스크립트의 인기 덕분에 이제야 프론트엔드 개발 영역에도 활발하게 유입된 것뿐입니다.

제1부에서는 앵귤러를 본격적으로 다루기 전에 알아야 할 내용 및 개발 환경, 앵귤러의 전체 구조를 알아보고, 간단한 기능의 웹 애플리케이션을 개발해 볼 것입니다.

Part I

기초 다지기

CHAPTER 01

앵귤러 준비하기

- Node.js의 기본 구성 및 개념
- Node.js가 프론트엔드 개발에 필요한 이유
- Node.js 설치 및 자바스크립트 실행 방법
- NPM을 활용한 패키지 관리

진보한 웹 프론트엔드 기술의 지원을 받고 탄생한 앵귤러를 기반으로 프로젝트를 시작하려면 Node.js와 NPM, ES6, 타입스크립트 등을 알아야 합니다. 그러나 미리 걱정할 필요는 없습니다. 앵귤러를 둘러싼 다양한 기술은 사실 앵귤러만의 전유물이 아닙니다. 예를 들면, 페이스북에서 개발한 리액트Ｒｅａｃｔ도 앵귤러와 거의 같은 개발 환경에서 애플리케이션을 개발합니다. 앵귤러와 리액트 모두 사용 목적에 맞게 고유의 색을 진하게 입혔을 뿐 같은 기술에 뿌리를 두고 있습니다. 이는 리액트뿐 아니라 최근 쏟아져 나오는 웹 프론트엔드 라이브러리나 프레임워크도 대부분 마찬가지입니다.

앵귤러로 웹 프론트엔드 분야의 기술 환경을 익혀 두면 다른 프레임워크나 라이브러리를 학습하는 시간도 줄어들 것입니다. 앵귤러는 웹 애플리케이션을 쉽게 개발하게 해 주는 훌륭한 도구이자 수단입니다. 또한 앞으로 접할 새 도구에 대한 학습 부담을 덜어 줄 적절한 교재가 될 것입니다.

이 장에서는 앵귤러를 시작하기에 앞서 웹 애플리케이션 개발과 관련하여 알아야 할 핵심인 Node.js와 NPM을 살펴봅니다.

1.1 Node.js

현재 자바스크립트는 많은 개발자의 관심을 받는 언어지만 자바스크립트가 처음부터 주목받은 것은 아닙니다. 오히려 프로그래밍 언어의 변방에 위치하였습니다. 그렇다면 자바스크립트는 어떻게 지금과 같은 인기를 얻게 되었을까요? 자바스크립트가 주목받게 된 여러 이유 중 결코 빼놓을 수 없는 것이 바로 Node.js입니다.

Node.js는 이벤트 루프, 코어 라이브러리로 구성된 서버 사이드 자바스크립트 실행 환경입니다. Node.js는 본래 고성능의 I/O 서버 프로그램 개발[1]을 위하여 만들어졌습니다. 하지만 자바스크립트로 서버 프로그램을 개발할 수 있다는 본래 목적보다 자바스크립트가 브라우저라는 제약을 벗어나서 Node.js가 설치된 곳이라면 어디서든지 실행될 수 있다는 점이 크게 주목받았습니다. Node.js 덕에 브라우저라는 족쇄를 벗은 자바스크립트는 NPM이라는 날개를 만나면서 인기가 더욱 높아졌습니다. NPM은 Node Package Manager의 약자로 현재 Node.js에서 기본으로 사용하는 패키지 관리 도구입니다. 패키지란 자바스크립트, HTML, CSS 등을 포함한 일련의 리소스 묶음입니다. NPM을 이용하면 소스를 패키지로 공유할 수 있을 뿐 아니라 패키지 의존성 관리까지 할 수 있습니다. 결과적으로 자바스크립트가 활성화될 수 있는 토대를 만드는 데 Node.js와 NPM의 몫이 크다고 할 수 있습니다.

그런데 서버 프로그램을 목적으로 탄생한 Node.js와 웹 프론트엔드에서 앵귤러로 개발하는 것은 무슨 연관이 있을까요? 앵귤러도 최근 웹 프론트엔드 개발 환경과 마찬가지로 NPM 기반으로 프로젝트를 구성하고 의존 패키지를 관리합니다. 또한 웹 애플리케이션 개발의 규모가 점차 커지면서 난독화, 압축, 번들링 등의 작업 도구 및 테스트 도구가 필요해졌는데, 이러한 도구는 대부분 NPM을 통하여 패키지 형태로 설치하고 터미널 환경에서 Node.js를 통하여 구동합니다.

그럼 앵귤러 개발 환경의 첫 시작인 Node.js를 설치하고 간단히 살펴봅시다. 앵귤러는 4.0.0 버전 기준으로 Node.js는 4.x.x 버전 이상, NPM은 3.x.x 이상의 버전을 요구합니다. Node.js와 NPM을 따로 설치할 필요는 없으며, Node.js를 설치하면 NPM도 함께 설치됩니다.

맥OS에서는 brew로 쉽게 설치할 수 있습니다. brew는 패키지 관리를 돕는 도구로, Homebrew(http://brew.sh/index_ko.html)에서 설치할 수 있습니다. 맥 사용자 중 아직 brew를 사용하지 않는다면 설치하기를 권장합니다. brew 설치가 끝나면 다음 명령어를 실행해 Node.js와 NPM을 설치합니다.

```
brew install node
```

[1] https://www.youtube.com/watch?v=M-sc73Y-zQA

윈도우에서 설치할 때는 Node.js에서 제공하는 인스톨러를 이용합니다. 설치 파일은 Node. js 홈페이지(https://nodejs.org/ko/)에서 다운받을 수 있습니다. 설치 파일을 다운로드하여 안내에 따라 설치합니다.

설치가 끝났다면 Node.js를 사용하여 자바스크립트 파일을 브라우저 없이 실행해 봅시다. Node.js는 두 가지 방법으로 자바스크립트 소스를 실행합니다. 첫 번째는 자바스크립트로 작성된 파일을 읽어서 순차적으로 실행하는 방법이고, 두 번째는 REPL이라는 실행 환경을 통하여 사용자가 자바스크립트 코드를 직접 입력하여 실행하는 방법입니다. 후자는 브라우저 개발자 도구의 콘솔창과 같다고 생각해도 됩니다.

먼저 첫 번째 방법을 테스트해 봅시다. 편한 위치에 welcome.js 파일을 생성합니다. 생성한 파일에 console.log("Hello, Node.js")를 작성한 뒤 파일을 저장합니다. 파일을 생성한 위치에서 'node welcome.js' 명령을 입력하면 welcome.js 소스가 실행되어 'Hello, Node.js'가 출력됩니다.

다음으로 두 번째 방법인 REPL을 사용해 봅시다. REPL은 소스를 읽고(Read), 평가(Evaluation)하고, 평가 결과를 출력(Print)하는 일을 반복(Loop)해 수행하는 도구를 말합니다. Node.js에서 REPL을 실행하는 방법은 간단합니다. 터미널에 'node'를 입력하면 터미널의 명령 프롬프터가 '>'로 변경되면서 Node.js REPL이 실행됩니다. REPL을 종료할 때는 'Ctrl + D'(Ctrl키와 D키를 함께 입력)를 누릅니다.

REPL을 실행시키고 welcome.js에 작성하였던 내용을 그대로 터미널에서 작성한 후 실행해 봅시다. REPL은 [그림 1-1]처럼 우리가 입력한 자바스크립트 코드를 해석하여 결과를 반환해 줍니다.

그림 1-1 Node.js REPL

```
▶ node
> console.log("Hello, Node.js")
Hello, Node.js
undefined
> console.log("Welcome to Angular World")
Welcome to Angular World
undefined
```

Node.js가 브라우저 환경과 다른 점이 하나 있습니다. Node.js는 브라우저와 같이 화면을 기준으로 코드가 수행되는 공간인 전역 변수 window 객체가 없습니다. 대신 global[2] 객체가 있습니다. global 객체에 선언된 속성은 어디서든지 접근할 수 있으므로 브라우저의 window 객체와 비슷합니다.

1.2 NPM 다루기

지금까지 Node.js를 설치한 후 간단히 살펴보았지만 실제로 자주 사용하는 도구는 NPM입니다. 앞서 설명한 바와 같이 NPM은 기본적으로 웹 애플리케이션에서 사용할 외부 패키지를 관리하는 데 사용합니다. 더불어 테스트, 컴파일 및 배포를 위한 최종 결과물을 생성하는 등의 작업을 수행할 때도 NPM을 사용할 수 있습니다.

NPM은 터미널에서 'npm <명령>'의 형식으로 사용합니다. NPM은 목적에 따라 다양한 명령을 제공하는데, 명령창에 'npm help'를 입력하면 NPM이 지원하고 있는 모든 명령을 확인할 수 있습니다. [표 1-1]은 주로 사용하는 명령어와 각 명령이 수행하는 일을 간단히 정리한 것입니다.

표 1-1 NPM 주요 명령어

명령어	설명
npm init	• 명령이 실행되는 위치에 package.json 파일을 생성하여 NPM 패키지 관리를 위한 초기화 작업을 수행합니다.
npm install	• package.json 파일이 있는 경우 파일에 선언된 의존 패키지를 설치합니다. • npm install 뒤에 패키지명을 함께 입력하면 해당 패키지를 내려받습니다. (예 npm install jquery) • 추가 옵션으로 --save, --save-dev 등을 사용할 수 있습니다.
npm uninstall	• uninstall 뒤에 패키지명을 입력하여 이미 설치된 패키지를 제거합니다. • 추가 옵션으로 --save, --save-dev 등을 사용할 수 있습니다.
npm list	• 현재 설치된 패키지 목록을 트리 형태로 보여 줍니다. • --depth= 옵션으로 목록 출력 시 트리의 깊이를 지정하여 출력합니다. (예: npm list --depth=0)

---

[2] https://nodejs.org/api/globals.html

npm prune	• package.json에 선언된 패키지 기준으로 현재 설치된 패키지 중 선언되지 않은 것을 정리합니다.
npm link	• 전역 환경에서 설치된 패키지에 명령이 수행된 로컬 환경으로 심볼릭 링크를 걸어 로컬 환경의 프로젝트에서 전역에 설치된 패키지를 바라보게 하는 명령입니다.
npm run	• package.json의 scripts에 선언된 명령을 수행합니다. 주로 반복적으로 사용하는 주요한 패키지 명령을 등록하여 사용합니다.

이제 간단한 웹 애플리케이션 프로젝트를 진행해 보면서 NPM과 친해져 봅시다. 예제로 만들 웹 애플리케이션은 사용자에게 입력을 받아 화면에 환영 인사를 출력하는 단순한 기능을 구현합니다. 다음과 같이 터미널에 명령어를 입력하여 프로젝트 폴더를 생성하고 폴더로 위치를 이동합니다.

```
mkdir welcome-msg-app
cd welcome-msg-app
```

1.2.1 패키지 설치

이 예제에서는 jQuery를 사용하기로 합시다. CDN을 사용하거나 소스를 직접 받지 말고 NPM을 활용하여 jQuery 패키지를 받아 봅니다. 터미널에 npm install jquery 명령을 입력하면 최신 버전의 jQuery를 받을 수 있습니다. 특정 버전으로 받고 싶을 경우에는 패키지명 뒤에 @를 붙이고 버전을 함께 써 주면 특정 버전의 패키지를 설치할 수 있습니다.

우리는 아주 간단한 실습을 할 것이므로 jQuery 버전을 1.12.4로 지정하여 설치합니다. 터미널에 npm install jquery@1.12.4를 입력하면 [그림 1-2]와 같이 설치할 수 있습니다. [그림 1-2]의 결과를 봅시다. 먼저 설치된 jquery 패키지명과 버전[3]을 확인할 수 있습니다. 밑으로 'WARN'이라는 키워드와 함께 여러 줄의 정보가 출력되었습니다. 이것은 무슨 의미일까요?

NPM은 명령 실행 도중 작업 수행에는 문제가 없지만 주의할 내용을 'WARN'이라는 키워드로

---

3 NPM에서는 버전을 명시하지 않으면 최신 버전을 기본으로 선택합니다. 따라서 버전은 독자가 책의 예제를 실행하는 시점에 따라 차이가 있을 수 있습니다.

전달해 줍니다. WARN과 함께 출력된 메시지는 모두 install 명령이 실행된 폴더에 'package. json' 파일이 없어서 나온 것입니다. 'package.json' 파일은 NPM에서 중요한 역할을 하는데, 자세한 내용은 뒤에서 살펴보기로 하고 여기서는 일단 무시합니다. 경고 메시지 없이 명령이 완벽하게 수행되는 것이 제일 좋지만 경우에 따라 지금과 유사하게 'WARN' 메시지가 일부 출력됩니다. 그래도 작업 수행은 정상적으로 이루어졌다고 판단하여도 됩니다.

그림 1-2 NPM을 통한 jQuery 설치

```
angular-first/ch01/welcome-msg-app
▶ npm install jquery@1.12.4
/Users/woojin/angular-first/ch01/welcome-msg-app
└── jquery@1.12.4

npm WARN enoent ENOENT: no such file or directory, open '/Users/woojin/angular-first/
ch01/welcome-msg-app/package.json'
npm WARN welcome-msg-app No description
npm WARN welcome-msg-app No repository field.
npm WARN welcome-msg-app No README data
npm WARN welcome-msg-app No license field.

angular-first/ch01/welcome-msg-app
▶
```

Install 명령으로 jquery 패키지가 정상적으로 설치되었는지 확인해 봅시다. NPM은 install 명령 수행 시 명령이 실행된 위치의 하위 폴더로 node_modules라는 폴더를 생성하고 여기에 설치한 패키지를 담습니다. 현재 작업 폴더에 'node_modules' 폴더가 생성되었으며 jquery 패키지가 있는지 확인합니다.

일반적으로 jquery를 사용할 때 CDN을 통하여 min 버전의 jquery.min.js나 jquery.js를 임포트합니다. 설치한 jquery 패키지 폴더에 이와 같은 소스가 있는지 살펴봅시다. 패키지 폴더 안에 'src', 'dist' 폴더가 있으며, 'src'에는 jquery의 소스 전체가 들어 있습니다. 우리의 관심사는 바로 배포distribution용 소스가 담긴 'dist' 폴더입니다. 'dist' 안에 jquery.js와 jquery.min.js 등의 파일들이 있다면 NPM을 통하여 jquery 패키지가 정상적으로 설치된 것입니다.

jquery 패키지가 설치된 것을 디렉토리에서 직접 확인하였습니다. 이번에는 NPM에서 제공하는 'list' 명령으로 jquery 패키지 설치 여부를 확인해 봅시다. 터미널에서 npm list를 실행해 보기 바랍니다.

1.2.2 실습: welcome-msg-app

이제 첫 웹 애플리케이션에서 사용할 라이브러리를 NPM으로 설치하였으니 index.html을 생성하고 화면을 구성하기 위한 HTML 코드를 작성합시다.

예제 1-1 welcome-msg-app/index.html

```
1    <!doctype html>
-
-    <html lang="ko">
-
5    <head>
-      <title>Welcome Msg App</title>
-      <meta charset="utf-8">
-      <meta name="viewport" content="width=device-width, initial-scale=1">
-    </head>
10
-    <body>
-      <h4>
-        <span id="display-name"></span>님 환영합니다.
-      </h4>
15   <div class="contents">
-      <label for="user-name">사용자 이름: </label>
-      <input type="text" name="user-name" id="user-name">
-      <button type="button">입력</button>
-    </div>
20   <script src="./node_modules/jquery/dist/jquery.min.js"></script>
-    <script>
-      $(document).ready(function() {
-        $("button").on('click', function() {
-          var userName = $("#user-name").val();
25         $("#display-name").text(userName);
-        });
-      });
-    </script>
-    </body>
30
-    </html>
```

20번 줄을 보면 NPM으로 설치한 jquery의 min 소스를 임포트하였음을 알 수 있습니다. 예제를 실행합시다. index.html 파일을 브라우저에서 직접 실행합니다. [그림 1-3]처럼 브라우저의 주소창에 index.html 파일 경로가 보이고 최초로 작성한 웹 페이지가 브라우저에서 정상 실행됩니다.

그림 1-3 index.html 직접 실행

NPM을 활용하며 친숙해지는 것이 목적이므로 이번에는 웹 서버 기능을 제공하는 패키지를 NPM으로 설치하여 웹 서버에서 예제를 실행해 봅시다. 예제에서 사용할 패키지는 http-server[4] 입니다. jquery를 설치하였던 것과 동일하게 install 명령어로 http-server 패키지를 설치합니다. 패키지 실행 결과 에러가 없으면 정상적으로 설치된 것입니다. 다만 이번에는 jquery를 설치할 때와 다르게 출력된 결과물이 길게 이어집니다. 출력 결과를 보면 예리하신 분은 어떤 의미인지 아실 수도 있을 텐데요. 이제 NPM의 의존성 관리를 설명할 시간입니다.

1.2.3 패키지와 의존 관계

앞에서 index.html을 웹 서버에서 실행하기 위하여 http-server 패키지를 설치하였는데 jquery를 설치할 때와 다르게 출력 결과가 더 많습니다. 이 출력 결과는 http-server 패키지 안에서 사용하는 다른 패키지들을 나타냅니다. 일반적으로 A라는 패키지에서 B라는 패키지의 일부 기능을 사용할 경우 A는 B와 의존 관계dependency를 갖습니다. 이때 패키지 A가 패키지 B에 의존한다고 표현합니다. B라는 패키지도 C와 D라는 두 패키지에 의존한다고 생각해 봅시다. 그렇다면 결과적으로 패키지 A를 설치해 사용하려면 우리는 어떤 패키지가 필요할까요? [그림 1-4]와 같이 패키지 A를 사용하기 위하여 우리는 B, C, D라는 패키지가 모두 필요합니다. 또한 한 패키지가 가진 의존 정보는 대개 의존하는 패키지를 화살표 방향으로 하는 방향성이 있는 트리 구조라는 점도 알 수 있습니다.

---

4 https://www.npmjs.com/package/http-server

그림 1-4 패키지 의존성 관계

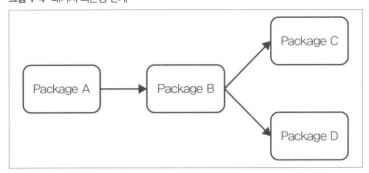

따라서 http-server를 설치할 때는 출력 결과에 http-server 패키지의 전체 의존 패키지 설치 정보가 나타납니다. 이번에도 동일하게 'npm list'라고 입력하면 현재 전체 패키지 목록 및 의존 관계를 확인할 수 있습니다. 전체 의존 관계 정보를 제외하고 현재 내가 설치한 패키지만 보고 싶다면 의존 관계의 깊이^{depth}를 파라미터로 추가합니다. depth가 0일 경우에는 현재 설치 패키지만 보여 주고 값이 하나씩 늘어날 때마다 의존 관계의 깊이가 늘어납니다. 그럼 명령창에 다음과 같이 입력하여 현재 설치된 패키지 목록만 화면에 출력되는지 확인해 봅시다.

```
npm list --depth=0
```

이제 http-server 패키지가 설치되었으니 웹 서버를 통하여 index.html 파일을 실행해 봅니다. node_modules/.bin(윈도우는 node_modules\.bin) 폴더 안에 http-server 실행 파일이 있습니다. 확장자가 없어 마치 명령창 또는 쉘에서 사용할 바이너리 파일 같지만 실제 파일을 편집기로 열어 보면 자바스크립트 소스로 되어 있습니다. 결국 실행은 Node.js를 통하여 이루어집니다. 프로젝트 작업 폴더에서 다음과 같이 node 명령어를 사용하여 http-server 를 실행해 봅시다.

- **윈도우**: .\node_modules\.bin\http-server
- **맥**: ./node_modules/.bin/http-server

작업이 정상적으로 수행되면 [그림 1-5]와 같이 화면에 접근 가능한 서버의 주소가 출력됩니다. 이제 이 컴퓨터는 웹 서버가 되었습니다. 8080 포트가 열려 있다면 이제 어디서든 우리가 작성한 최초의 웹 애플리케이션에 접근할 수 있습니다. 브라우저를 띄워서 '127.0.0.1:8080'

로컬 호스트 주소로 접속해 봅시다. 이 요청에 대한 응답으로 웹 서버는 index.html 페이지를 돌려 줍니다. 동시에 명령창에 브라우저로부터 들어온 요청에 대한 로그가 출력됩니다. 이제 'CTRL-C'를 입력하여 웹 서버를 종료합니다.

그림 1-5 http-server 실행 결과

```
angular-first/ch01/welcome-msg-app
▶ ./node_modules/.bin/http-server
Starting up http-server, serving ./
Available on:
  http://127.0.0.1:8080
  http://172.30.60.186:8080
  http://192.168.99.1:8080
Hit CTRL-C to stop the server
```

1.2.4 로컬 환경과 전역 환경

http-server를 실행하면 "다른 명령처럼 간단하게 http-server 키워드 하나로만 웹 서버를 수행할 수 없을까?" 하는 아쉬움이 생깁니다. 여러 프로젝트를 진행하면 http-server 같은 패키지를 자주 사용하는데, 그럼 그때마다 http-server를 일일이 설치하여야 합니다. 이러한 불편함을 없애기 위하여 패키지를 전역 환경에 설치합니다.

NPM은 패키지를 설치할 때 명령이 수행된 위치에 패키지를 저장하는데, 이 공간을 로컬 환경이라고 합니다. 앞에서 설치한 패키지는 모두 welcome-msg-app 예제 프로젝트 폴더 안의 로컬 환경에 위치합니다. 반면 어디서든지 사용할 수 있는 패키지는 전역 환경에 설치합니다.

패키지를 전역 환경에 설치하는 방법은 간단합니다. 패키지 설치 명령을 실행할 때 '-g' 옵션을 붙이면 됩니다. 그럼 이제 http-server 패키지를 전역 환경에 설치해 봅시다.

```
npm install http-server -g
```

설치 후 출력 결과는 로컬에 설치할 때와 차이가 없습니다. 다만 이번에는 'package.json'이 없어서 발생하였던 경고 메시지가 없습니다. 전역 환경에 정상적으로 설치되었는지 확인하기 위한 list 명령어도 -g 옵션으로 확인할 수 있습니다. 전역 환경에 자신이 설치한 패키지만 보기 위하여 depth 옵션까지 포함해 다음 명령어를 실행해 봅시다.

```
npm list -g --depth=0
```

자 이제, 패키지가 전역 환경에 설치되었고 우리가 원하는 대로 간단하게 http-server 키워드 하나로 웹 서버가 실행되는지 직접 실행해 보기 바랍니다. 예제 폴더 안에 로컬로 설치된 http-server를 실행할 때와 동일하게 실행합니다. NPM은 운영체제에 따라 다음과 같은 위치에 node_modules 폴더를 두고 이 안에 전역 패키지를 설치합니다.

- **윈도우:** (자신의 홈 폴더)₩AppData₩Roaming₩npm
- **맥/리눅스:** /usr/local/lib

이 경로로 들어가 확인해 보면 윈도우의 경우에는 전역에 설치한 패키지 중 터미널을 실행할 수 있는 파일이 'cmd' 확장자인 윈도우 명령어 스크립트로 자동 생성되어 있음을 확인할 수 있습니다. 그리고 이 경로는 Node.js 설치 시점에 윈도우 환경 변수에 등록되어 있어 'http-server .'와 같은 명령이 정상적으로 수행된 것입니다. 맥/리눅스의 경우도 유사하게 /usr/local/lib/node_modules/ 밑에 패키지별로 실행할 수 있는 파일들이 /usr/local/bin 에 심볼릭 링크로 걸려 있습니다. 그러므로 윈도우와 마찬가지로 패키지를 전역으로 설치하면 http-server 명령어를 어디서든지 실행할 수 있습니다.

1.2.5 package.json

jquery 패키지를 설치할 때부터 package.json과 관련된 경고가 있었지만 잠시 설명을 미루었습니다. 이제 package.json을 살펴보겠습니다. package.json은 NPM을 사용할 때 가장 중요한 파일로, 우리가 작성한 패키지나 웹 프로젝트의 정보를 JSON 포맷으로 담고 있는 파일입니다. 이름[name], 버전[version], 저자[author] 등 패키지를 설명하는 정보뿐 아니라 의존 패키지[dependencies] 정보도 이 안에 선언합니다. 한 마디로 요약하면 package.json은 우리가 프로젝트를 할 때 제일 먼저 생성하여야 할 중요한 파일입니다.

첫 번째 예제 프로젝트 welcome-msg-app의 package.json 파일을 만들어 봅시다. package.json은 직접 생성할 수도 있고 NPM의 init 명령어를 활용할 수도 있습니다. init 명령어는 대화형 모드를 제공하여 몇 가지 필수 정보를 입력할 수 있도록 돕습니다. 필요한 정보를 기입하고 나면 자동으로 package.json을 생성합니다.

그럼 프로젝트 폴더 위치에서 다음 명령어를 수행합니다.

```
npm init
```

제일 처음 요청하는 정보는 프로젝트명(name)입니다. 아무런 값을 입력하지 않으면 기본값으로 폴더명이 지정됩니다. 이름은 대문자를 지정할 수 없으므로 적절한 프로젝트명을 지정하여 이름을 입력합니다. 이어서 버전(version), 설명(description), 진입점(entry point), 테스트 명령어(test command), GIT 리파지토리 경로(git repository), 키워드 (keywords), 저자(author), 라이선스(license)를 차례로 물어봅니다. 그냥 엔터로 통과한 후 나중에 수정하여도 됩니다. 모든 질문에 응답하고 나면 [그림 1-6]과 같은 json을 출력하고 맞는지 물어봅니다.

그림 1-6 NPM 초기화 시 package.json

```
About to write to /Users/woojin/angular-first/ch01/welcome-msg-app/package.json:

{
  "name": "welcome-msg-app",
  "version": "1.0.0",
  "description": "",
  "main": "index.js",
  "dependencies": {
    "http-server": "^0.9.0",
    "jquery": "^1.12.4"
  },
  "devDependencies": {},
  "scripts": {
    "test": "echo \"Error: no test specified\" && exit 1"
  },
  "author": "",
  "license": "ISC"
}


Is this ok? (yes)
```

[그림 1-6]을 보면 우리가 이미 로컬 환경에 설치한 패키지를 파악하여 NPM이 자동으로 의존 패키지 정보까지 dependencies에 저장한 것을 알 수 있습니다. 확인 후 엔터를 입력하여 종 료합니다. 프로젝트 폴더의 내용을 확인하면 package.json 파일이 [그림 1-6]의 내용대로 생 성되었음을 확인할 수 있습니다. 이제 이 프로젝트는 package.json만 있으면 누가 새롭게 프 로젝트 소스를 다운로드하더라도 프로젝트에서 사용하는 라이브러리를 일일이 설치하는 번거

로움을 피할 수 있습니다. 'npm install' 명령으로 package.json에 정의된 의존 패키지를 설치할 수 있기 때문입니다.

몇 가지 더 살펴봅시다. 이번에는 의존 패키지의 정보를 변경해 봅니다. 제일 먼저 전역 환경에 설치된 http-server 패키지를 삭제해 봅시다. 이번에 사용할 명령어는 npm uninstall입니다. install 명령어와 반대로 기존에 설치된 패키지를 삭제합니다. install/uninstall 명령에 '-S' (--save)를 추가하면 의존 패키지의 정보를 package.json에 자동으로 반영합니다. 다음 명령어로 http-server를 삭제하고 package.json에서도 의존 패키지 정보를 제거해 봅시다.

```
npm uninstall http-server -S
```

uninstall 명령에 따라 http-server와 함께 http-server가 의존하는 패키지를 모두 한 번에 제거하였습니다. 또한 명령 수행 후 package.json을 확인해 보면 dependencies에서 http-server가 사라진 것을 확인할 수 있습니다. 만약 전역 환경에서 설치한 패키지를 삭제하고 싶다면 uninstall 명령에 '-g' 옵션을 줍니다.

유의적 버전

package.json에 선언된 의존 패키지를 자세히 보면 버전 앞에 ^와 같은 기호가 있습니다. ^ 외에, '~'를 버전 앞에 붙일 수도 있는데, 각 기호에는 어떤 버전의 패키지를 설치할지를 정해 주는 규칙이 있습니다.

먼저 각 기호의 의미를 살펴보기 전에 NPM에 등록되는 패키지의 버저닝 규칙을 이해합시다. NPM에 등록되는 패키지의 버전은 x.x.x와 같은 형태를 따르도록 안내하고 있습니다. 이러한 버저닝을 유의적 버전이라고 합니다. 세 자리의 숫자는 앞에서부터 차례대로 Major(주), Minor(부), Patch(수) 버전을 의미합니다. 유의적 버전에서 가이드하는 각 버전별 의미는 다음과 같습니다[5].

1. 기존 버전과 호환되지 않게 API가 바뀌면 "주(主) 버전"을 올리고,
2. 기존 버전과 호환되면서 새로운 기능을 추가할 때는 "부(部) 버전"을 올리며,
3. 기존 버전과 호환되면서 버그를 수정한 것이라면 "수(修) 버전"을 올린다.

이와 같은 의미에 따라 package.json에서 패키지를 설치할 때 패키지 버전을 쉽게 관리할 수

---

[5] http://semver.org/lang/ko/

있도록 여러 기호가 사용됩니다. 앞서 살펴본 ˆ 기호는 0을 제외한 가장 처음 나타나는 버전은 변경하지 않고 그 하위 버전이 변경된 경우를 모두 지칭합니다. 예를 들면 ^1.2.0으로 버전을 지정할 경우 1.2.0 <= ver < 2.0.0에 해당하는 패키지를 지칭합니다. ^0.5.0으로 지정하면 최초로 0이 아닌 버전은 Minor인 5이므로 0.5.0 <= ver < 0.6을 의미합니다.

'~' 기호는 지정된 버전부터 상위 버전 변경 전까지 모든 버전을 지칭합니다. 예를 들면 ~1.2.2로 Patch 버전까지 명시적으로 지정할 경우 이 버전의 범위는 1.2.2 <= ver < 1.3.0이 됩니다. ~1.2와 같이 지정하면 1.2.0 <= ver < 1.3.0이 됩니다.

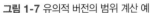

그림 1-7 유의적 버전의 범위 계산 예

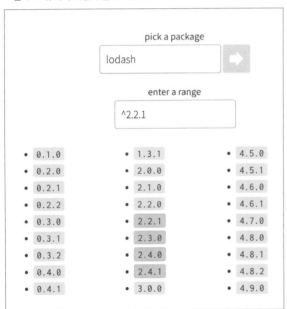

ˆ, '~' 외에도 버전 범위를 '–'로 직접 지정하거나 'x', 'X', '*' 기호를 버전이 놓일 위치에 숫자 대신 와일드 카드처럼 쓸 수도 있지만 중요한 점은 프로젝트에서 사용할 패키지 버전을 명시적으로 지정할 때 지금까지 설명한 기호를 활용한다는 점입니다. 구체적으로 어떻게 버전 범위가 명시되는지 궁금한 분은 직접 npm semver calculator 사이트(https://semver.npmjs.com/)에 들어가서 실제 사용할 패키지를 선택하고 버전을 다양하게 명시해 확인할 수 있으며, 자세한 버전 범위 지정 명령은 공식 매뉴얼에서 확인할 수 있습니다(https://docs.npmjs.com/misc/semver).

지금까지 Node.js와 NPM의 핵심적인 내용을 살펴보았습니다. 여기서 다루었던 내용 중 NPM은 앞으로 모든 예제에 반복하여 사용하는 명령들입니다. 간단한 내용이니 반드시 실습해 보기 바랍니다.

1.3 마치며

이 장에서는 본격적으로 앵귤러를 살펴보기 전에 필요한 기본적인 개념을 다음과 같이 살펴보았습니다.

- Node.js는 자바스크립트 코드가 브라우저 환경을 벗어나 실행될 수 있는 전기를 마련해 주었으며, 이로 인하여 자바스크립트 생태계 확산에 큰 영향을 끼쳤습니다.
- NPM은 자바스크립트 패키지 관리 도구입니다.
- NPM은 프론트엔드 웹 개발에 필요한 패키지 관리뿐 아니라 개발 과정 전반에 활용됩니다.

CHAPTER 02

앵귤러 시작하기

- 타입스크립트의 개념과 특징
- 앵귤러 프로젝트, 첫 실습: Hello, Angular
- 타입스크립트 사용 시 필요한 타입 선정 정보

제1장에서는 웹 애플리케이션 개발에 앞서 프론트엔드 웹 개발 환경의 변화에 따른 새로운 기술로 Node.js와 NPM을 살펴보았습니다. 이 장에서는 타입스크립트가 무엇인지 알아보고, 앵귤러로 앱을 개발하기 위한 실질적인 환경 준비 방법을 설명합니다.

타입스크립트는 자바스크립트의 인기와 함께 탄생한 언어입니다. 대규모 웹 애플리케이션 및 하이브리드 앱 개발에 자바스크립트를 쓰기 시작하면서 안정적으로 앱을 개발하기 위하여 마이크로소프트(MS)에서 만든 언어입니다. 그러나 새로운 언어라고 두려워할 필요는 없습니다. 타입스크립트는 자바스크립트 문법에 타입typed 정보를 추가하고, 코드를 안정적으로 수정하고 오류를 검사할 수 있는 기능을 넣은 것입니다. 다시 말해, 자바스크립트의 문법을 그대로 사용하고 있어 학습 부담이 적습니다.

앞으로 보게 될 코드는 대부분 확장자가 ts인 타입스크립트 코드입니다. 타입스크립트와 개발 환경 구축이 끝나면 앵귤러를 사용한 웹 애플리케이션을 작성해 보기로 합니다.

2.1 타입스크립트

자바스크립트의 높은 인기에 대한 반응으로 ECMA에서는 ES6를 내놓았다면 MS에서는 타입스크립트를 꺼내 들었습니다. 기존 언어의 결함을 보완한 새로운 문법을 대거 추가한 것이 ES6라면, 타입스크립트는 어떤 모습이고 무엇을 위하여 탄생하였을까요? 타입스크립트 사이트에

들어가면 다음과 같은 정의를 볼 수 있습니다.

- TypeScript is a typed superset of JavaScript that compiles to plain JavaScript.

이 한 문장 안에 타입스크립트를 설명해 주는 모든 내용이 들어 있습니다. 이 문장의 의미를 하나씩 곱씹어 가면서 타입스크립트라는 언어가 어떤 모습을 갖고 있는지 구체적으로 살펴봅시다.

2.1.1 타입 언어

타입스크립트는 자바스크립트에 명시적으로 타입을 추가한 언어입니다. 자바스크립트에는 ES5 기준으로 기본 타입 5가지와 객체[1]가 있습니다. 자바스크립트는 타입이 변수를 선언할 때 결정되는 것이 아니라 실제 값이 입력될 때 결정되는 동적 프로그래밍 언어에 속합니다. 동적 프로그래밍 언어답게 자바스크립트는 유연하며, 프로그램을 빠르게 개발할 수 있는 스크립트 언어로서의 장점을 지니고 있습니다. 그런데 타입스크립트는 다음과 같이 자바나 C와 같은 정적 프로그래밍 언어처럼 변수의 선언 시 타입을 선언합니다.

```
var age: number;
```

```
let name: string;
```

자바스크립트에 타입을 추가한 이유는 무엇일까요? 가장 중요한 이유는 자바스크립트의 사용 환경이 변하였기 때문입니다. 오늘날 자바스크립트는 간단한 로직을 내포한 웹 페이지 제작을 넘어 대규모의 코드 베이스로 만들어진 웹 애플리케이션부터 서버 애플리케이션까지 다양하게 사용되고 있습니다. 그런데 일정 규모 이상의 프로젝트에서 자바스크립트로 개발할 때는 몇 가지 어려움이 있습니다.

먼저, 기존 ES5 코드로 개발한 애플리케이션은 요구 사항 변화에 따른 코드 변경과 리팩토링이 쉽지 않습니다. 그러나 타입 정보가 명시적으로 변수와 함수의 시그니처에 더해지면 IDE

---

1 자바스크립트의 자료형이 궁금한 분은 https://developer.mozilla.org/ko/docs/Web/JavaScript/Data_structures 또는 『인사이드 자바스크립트』 3.1~3.2를 참조하기 바랍니다.

의 도움을 받을 수 있어 코드 변경 시 오류를 탐지하기 쉽고, 리팩토링을 안전하게 할 수 있습니다. 타입스크립트의 아버지라고 할 수 있는 마이크로소프트의 아네르스 하일스베르(Anders Hejlsberg)가 빌드 2016 행사[2]에서 타입스크립트를 '자바스크립트로 작성한 애플리케이션을 확장하게 해 주는 언어'라고 소개한 것도 이와 같은 맥락이라고 할 수 있습니다.

구체적으로 다음 예제를 통하여 자바스크립트에서 흔히 발생할 수 있는 상황과 타입스크립트를 사용한 경우를 비교해 봅시다.

예제 2-1 자바스크립트를 사용한 1 + "1"

```
1   var unknownTypedVal = 1 + "1";

-   if (unknownTypedVal === 2) {
-     console.log("비교 성공!");
5     // 비즈니스 로직 ...
-   }
```

[예제 2-1]에서 숫자 1과 문자열 "1"의 + 연산 결과를 unkownTypedVal에 할당하였습니다. 이 경우 자바스크립트는 unknownTypedVal에 숫자 1을 문자열로 캐스팅하고, 문자열을 합치는 연산으로 +를 해석한 후 결과적으로 unknownTypedVal에 "11"이라는 string 타입의 값을 저장합니다. 하지만 이후의 코드 내용을 보면 if문 안의 조건절에서 unknownTypedVal이 number 타입으로 2를 가질 것을 기대하고 있음을 알 수 있습니다. 하지만 지금 코드의 결과는 if 조건의 참을 만족하지 못하므로 if문 블록의 코드는 영원히 실행되지 않습니다. [예제 2-1]은 주변 코드의 맥락이 없는 간소한 예제라 오류를 쉽게 발견할 수 있지만 실제 대규모 애플리케이션 안에 이와 유사한 코드가 있다면 발견하기 쉽지 않습니다.

[예제 2-1]을 타입스크립트로 작성한다면 어떻게 될까요? 코드 수정 없이 그대로 타입스크립트 환경으로 바꾸어 보겠습니다. [그림 2-1]은 타입스크립트 사이트에서 제공하는 Play Ground[3]로, 브라우저에서 바로 타입스크립트의 기능을 체험해 볼 수 있습니다. [그림 2-1]에 물결 모양 밑줄로 표시된 부분을 주목해 볼까요?

----

2 http://video.ch9.ms/ch9/4ae3/062c336d-9cf0-498f-ae9a-582b87954ae3/B881_mid.mp4
3 http://www.typescriptlang.org/play/index.html

그림 2-1 타입스크립트의 타입 체크

타입스크립트는 선언된 변수 타입을 보거나 연산 결과에서 타입을 추론합니다. 이 경우 1번 줄의 연산 결과가 string이라는 것을 타입스크립트가 추론하여 unknownTypedVal을 string 타입으로 선언하였습니다. 그래서 string 타입인 unknownTypedVal과 number 타입의 리터럴 1은 비교할 수 없다고 경고한 것입니다. 이와 같이 타입스크립트는 코드 실행 전에 타입을 검사하여 오류를 미리 발견할 수 있습니다.

2.1.2 상위 언어

타입스크립트는 자바스크립트의 기능을 포함하여 추가적인 기능을 제공하는 상위 개념의 언어입니다. 자바스크립트와의 호환성은 유지하면서 타입 정보만 추가되었기 때문에 타입스크립트를 자바스크립트의 상위 집합superset이라고 말하기도 합니다. [그림 2-2]를 보면 타입스크립트와 자바스크립트의 관계를 명확하게 이해할 수 있습니다.

그림 2-2 타입스크립트와 자바스크립트의 관계

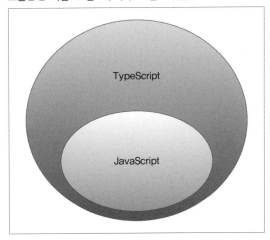

타입스크립트는 [그림 2-2]처럼 자바스크립트의 기능을 모두 담고 있는 언어입니다. 따라서 지금 당장 타입스크립트로 코드를 작성하는 일은 어렵지 않습니다. 자바스크립트의 상위 언어로서 타입스크립트를 사용하려면 기존 코드의 확장자를 js에서 ts로 바꾸고, 나아가 변수 선언 또는 함수 인자 및 반환 타입 정보만 작성하면 됩니다.

결론적으로 보면 타입스크립트는 동적 언어인 자바스크립트에 타입이 추가된 언어입니다. 동적 언어가 좋은지 정적 언어가 좋은지는 여러 요인과 상황에 따라 다양한 의견이 있을 수 있습니다. 여기서 타입스크립트가 취하는 입장은 '필요한 지점에 타입 정보를 기술'하는 것입니다. 타입스크립트를 사용한다고 해서 자바스크립트 코드의 모든 부분에 타입 정보를 일일이 추가할 필요는 없습니다. 현재 대부분의 에디터와 IDE가 타입스크립트를 지원하고 있으므로 이러한 정적 타입 검사의 혜택을 모두 누릴 수 있습니다.

2.1.3 열린 언어

타입스크립트는 자바스크립트와의 호환성을 지닌 상위 언어일 뿐 아니라 다양한 표준을 포함하는 열린 언어이기도 합니다. 타입스크립트는 자바스크립트로 컴파일되므로 설정에 따라 특정 표준의 자바스크립트로 변환할 수 있습니다. 특별한 설정이 없다면 ES3 코드로 변환되며, 설정에 따라 ES5, ES6 버전의 코드로도 변환할 수 있습니다. 이러한 변환 기능은 Babel과 같습니다. 그러나 Babel과 달리 타입스크립트는 타입을 검사하는 타입 검사기가 있습니다. Babel은 부록에서 더 자세히 살펴보겠습니다.

그렇다면 이제 타입스크립트를 설치하고 코드를 직접 변환해 봅시다. MS는 타입스크립트를 오픈 소스로 공개하고 npm을 통해서 패키지로 손쉽게 설치할 수 있게 하였습니다. 다음 명령으로 타입스크립트를 npm 패키지 전역 환경에 설치합니다. 명령 실행 시점에 따라 적어도 2.0.x 이상의 버전이 설치됩니다.

```
npm install -g typescript
```

설치가 끝났다면 터미널에서 tsc 명령을 사용할 수 있습니다. tsc는 타입스크립트 소스를 자바스크립트로 컴파일하기 위한 명령어입니다. 먼저 tsc --version을 입력하여 버전이 출력되는지 확인해 봅시다.

정상적으로 설치되었다면 간단한 타입스크립트 코드를 작성한 후 컴파일해 보기로 합니다. [예제 2-2]는 전형적인 클래스와 간단한 상속 관계를 나타내는 코드입니다. 클래스는 ES6에 추가된 기능인데, 타입스크립트도 클래스 문법을 지원합니다.

예제 2-2 타입스크립트 클래스 예제

```
1  class Person {
-    name: string;
-    age: number;
-  }
5
-  class Employee extends Person {
-    department: string;
-    role: string;
-  }
```

이를 class-extend.ts라는 파일에 저장한 후 터미널에서 다음과 같이 컴파일 명령을 입력해 봅시다.

```
tsc class-extend.ts
```

실행이 끝나면 폴더에는 class-extend.ts에 구현되었던 class-extend.js가 ES3 버전 코드로 컴파일됩니다. 컴파일된 코드를 열어 보면 ES3에는 클래스 문법이 없어 즉시 실행 함수 패턴 및 프로토 타입을 활용하여 클래스와 상속을 구현하였음을 확인할 수 있습니다. 이번에는 타깃을 변경하여 ES6 기준으로 컴파일해 볼까요? 컴파일 시 다음과 같이 target 옵션으로 ES6를 추가 입력합니다.

```
tsc class-extend.ts --target es6
```

컴파일된 결과를 다시 열어 확인하면, ES6에서는 클래스를 지원하므로 특별한 차이가 없을 거라는 예상을 뒤엎고 다음과 같은 내용이 나옵니다.

```
class Person {
}
class Employee extends Person {
}
```

타입스크립트에서 작성한 클래스의 속성이 모두 사라졌습니다. 그 이유는 ES6의 클래스 문법은 클래스의 내용 안에 메서드만을 수용하기 때문입니다. ES6에서는 클래스의 속성을 추가할 때 생성자를 사용합니다. 예를 들면 다음과 같습니다.

예제 2-3 ES6 클래스의 속성 선언 방법

```
1   class Person {
-     constructor(name, age) {
-       this.name = name;
-       this.age = age;
5     }
-   }
```

ES6에서는 생성자 안에서 this가 클래스로 생성된 객체를 참조한다는 점을 활용해 객체의 속성을 생성합니다. ES6와는 다른 타입스크립트만의 클래스 속성을 추가하는 방식이 하나 더 있습니다. 바로 타입스크립트가 제공하는 접근 제어자[accesor]를 활용하는 것입니다. 이를 활용하면 [예제 2-3]의 코드를 타입스크립트에서는 다음과 같이 작성할 수 있습니다.

```
class Person {
  constructor(public name, public age) {
  }
}
```

생성자의 매개 변수 앞에서 public이나 private으로 접근 제어자를 선언할 경우 타입스크립트에서는 자동으로 해당 클래스의 속성으로 선언합니다.

지금까지 설명한 내용이 ES6와 타입스크립트 클래스에서 속성을 선언하는 방식의 다른 점입니다. ES6의 클래스와 타입스크립트의 차이를 한 가지만 더 들자면 static 사용이 있습니다. 타입스크립트는 ES6와 달리 클래스 내부에 다음과 같이 static 속성 선언도 가능합니다.

```
class Person {
  static BLOOD_TYPE: string = '0';
}
```

지금까지 타입스크립트를 3가지 특징으로 설명하였습니다. 앵귤러는 프레임워크의 코드 전체가 타입스크립트로 작성되었습니다. 앵귤러 개발의 핵심 멤버인 빅터 사브킨(Victor Savkin)[4]이 앵귤러에서 타입스크립트를 선택한 이유와 타입스크립트의 장단점을 "Angular: Why TypeScript"로 정리하였습니다. 이를 번역하여 공유[5]하였으니 관심 있는 분은 이 글을 읽어 보기를 바랍니다.

2.1.4 에디터 설정

타입스크립트 홈페이지를 들어가면 첫 화면에 [그림 2-3]과 같이 타입스크립트를 지원하는 에디터의 종류를 확인할 수 있습니다. 유명한 에디터나 IDE는 대부분 타입스크립트용 플러그인을 제공합니다. 사용하는 주 에디터의 타입스크립트 기능을 활성화하거나 플러그인을 설치하여 타입스크립트를 지원하는지 확인하였다면 VS Code를 추가 설치할 필요가 없습니다. 다만이 책에서는 실행 환경의 일관성을 위하여 MS사에서 제공하는 비주얼 스튜디오 코드(이하 VS Code 또는 편집기)를 사용합니다.

그림 2-3 타입스크립트 지원 에디터

VS Code는 어느 OS에서도 무료로 설치할 수 있습니다. 다음 공식 사이트를 통하여 설치 파일을 내려 받아 설치합니다. VS Code는 타입스크립트를 기본 지원하기 때문에 설치가 끝났다면 VS Code에서 타입스크립트 코드를 바로 작성할 수 있습니다. 이어서 필수는 아니지만 에디터에서 파일을 열람할 때 각 파일 확장자마다 다양한 아이콘을 제공하는 플러그인을 설치해봅시다. VS Code에서 Ctrl + P(맥은 Cmd + P)를 입력하면 뜨는 명령창에 install 명령을 입력합니다.

---

4 빅터 사브킨은 앵귤러의 코어 모듈, 라우터 모듈의 주요 로직을 개발하고 현재는 Nrwl이라는 회사를 설립하여 엔터프라이즈 환경에서 앵귤러 프레임워크 컨설팅을 시작하였습니다. Nrwl 블로그(https://nrwl.io/#blog-articles)와 Medium을 통하여 앵귤러의 깊은 내용을 설명하고 있습니다. 필자의 블로그에서도 관련 글 일부를 번역하여 제공하고 있습니다.

5 http://bit.ly/hanbit-af-why-ts

```
ext install vscode-icons
```

[그림 2-4]와 같이 install 명령을 입력하면 편집기 왼쪽 창에 확장 탭이 활성화되고 vscode-icons 플러그인이 최상위에 보입니다.

그림 2-4 VS Code 플러그인 설치 명령 입력

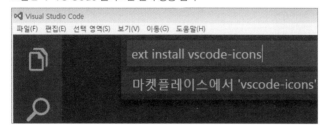

이어서 [그림 2-5]의 설치 버튼을 클릭합니다. 플러그인 설치가 끝나면 버튼이 다시 로드로 변경됩니다. 버튼을 클릭한 후 VS Code를 재시작합니다.

그림 2-5 VS Code 플러그인 설치

재시작 후 파일 → 기본설정 → 파일 아이콘 테마 순(맥은 Code → 기본설정 → 아이콘 테마)으로 메뉴를 클릭한 다음 이전에 설치한 VScode Icons를 선택하면 플러그인이 활성화됩니다. 이제 [그림 2-6]과 같이 다양한 아이콘을 볼 수 있습니다.

이 밖에도 VS Code는 마켓 플레이스에서 개발자들이 공개한 다양한 플러그인을 제공합니다. 다음 사이트에 접속하여 원하는 테마나 추가 기능을 설치할 수 있습니다.

- https://marketplace.visualstudio.com/vscode

그림 2-6 vscode-icons 플러그인 활성화 상태

다음으로 npm 전역 환경에 설치한 타입스크립트를 VS Code의 기본 컴파일러로 설정합니다. 윈도우 기준으로 VS Code 상단 메뉴 파일(F)부터 기본 설정(P) → 설정(U) 순으로 메뉴를 선택하면 편집기에 설정 파일(settings.json)이 열립니다. 맥 사용자의 경우 애플리케이션 설정 단축키인 Cmd + ,(쉼표)를 입력합니다. 설정은 json 방식으로 작성하며 다음과 같이 각 OS 환경에 따른 타입스크립트 패키지의 lib 폴더 경로를 typescript.tsdk 키의 값으로 주고 저장합니다.

```
1   {
-     // 맥 설정
-     "typescript.tsdk": "/usr/local/lib/node_modules/typescript/lib"
-     // 윈도우 설정, 폴더 사이의 구분자로 \ 대신 /를 넣어야 인식됩니다.
5     "typescript.tsdk": "(홈폴더)/AppData/Roaming/npm/node_modules/typescript/lib"
-   }
```

타입스크립트를 설치하고 에디터까지 갖추었으니 이제 앵귤러를 사용하여 애플리케이션을 개발할 기초가 갖추어졌습니다.

2.2 Hello, Angular

앵귤러는 분명 기능과 요구 사항이 많은 웹 애플리케이션을 개발하는 데 좋은 도구이지만 시작하기 전에 준비하여야 할 것이 많습니다. 이러한 문제를 해결하기 위한 도구로 앵귤러 CLI가 있습니다. 앵귤러 CLI는 프로젝트 생성부터 템플릿 코드 자동 생성, 개발 서버, 배포, 테스트 등 앵귤러 프로젝트를 진행하는 데 필요한 거의 모든 기능을 제공해 주는 만능 개발 도구입니다. 특별한 경우가 아닌 이상 앵귤러 CLI만으로도 앵귤러 애플리케이션을 작성할 수 있습니다.

그럼 바로 앵귤러 CLI를 설치해 봅시다. 다음 명령을 실행하여 전역 환경에 앵귤러 CLI를 설치합니다.

```
npm i @angular/cli -g
```

설치에는 시간이 꽤 걸립니다. 설치가 끝나면 ng 명령어를 사용할 수 있습니다. 터미널에서 ng version을 입력하면 [그림 2-7]과 같이 앵귤러 CLI 버전과 Node.js 버전이 화면에 출력됩니다. 앵귤러 CLI는 터미널 환경에서 명령을 통하여 실행합니다. ng만 입력한 후 실행하면 터미널의 모든 명령어를 확인할 수 있습니다.[6]

그림 2-7 앵귤러 CLI 설치 확인

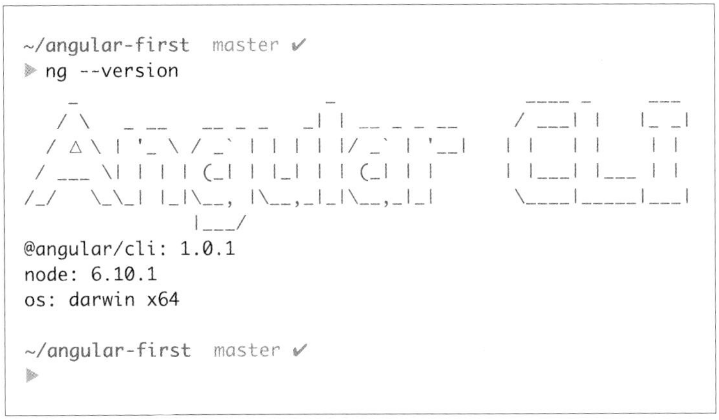

```
~/angular-first  master ✔
▶ ng --version

    _                      _                 ____ _      ___
   / \    _ __    __ _   _| | __ _  _ __     / ___|| |    |_ _|
  / △ \  | '_ \  / _` | | | |/ _` | | '__|  | |    | |     | |
 / ___ \ | | | | (_| | | |_| | (_| | | |     | |___ | |___  | |
/_/   \_\|_| |_|\__, | |\__,_|_|\__,_|_|      \____|_____|___|
                |___/
@angular/cli: 1.0.1
node: 6.10.1
os: darwin x64

~/angular-first  master ✔
▶
```

---

6 앵귤러 CLI Github에서도 제공하는 명령의 설명을 볼 수 있습니다. https://github.com/angular/angular-cli/wiki

2.2.1 ng new

앵귤러 CLI의 프로젝트 생성 명령은 ng new입니다. ng new 명령은 앵귤러 프로젝트에 필요한 기본 설정 파일뿐 아니라 바로 실행할 수 있는 수준의 기본 애플리케이션 코드까지 자동으로 생성해 줍니다. 그럼 다음 명령을 입력해 봅시다.

```
ng new hello-angular
cd hello-angular
```

명령을 입력하여 앵귤러 기반 프로젝트에 필요한 기본 파일을 생성하고 패키지를 NPM으로 다운받은 후 프로젝트 폴더로 이동합니다. 따라서 인터넷에 접속한 상태여야 하며, 패키지 설치로 인하여 시간이 조금 걸립니다. 프로젝트 생성이 끝나고 나면 앵귤러 CLI로 생성된 프로젝트에는 자동으로 생성된 설정 파일 및 기본 스켈레톤 코드가 있습니다.

앵귤러 CLI로 프로젝트를 만들면 다양한 설정 파일을 생성합니다. 생성된 파일 및 폴더에서 중요한 역할을 하는 부분은 [표 2-1]과 같습니다.

표 2-1 앵귤러 CLI가 생성한 설정 파일 및 폴더

e2e 폴더	e2e는 End-to-End를 의미합니다. protractor라는 툴을 사용하여 브라우저를 실제로 띄워서 애플리케이션을 통합 테스트할 테스트 코드가 있습니다.
src 폴더	실제 애플리케이션에 필요한 소스가 있습니다.
.angular-cli.json	angular-cli에서 사용할 설정 정보가 있는 파일입니다.
karma.conf.js	Karma라는 단위 테스트 도구의 설정 파일입니다.
protractor.conf.js	e2e 폴더에 선언된 통합 테스트를 실행하기 위한 protractor 도구의 설정 파일입니다.
tslint.json	타입스크립트용 구문 체크 설정 파일입니다.
tsconfig.json	타입스크립트 컴파일 설정 파일입니다.
src/typings.d.ts	타입스크립트에서 사용할 타입 선언 정보 파일입니다.

2.2.2 ng serve

ng serve는 프로젝트를 로컬에서 개발 환경으로 실행하는 명령입니다. 명령을 실행하면 웹 서버를 실행하고 Webpack을 사용하여 소스를 번들링^{bundling}합니다. 이제 Webpack 설정도 특별히 신경 쓰지 않아도 됩니다. 그럼 ng serve 명령을 실행해 봅시다.

명령 실행이 끝나면 터미널에 "webpack: Compiled successfully."가 출력됩니다. 이제 애플리케이션을 실행할 수 있는 상태가 된 것입니다. localhost:4200으로 브라우저에서 접속해 보기 바랍니다. 브라우저에서 [그림 2-8]과 같이 app works!가 출력되면 애플리케이션이 정상 실행된 것입니다[7].

그림 2-8 hello-angular 최초 실행

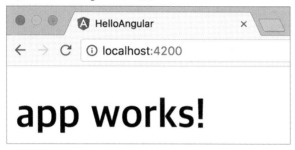

ng serve를 실행하는 동안 src/app 밑에 있는 app.component.ts를 열어서 app works를 Hello, Angular!로 바꾸어 저장해 봅시다. 코드를 변경하고 저장 버튼을 누르면 터미널에 "webpack: Compiling..."이 출력되며, 앵귤러 CLI는 변경된 코드를 반영하여 다시 번들링하고 애플리케이션을 재실행합니다. ng serve의 실행을 종료하려면 Ctrl + C키를 입력합니다.

앵귤러 프레임워크는 대부분의 최신 브라우저를 지원합니다. 다만 브라우저 제조사 및 버전에 따라 자바스크립트 지원 기능이 조금씩 다릅니다.

브라우저별로 부족한 지원을 코드로 메워 주기 위하여 폴리필^{polyfills} 스크립트를 사용할 수 있습니다. 앵귤러 CLI는 src 폴더의 polyfills.ts 파일을 제공하여 앵귤러 프레임워크에서 필요한 폴리필 스크립트를 미리 선언해 두었습니다.

----

7 앵귤러 CLI가 1.1.1부터 최초 화면이 변경되었습니다. 브라우저에 "Welcome to app!!"이 보이면 정상 실행된 것입니다.

예를 들어, 2.2.2의 예제를 IE 9~11에서 실행하기 위해서는 polyfills.ts에서 다음 코드의 주석을 제거하여야 합니다.

예제 2-4 src/polyfills.ts

```
 1    import 'core-js/es6/symbol';
 -    import 'core-js/es6/object';
 -    import 'core-js/es6/function';
 -    import 'core-js/es6/parse-int';
 5    import 'core-js/es6/parse-float';
 -    import 'core-js/es6/number';
 -    import 'core-js/es6/math';
 -    import 'core-js/es6/string';
 -    import 'core-js/es6/date';
10    import 'core-js/es6/array';
 -    import 'core-js/es6/regexp';
 -    import 'core-js/es6/map';
 -    import 'core-js/es6/set';
```

2.2.3 ng test

다른 프로그래밍 언어 및 프레임워크와 같이 자바스크립트 진영에도 웹 애플리케이션을 위한 테스트 도구가 여러 가지 있습니다. 그러나 적절한 테스트 도구를 선정하고 프로젝트에 테스트 환경을 구축하는 일은 결코 쉽지 않습니다. 하지만 앵귤러 CLI 기반 프로젝트는 애플리케이션을 실행하기 위한 기본 코드만 제공하는 것이 아니라 테스트 환경과 코드에 대한 기본 테스트 케이스까지 함께 제공하므로 코드 테스팅을 할 수 있습니다. 또한 앵귤러도 프레임워크 안에서 동작하는 코드에 대한 테스트 환경을 제공하기 때문에 테스트 케이스만 작성하면 손쉽게 테스팅할 수 있습니다. 자세한 테스팅 방법과 환경은 뒤에서 다루기로 하고, 앞의 프로젝트에서 작성한 코드를 테스트해 봅시다. 먼저 현재 터미널에 ng test를 입력합니다. 명령을 실행하면 테스트 소스를 실행하기 위하여 [그림 2-9]와 같이 브라우저가 열리고 터미널에는 테스트 수행 결과가 출력됩니다.

이 테스트는 분명히 실패할 것입니다. [그림 2-10]과 같이 터미널에 출력된 테스트 결과의 마지막 줄을 보면 3건의 테스트 중 2건이 실패하였음을 알 수 있습니다. 바로 위를 보면 실패한 각 테스트의 스택 트레이스와 실패한 내용을 확인할 수 있습니다.

그림 2-9 ng 테스트 브라우저 화면

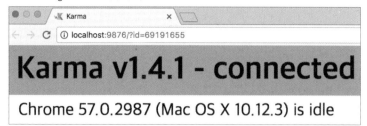

그림 2-10 ng 테스트 실행 결과

```
angular-first/ch02/hello-angular   master ✔
▶ ng test
01 05 2017 10:18:57.480:WARN [karma]: No captured browser, open http://localhost:9876/
01 05 2017 10:18:57.498:INFO [karma]: Karma v1.4.1 server started at http://0.0.0.0:9876/
01 05 2017 10:18:57.499:INFO [launcher]: Launching browser Chrome with unlimited concurre
01 05 2017 10:18:57.550:INFO [launcher]: Starting browser Chrome
01 05 2017 10:18:58.747:INFO [Chrome 58.0.3029 (Mac OS X 10.12.4)]: Connected on socket H.
256589
Chrome 58.0.3029 (Mac OS X 10.12.4) AppComponent should have as title 'app works!' FAILED
      Expected 'Hello, Angular!' to equal 'app works!'.
          at Object.<anonymous> (webpack:///src/app/app.component.spec.ts:23:22 <- src/
          at AsyncTestZoneSpec.Array.concat.AsyncTestZoneSpec.onInvoke (webpack:///~/zoi
```

이 테스트가 실패한 이유는 최초에 앵귤러 CLI가 AppComponent 클래스의 title 속성에 app works!라고 값을 할당하였으므로 테스트 케이스는 AppComponent가 title 속성으로 app works!라는 값을 가지고 뷰에도 app works!가 렌더링될 것이라고 작성되었지만 실행은 Hello, Angular!로 바꾸어 하였기 때문입니다.

이제 변경한 소스에 맞게 테스트 케이스를 수정해 봅시다. ng test는 종료할 필요 없이 그대로 두어도 됩니다. app 폴더에 app.component.sepc.ts 파일을 열면 테스트 케이스 소스가 작성되어 있습니다. 이중에서 'app works!' 문구가 있던 부분을 [예제 2-5]의 진하게 표시된 부분처럼 모두 Hello, Angular!로 변경한 후 저장합니다.

예제 2-5 app.component.spec.ts 테스트 케이스

```
1  . . .
-  it(`should have as title 'Hello, Angular!'`, async(() => {
-        const fixture = TestBed.createComponent(AppComponent);
```

```
-        const app = fixture.debugElement.componentInstance;
5        expect(app.title).toEqual('Hello, Angular!');
-    }));
-
-    it('should render title in a h1 tag', async(() => {
-        const fixture = TestBed.createComponent(AppComponent);
10       fixture.detectChanges();
-        const compiled = fixture.debugElement.nativeElement;
-        expect(compiled.querySelector('h1').textContent).toContain('Hello, Angular!');
-    }));
-    . . .
```

수정된 테스트 케이스를 저장하면 잠시 뒤 터미널에 문구 한 줄이 새로 출력됩니다. 내용 중
Executed 3 of 3 SUCCESS와 같은 문구가 있다면 3건의 테스트가 정상 통과된 것입니다.

> 앵귤러 CLI가 자동으로 생성한 테스트 코드 [예제 2-5]를 보면 ( ) => { … } 와 같은 코드를
> 확인할 수 있습니다. 이 표현은 ES6에 추가된 화살표 함수입니다. 화살표 함수는 콜백과 같이 명
> 시적으로 이름이 필요하지 않은 함수를 간결하게 표현할 수 있도록 돕는 유용한 기능입니다. 화살
> 표 함수의 역할은 단순히 문법적 간결함만 주는 것은 아닙니다. 다만 이 책에서는 코드의 간결함
> 을 위한 용도로 기존의 function (…) { … } 코드를 ES6의 화살표 함수로 사용하였습니다.

2.2.4 타입 선언 정보

이 장을 마무리하기 전에 타입스크립트에 대하여 짚고 넘어가야 할 중요한 개념이 한 가지 남
았습니다. 바로 타입 선언declaration 정보입니다. 타입 선언 정보를 이해하기 위해서는 타입스크
립트의 정의를 다시 들여다볼 필요가 있습니다. 타입스크립트는 [그림 2-2]에서 설명한 바와
같이 자바스크립트를 포함한 상위 언어이며, ECMA에 없는 타입 정보가 추가된 언어라고 설명
하였습니다. 기존의 자바스크립트에 없는 타입 정보가 구체적으로 무슨 의미인지 다음 코드로
분석해 봅시다.

```
const words = "1,2,3,4".split(",");
let sum = 0;
words.forEach(w => sum += parseInt(w));
console.log(`sum: ${sum}`);
```

이 코드는 ES6 스타일로 작성한 것으로, "1,2,3,4"라는 문자열을 쉼표(,) 기준으로 잘라 배열로 만든 후 배열의 각 원소를 sum 변수에 더해 누적된 결과를 출력합니다. 순수한 자바스크립트 코드지만 타입스크립트 에디터도 설치하였으니 타입스크립트 파일(.ts)을 생성하여 코드를 입력해 봅시다. 그 다음 터미널에서 tsc type-test.ts로 컴파일한 후 node type-test.js로 실행하면 [그림 2-11]과 같이 결과를 확인할 수 있습니다.

그림 2-11 type-test.ts 컴파일 및 실행 화면

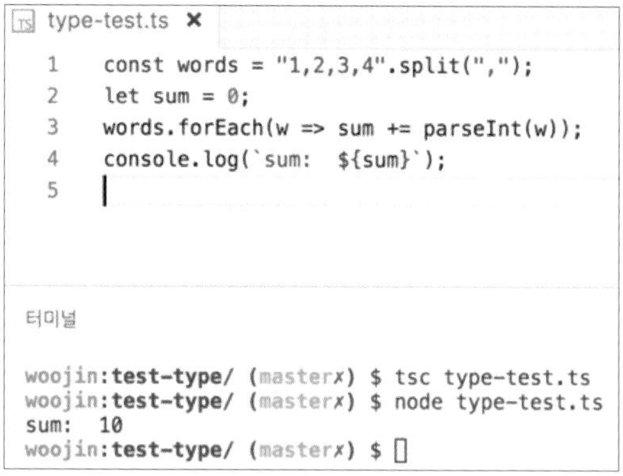

```
🔲 type-test.ts  ✕

1   const words = "1,2,3,4".split(",");
2   let sum = 0;
3   words.forEach(w => sum += parseInt(w));
4   console.log(`sum:  ${sum}`);
5   |
```

```
터미널

woojin:test-type/ (masterx) $ tsc type-test.ts
woojin:test-type/ (masterx) $ node type-test.ts
sum:  10
woojin:test-type/ (masterx) $ []
```

이 코드를 한번 바꾸어 봅시다. words 배열의 forEach 구문에서 실수로 parseInt를 누락하였다고 가정하고 다음과 같이 코드를 변경합니다.

```
    words.forEach(w => sum +=  w):
```

코드를 변경하면 일차적으로는 이미 에디터에서 변경한 부분에 에러를 표시해 줄 것이고 tsc로 컴파일을 시도하면 타입스크립트 컴파일러 역시 [그림 2-12]와 같이 컴파일 에러를 반환합니다.

그림 2-12 type-test.ts 컴파일 에러

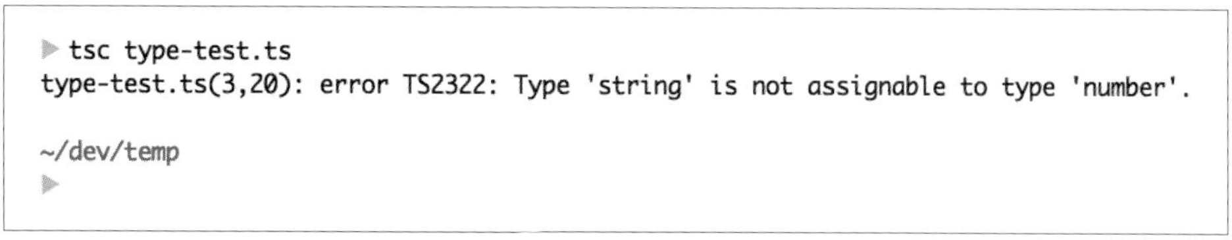

```
▶ tsc type-test.ts
type-test.ts(3,20): error TS2322: Type 'string' is not assignable to type 'number'.

~/dev/temp
▶
```

짐작한 대로 문자 타입의 값을 숫자 변수에 더할 수 없기 때문에 발생한 에러입니다. 자바스크립트로 코드를 작성하여 실행하였다면 자바스크립트 엔진은 전혀 문제 없이 + 연산을 숫자의 덧셈이 아니라 문자열 덧셈으로 해석하여 sum: 01234를 출력하였을 것입니다. 타입스크립트는 어떻게 w를 문자열로, words를 문자열의 배열로 타입을 추론하였을까요?

그 답은 타입 선언 정보에 있습니다. 자바스크립트 언어 명세에 없는 API의 타입 정보를 타입스크립트는 타입 선언 파일^{TypeScript declaration file}이라는 형식으로 타입 정보만 추가로 내포하고 있습니다. 이 코드의 첫 번째 줄을 예로 들면 문자열 객체의 split 메서드 반환 타입이 문자열 배열이라는 정보가 다음과 같이 어딘가에 기술되어 있다는 뜻입니다. 따라서 컴파일러나 에디터는 타입스크립트에 미리 만들어진 타입 선언 정보로부터 split 메서드의 반환 결과를 string[ ]으로 추론하여 string 타입인 w와 number 타입의 sum 연산이 불가능함을 알려 줍니다.

```
split(separator: string, limit?: number): string[];
```

타입스크립트에서는 선언 파일^{declaration file}이라고 호명하는 확장자 "d.ts"를 가진 파일에 자바스크립트에는 없는 타입 선언 정보를 둡니다. 따라서 타입스크립트의 타입 선언 정보는 기존의 자바스크립트 라이브러리를 사용하는 데 반드시 필요한 파일입니다.

타입스크립트에서 작성한 DOM API의 타입 선언 정보는 Github에 공개되어 있으며, 다음 주소로 접속하면 확인할 수 있습니다.

• https://github.com/Microsoft/TypeScript/tree/master/lib

타입스크립트에서 자바스크립트와 DOM API에 대한 타입 선언 정보를 제공한 덕분에 우리는 타입에 안전한 코드를 편하게 작성할 수 있게 되었습니다. 하지만 자바스크립트 언어의 기본 API가 아닌 jquery, lodash와 같은 외부 라이브러리나 공개된 패키지는 어떨까요? 쉽게 말하면 jquery 라이브러리를 타입스크립트 파일 안에서 사용할 수 있을까요? 당장 .ts 파일에 $로 시작하는 jquery 셀렉터를 활용한 간단한 코드를 작성해 본다면 에디터는 가차 없이 오류를 내뿜게 될 것입니다. 이 시점에 필요한 것이 types입니다.

types는 타입 정보 없이 작성된 자바스크립트 라이브러리의 타입 정보를 관리하는 패키지입니다. 최근 타입스크립트가 점차 활성화되면서 유명한 라이브러리에서는 패키지 안에 d.ts 파일을 만들어 타입 정보를 제공하기도 합니다. 이러한 경우에는 라이브러리 코드를 타입스크립트에서 사용할 때 타입 정보를 추가로 선언하거나 설치할 필요가 없습니다. 하지만 여전히 타입 정보가 없는 자바스크립트 라이브러리가 훨씬 더 많습니다.

타입 정보가 없는 라이브러리를 사용할 경우 에디터에서 오류를 표시하거나, 컴파일할 때 타입 정보를 찾을 수 없으므로 에러가 발생합니다. 그래서 타입 선언 정보가 없는 라이브러리를 사용할 때는 가능하면 타입 선언 정보를 찾아서 받아야 합니다. 이러한 문제로 타입스크립트 2.0에서는 NPM의 types 패키지에 주요 라이브러리의 타입 선언 정보를 모아서 등록하고 있습니다. 따라서 필요한 타입 선언 정보를 types 패키지의 일부(연관 패키지)로 내려 받아서 컴파일 오류를 제거하여야 합니다.

예를 들면 앵귤러 CLI로 생성한 프로젝트의 package.json을 열면 devDependencies에 다음과 같은 타입 선언 정보가 있습니다.

```
"@types/jasmine": "^2.5.38",
"@types/node": "^6.0.60",
```

두 라이브러리의 API 모두 앵귤러에서 타입 선언 정보가 필요하기 때문에 미리 등록된 패키지입니다. 이러한 타입 정보는 node_modules의 @types 폴더에 저장됩니다. 그리고 타입스크립트 컴파일 시 @types 폴더를 참조하여 타입 정보를 확인하도록 안내합니다. 이 밖에도 필요한 타입 정보가 있다면 다음 사이트에 접속하여 타입 정보가 필요한 패키지 이름으로 검색합니다.

• http://microsoft.github.io/TypeSearch/

검색 후 해당 패키지의 타입 정보가 있을 경우 `npm install --save-dev @types/`(패키지명)으로 설치합니다.

2.3 마치며

이 장에서는 다음 내용을 다루었습니다.

- 앵귤러는 자바스크립트에 타입 기능이 추가된 타입스크립트로 작성되었습니다.
- 앵귤러는 자바스크립트, 다트로도 개발할 수 있지만 이 책에서는 타입스크립트를 사용하여 프레임워크를 설명하기로 합니다.
- 타입스크립트의 주요한 특징은 타입을 가지고 있다는 점, 자바스크립트의 기능을 포함한 상위 언어이자 여러 버전으로 변환할 수 있는 열린 언어라는 점입니다.
- 타입스크립트는 대부분의 IDE나 에디터에서 지원하고 있으므로 바로 사용할 수 있으며, 이 책에서는 비주얼 스튜디오 코드를 사용합니다.
- 첫 번째 애플리케이션으로 Hello, Angular를 브라우저에서 실행하였습니다.
- 앵귤러 기반 프로젝트 개발을 돕는 앵귤러 CLI의 몇 가지 명령어를 설명하였습니다.
- Hello, Angular를 브라우저에서 실행하는 프로젝트를 앵귤러 CLI로 만들고 실행해 보았습니다.

CHAPTER 03

앵귤러 아키텍처

- 앵귤러 아키텍처 전체 구성과 기능별 역할
- 예제 프로젝트의 점진적 개선
- 머티리얼 디자인 컴포넌트 사용 방법

앵귤러는 사용자용 애플리케이션 개발을 위한 프레임워크입니다. '사용자용 애플리케이션'과 '프레임워크'라는 단어에 초점을 맞추어 살펴봅시다.

먼저 '사용자용 애플리케이션'이라는 단어에는 애플리케이션에 사용자와 상호작용할 UI 또는 뷰 정보가 반드시 있다는 의미가 있습니다. API 혹은 배치 프로그램과 같이 서버에서 동작하는 애플리케이션은 일반적으로 정해진 규칙(프로토콜)에 맞추어 다른 애플리케이션과 통신하며 구현된 기능에 따라 동작합니다. 반면 사용자용 애플리케이션의 핵심은 사용자와의 상호작용입니다. 사용자용 애플리케이션은 애플리케이션 실행 전반에 걸쳐 사용자와 반복적으로 상호작용하므로 사용자와 소통할 매개로서 뷰가 반드시 필요합니다.

'프레임워크'는 역할에 따라 다양한 관점으로 정의할 수 있지만 일반적으로 고유의 실행 방식이 있으며 일련의 정해진 규칙에 맞추어 작성된 비즈니스 로직을 관리·실행하는 컨테이너와 같습니다. 프레임워크를 사용한다는 것은 애플리케이션의 시작부터 종료까지 모든 것을 직접 만들지 않고, 애플리케이션 실행 및 관리의 주도권은 프레임워크에 위임하고 비즈니스 로직만을 개발한다는 것을 전제합니다.

각각 살펴본 '사용자용 애플리케이션'과 '프레임워크'의 의미를 종합하면 앵귤러는 사용자와 접촉하게 될 애플리케이션의 뷰와 핵심 비즈니스 로직 작성 외에 모든 것을 관리해 주는 도구라고 할 수 있습니다. 따라서 앵귤러로 애플리케이션을 개발한다는 것은

1. 사용자와 상호작용할 뷰를 구성
2. 뷰와 연결된 일련의 로직을 개발

하는 것입니다. 그리고 이러한 작업은 앵귤러의 아키텍처 위에서 정해진 규칙에 따라 이루어져
야 합니다. 왜냐하면 앵귤러 또한 자신만의 아키텍처 기반 위에 동작하는 고유한 실행 환경과
규칙이 있기 때문입니다. 따라서 앵귤러를 학습한다는 것은 앵귤러의 구조와 실행 방식을 이해
하고 이에 맞게 뷰와 비즈니스 로직을 개발하는 방법을 이해하는 것입니다.

이 장에서는 제2부에서 앵귤러를 사용하여 애플리케이션을 개발하는 방법론을 다루기 전에,
앵귤러가 어떻게 이루어지는지 아키텍처를 살펴보려고 합니다. 앵귤러는 거시적으로 [그림
3-1]과 같은 아키텍처가 있습니다.

그림 3-1 앵귤러 아키텍처

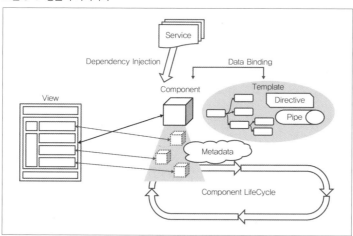

[그림 3-1]은 앵귤러 세상 안에 거주하는 각 요소의 책임과 역할이 무엇인지를 나타낸 것입니
다. 이 장에서는 [그림 3-1]의 요소를 기반으로 하나의 예제 웹 애플리케이션에서 앵귤러 아키
텍처의 각 요소가 어떻게 활용되어 점차 하나의 완성된 앵귤러 기반 애플리케이션으로 발전하
는지를 설명합니다. 그림 [그림 3-1]과 예제를 통하여 전체 관점에서 앵귤러를 살펴봅시다.

앵귤러를 구성하는 핵심 요소를 설명하기 위하여 제1장에서 만들었던 welcome-msg-app
을 앵귤러 기반으로 변경하고 다국어 환영 인사 기능을 추가할 것입니다. 먼저 앵귤러 프로젝
트를 생성합니다. 터미널에서 다음 명령을 실행하여 앵귤러 CLI로 프로젝트를 생성하는 일부
터 시작합시다.

```
ng new ng-welcome-msg-app
```

3.1 뷰를 구성하는 요소

제1장에서 index.html에 작성하였던 내용 중 일부 코드를 옮겨 봅시다. 앵귤러 CLI가 생성한 프로젝트 ng-welcome-msg-app 폴더의 src/app/app.component.html 파일을 열고 다음 코드를 작성합니다.

예제 3-1 ng-welcome-msg-app/src/app/app.component.html [ch3-1]

```
1  <h4>
-    <span id="display-name"></span>님 환영합니다.
-  </h4>
-  <div class="contents">
5    <label for="user-name">사용자 이름: </label>
-    <input type="text" name="user-name" id="user-name">
-    <button type="button">입력</button>
-  </div>
```

코드를 옮긴 후 터미널에 다음 명령을 실행하여 개발 서버를 실행합니다.

```
ng serve
```

'webpack: Compiled successfully.'라는 문구가 출력되면 브라우저에서 localhost:4200 으로 접속하여 애플리케이션이 실행되는지 확인합니다. 아마 브라우저에서 화면은 출력되지 만 '입력' 버튼을 눌러도 아무런 반응이 없을 것입니다. 제1장의 실습 때와 달리 이 코드에서는 아직 버튼 요소에 어떠한 이벤트도 등록하지 않았기 때문에 사용자가 입력한 이름에 대한 환영 인사가 화면에 출력되지는 않습니다.

그럼 제1장과 동일한 기능을 앵귤러 방식으로 구현해 봅시다. 먼저 [예제 3-1]에서 작성하였던 코드를 다음과 같이 수정합니다.

예제 3-2 ng-welcome-msg-app/src/app/app.component.html [ch3-2]

```
1  <h4>
-    <span>{{userName}}</span>님 환영합니다.
-  </h4>
-  <div class="contents">
5    <label for="user-name">사용자 이름: </label>
```

```
-    <input type="text" name="user-name" id="user-name" #nameInput>
-    <button type="button" (click)="setName(nameInput.value)">입력</button>
-  </div>
```

[예제 3-2]에서 변경된 부분을 살펴봅시다. 2번 줄을 보면 SPAN 요소의 id 속성을 제거하고 대신 중첩된 중괄호 사이에 userName이라는 값을 삽입하였습니다. 6번 줄에서는 INPUT 요소 맨 뒤에 속성으로 #nameInput을 추가하였습니다. 7번 줄에서는 BUTTON 요소에 (click)이라는 속성을 선언하면서 메서드 형태의 코드 setName(nameInput.value)를 값으로 추가하였습니다.

수정한 코드만 보고 추론하면 BUTTON 요소 클릭 시 setName은 메서드를 호출하면서 nameInput의 value 속성을 인자로 전달할 것으로 예측할 수 있습니다. AppComponent 클래스(src/app/app.component.ts) 안에 [예제 3-3] 5~9번 줄과 같이 코드를 작성합니다.

예제 3-3 ng-welcome-msg-app/src/app/app.component.ts [ch3-2]

```
1    import { Component } from '@angular/core';
-
-    @Component({ ⋯ })
-    export class AppComponent {
5      userName = '';
-
-      setName(name) {
-        this.userName = name;
-      }
10   }
```

앞의 [예제 3-2]에서 사용하였던 userName 메서드가 [예제 3-3] AppComponent 클래스에서 속성과 메서드로 선언되어 있음을 알 수 있습니다.

[예제 3-3]을 작성한 뒤 저장하면 ng serve 명령이 실행 중이므로 앵귤러 CLI가 코드의 변경사항을 자동으로 감지하여 소스를 다시 컴파일합니다. 컴파일이 완료되면 앵귤러 CLI는 열려 있는 브라우저의 페이지도 자동으로 새로 고칩니다.

이제 제1장의 welcome-msg-app과 동일하게 기능이 작동하는지 테스트해 보기 바랍니다.

3.1.1 컴포넌트와 템플릿

제1장의 예제와 동일한 기능을 앵귤러로 구현하기 위하여 수정한 파일은 app.component. html과 app.component.ts였습니다. html 파일에는 앵귤러에서 뷰를 구성할 마크업을 포함한 앵귤러에서 제공하는 문법을 사용하여 코드를 작성합니다. 앵귤러에서는 이 코드를 화면을 구성하는 틀이라는 의미를 붙여 템플릿이라고 합니다.

app.component.ts는 타입스크립트로 작성한 클래스입니다. 이 파일에 @Component와 함께 선언된 AppComponent 클래스는 앵귤러에서 제일 중요한 요소인 컴포넌트입니다. 컴포넌트는 뷰에서 일어나는 모든 일을 관리합니다. 보통은 컴포넌트 하나가 화면 전체를 담당하도록 만들지 않고, 기능이나 공통의 관심사를 기준으로 화면 하나를 여러 컴포넌트로 나누어 구성합니다. 예를 들면 게시판의 검색 부분, 글 목록, 페이징 등이 기초적인 컴포넌트 단위가 될 수 있습니다. 이제 [그림 3-2]를 보며 컴포넌트와 템플릿의 관계를 살펴봅시다.

그림 3-2 컴포넌트와 템플릿의 관계

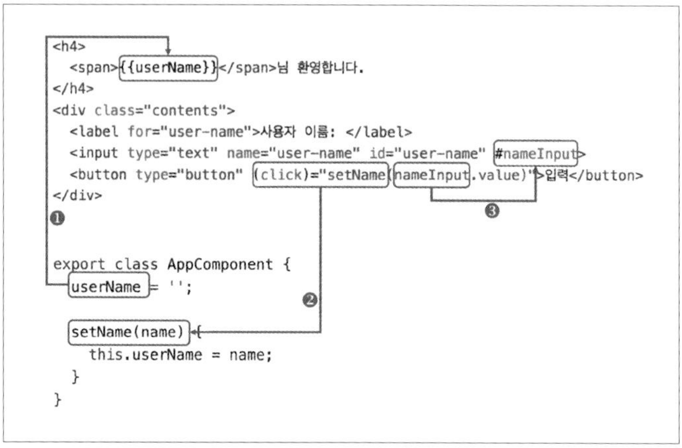

```
<h4>
  <span>{{userName}}</span>님 환영합니다.
</h4>
<div class="contents">
  <label for="user-name">사용자 이름: </label>
  <input type="text" name="user-name" id="user-name" #nameInput>
  <button type="button" (click)="setName(nameInput.value)">입력</button>
</div>
❶

export class AppComponent {
  userName = '';
                              ❷
  setName(name) {
    this.userName = name;
  }
}
```

컴포넌트와 템플릿의 관계

[그림 3-2]의 상단 템플릿 HTML 코드에 박스로 표시된 부분은 앵귤러에서 제공하는 고유한 템플릿 문법입니다. 앵귤러 방식의 템플릿 문법은 주로 컴포넌트와 상호작용할 때 사용합니다. [그림 3-2]의 화살표에서 알 수 있듯이 앵귤러의 템플릿 문법으로 작성한 코드는 컴포넌트 클래스의 속성 및 메서드와 관계를 맺습니다.

평범한 HTML 코드에서, 앵귤러가 제공하는 템플릿 문법으로 작성된 템플릿과 컴포넌트 코드
는 앵귤러가 애플리케이션을 부트스트래핑할 때 브라우저가 이해할 수 있는 자바스크립트 코
드와 HTML로 컴파일합니다. 이때 [그림 3-2]에서 표현한 템플릿과 컴포넌트의 연결고리가
생깁니다.

컴포넌트와 템플릿의 관계를 더 자세히 들여다 봅시다. 먼저 ❶ 화살표를 보면 컴포넌트 클래
스에 선언된 userName 속성이 템플릿의 SPAN 요소에 중첩된 중괄호({{ }}) 안에 선언되었
습니다. 이 코드는 클래스의 userName 속성 값을 뷰에 반영한다는 의미입니다.

다음으로 ❷ 화살표 방향을 봅시다. 이 부분의 관계는 INPUT 요소의 클릭 이벤트가 발생할 때
클래스의 setName 메서드를 실행하라는 선언을 뜻합니다. 마지막으로 ❸ 화살표는 템플릿 안
에서 DOM 객체를 지역 변수처럼 선언하여 활용하는 방식입니다. #nameInput 속성의 선언
된 INPUT 요소 객체를 nameInput으로 사용할 수 있다는 뜻입니다.

@Component 데코레이터

AppComponent 클래스 코드 위에 붙은 @Component는 앵귤러에게 이 클래스가 컴포넌
트임을 알리는 표시이자 컴포넌트를 구성하는 정보를 전달할 때 쓰는 통로입니다. @는 데코레
이터라고 하고 @로 시작하며, 이름과 함께 경우에 따라 @Component처럼 JSON 객체를 전
달받을 수도 있습니다.

@Component를 통하여 앵귤러에 전달하는 컴포넌트를 구성하는 정보를 메타데이터라고 합
니다. 메타데이터에는 컴포넌트와 연결된 뷰 정보인 템플릿, 스타일 정보 등이 있습니다. 그럼
앞에서 생성한 AppComponent의 메타데이터를 살펴봅시다.

예제 3-4 AppComponent의 @Component

```
1   @Component({
-     selector: 'app-root',
-     templateUrl: './app.component.html',
-     styleUrls: ['./app.component.css']
5   })
```

[예제 3-4]의 3~4번 줄 @Component의 메타데이터를 보면 templateUrl, styleUrls에 템
플릿과 CSS 파일의 경로가 선언되었으며, 이를 통하여 AppComponent의 뷰를 구성할 실제

파일이라는 것을 알 수 있습니다.

컴포넌트의 메타데이터에서 2번 줄에 선언된 selector 값은 템플릿에서 컴포넌트를 나타내기 위한 요소명(태그)을 의미합니다[1]. 예를 들어 이 예제에서는 AppComponent의 selector로 app-root를 선언하였습니다. 그럼 이제 프로젝트의 src/index.html 파일을 열면 HTML 파일 안에 다음과 같이 선언된 코드가 있을 것입니다.

```
<body>
  <app-root>Loading...</app-root>
</body>
```

AppComponent의 뷰가 app-root 태그를 통하여 바디 태그 안에 선언되었기 때문에 앞에서 작성한 템플릿 코드가 바디 태그 안에 삽입되는 것입니다.

앵귤러 애플리케이션은 컴포넌트를 개발하는 것에서 시작하여 컴포넌트를 개발하는 것으로 끝난다고 해도 과언이 아닙니다. 따라서 컴포넌트와 템플릿, 메타데이터는 앵귤러 애플리케이션에서 가장 중요한 핵심입니다. 앞으로 컴포넌트 이름만 이야기할 경우는 컴포넌트 클래스를 말하거나 템플릿까지 포함한 추상적인 의미의 컴포넌트라고 생각하면 됩니다. 특정 컴포넌트의 템플릿을 설명할 때는 명시적으로 어떤 컴포넌트의 템플릿인지 말할 것입니다.

컴포넌트와 템플릿에 관해서는 제4장과 제6장에서 사용 방법과 기능을 자세히 다룰 것입니다.

3.1.2 컴포넌트 생명 주기

앵귤러는 뷰에 필요한 컴포넌트를 생성하고 다른 뷰로 전환하면서 사용하지 않는 컴포넌트를 소멸시키는 등 컴포넌트의 전체 생명 주기를 관리합니다. 앵귤러는 컴포넌트의 생애를 여러 시점으로 나누어 각 순간마다 고유한 이벤트를 정의하여 인터페이스로 제공합니다. 해당 컴포넌트에서 이 인터페이스를 구현하면 컴포넌트의 생명 주기마다 앵귤러가 인터페이스 구현 코드를 실행합니다. 간단한 예를 통하여 확인해 봅시다.

일정한 시간이 지나도 사용자의 입력이 없을 경우 이름을 입력하라는 경고 메시지를 띄워 달

---

1 selector는 엄밀하게는 요소명이 아닌 CSS에서 사용하는 선택자를 선언합니다. 하지만 컴포넌트의 메타데이터에서 selector의 값은 컴포넌트의 뷰를 나타내는 요소명입니다. selector에 CSS 선택자를 사용하는 경우는 뒤에서 보게 될 지시자를 만들 경우입니다.

라는 요구사항이 생겼다고 가정해 봅시다. 이러한 경우 우리는 컴포넌트의 생명 주기를 활용할 수 있습니다. 앵귤러가 제공하는 생명 주기 인터페이스 중 컴포넌트의 뷰가 초기화된 후 최초에 1회 실행되는 AfterViewInit이 있습니다. AppComponent에서 AfterViewInit 인터페이스에 선언된 메서드 ngAfterViewInit을 구현하면 뷰가 초기화될 때 앵귤러가 알아서 ngAfterViewInit 메서드를 호출해 줍니다.

그럼 애플리케이션 실행 후 사용자에게 뷰가 보이는 시점인 ngAfterViewInit 호출 순간부터 일정 시간이 지난 후 한 번도 키 입력이 없는 경우 경고창을 띄워 봅시다. 다음과 같이 App Component에 코드를 추가합니다.

예제 3-5 ng-welcome-msg-app/src/app/app.component.ts [ch3-3]

```
1    import { Component, AfterViewInit } from '@angular/core';
-
-    @Component({ … })
-    export class AppComponent implements AfterViewInit {
5      userName = ";
-      private valid = false;
-      private static CHK_KEYUP_WAIT_SEC = 5000;
-
-      ngAfterViewInit() {
10       const checkTouchedFn = () => {
-          if(this.valid) return;
-          alert('이름을 입력해 주세요');
-        };
-
15       setTimeout(checkTouchedFn, AppComponent.CHK_KEYUP_WAIT_SEC);
-      }
-
-      onKeyUp(name) {
-        this.valid = name.length > 0;
20     }
-
-      setName(name) { … }
-    }
```

먼저 AppComponent에 한 번이라도 키 입력이 있었는지를 나타낼 valid 속성과 사용자의 키 입력을 대기할 시간 CHK_KEYUP_WAIT_SEC을 정적 속성으로 추가하였습니다. 또한 뷰 초기화 시 코드를 실행하기 위하여 AppComponent 클래스에 AfterViewInit 인터페이스를 구현하고 9~16번 줄과 같이 ngAfterViewInit 메서드를 추가하였습니다.

이제 애플리케이션이 실행되면 앵귤러가 컴포넌트의 뷰를 초기화한 뒤 최초에 한 번 ngAfterViewInit 메서드를 호출해 줍니다. ngAfterViewInit 메서드는 setTimeout을 통하여 CHK_KEYUP_WAIT_SEC 시간 뒤에 checkTouchedFn을 실행하여 valid 값을 확인합니다. valid 값이 true면 바로 리턴으로 함수를 종료하고 그렇지 않을 경우 경고창을 띄웁니다.

그럼 사용자 키 입력이 있을 때 어떻게 valid를 true로 바꿀까요? 이를 위하여 템플릿의 코드도 한 줄 수정하여야 합니다.

```
<input type="text" name="user-name" id="user-name"
  #nameInput (keyup)="onKeyUp(nameInput.value)">
```

이와 같이 INPUT 요소에 추가로 (keyup) 속성을 추가하였습니다. 이 코드는 INPUT 요소에 keyup 이벤트 발생 시 AppComponent의 onKeyUp 메서드를 호출하라는 뜻입니다. 이에 따라 [예제 3-5] 18~20번 줄의 onKeyUp 메서드가 호출되고 현재 입력된 이름의 값 유무에 따라 valid 속성을 바꿉니다. 앵귤러 CLI 개발 서버를 실행해 둔 상태라면 자동으로 변경 사항을 감지하고 변경된 소스를 컴파일합니다. 새로 컴파일된 애플리케이션이 브라우저에서 재실행되고 5초간 아무런 입력이 없으면 브라우저가 경고창을 띄우는 것을 확인할 수 있습니다.

살펴본 예제와 같이 컴포넌트는 앵귤러가 정의한 생명 주기에 따라 생성부터 소멸의 과정을 거칩니다. 이 과정 사이에 비즈니스 로직을 추가할 수 있도록 앵귤러는 인터페이스를 제공하여 해당 생명 주기가 도래할 때 인터페이스의 메서드를 실행합니다. 컴포넌트의 생명 주기는 제6장에서 자세히 알아볼 것입니다.

3.1.3 컴포넌트 트리

앵귤러에서 사용자에게 제공할 화면은 여러 컴포넌트의 조합으로 만들어집니다. 컴포넌트 또한 여러 컴포넌트를 조합하여 뷰를 구성하기도 합니다. 예를 들어 A컴포넌트는 my-foo라는 선택자를 가진 B컴포넌트와 my-bar라는 선택자를 가진 C컴포넌트를 자신의 템플릿 코드에서 다음과 같이 사용할 수 있습니다.

예제 3-6 컴포넌트를 조합하여 구성된 템플릿 예시

```
1   <!-- A컴포넌트의 템플릿 코드 일부 -->
-   <my-foo></my-foo>
-   <!-- A컴포넌트의 템플릿 코드 일부 -->
-   <my-bar></my-bar>
5   <!-- A컴포넌트의 템플릿 코드 일부 -->
```

따라서 앵귤러 애플리케이션에서 컴포넌트 사이에는 다른 컴포넌트를 템플릿 안에 소유한 부모와 다른 컴포넌트 템플릿에 소속되는 자식 컴포넌트 관계가 형성됩니다. 이로 인하여 부모-자식 형태의 컴포넌트 트리를 구성합니다. 그럼 새로운 컴포넌트를 생성하여 AppComponent의 템플릿에 포함시키는 예제를 통하여 컴포넌트의 관계를 확인해 봅시다.

실습: 다국어 환영 인사 기능

ng-welcome-msg-app에 새로운 기능을 추가해 봅시다. 신규 기능은 환영 인사를 다양한 국가의 언어로 제공하는 것입니다. 이제부터 AppComponent는 애플리케이션의 루트 컨테이너 역할만 하고 기존 로직은 새로운 컴포넌트를 생성하여 구현하기로 합니다.

앞에서 살펴보았듯이 하나의 컴포넌트에는 컴포넌트 클래스 코드, 템플릿 정보를 작성할 html 파일, 스타일 속성을 담는 css 파일이 필요합니다[2]. 파일을 일일이 생성할 필요 없이 앵귤러 CLI의 generate 명령을 사용하면 컴포넌트를 구성하는 관련 파일을 자동으로 손쉽게 생성할 수 있습니다. generate 명령은 생성할 요소와 요소명을 인자로 받습니다. generate를 다 쓰지 않고 g만 입력해도 명령을 실행할 수 있습니다. 다음 명령을 실행하면 WelcomeMsg라는 컴포넌트를 구성할 관련 파일이 생성됩니다.

```
ng g component welcome-msg
```

generate 명령은 프로젝트의 루트, src, src/app 중 어디서 실행하든지 기본적으로 src/app 폴더 밑에 폴더를 만들고 그 안에 관련 파일을 만들어 줍니다. 따라서 위 명령을 실행하면 src/app/welcome-msg에 [그림 3-3]과 같이 파일이 생성됩니다.

---

2 물론 템플릿 및 스타일 정보가 간단한 경우에는 컴포넌트의 @Component에 직접 작성할 수도 있습니다. 이와 관련해서는 제4장에서 자세하게 알아봅니다.

그림 3-3 generate 명령 후 생성되는 파일

컴포넌트의 클래스, html, css 파일을 포함하여 spec.ts로 끝나는 테스트 코드까지 생성됩니다. 이제 그림 AppComponent의 클래스(src/app/app.component.ts)와 템플릿(src/app/app.component.html) 소스를 WelcomeMsgComponent의 클래스(src/app/welcome-msg/welcome-msg.component.ts)와 템플릿(src/app/welcome-msg/welcome-msg.component.html)으로 모두 옮깁니다. 소스를 모두 옮긴 뒤 AppComponent의 템플릿은 WelcomeMsgComponent 클래스의 컴포넌트 메타데이터 selector에 선언된 값인 app-welcome-msg-app을 사용하여 다음과 같이 수정합니다.

```
<h1>다국어 환영 인사 서비스</h1>
<app-welcome-msg></app-welcome-msg>
```

코드를 모두 옮기고 나면 AppComponent의 컴포넌트 클래스(app.component.ts)에는 다음과 같이 @Component 데코레이터와 클래스 선언만 남습니다.

```
import { Component } from '@angular/core';

@Component({ … })
export class AppComponent { }
```

지금까지는 앞서 AppComponent에 있던 로직을 새롭게 WelcomeMsgComponent로 옮긴 것이 전부입니다[3]. 이제 다국어 환영 인사 기능을 위한 컴포넌트를 생성할 차례입니다. 다음 명령을 실행하여 새로운 컴포넌트 LangSelectorComponent를 구성할 관련 파일을 생성합니다.

----

3 여기서 변경한 내역은 GIT을 사용하여 ch3-4 태그를 체크아웃받거나 http://bit.ly/hb-af-ch3-4에서 변경 내역을 확인할 수 있습니다.

```
ng g component lang-selector
```

새로 생성한 LangSelectorComponent에서는 언어 선택을 위한 셀렉터 뷰를 구현할 것입니다. 전체 템플릿 코드 중에서 한국어를 선택할 때 필요한 일부 코드를 살펴봅시다.

예제 3-7 ng-weclome-msg-app/src/app/lang-selector/lang-selector.component.html [ch3-5]

```
1  <div id="lang-select">
-    <div class="lang-box">
-      <img src="/assets/img/South_Korea.png">
-      <label *ngIf="langCode === 'ko'">선택됨</label>
5      <button type="button" (click)="setLangCode('ko')"
-        [disabled]="langCode === 'ko'">한국어</button>
-    </div>
-    <!-- 다른 언어 템플릿 생략 -->
-  </div>
```

코드를 보면 앞에서 잠깐 살펴본 것과는 다른 앵귤러의 템플릿 문법이 사용된 것을 알 수 있습니다. 각 문법의 역할과 현재 코드의 의미를 간단하게 알아봅시다.

*ngIf는 주어진 조건이 참일 경우 자식을 포함한 해당 DOM을 렌더링하고 그렇지 않을 경우 DOM을 삭제하는 문법입니다. 따라서 4번 줄의 LABEL 요소는 현재 langCode 값이 언어 코드와 동일할 때 보일 것입니다.

[disabled]는 주어진 조건의 결과인 불리언 값을 실제 DOM 요소의 disabled 속성에 반영합니다. 이에 따라 현재 선택한 langCode인 경우 중복해 클릭하지 못하도록 비활성화 처리합니다.

템플릿에서 사용한 언어별 국가 이미지 파일은 다음 링크에서 확인할 수 있습니다.

- **언어별 국가 이미지 파일:** http://bit.ly/hb-af-ch3-img

이제 다음과 같이 AppComponent의 템플릿에 LangSelectorComponent를 추가합니다.

```
<h1>다국어 환영 인사 서비스</h1>
<app-welcome-msg></app-welcome-msg>
<app-lang-selector></app-lang-selector>
```

간단하지만 지금까지 구현한 ng-welcome-msg-app은 [그림 3-4]와 같은 형태의 컴포넌트 트리 관계라는 것을 알 수 있습니다.

그림 3-4 ng-new-welcome-msg-app의 컴포넌트 트리

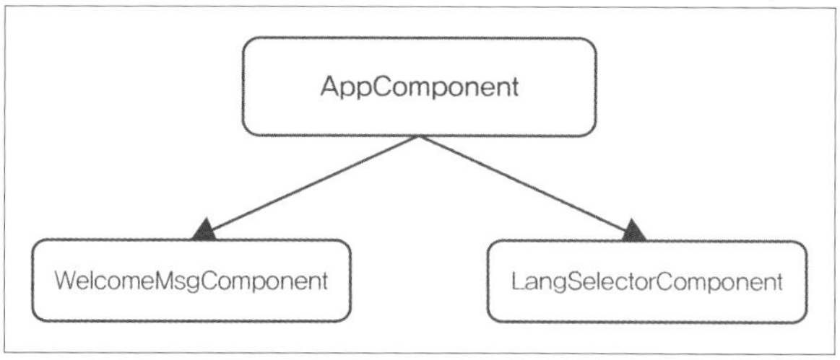

컴포넌트 트리는 앵귤러에서 컴포넌트 사이에 다양한 상호작용을 할 때 중요한 기반 개념이 됩니다. 따라서 책 전반에 걸쳐 계속 언급하고 만나게 될 것입니다.

3.1.4 데이터 바인딩

앵귤러는 뷰와 컴포넌트에서 발생한 데이터의 변경 사항을 자동으로 일치시키는 데이터 바인딩을 지원합니다. 데이터 바인딩 기능이 없으면 사용자가 뷰에서 상태를 변경하거나 컴포넌트에서 상태를 변경할 경우 뷰와 컴포넌트 상호 간에 상태 정보를 일치시키는 일을 직접 구현하여야 합니다. 데이터 바인딩은 뷰와 컴포넌트 간의 관계를 선언함으로써 이러한 부가 작업을 하지 않게 해 줍니다. 앞으로 이 책에서 뷰 혹은 템플릿과 컴포넌트 사이에 이러한 관계를 정의할 때 바인딩한다는 표현을 자주 사용할 것입니다.

데이터 바인딩은 뷰와 컴포넌트 사이의 데이터 흐름에 따라 양방향 바인딩과 단방향 바인딩으로 나눌 수 있습니다. 양방향 바인딩은 앵귤러JS부터 전통적으로 지원하였던 기능으로 문자 그대로 컴포넌트와 뷰 사이에 상태 정보의 변경 사항을 일치시켜 줍니다.

단방향 바인딩은 컴포넌트에서 뷰로, 또는 뷰에서 컴포넌트 한쪽으로만 데이터를 바인딩해 줍니다. 양방향 바인딩과 달리 단반향 바인딩은 바인딩할 방식에 따라 삽입식, 프로퍼티 바인딩, 이벤트 바인딩으로 나눌 수 있습니다. 이미 앞의 예제에서 세 가지 단방향 바인딩을 모두 사용하였습니다. 먼저 [예제 3-2]에서 SPAN 요소에 작성한 {{userName}}은 삽입식이라고 하는 단방향 바인딩 방법입니다. 컴포넌트에 선언한 속성을 이와 같이 뷰에서 사용할 수 있습니다.

다음으로, 프로퍼티 바인딩과 이벤트 바인딩을 활용한 코드를 봅시다.

예제 3-8 프로퍼티 바인딩과 이벤트 바인딩 사용 예

```
<button type="button" (click)="setLangCode('ko')"
  [disabled]="langCode === 'ko'">한국어</button>
```

먼저 프로퍼티 바인딩은 DOM이 소유한 프로퍼티를 [ ]로 바인딩하는 방식입니다. [예제 3-8] [disabled] 부분이 프로퍼티 바인딩을 사용한 경우입니다. [disabled] = "langCode === 'ko'"는 LangSelectorComponent의 langCode 속성과 ko의 비교 결과값인 boolean과 BUTTON 요소를 disabled 프로퍼티에 바인딩한다는 의미입니다. 이 코드로 인하여 LangSelectorComponent의 langCode가 ko면 한국어 입력 버튼이 비활성화되고 langCode가 ko가 아니면 한국어 입력 버튼이 활성화됩니다.

세 번째로 이벤트 바인딩을 활용하면 DOM의 이벤트 핸들러로 컴포넌트의 메서드를 사용할 수 있습니다. 이벤트 대상을 ( )로 선언한 후 우변에 핸들러로 사용할 메서드를 바인딩합니다. [예제 3-8]을 다시 보면 INPUT 요소의 click 이벤트가 발생할 때 컴포넌트의 setLangCode라는 메서드를 호출하도록 바인딩한 것을 확인할 수 있습니다.

실습: 양방향 데이터 바인딩 맛보기

데이터 바인딩 중 아직 설명하지 않은 양방향 바인딩을 실습으로 간단히 살펴봅시다. 양방향 바인딩을 사용하는 가장 쉬운 방법은 FormsModule이 제공하는 NgModel 지시자를 활용하는 것입니다. 바인딩할 요소의 속성에 [(ngModel)]과 함께 바인딩할 대상을 선언하면 양방향 바인딩을 적용할 수 있습니다. NgModel을 사용하기 위해서는 FormsModule을 임포트하여야 합니다. 하지만 앵귤러 CLI로 생성한 프로젝트는 기본으로 FormsModule을 임포트하고 있기 때문에 이 프로젝트에서 우리가 직접 임포트할 필요는 없습니다. 제8장의 폼과 제10장의 모듈을 다룰 때 각각 자세하게 알아봅니다[4].

그럼, 예제를 통하여 양방향 바인딩을 사용해 봅시다. WelcomeMsgComponent의 템플릿 (src/app/welcome-msg/welcome-msg.component.html) 파일을 열어 [예제 3-9]와 같이 코드를 수정합니다.

....
4 http://bit.ly/af-changes-1

```
1   <h4>
-     <span>{{userName}}</span>님 환영합니다.
-   </h4>
-   <div class="contents">
5     <label for="user-name">사용자 이름: </label>
-     <input type="text" name="user-name" id="user-name" [(ngModel)]="userName"
-       (ngModelChange)="onChange()">
-   </div>
```

변경한 INPUT 요소의 코드는 사용자 이름을 저장할 userName을 NgModel 지시자를 사용하여 양방향 바인딩으로 선언한 것입니다. 또한 양방향 바인딩된 값이 변경되었을 때 실행되는 ngModelChange 이벤트를 onChange 메서드에 바인딩하였습니다.

이제 양방향 바인딩으로 선언되었기 때문에 INPUT 요소에 입력한 값은 자동으로 컴포넌트의 userName 속성에 반영됩니다. 반대로 컴포넌트 코드에서 userName을 변경할 경우에도 이 값이 뷰의 INPUT 요소에 반영될 것입니다.

템플릿에서 사용자 이름을 양방향 바인딩으로 선언하였기 때문에 WelcomeMsgComponent의 코드에도 약간의 수정이 필요합니다. WelcomeMsgComponent의 클래스(src/app/welcome-msg/welcome-msg.component.ts) 파일을 열어 일정 시간 동안 사용자 입력이 있었는지를 체크하는 onKeyUp 메서드와 버튼 요소의 클릭 이벤트에 바인딩한 setName 메서드를 삭제하고 onChange 메서드를 추가합니다.

```
onChange() {
  this.valid = this.userName.length > 0;
}
```

onChange 메서드는 템플릿의 INPUT 요소에 양방향 바인딩이 제공하는 이벤트를 바인딩한 메서드입니다. 앞서 NgModel로 바인딩한 값이 바뀔 때 발생하는 ngModelChange 이벤트를 onChange 메서드에 바인딩하였습니다. 따라서 이 이벤트를 onChange 메서드에 바인딩하여 값이 변화를 가로챈 후 적절한 로직을 수행할 수 있습니다.

이제 애플리케이션을 실행하고 INPUT 요소에 값을 입력하면 변경 사항이 바로 상단에 반영되어 보일 것입니다. 이는 INPUT의 변경 사항이 컴포넌트의 userName에 바인딩되고, 컴포넌트의 userName이 다시 삽입식을 통하여 SPAN 요소의 {{userName}}에 반영되기 때문입니다.

양방향 바인딩 시 한글 입력

양방향 바인딩 설정 후 애플리케이션을 실행하면 영문 입력과 달리 한글을 입력할 때 마지막 글자가 뷰에 바로 반영되지 않는 것을 확인할 수 있습니다. 이는 조합형 문자 입력 시 이벤트 처리와 관련된 것입니다.

한글과 같은 조합형 문자의 경우 일반적으로 글자를 입력 후 스페이스나 엔터 등을 통하여 문자 입력을 완료한 시점에 compositionend라는 브라우저 이벤트가 발생합니다. 이 이벤트에 따라 앵귤러는 양방향 바인딩을 처리합니다. 만약 compositionend 이벤트와 상관없이 현재 작성 중인 글자를 모두 뷰에 바인딩하고 싶을 경우에는 앵귤러에서 제공하는 COMPOSITION_BUFFER_MODE 설정을 변경하면 됩니다. 설정을 변경하기 위해서는 다음 코드와 같이 COMPOSITION_BUFFER_MODE를 임포트한 후 7번 줄 providers의 useValue에 false로 값을 선언하여야 합니다. providers의 문법과 관련된 내용은 제5장에서 다룰 예정입니다.

ng-welcome-msg-app/src/app/app.module.ts

```
1   // 임포트 생략
-   import { FormsModule, COMPOSITION_BUFFER_MODE } from '@angular/forms';
-
-   @NgModule({
5     declarations: [ … ],
-     imports: [ … ],
-     providers: [{provide: COMPOSITION_BUFFER_MODE, useValue: false}],
-     bootstrap: [AppComponent]
-   })
10  export class AppModule { }
```

LangSelectorComponent 구현

자 이제 템플릿에만 선언하고 구현하지 않았던 LangSelectorComponent의 메서드와 속성을 [예제 3-10]과 같이 작성합니다.

템플릿에서 사용한 langCode 속성과 이벤트 바인딩한 setLangCode 메서드를 LangSelectorComponent에 추가하였습니다. constructor에서 langCode를 ko로 할당하였기 때문에 이제 애플리케이션이 실행되면 한국어가 기본으로 선택됩니다. 이후 각 언어 버튼을 눌러 보면 앞에서 설명한 데이터 바인딩 효과로 해당 버튼이 비활성화되면서 선택됨이라는 라벨이 보이고 다른 버튼은 모두 활성화될 것입니다.

예제 3-10 ng-weclome-msg-app/src/app/lang-selector/lang-selector.component.ts [ch3-7]

```
1    import { Component, OnInit } from '@angular/core';
-
-    @Component({ … })
-    export class LangSelectorComponent implements OnInit {
5      langCode: string;
-
-      constructor() {
-        this.langCode = 'ko';
-      }
10
-      ngOnInit() {
-      }
-
-      setLangCode(code: string) {
15       this.langCode = code;
-      }
-    }
```

3.1.5 마치며

지금까지 살펴본 개념과 내용은 뷰를 구성하는 데 필요한 앵귤러의 핵심 요소입니다. [그림 3-5]는 전체 아키텍처 중 이번 절에서 설명한 내용만 표시한 그림입니다. [그림 3-5]를 보면 알 수 있듯이 앞에서 살펴본 개념들만 알아도 간단한 웹 애플리케이션을 구성할 수 있습니다. 남은 내용은 애플리케이션을 더 구조화하는 데 필요한 개념입니다. 다음 절에서 다룰 내용을 통하여 애플리케이션을 더 풍성하게 구현할 수 있습니다.

그림 3-5 앵귤러 아키텍처 중 뷰 렌더링 부분

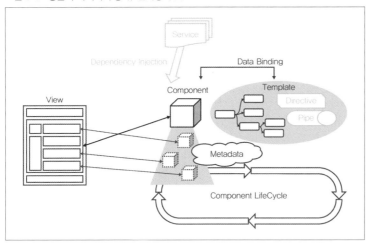

3.2 애플리케이션을 완벽하게 만드는 요소

앞에서 다룬 개념이 사용자용 애플리케이션을 작성하는 데 반드시 필요한 화면을 다루는 기술이라면 지금부터는 웹 애플리케이션을 더 견고하고 완벽하게 만드는 앵귤러의 요소를 다룹니다.

3.2.1 서비스와 의존성 주입

서비스는 애플리케이션의 비즈니스 로직을 담는 클래스입니다. 서비스를 사용하는 이유는 컴포넌트에서 비즈니스 로직을 분리하기 위해서입니다. 컴포넌트는 뷰와 서비스의 비즈니스 로직을 관리하는 컨트롤 타워 같은 역할을 하고, 비즈니스 로직은 가능한 한 서비스에 기술하는 것이 좋습니다.

실습: 다국어 지원 서비스 만들기

실습은 앞에서 다국어 환영 인사 기능 구현을 위하여 뷰까지만 구현한 것에서 이어집니다. 이번에는 실제 선택한 언어에 따라 해당 언어의 환영 인사를 화면에 출력하는 기능을 실습할 것입니다. 이때 언어 선택과 관련된 비즈니스 로직을 서비스로 구현합니다. 서비스 생성을 위하여 역시 앵귤러 CLI의 generate 명령을 사용합니다. 다음 명령을 프로젝트 폴더(ng-welcome-msg-app)에서 실행하여 서비스 클래스를 생성합니다.

```
ng g service i18n-support
```

명령을 실행하면 app 폴더에 i18n-support.service.ts 파일이 생성됩니다. 생성된 파일은 I18nSupportService 클래스입니다. 이제 I18nSupportService에서 사용자 이름과 언어 코드에 따라 환영 인사를 반환하는 getWelcomeMsgByCode 메서드를 구현해 봅시다.

예제 3-11 ng-welcome-msg-app/src/app/i18n-support-service.ts [ch3-8]

```
1    import { Injectable } from '@angular/core';
-
-    @Injectable()
-    export class I18nSupportService {
5      private welcomeMsg;
-
-      constructor() {
-        this.welcomeMsg = {
-          'ko': '안녕하세요',
10         'en': 'Hello',
-          'jp': '初めまして',
-          'fr': 'Bonjour'
-        };
-      }
15
-      getWelcomeMsgByCode(userName: string, code: string) {
-        const helloMsg = this.welcomeMsg[code];
-        return `${helloMsg}, ${userName}!`;
-      }
20   }
```

먼저 constructor에서 언어 코드에 따른 국가별 환영 인사를 welcomeMsg에 저장합니다. 이제 16~19번 줄과 같이 getWelcomeMsgByCode 메서드는 사용자 이름과 언어 코드를 인자로 받아 선택한 언어에 맞는 환영 인사를 생성하여 반환합니다.

이제 WelcomeMsgComponent에서 I18nSupportService를 사용하여 선택한 언어에 맞는 환영 인사를 보여 주도록 코드를 수정합니다. 먼저 WelcomeMsgComponent의 상단에 I18nSupportService를 먼저 임포트합니다. I18nSupportService는 WelcomeMsgComponent 클래스가 위치한 welcome-msg 폴더와 같은 레벨에 있기 때문에 임포트할 때 상대 경로로 다음과 같이 선언합니다.

```
import { I18nSupportService } from '../i18n-support.service';
```

서비스를 임포트한 후 생성자의 인자로 I18nSupportService를 추가합니다. 앞서 '2.1.3 열린 언어'에서 설명하였던 것처럼 생성자의 매개 변수에 접근 제어자를 붙이면 클래스의 속성으로 선언됩니다. 다음 코드는 i18nSupporter라는 이름으로 WelcomeMsgComponent 클래스의 속성을 선언하는 것입니다.

```
constructor(public i18nSupporter: I18nSupportService) { }
```

이와 같이 I18nSupportService를 생성자에 인자로 선언할 때 앵귤러는 우리 몰래 마법을 하나 부립니다. 생성자에 매개 변수로 선언한 I18nSupportService를 코드에서 여러분이 new I18nSupportService()로 생성할 필요 없이 앵귤러에서 대신 클래스를 생성해 제공합니다. 이러한 과정을 의존성 주입DI, Dependency Injection이라고 합니다. 자바의 스프링 프레임워크가 빈을 관리해 주면서 의존성 주입으로 빈을 주입해 주는 것과 동일합니다. WelcomeMsgComponent는 I18nSupportService에 의존하고 있고 앵귤러가 생성자로 생성해서 제공하는

I18nSupportService의 객체를 주입받아 사용할 수 있게 되었습니다.

다음으로 WelcomeMsgComponent에 환영 인사를 저장할 welcomeMsg 속성을 추가합니다. 이제 사용자가 이름을 입력한 후 버튼을 클릭하면 I18nSupportService 서비스의 getWelcomeMsgByCode 메서드를 호출하여 welcomeMsg에 저장하는 코드를 구현해 봅시다.

```
showWelcomeMsg() {
    this.welcomeMsg = this.i18nSupporter.getWelcomeMsgByCode(this.userName, 'ko');
}
```

showWelcomeMsg를 WelcomeMsgComponent 클래스의 메서드로 추가하여 사용자가 입력한 이름과 한국어 코드('ko')에 맞는 환영 인사를 welcomeMsg에 담았습니다. 컴포넌트의 수정 사항에 맞추어 템플릿 코드도 변경합니다. 환영 인사는 이제 H4 요소 안에 welcomeMsg 속성을 바인딩하도록 선언하고, BUTTON 클릭 시 새로 추가한 showWelcomeMsg 메서드를 실행할 수 있도록 템플릿을 수정합니다.

예제 3-12 ng-weclome-msg-app/src/app/welcome-msg/welcome-msg.component.html [ch3-8]

```
1   <h4>{{welcomeMsg}}</h4>
-   <div class="contents">
-     <label for="user-name">사용자 이름: </label>
-     <input type="text" name="user-name" id="user-name"
5       [(ngModel)]="userName" (ngModelChange)="onChange()">
-     <button type="button" (click)="showWelcomeMsg()">입력</button>
-   </div>
```

마지막으로 WelcomeComponent에서 I18nSupportService 객체를 주입받기 위한 설정이 필요합니다. 설정 방법은 I18nSupportService 클래스를 의존성으로 주입할 것이라는 정보를 어딘가에 등록하는 것입니다.

의존성 주입 정보는 앵귤러 모듈에 선언합니다. src/app/app.module.ts 파일을 열어 봅시다. 이 파일은 AppModule 클래스입니다. AppModule 클래스와 @NgModule의 개념은 잠시 뒤에 살펴보기로 하고, 지금은 의존성 정보만 선언해 봅시다. AppModule 클래스의 @NgModule 메타데이터에 providers라는 키를 추가하고 배열([ ]) 안에 I18nSupportService를 추가합니다.

예제 3-13 ng-welcome-msg-app/src/app/app.module.ts [ch3-8]

```
1    // 다른 임포트 생략
-    import { I18nSupportService } from './i18n-support.service';
-
-    @NgModule({
5      declarations: [ ... ],
-      imports: [ ... ],
-      providers: [I18nSupportService],
-      bootstrap: [AppComponent]
-    })
10   export class AppModule { }
```

애플리케이션을 실행하여 이름을 입력한 후 버튼을 클릭해 봅니다. 애플리케이션은 정상적으로 실행되지만 언어를 아무리 바꾸어도 한국어 환영 인사밖에 볼 수 없습니다. 앞의 show WelcomeMsg 메서드 구현 코드에 힌트가 있습니다. 바로 I18nSupportService의 getWelcomeMsgByCode을 호출할 때 두 번째 인자에 고정 값으로 한국어 코드('ko')를 전달하였기 때문입니다. 그렇다면 사용자가 선택한 언어 코드 정보는 어디에 있을까요? 사용자가 선택한 언어 코드 정보는 LangSelectorComponent의 속성 langCode에 있습니다. Welcome MsgComponent는 showWelcomeMsg 메서드 호출 시점에 이 코드 값이 필요한 상황입니다. 다시 말하면 다른 컴포넌트의 상태 값을 참조할 필요가 생긴 것입니다.

3.2.2 상태 관리 및 공유

뷰의 상태는 뷰와 연관된 컴포넌트가 관리합니다. 여러 컴포넌트에 동일한 상태 정보가 필요한 경우도 흔합니다. 이는 컴포넌트 기반으로 구축된 웹 애플리케이션의 화면이 다양한 컴포넌트가 구성되어 만들어지기 때문입니다.

컴포넌트 사이에 데이터를 공유하는 방법은 여러 가지가 있습니다. 이 중 한 가지 방법으로 LangSelectorComponent의 langCode를 공유해 봅시다. 여러 컴포넌트 간에 데이터를 공유하는 방법은 제6장에서 자세히 살펴볼 것입니다.

현재 상황을 정리하면 사용자가 언어를 선택할 때마다 LangSelectorComponent의 lang Code 값이 변경되고 WelcomeMsgComponent는 '입력' 버튼이 클릭될 때 이 값이 필요합니다. 그러나 WelcomeMsgComponent는 언어 코드가 바뀔 때마다 실시간으로 langCode

값을 알 필요는 없습니다. 버튼을 클릭할 때만 현재 선택된 langCode 값을 조회하면 됩니다. 이러한 경우 가장 간단한 방법은 langCode 상태를 서비스에 직접 저장하는 것입니다. 즉 [그림 3-6]처럼 LangSelectorComponent에서 사용자가 언어를 선택할 때마다 langCode를 서비스에 저장하고, WelcomeMsgComponent에서는 언어 코드를 신경쓰지 않고 getWelcomeMsg 메서드로 사용자 이름만 전달하여 환영 인사를 받는 것입니다.

그림 3-6 서비스를 활용한 컴포넌트 상태 공유 방법

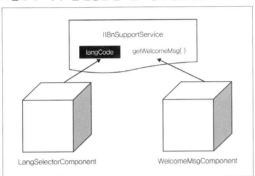

[그림 3-6]에 따라 먼저 I18nSupportService에 langCode 속성을 추가하고 getWelcome MsgByCode 메서드에서 사용자 이름만 인자로 받는 getWelcomeMsg로 코드를 수정해 봅시다.

예제 3-14 ng-welcome-msg-app/src/app/i18n-support.service.ts [ch3-9]

```
1    import { Injectable } from '@angular/core';
-
-    @Injectable()
-    export class I18nSupportService {
5      langCode = 'ko';
-      private welcomeMsg;
-
-      constructor() { … }
-
10     getWelcomeMsg(userName: string) {
-        const helloMsg = this.welcomeMsg[this.langCode];
-        return `${helloMsg}, ${userName}!`;
-      }
-    }
```

언어 코드 값을 직접 관리하기 위하여 I18nSupportService 클래스에 속성으로 lang-Code를 추가하였습니다. 그리고 userName과 langCode를 인자로 받았던 메서드 getWelcomeMsgByCode를 userName만 인자로 받는 getWelcomeMsg로 변경하였습니다.

WelcomeMsgComponent는 showWelcomeMsg 메서드에서 기존의 getWelcomeMsgByCode 메서드를 getWelcomeMsg로 변경하고 인자는 userName만 전달하도록 수정합니다.

```
showWelcomeMsg() {
  this.welcomeMsg = this.i18nSupporter.getWelcomeMsg(this.userName);
}
```

LangSelectorComponent는 langCode 값이 변경될 때마다 I18nSupportService에 langCode를 전달하는 로직을 추가하여야 합니다. I18nSupportService를 주입받기 위하여 생성자에 추가하고 setLangCode 메서드에서 langCode를 I18nSupportService에도 저장하도록 수정합니다. 물론 WelcomeMsgComponent 클래스에서 추가한 것과 동일하게 LangSelectorComponent 클래스에도 상단에 I18nSupportService을 임포트하는 코드를 추가하여야 합니다.

예제 3-15 ng-welcome-msg-app/src/app/lang-selector/lang-selector.component.ts [ch3-9]

```
1    constructor(public i18nSupporter: I18nSupportService) {
-      this.langCode = i18nSupporter.langCode;
-    }
-
5    ngOnInit() { }
-
-    setLangCode(code: string) {
-      this.langCode = code;
-      this.i18nSupporter.langCode = code;
10   }
```

마지막으로 LangSelectorComponent의 스타일 정보를 [예제 3-16]과 같이 추가한 후 애플리케이션을 실행하면 [그림 3-7]과 같이 국가별 환영 인사를 볼 수 있습니다.

```
1   .lang-box {
-       width: 8%;
-       display: inline-block;
-       margin: 10px 15px;
5   }
-   .lang-box img {
-       width: 120px;
-       height: 80px;
-       border: 1px solid darkblue;
10  }
```

그림 3-7 ng-welcome-msg-app 언어 선택 기능 예시 화면

3.2.3 지시자

ng-welcome-msg-app 애플리케이션에 목표하였던 다국어 환영 인사 기능을 추가하였습니다. 그러나 아직 아쉬운 부분이 있습니다. WelcomeMsgComponent의 템플릿은 국가 선택을 위한 뷰 템플릿이 국가 코드와 국가명, 이미지 경로를 제외하고 완전히 동일합니다. 전형적인 중복 코드로 개선할 수 있는 대상입니다. 또 한 가지는 현재 구조에서는 언어가 추가되면 I18nSupportService에 언어 정보도 추가하면서 WelcomeMsgComponent의 템플릿도 변경하여야 합니다. 언어를 추가하는데 변경하여야 할 지점이 두 군데 있다는 것은 좋은 설계가 아닙니다. 이러한 아쉬움을 해결하기 위한 방법 중 하나로 앵귤러의 지시자[directive]를 사용할 수 있습니다.

지시자는 템플릿을 동적으로 만들어 주는 요소입니다. 지시자는 크게 구조 지시자[structural directive]

와 속성 지시자^{attribute directive}로 구분할 수 있습니다. 구조 지시자는 DOM의 구조를 동적으로 처리할 때 사용하고, 속성 지시자는 DOM의 속성을 앵귤러 방식으로 관리할 때 사용합니다.

우리는 반복되는 템플릿을 간단하게 바꿀 수 있는 *ngFor라는 구조 지시자를 활용하여 언어 선택 템플릿을 개선할 예정입니다. *ngFor를 간단히 살펴보면 다음 코드와 같이 요소를 반복할 때 사용할 수 있습니다.

```html
<ul>
  <li *ngFor="let langCode of ['ko', 'en', 'jp', 'fr']">{{ langCode }}</li>
</ul>
```

이 코드는 배열의 수만큼 LI 요소를 반복 생성합니다. 그리고 각 언어 코드가 langCode라는 지역 변수에 바인딩되어 LI 요소 안에서 삽입식으로 뷰에 노출됩니다.

이제 앞서 LangSelectorComponent와 I18nSupportSerivce에 흩어져 있는 언어별 관련 정보를 하나로 모읍시다. 간단한 JSON 객체를 선언하여 언어 정보를 담고 이 정보를 필요한 곳에서 사용하도록 코드를 개선합니다. 언어 메타데이터 정보를 생성하기 위하여 app 폴더에 lang-metadata.ts라는 파일을 만들어 다음과 같이 작성합니다.

예제 3-17 ng-welcome-msg-app/src/app/ lang-metadata.ts [ch3-10]

```
1    export const LANG_METADATA = [
-        {
-            code: 'ko',
-            name: '한국어',
5            flagImgName: 'South_Korea.png',
-            msg: '안녕하세요'
-        },
-        {
-            code: 'en',
10           name: '영어',
-            flagImgName: 'United_States.png',
-            msg: 'Hello'
-        },
-        {
15           code: 'jp',
-            name: '일본어',
-            flagImgName: 'Japan.png',
-            msg: '初めまして'
```

```
-          },
20         {
-              code: 'fr',
-              name: '불어',
-              flagImgName: 'France.png',
-              msg: 'Bonjour'
25         }
-      ];
```

[예제 3-17]에서 작성한 파일은 순수한 자바스크립트 파일로, 메타데이터를 상수로 선언하여 export하였습니다. 이제 이 메타데이터를 LangSelectorComponent에서 사용해 봅시다. 다음과 같이 LANG_METADATA를 임포트하고 멤버 변수로 langMetadata를 만들어 LANG_METADATA의 값을 할당하는 코드만 LangSelectorComponent 클래스에 추가합니다.

```
1   …
-   import { LANG_METADATA } from '../lang-metadata';
-
-   @Component({ … })
5   export class LangSelectorComponent implements OnInit {
-     langMetadata = LANG_METADATA;
-     …
```

I18nSupportService에서 사용하던 국가별 환영 인사도 LANG_METADATA를 사용하도록 코드를 수정합니다. 기존 welcomeMsg 상태는 삭제하고, getWelcomeMsg 메서드는 LANG_METADATA에 저장된 환영 인사를 사용하도록 다음과 같이 수정합니다.

예제 3-18 ng-welcome-msg-app/src/app/i18n-support.service.ts [ch3-10]

```
1   import { Injectable } from '@angular/core';
-   import { LANG_METADATA } from './lang-metadata';
-
-   @Injectable()
5   export class I18nSupportService {
-     langCode = 'ko';
-
-     constructor() { }
-
10    getWelcomeMsg(userName: string) {
-       const langData = LANG_METADATA.find(lang => lang.code === this.langCode);
```

```
-       return `${langData.msg}, ${userName}!`;
-     }
-   }
```

마지막으로 다음과 같이 *ngFor 지시자를 사용하여 LangSelectorComponent의 템플릿을 수정합니다.

예제 3-19 ng-welcome-msg-app/src/app/lang-selector/lang-selector.component.html [ch3-10]

```
1  <div id="lang-select">
-    <div class="lang-box" *ngFor="let lang of langMetadata">
-      <img src="{{'/assets/img/' + lang.flagImgName}}">
-      <label *ngIf="langCode === lang.code">선택됨</label>
5      <button type="button" (click)="setLangCode(lang.code)"
-        [disabled]="langCode === lang.code">{{lang.name}}</button>
-    </div>
-  </div>
```

*ngFor 지시자를 사용한 덕분에 언어 선택 박스 DIV 요소를 하나로 줄일 수 있었습니다. 이전 코드는 언어 선택 박스가 국가별로 중복된 것도 문제였지만 언어 타입이 바뀌면 타입을 사용하는 부분을 일일이 다 변경하였습니다. 이제 의도한 대로 언어를 추가할 때 다른 코드를 수정하지 않고 LANG_METADATA만 수정하면 됩니다. 예제로 다음 중국어 정보를 LANG_METADATA에 추가하여 정상적으로 언어 설정이 추가되는지 실행해 봅니다.

```
1      {
-        code: 'cn',
-        name: '중국어',
-        flagImgName: 'China.png',
5        msg: '您好'
-      }
```

3.2.4 파이프

파이프는 템플릿에 데이터를 보여 줄 때 가공이 필요한 경우 사용할 수 있습니다. 예를 들면 어떤 컴포넌트에 price 변수가 있고 여기에 저장된 값이 829라고 합시다. 이때 앵귤러에서 제공하는 CurrencyPipe를 사용하면 국가별 통화에 맞게 자동으로 가공된 데이터를 뷰에 노출시킬 수 있습니다. 코드로 작성하면 다음과 같습니다.

```
{{ price | currency:'USD' }}
```

price 뒤에 파이프(|)가 붙고 CurrencyPipe의 이름인 currency와 함께 인자로 USD를 주었습니다. 이 코드는 829라는 값을 파이프를 통하여 가공하여 뷰에 USD829.00으로 보여 줍니다.

앞의 LangSelectorComponent의 템플릿에서 언어별 버튼은 다음과 같이 구현하였습니다.

```
<button type="button" (click)="setLangCode(lang.code)"
    [disabled]="langCode === lang.code">{{lang.name}}</button>
```

코드를 보면 버튼의 텍스트에 lang.name을 삽입식으로 바인딩하였습니다. 이번에는 파이프를 하나 만들어서 lang 객체를 받아서 버튼의 텍스트를 '한국어(ko)'와 같이 보이도록 수정해 봅시다. 다음 명령을 실행하여 LangSelectorBtnPipe 파일을 생성합니다. 다음 명령의 실행 위치는 프로젝트의 루트 폴더라는 것을 가정합니다.

```
cd src/app/lang-selector
ng g pipe lang-selector-btn
```

앵귤러 CLI로 파이프를 생성하기 전에 폴더의 위치를 lang-selector로 변경하였습니다. 이는 생성할 LangSelectorBtnPipe 파일을 lang-selector 폴더에 두기 위한 목적입니다. 명령을 실행하면 [그림 3-8]과 같이 lang-selector 폴더에 생성된 파일이 존재하여야 합니다.

그림 3-8 LangSelectorBtnPipe 생성 후 폴더 구조

생성된 LangSelectorBtnPipe에는 transform이라는 메서드 하나만 있습니다. 파이프는 인자로 하나의 값을 받아 가공한 후 변환된 값을 반환하는 이 메서드만 구현하면 됩니다. LangSelectorBtnPipe 클래스(ng-welcome-msg-app/src/app/lang-selector/lang-selector-btn.pipe.ts) 파일을 열어 transform 메서드를 다음 내용으로 변경합니다.

```
transform(lang): any {
  return `${lang.name} (${lang.code})`;
}
```

이제 이 파이프를 LangSelectorComponent의 템플릿에 적용해 봅시다. 먼저 LangSelector BtnPipe 상단의 @Pipe에 name이 'langSelectorBtn'으로 선언되어 있을 것입니다. 이는 사용할 파이프의 이름입니다. 이 이름을 템플릿에서 파이프(|)와 함께 선언하면 해당 파이프가 적용됩니다. 이를 적용하면 LangSelectorComponent의 템플릿 버튼 요소는 다음과 같이 수정할 수 있습니다.

```
<button type="button" (click)="setLangCode(lang.code)"
    [disabled]="langCode === lang.code">{{lang | langSelectorBtn}}</button>
```

코드를 수정하고 나면 화면의 언어 선택 버튼은 [그림 3-9]와 같이 바뀝니다.

그림 3-9 파이프 적용 뒤 화면

3.2.5 모듈

앵귤러의 모듈은 앵귤러 안에서 관련된 요소를 하나로 묶어 애플리케이션을 구성하는 단위입니다. 모든 앵귤러 애플리케이션은 반드시 하나의 모듈을 가집니다. 이 모듈을 루트 모듈이라고 하고 관례상 AppModule로 부르고 클래스를 생성합니다. 앵귤러 CLI로 프로젝트를 만들면 최초에 src/app/app.module.ts 파일이 함께 생성됩니다.

루트 모듈이 필요한 이유는 앵귤러는 모듈 단위로 애플리케이션의 코드를 인식하기 때문입니다. 따라서 지금까지 앞에서 살펴본 컴포넌트, 서비스, 지시자, 파이프를 모듈에 선언하지 않고서는 우리가 만든 애플리케이션에서 사용할 수 없습니다.

앞서 I18nSupportService의 경우 서비스 구현 후 AppModule을 열어서 @NgModule의 providers에 등록하였습니다. 서비스와 providers는 제5장에서 살펴볼 것입니다. 서비스를 제외한 다른 요소는 앵귤러 CLI 명령으로 생성 시 자동으로 모듈 코드를 수정하여 등록해 줍니다. 따라서 AppModule 코드를 보면 앞에서 구현하였던 컴포넌트, 파이프가 등록되어 있는 것을 확인할 수 있습니다.

예제 3-20 ng-welcome-msg-app/src/app/app.module.ts [ch3-12]

```
1   // 임포트 생략
-
-   @NgModule({
-     declarations: [
5       AppComponent,
-       WelcomeMsgComponent,
-       LangSelectorComponent,
-       LangSelectorBtnPipe
-     ],
10    imports: [
-       BrowserModule,
-       FormsModule,
-       HttpModule
-     ],
15    providers: [I18nSupportService],
-     bootstrap: [AppComponent]
-   })
-   export class AppModule { }
```

애플리케이션의 코드가 늘어나고 기능이 복잡해질 때 모듈을 기능 단위로 더 세분화할 수도 있습니다. 앵귤러도 여러 모듈로 구성하여 기능을 제공합니다. [예제 3-20] 10~14번 줄의 imports에 선언된 BrowserModule, FormsModule, HttpModule 모두 앵귤러에서 제공하는 모듈입니다. 모듈을 분할하고 구성하는 방법은 제11장에서 자세하게 살펴봅니다.

3.3 머티리얼 패키지 적용

자 이제 지금까지 점진적으로 구현한 ng-welcome-msg-app 프로젝트에 머티리얼 디자인을 적용하고 실습을 마쳐 봅시다. 이번 절의 내용은 Git의 ch3-final 태그를 체크아웃하거나 http://bit.ly/hb-af-ch3-final에서 변경 내역을 확인할 수 있습니다.

이 절에서는 실제 머티리얼, 부트스트랩 등과 같은 디자인 패키지를 프로젝트에 어떻게 반영하는지 맛보는 것을 목적으로 합니다. 따라서 여기서 다루는 내용에는 앵귤러 머티리얼 패키지와 관련된 내용도 있기 때문에 이해의 목적보다 지금까지 작업한 ng-welcome-msg-app 애플리케이션의 최종 마무리라고 생각하고 함께 실습해 보기로 합니다.

머티리얼 디자인을 적용하기 위하여 추가로 설치하여야 할 패키지가 있습니다. 다음 명령을 입력하여 앵귤러의 애니메이션 패키지와 머티리얼 관련 패키지를 설치합니다.

```
npm i --save @angular/animations @angular/material hammerjs
```

패키지 설치 후 제일 먼저 AppModule에 BrowserAnimationsModule과 우리가 사용할 머티리얼 컴포넌트의 모듈을 다음과 같이 임포트합니다.

```
1    // 임포트 생략
-    import { BrowserAnimationsModule } from '@angular/platform-browser/animations';
-    import { MdToolbarModule, MdSnackBarModule, MdCardModule, MdInputModule,
-        MdRadioModule, MdButtonModule } from '@angular/material';
5
-    @NgModule({
-      . . .
-      imports: [
-        BrowserModule,
10       FormsModule,
-        HttpModule,
-        BrowserAnimationsModule,
-        MdToolbarModule, MdSnackBarModule, MdCardModule, MdInputModule,
-            MdRadioModule, MdButtonModule
15     ],
-      . . .
```

다음으로 src/polyfills.ts 파일을 열어 다음 임포트문을 추가합니다[5].

```
import 'hammerjs';
```

다음으로 머티리얼 디자인용 css 테마를 적용하기 위하여 src 폴더에 styles.css를 열어서 다음 내용을 입력합니다. 4개의 파일은 각각 다른 테마이며, 기호에 따라서 파일 하나만 선택하여 주석을 해제하고 나머지는 그대로 둡니다.

```
/*@import '~@angular/material/prebuilt-themes/deeppurple-amber.css';*/
@import '~@angular/material/prebuilt-themes/indigo-pink.css';
/*@import '~@angular/material/prebuilt-themes/pink-bluegrey.css';*/
/*@import '~@angular/material/prebuilt-themes/purple-green.css';*/
```

이제부터 할 일은 앵귤러 머티리얼에서 제공하는 컴포넌트를 사용하여 기존의 템플릿을 바꾸는 것입니다. AppModule에 이미 MaterialModule을 선언하였기 때문에 이제 어떤 컴포넌트에서도 머티리얼 디자인 요소를 사용할 수 있습니다. 우선 AppComponent의 템플릿 파일에서 H1 요소를 ToolBar 컴포넌트[6]로 변경하였습니다.

```
<md-toolbar>다국어 환영 인사 서비스</md-toolbar>
<app-welcome-msg></app-welcome-msg>
<app-lang-selector></app-lang-selector>
```

다음으로 WelcomeMsgComponent를 수정합니다. 사용자 입력이 없을 때 경고창을 띄우지 않고 머티리얼 패키지의 SnackBar[7]를 사용합니다. MdSnackBar를 상단에 임포트한 뒤 생성자에서 MdSnackBar를 주입받고 alert 코드를 MdSnackBar의 open 메서드로 수정합니다.

```
1  // 다른 임포트 생략
-  import { MdSnackBar } from '@angular/material';
-
-  @Component({ … })
5  export class WelcomeMsgComponent implements AfterViewInit {
```

----

5 Hammer.js(http://hammerjs.github.io)는 모바일에서 터치 제스처 지원을 위한 패키지로, 머티리얼 디자인으로 모바일 웹 애플리케이션 개발 시 추가하여야 합니다.

6 https://material.angular.io/components/component/toolbar

7 https://material.angular.io/components/component/snack-bar

```
-      // 속성 생략
-
-    constructor(public i18nSupporter: I18nSupportService, private snackbar: MdSnackBar) { }
-
10   ngAfterViewInit() {
-      const checkTouchedFn = () => {
-        if (this.valid) return;
-        this.snackbar.open('이름을 입력해 주세요', '확인', {duration: 3000});
-      };
15
-      setTimeout(checkTouchedFn, WelcomeMsgComponent.CHK_KEYUP_WAIT_SEC);
-    }
```

WelcomeMsgComponent의 템플릿은 머티리얼 패키지의 MdCard[8]와 MdInput[9]을 사용
합니다. 템플릿 코드를 다음과 같이 수정합시다.

```
1    <md-card>
-      <div class="contents">
-        <md-input-container>
-          <input mdInput name="value" placeholder="사용자 이름"
5            [(ngModel)]="userName" (ngModelChange)="onChange()">
-        </md-input-container>
-        <button md-raised-button (click)="showWelcomeMsg()">입력</button>
-        <span class="welcome-msg">{{welcomeMsg}}</span>
-      </div>
10   </md-card>
```

템플릿 전체 내용을 md-card 컴포넌트로 감쌌습니다. 사용자 이름을 입력받을 요소는
md-input으로 바꾸었습니다. 환영 인사 출력은 H4 요소에서 SPAN으로 바꾸고 위치도 입
력 요소 다음으로 수정하였습니다. welcome-msg.component.css를 열어서 스타일 속성
도 다음 내용으로 변경합니다.

```
.welcome-msg {
  margin-left: 10px;
  color: deepskyblue;
}
```

----

8 https://material.angular.io/components/component/card
9 https://material.angular.io/components/component/input

이제 마지막으로 LangSelectorComponent를 변경합니다. 이번에는 템플릿부터 살펴봅니다. 마찬가지로 Md-Card 컴포넌트를 사용하고 언어 선택 버튼 대신 머티리얼 패키지의 라디오 버튼[10]으로 변경하였습니다. 다음 코드를 봅시다.

예제 3-21 머티리얼 패키지를 적용한 LangSelectorComponent 템플릿 코드

```
1  <md-card>
-    <md-radio-group [(ngModel)]="langCode" (change)="syncToService($event.value)">
-      <md-radio-button *ngFor="let lang of langMetadata" [value]="lang.code">
-        {{lang | langSelectorBtn}}
5        <img src="{{'/assets/img/' + lang.flagImgName}}">
-      </md-radio-button>
-    </md-radio-group>
-  </md-card>
```

전체를 md-card로 감싼 것은 WelcomeMsgComponent와 동일합니다. 다만 이전에는 각 언어별로 현재 선택된 버튼을 직접 핸들링한 것과 달리 머티리얼에서 제공하는 Radio Button을 사용하는 코드로 변경하였습니다. 따라서 이전처럼 각 버튼마다 클릭 이벤트를 setLangCode 메서드에 바인딩할 필요 없이 [예제 3-21] 2번 줄과 같이 양방향 바인딩을 사용하였습니다. 더불어 서비스에도 langCode의 변경 사항을 전달하기 위하여 change라는 이벤트에 syncToService 메서드를 바인딩하였습니다.

변경된 템플릿에 따라 스타일 요소도 바뀌었으므로 다음 내용으로 lang-selector.component.css를 변경합니다.

```
1  .mat-radio-button {
-    margin: 10px 15px;
-  }
-
5  img {
-    width: 18px;
-    border: 1px solid darkblue;
-  }
```

LangSelectorComponent는 setLangCode 메서드를 syncToService로 이름을 바꾸고

---

10 https://material.angular.io/components/component/radio

서비스에만 langCode를 전달하도록 다음과 같이 수정합니다.

```
syncToService(code) {
  this.i18nSupporter.langCode = code;
}
```

모든 작업이 끝났습니다. ng serve 명령을 수행하여 머티리얼 디자인으로 변경된 ng-welcome-msg-app 모습을 확인해 봅시다.

그림 3-10 머티리얼 디자인이 적용된 최종 결과

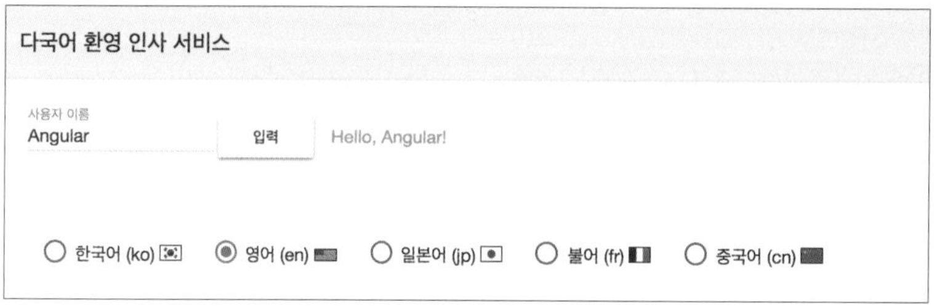

3.4 마치며

이 장에서는 다음 내용을 다루었습니다.

- 앵귤러는 사용자용 애플리케이션 개발을 돕는 프레임워크입니다.
- 개발자가 사용자에게 제공할 뷰의 구성과 관련된 비즈니스 로직 구현에 집중할 수 있도록 많은 기능을 제공해 줍니다.
- 뷰를 구성하는 핵심 요소는 컴포넌트입니다.
- 컴포넌트는 앵귤러 애플리케이션의 핵심으로, 뷰를 구성하는 기본 단위입니다.
- 컴포넌트는 뷰를 렌더링할 실제 정보인 템플릿을 가집니다.
- 앵귤러는 컴포넌트의 생성부터 소멸까지 일련의 생명 주기를 관리하고 주요한 순간마다 일련의 로직을 실행할 수 있는 인터페이스를 제공합니다.
- 하나의 뷰는 여러 컴포넌트의 조합으로 구성할 수 있으며, 컴포넌트는 다른 컴포넌트를 구성하여 뷰를 만들 수 있습니다.

- 이로 인하여 컴포넌트 사이에는 부모−자식 관계가 나타나며 애플리케이션 관점에서 컴포넌트 트리를 구성합니다.

- 앵귤러는 데이터 바인딩을 통하여 컴포넌트와 뷰 상호 간의 데이터를 일치시켜 줍니다. 데이터 적용 방향에 따라 단방향 바인딩과 양방향 바인딩이 있으며, 단방향 바인딩에는 방식에 따라 삽입식, 프로퍼티 바인딩, 이벤트 바인딩이 있습니다.

- 앵귤러는 애플리케이션을 풍성하게 만드는 요소로, 서비스와 의존성 주입, 지시자, 파이프 등의 기능을 제공합니다.

- 서비스는 뷰와 상관없는 독립적인 비즈니스 로직을 담은 클래스이며, 앵귤러는 의존성 주입을 통하여 서비스를 제공합니다.

- 여러 컴포넌트 사이에서 상태를 공유할 때 서비스를 활용할 수도 있습니다.

- 템플릿에는 뷰를 동적으로 변경하고 프로그래밍적 요소를 더하는 구조 지시자와 속성 지시자가 있습니다.

- 파이프는 컴포넌트의 데이터를 뷰에 노출할 때 가공할 수 있는 기능을 제공합니다.

- 이 장에서 다룬 앵귤러의 모든 요소는 모듈 단위로 구성되어 있습니다.

- 모듈은 앵귤러 애플리케이션이 앵귤러로 작성한 코드를 인지하는 기본 단위로, 모든 애플리케이션에는 루트 모듈이라 부르는 AppModule이 반드시 있습니다.

- 앵귤러와 관련된 여러 뷰 전용 컴포넌트 패키지를 적용하면 디자인 요소를 손쉽게 활용할 수 있습니다.

기본기 향상하기

제2부에서는 본격적으로 앵귤러를 구성하는 개념을 하나씩 살펴봅니다.

앵귤러는 코어 패키지부터 시작하여 의존성 주입 기능, 폼, Http, 라우터 등 하나의 애플리케이션을 개발하는 데 필요한 기능을 모두 제공하는 방대한 프레임워크입니다. 제2부는 앵귤러가 제공하는 모든 기능을 설명하기보다는 실제 예제를 중심으로 중요한 개념을 숙지하는 데 목적을 둡니다.

Part II

기본기 향상하기

CHAPTER 04

뷰를 구성하는 기초

- 컴포넌트의 개념
- 템플릿, 지시자의 개념
- 지시자와 컴포넌트의 관계
- 파이프의 개념과 사용 방법
- 컴포넌트 트리에 대한 이해
- 바인딩의 종류와 특징
- 지시자의 종류 및 사용 방법

앵귤러는 컴포넌트 단위로 뷰를 생성하고 관리합니다. 일반적으로 사용자가 바라보는 애플리케이션의 뷰는 기능과 목적에 따라 [그림 4-1]과 같이 논리적으로 나눌 수 있습니다. 분할된 뷰는 앵귤러에서 컴포넌트를 구성하는 단위가 됩니다.

그림 4-1 일반적인 화면 구성

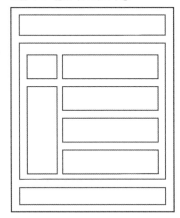

컴포넌트에는 뷰를 렌더링할 정보인 템플릿이 반드시 있습니다. 앵귤러의 템플릿은 표준 HTML 요소를 바탕으로 앵귤러 고유의 추가적인 문법을 통하여 뷰를 렌더링할 정보와 이벤트 처리 로직을 담고 있습니다. 결론적으로 애플리케이션 실행 시 앵귤러는 컴포넌트와 템플릿 코드를 바탕으로 뷰를 만듭니다.

그림 4-2 앵귤러에서 컴포넌트와 뷰의 관계

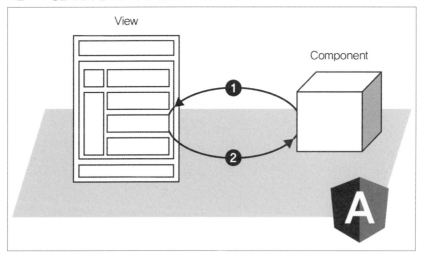

앵귤러는 프레임워크로서 [그림 4-2]와 같이 컴포넌트가 제공하는 정보를 뷰에 전달하고 뷰에서 일어나는 사용자의 액션을 다루는 일을 대신합니다. 따라서 앵귤러 기반의 웹 개발은 단적으로 표현하면 뷰와의 관계를 기술하는 것이라고 말할 수 있습니다. 뷰와 상호작용할 컴포넌트와 템플릿을 작성하고 나면, 뷰에 정보를 노출하고 이벤트를 처리하는 것은 앵귤러가 하기 때문입니다.

이 장에서는 컴포넌트와 템플릿을 구성하는 방법을 알아봅니다. 이를 통하여 앵귤러 방식으로 뷰를 구현하고 다루는 방식을 이해할 수 있을 것입니다.

4.1 컴포넌트

4.1.1 컴포넌트의 선언

컴포넌트는 하나의 클래스입니다. 예를 들어 다음과 같이 SimpleComponent라 명명한 클래스가 있다고 가정해 봅시다.

```
export class SimpleComponent { }
```

SimpleComponent 클래스는 아직까지는 순수한 타입스크립트 클래스입니다. 순수하다는 표현을 쓴 이유는 아직까지는 컴포넌트가 아니라는 뜻입니다. 이 클래스를 컴포넌트로 사용하려면 컴포넌트임을 앵귤러에 알려 주어야 합니다. 이때 사용하는 것이 Component 데코레이터입니다. 데코레이터가 대상을 장식한다는 의미를 가진 것처럼 Component 데코레이터는 앵귤러가 평범한 타입스크립트 클래스를 컴포넌트로 인지할 수 있도록 하는 역할을 합니다.

그럼 SimpleComponent 클래스에 Component 데코레이터를 붙여봅시다. Component 데코레이터는 코어(@angular/core) 패키지에서 제공하고 있습니다. 따라서 다음과 같이 코어 패키지에서 Component 데코레이터를 임포트하는 코드를 추가하여야 합니다.

```
import { Component } from '@angular/core';
```

모듈을 임포트한 뒤 클래스 바로 위에 Component 데코레이터를 추가하면 드디어 앵귤러가 원하는 컴포넌트의 자격을 갖춘 것입니다. [예제 4-1]은 가장 간단한 형태를 갖춘 컴포넌트 클래스입니다.

예제 4-1 컴포넌트 샘플 코드

```
1   import { Component } from '@angular/core';
-
-   @Component({
-     selector: 'af-simple',
5     template: `<h1>Angular is awesome!!</h1>`
-   })
-   export class SimpleComponent { }
```

지금 살펴본 것처럼 Component 데코레이터의 역할은 일차적으로 컴포넌트라는 것을 명시해 주는 것입니다.

4.1.2 메타데이터

Component 데코레이터의 두 번째 역할은 설정 정보, 메타데이터를 받는 것입니다. 앵귤러는 컴포넌트를 생성할 때 여러 정보를 요구하는데, 메타데이터는 Component 데코레이터를 통하여 전달합니다. 예를 들면 [예제 4-1]에서는 selector와 template 정보를 JSON 객체에 담아 Component 데코레이터에 작성한 것을 알 수 있습니다.

Component 데코레이터에 전달할 수 있는 메타데이터의 종류는 총 18가지가 있습니다. 메타데이터에 필수로 입력하여야 하는 값은 없습니다. 하지만 템플릿 정보와 selector는 사실상 필수로 입력하여야 하는 값입니다.

템플릿 정보

컴포넌트는 반드시 뷰를 그릴 정보를 가지고 있어야 합니다. 그렇기 때문에 컴포넌트 데코레이터의 메타데이터에는 템플릿 정보가 필수입니다. 혹시라도 컴포넌트에 템플릿 정보를 누락하고 애플리케이션을 실행하면 브라우저 콘솔창에 다음과 같은 예외가 출력됩니다.

```
No template specified for component (컴포넌트 이름)
```

템플릿 정보를 메타데이터에 작성하는 방법에는 template과 templateUrl 두 가지가 있습니다. template은 뷰를 그리는 데 필요한 템플릿 코드를 인라인으로 메타데이터 안에 직접 기술하는 방법입니다. 템플릿 정보가 간단한 경우 이 방법을 사용하여 다음처럼 템플릿 코드를 간단하게 작성할 수 있습니다.

```
@Component({
  selector: 'af-simple',
  template: `<h1>Angular is awesome!!</h1>`
})
```

반면 템플릿 내용이 클 경우 템플릿을 html 파일로 분리하는 것이 좋습니다. 템플릿을 html 파일로 분리하여 해당 파일의 경로를 데코레이터에 선언할 때 사용하는 것이 templateUrl입니다. 앞서 제3장 앵귤러 아키텍처에서 다국어 환영 인사 서비스의 WelcomeMsgComponent의 메타데이터를 보면 다음과 같이 templateUrl을 사용하여 템플릿 정보를 welcome-msg.component.html에 작성하고 파일 정보를 templateUrl에 선언한 것을 알 수 있습니다.

예제 4-2 templateUrl을 선언한 WelcomeMsgComponent 코드

```
1   . . .
-   @Component({
-     selector: 'welcome-msg',
```

```
-      templateUrl: './welcome-msg.component.html',
5      styleUrls: ['./welcome-msg.component.css']
-    })
-    export class WelcomeMsgComponent implements AfterViewInit { … }
```

[예제 4-2]의 경우 templateUrl에 작성한 파일 경로는 상대 경로입니다. 템플릿 파일을 상대 경로로 templateUrl에 선언하면 앵귤러 CLI가 알아서 해당 파일을 찾아 번들링합니다.

selector

selector는 템플릿 코드 안에서 컴포넌트를 사용할 때 CSS 선택기 문법으로 요소명을 정의하기 위하여 사용합니다. 예를 들어 A라는 컴포넌트의 메타데이터에 `selector: 'my-header'`와 같이 작성하였다고 해 봅시다. 이제 A컴포넌트는 다른 컴포넌트의 템플릿 안에서 `<my-header></my-header>`와 같이 요소로 사용할 수 있습니다. 따라서 메타데이터에 selector를 작성하지 않으면 템플릿에서 컴포넌트를 사용할 수 없으므로 사실상 필수 정보입니다.

기타 정보

템플릿 정보와 selector를 제외하면 컴포넌트에 전달할 수 있는 나머지 메타데이터는 필요에 따라 추가할 수 있습니다. 예를 들면 제3장에서 예제로 보았던 styles, stylesUrl은 스타일 속성을 주고자 할 때 사용합니다. 템플릿과 유사하게 styles는 인라인으로 배열 안에 여러 스타일 속성을 나누어 포함할 수도 있고, templateUrl과 마찬가지로 stylesUrl에 여러 외부 css 파일을 포함할 수도 있습니다. styles, stylesUrl에 선언한 스타일 정보는 해당 컴포넌트에만 적용되는데, 이와 관련된 내용은 제6장에서 자세히 살펴볼 것입니다.

지금까지 열거한 template, templateUrl, styles, stylesUrl, selector 외에 남은 13가지 옵션은 컴포넌트의 동작 방식과 관련된 설정입니다. 앞으로 관련 내용과 기능이 필요할 때 하나씩 알아보도록 하겠습니다.

4.1.3 부트스트래핑

컴포넌트를 만들어 보았으니 이제 컴포넌트를 사용해 봅시다. 우리가 작성한 컴포넌트를 앵귤러가 다루는 시작점은 애플리케이션을 부트스트래핑할 때입니다. 부트스트래핑은 브라우저에서 애플리케이션을 최초 실행할 때 진행되는 과정을 말합니다.

제3장에서 실습하였던 ng-welcome-msg-app 프로젝트의 AppModule 코드로 컴포넌트가 어떻게 사용되는지 확인해 봅시다.

예제 4-3 ng-welcome-msg-app의 AppModule 코드

```
1    // 임포트 생략
-
-    @NgModule({
-      declarations: [
5        AppComponent,
-        WelcomeMsgComponent,
-        LangSelectorComponent,
-        LangSelectorBtnPipe
-      ],
10     imports: [ … ],
-      providers: [I18nSupportService],
-      bootstrap: [AppComponent]
-    })
-    export class AppModule { }
```

AppModule은 앵귤러 애플리케이션 실행을 위하여 반드시 필요한 기본 모듈이라고 설명하였습니다. [예제 4-3]을 보면 Component 데코레이터와 마찬가지로 NgModule 데코레이터가 메타데이터를 받고 있음을 이해할 수 있을 것입니다.

NgModule 메타데이터에 기술된 정보 중 bootstrap과 declarations가 컴포넌트와 관련된 설정입니다. bootstrap은 애플리케이션을 부트스트래핑할 때 어떤 컴포넌트를 사용할 것인지 배열로 선언한 컴포넌트 정보입니다. bootstrap에 선언된 컴포넌트는 브라우저에서 최초 index.html을 요청하여 애플리케이션을 실행할 때 사용할 컴포넌트입니다.

declarations는 앵귤러 애플리케이션에서 사용할 모든 컴포넌트를 배열로 선언한 정보입니다. [예제 4-3]의 5~8번 줄을 보면 알 수 있듯이 컴포넌트를 포함하여 파이프까지 declarations에 선언한 것을 알 수 있습니다.

앵귤러 CLI로 컴포넌트를 생성하면 자동으로 AppModule의 declarations에 컴포넌트를 선언한다는 것을 제3장의 실습을 통하여 확인하였습니다. 컴포넌트 파일을 직접 생성한 경우에

는 반드시 해당 모듈의 declarations에 컴포넌트를 선언하여야 우리가 생성한 컴포넌트를 애플리케이션에서 사용할 수 있습니다.

NgModule의 declarations, bootstrap에 컴포넌트를 반드시 등록하여야 하는 이유는 앵귤러의 동작 방식 때문입니다. 앵귤러는 우리가 작성한 컴포넌트, 지시자 등의 코드를 해석하여 일반적인 자바스크립트 코드로 변환시킵니다. 이 과정을 앵귤러에서는 컴파일한다고 합니다.

컴파일 작업은 추가적인 설정이 없으면 브라우저에서 애플리케이션이 실행될 때 이루어집니다. 제3장의 실습에서 설명하지 않았지만 src/main.ts 파일을 열어 보면 몇 줄의 코드 안에 다음과 같은 코드 한 줄이 있습니다.

```
platformBrowserDynamic().bootstrapModule(AppModule);
```

바로 이 코드로 모듈을 읽어 들이고 컴포넌트를 컴파일하는 것입니다. 여기에서는 우리가 작성한 컴포넌트를 앵귤러가 평범한 자바스크립트 코드로 변환하여 대신 실행해 준다는 점과, 이 과정을 위하여 반드시 NgModule에 컴포넌트를 등록하여야 사용할 수 있다는 점만 알고 넘어 갑시다. 앵귤러의 동작 원리와 컴파일은 제9장에서 자세히 다루겠습니다.

4.1.4 컴포넌트 트리

앵귤러로 개발한 애플리케이션에는 반드시 컴포넌트 트리가 있습니다. 그 이유는 컴포넌트가 여러 컴포넌트를 사용하여 뷰를 구성하기 때문입니다. 컴포넌트 트리는 최초 index.htm에서 사용할 컴포넌트가 트리의 루트가 됩니다. 그리고 루트 컴포넌트부터 시작하여 더 이상 다른 컴포넌트를 템플릿에서 사용하지 않는 컴포넌트까지 모든 컴포넌트 사이의 포함 관계를 고려하면 [그림 4-3]처럼 컴포넌트의 관계를 표현할 수 있습니다.

앵귤러 애플리케이션에서 가장 중요한 개념은 컴포넌트이고, 모든 애플리케이션은 컴포넌트 트리 형태입니다. 이는 설계 시점부터 컴포넌트 트리를 고려하여야 함을 의미합니다. 따라서 우리가 만들 웹 애플리케이션의 화면 구성이 주어지면 대략 설계 시부터 화면을 컴포넌트 단위로 모델링하여야 합니다.

그림 4-3 컴포넌트 트리

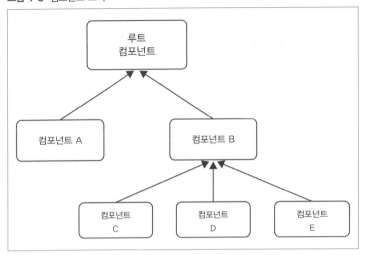

실제 웹 애플리케이션 예제를 살펴봅시다. [그림 4-4]는 ToDoist[1]라는 할 일 관리 애플리케이션의 메인 화면입니다. 간단해 보이는 이 화면도 여러 작은 뷰 요소와 컴포넌트로 구성할 수 있습니다. 그럼 Todoist의 메인 뷰를 더 작은 단위의 뷰로 나누어 봅시다.

그림 4-4 ToDoist 리스트 웹 애플리케이션

한 화면을 세부 요소로 구분하는 명확한 규칙은 없습니다. 다만 일반적으로 기능 및 특징과 반복되는 요소를 고려하여 나눌 수 있습니다. 여기서는 전체 화면을 [그림 4-5]와 같이 상자 처리된 작은 뷰로 구분해 보기로 합니다.

---

1 https://ko.todoist.com/

그림 4-5 ToDoist 웹 애플리케이션 뷰 분할

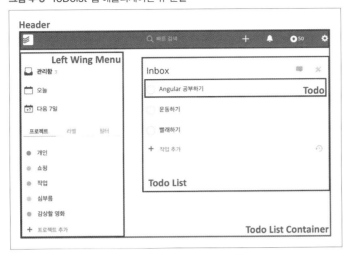

[그림 4-5]와 같이 뷰를 여러 하위 뷰로 분할하였다면, 이를 [그림 4-6]과 같이 컴포넌트 트리로 치환할 수 있습니다.

그림 4-6 ToDoist 리스트 웹 애플리케이션 컴포넌트 트리

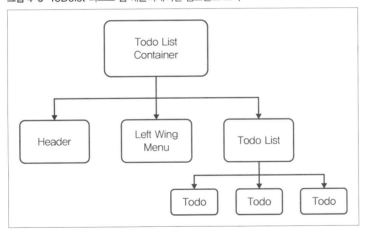

그림 [그림 4-6]을 분석해 봅시다. 화면 전체를 나타나는 뷰는 Todo List Container로 모델링하여 루트 컴포넌트가 되었습니다. 이 루트 컴포넌트는 Header, Left Wing Menu, Todo List 컴포넌트를 자식 컴포넌트로 가지고 있습니다. Todo List 컴포넌트는 할 일이 담긴 ToDo 컴포넌트를 여러 개 가지고 있습니다.

그림 4-7 뷰와 컴포넌트 트리 관계

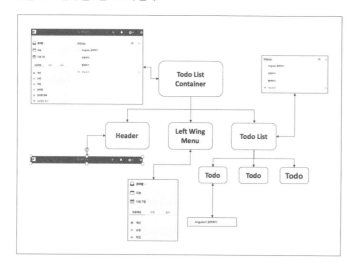

컴포넌트 트리는 [그림 4-7]처럼 뷰와 컴포넌트 간의 일대일 관계입니다. 나무가 뿌리를 뻗어 가듯이 애플리케이션 또한 화면의 요소가 복잡해지고 페이지가 늘어난다고 해도 컴포넌트 트리 구조를 유지한다는 점을 잊지 마시기 바랍니다.

4.2 템플릿

템플릿은 컴포넌트의 뷰를 구성하는 정보입니다. 앵귤러는 표준 HTML에 앵귤러만의 추가 요소와 문법적 기능으로 작성된 템플릿 코드를 기반으로 컴포넌트의 뷰를 렌더링합니다. 앞서 컴포넌트 메타데이터에서 확인한 것처럼 템플릿을 선언하는 방법은 두 가지입니다. 하나는 컴포넌트 메타데이터 안에 인라인으로 직접 작성하는 것이고, 다른 하나는 html 파일에 작성하여 메타데이터의 templateUrl 속성에 파일 경로를 포함시키는 것입니다.

컴포넌트는 템플릿을 기반으로 뷰에 데이터를 전달하고 사용자의 이벤트에 적절한 로직을 수행합니다. 컴포넌트와 뷰 사이의 이러한 상호 작용은 템플릿에 작성한 컴포넌트와 뷰의 연결고리binding로 이루어집니다.

4.2.1 절차적 방식과 선언적 방식

기존의 웹 프로그래밍은 뷰를 구성하는 DOM에 직접 접근하여 데이터를 노출시키거나 뷰의 상태를 가져와 일련의 로직을 처리하는 등 일일이 수행하여야 할 명령을 기술하는 방식이었습니다. 이를 절차적 프로그래밍^{procedural programming}이라고 말합니다. 반면 컴포넌트와 뷰 사이에 연결 고리를 만드는 방식은 뷰를 구성하는 템플릿 안에 컴포넌트와 뷰의 관계를 선언합니다. 이를 선언형 프로그래밍^{declarative programming}이라고 말합니다. [그림 4-8]과 같이 웹 애플리케이션에서 흔하게 접하는 체크 박스를 예로 들어 절차적 방식과 선언적 방식으로 뷰의 상태를 다루는 방법을 대조해 봅시다.

그림 4-8 뷰의 상태 예[2]

[그림 4-8]의 체크 박스는 잠재적으로 사용자의 클릭 행위에 따라서 체크 박스를 체크하거나 체크하지 않은 상태가 됩니다. 각 상태는 애플리케이션에서 다음과 같이 해석하여 비즈니스 로직의 처리 시 활용합니다.

표 4-1 체크 박스 상태별 의미

체크 박스 상태	의미
체크함	내용에 동의
체크 안 함	내용을 아직 안 읽었거나 미동의

절차적 방식으로 뷰의 체크 박스 상태를 어떻게 활용하는지 확인해 봅시다. 먼저 체크 박스의 "checked" property 상태 정보를 얻기 위하여 다음과 같이 DOM API나 jQuery를 사용합니다.

----

2 티켓몬스터 홈페이지 가입 화면(https://login.ticketmonster.co.kr/user/signup)

예제 **4-4** 뷰의 상태를 조회하는 절차적 방식의 코드 예시

```
1   // DOM API를 활용
-   var isConfirmed1 = document.querySelector("#confirm-checkbox1").checked;
-   var isConfirmed2 = document.querySelector("#confirm-checkbox2").checked;
-   var isAllConfirmed = isConfirmed1 && isConfirmed2;
5   if ( isAllConfirmed ) {
-     // 검증에 통과하여 다음 로직 수행
-   }
-
-   // 또는, jQuery 활용 시
10  var isConfirmed1 = jQuery("#confirm-checkbox1").prop("checked");
-   var isConfirmed2 = jQuery("#confirm-checkbox2").prop("checked");
-   var isAllConfirmed = isConfirmed1 && isConfirmed2;
-   if ( isAllConfirmed ) {
-     // 검증에 통과하여 다음 로직 수행
15  }
```

DOM API나 jQuery 어느 방식이든지 2~3번 줄과 10~11번 줄처럼 절차적 방식에는 비즈니스 로직에서 필요한 정보를 얻기 위한 과정이 반드시 포함됩니다. 절차적 프로그래밍은 로직을 단계별로 실행하는 방식으로 코드를 작성합니다.

이 방식과는 달리 앵귤러에서 상태 정보를 선언적인 방식으로 어떻게 다루는지 확인해 봅시다.

예제 **4-5** 앵귤러의 선언적 방식

```
1   import { Component } from '@angular/core';
-
-   @Component({
-     selector: 'my-app',
5     template: `
-       <label for="chk-btn">선언적 방식</label>
-       <input type="checkbox" id="confirm-checkbox1" [(ngModel)]="isConfirmed1"/>
-       <input type="checkbox" id="confirm-checkbox2" [(ngModel)]="isConfirmed2"/>
-       ...
10    `,
-   })
-   export class AppComponent {
-     isConfirmed1: boolean;
-     isConfirmed2: boolean;
15
-     어떤_비즈니스_로직을_담은_메서드() {
```

```
 -          ...
 -          const isAllConfirmed = isConfirmed1 && isConfirmed2;
 -          if ( isAllConfirmed ) {
20              // 검증에 통과하여 다음 로직 수행
 -          }
 -          ...
 -      }
 -  }
```

[예제 4–5]는 앵귤러 코드 자체보다 무엇이 선언적 방식인지를 이해하려는 목적으로 살펴봅시다. 먼저 6~8번 줄은 템플릿 코드를 인라인 방식으로 작성한 것입니다. 앞의 절차적 방식과 유사하게 체크 박스가 2개 있습니다. 13~14번 줄은 각 체크 박스의 체크 유무 상태를 담을 속성을 선언하였습니다. 18~21번 줄은 앞의 [예제 4–4]와 유사하게 체크 박스 상태에 따른 비즈니스 로직 예시 코드가 있습니다.

[예제 4–5]에서는 양방향 바인딩을 사용하여 7~8번 줄 템플릿의 체크 박스와 13~14번 줄 컴포넌트의 불리언 타입 속성의 관계를 선언하였습니다. 이로 인하여 [예제 4–4] 절차적인 방식의 코드처럼 필요한 정보를 얻기 위한 과정이 없습니다. 바로 18~21번 줄과 같이 비즈니스 로직을 실행할 때 체크 박스의 체크 상태를 활용할 수 있습니다.

이러한 일이 가능한 이유는 우리가 직접 할 일을 앵귤러가 대신하기 때문입니다. 덕분에 우리는 컴포넌트 안에서 순수하게 로직에만 집중할 수 있습니다. 필요한 것은 관심 있는 뷰의 데이터 및 이벤트와 컴포넌트의 특정 속성 및 메서드의 연결 고리를 선언하는 일입니다. 이후부터 DOM에 접근하는 역할은 앵귤러에 위임합니다.

이처럼 선언적인 방식으로 컴포넌트와 뷰의 상호 관계를 작성하는 것은 컴포넌트와 뷰 사이의 종속성을 줄이는 데 도움을 줍니다. 컴포넌트와 뷰 사이의 종속성을 완벽하게 제거할 수는 없지만 컴포넌트와 뷰 사이에서 앵귤러가 번거로운 과정을 대신해 줌으로써 상호 간의 분리를 이룰 수 있습니다.

4.2.2 데이터 바인딩

앵귤러로 선언적 프로그래밍을 하는 근간은 데이터 바인딩입니다. 데이터 바인딩은 컴포넌트와 뷰 사이에 연결 고리를 맺는 구체적인 방법입니다. 연결 고리를 맺는 것을 '바인딩한다'고 표현합니다.

제3장 앵귤러 아키텍처에서 데이터 흐름을 기준으로 단방향 바인딩과 양방향 바인딩이 있다는 것을 설명하였습니다. 또한 단방향 바인딩의 종류로 삽입식, 프로퍼티 바인딩, 이벤트 바인딩을 잠깐 언급하였습니다. 앞에서 가볍게 설명한 데이터 바인딩의 방식과 종류는 [그림 4-9]로 요약할 수 있습니다.

그림 4-9 데이터 바인딩의 방식과 종류

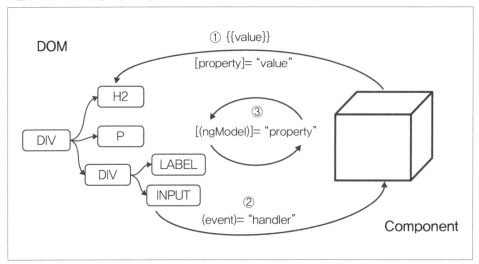

[그림 4-9]를 보면 상단에 컴포넌트에서 DOM을 향하는 화살표 ①은 단방향 바인딩 중 하나인 삽입식과 프로퍼티 바인딩입니다. 반대로 하단에 DOM에서 컴포넌트를 향하는 화살표 ②는 DOM에서 발생한 이벤트의 상태를 컴포넌트로 전달하는 이벤트 바인딩입니다. 마지막으로 가운데 DOM과 컴포넌트 사이의 두 화살표 ③은 양방향 바인딩입니다. 그럼 이제 데이터 바인딩 방법을 각각 살펴봅시다.

단방향 바인딩

단방향 바인딩에는 삽입식, 프로퍼티 바인딩, 이벤트 바인딩이 있습니다.

삽입식

삽입식interpolation은 문자열로 변환될 수 있는 값을 뷰에 바인딩합니다. 삽입식을 사용하는 방법은 간단합니다. 이중 중괄호({{ }}) 안에 최종적으로 문자열 값으로 변환되는 내용을 넣습니다.

예제 4-6 삽입식

```
<div>{{ contents }}</div>
<textarea>{{ getSomeText() }}</textarea>
<a href="{{ someLink + '?who=angular' }}">link</a>
<p> 1 + myVal = {{ 1+ myVal }}</p>
```

[예제 4-6]에서 사용한 삽입식 코드의 의미는 다음과 같습니다.

1번 줄: 컴포넌트의 contents 속성을 문자열로 치환하여 바인딩

2번 줄: 컴포넌트의 getSomeText 메서드 실행 결과를 문자열로 치환하여 바인딩

3번 줄: 컴포넌트의 someLink 속성을 문자열로 치환하여 '?who=angular'와 합친 후 바인딩

4번 줄: 1과 컴포넌트의 myVal 속성을 더한 결과를 문자열로 바인딩

컴포넌트의 속성을 삽입식에 직접 선언한 예제부터 메서드 호출 및 문자열 연결 등을 사용한 것을 알 수 있습니다. 기술적으로 명확하게 설명하면, 삽입식에서 이중 중괄호에는 앵귤러의 템플릿 표현식을 작성하여야 합니다.

템플릿 표현식이라고 해서 새로운 개념이나 문법을 배워야 하는 것은 아닙니다. 기본적으로 자바스크립트의 표현식과 큰 차이가 없습니다. 다만 주의할 점이 있습니다. 먼저, 템플릿 표현식에서 사용하는 변수와 함수는 컴포넌트 클래스 컨텍스트에 포함된 속성 및 메서드입니다. '4.1.3 부트스트래핑'에서 잠깐 앵귤러의 컴포넌트가 컴파일된다는 점을 언급하였습니다. [예제 4-6]의 4번 줄에서 템플릿 표현식 부분의 컴파일 결과만 발췌하면 다음과 같습니다.

```
1 + co.myVal
```

여기서 co가 바로 컴포넌트 객체를 참조하며, 연산의 결과를 문자열로 치환합니다. 따라서 컴포넌트에 선언된 속성이나 메서드라면 삽입식에서 사용할 수 있습니다.

다음으로 삽입식에서는 시간이 오래 걸리는 연산 또는 값을 할당하는 표현식은 작성하면 안 됩니다. 시간이 오래 걸리는 표현식을 삽입식에 사용하면 뷰에 바인딩된 결과가 화면에 반영되는 데 심각한 영향을 미칩니다. 값을 할당하는 표현식을 작성한 경우에는 애플리케이션 실행 전에 에러가 발생합니다.

정리하면 템플릿 표현식은 다음 두 가지만 염두에 두면 됩니다.

1. 템플릿 표현식의 유효 컨텍스트는 컴포넌트다.
2. 템플릿 표현식에는 부수 효과Side Effect를 일으키는 복잡한 수식은 넣지 않는다.

더불어 이 두 가지를 충족한다고 하더라도 삽입식은 최대한 간결한 내용만 바인딩하도록 합니다. 복잡한 연산이나 로직은 컴포넌트에서 작성하고, 뷰에 노출할 데이터의 가공이 필요한 경우에는 파이프를 사용합니다. 파이프는 '4.2.4 파이프'에서 자세히 살펴보겠습니다.

프로퍼티 바인딩
프로퍼티 바인딩은 문자 그대로 컴포넌트에서 DOM의 프로퍼티로 값을 바인딩합니다. 프로퍼티 바인딩을 사용하는 방법은 다음과 같습니다.

```
[DOM 프로퍼티]="템플릿 표현식"
```

왼쪽에 DOM의 프로퍼티를 대괄호로 감싼 후 오른쪽에 삽입식과 마찬가지로 템플릿 표현식을 작성합니다. 다음은 프로퍼티 바인딩을 활용한 예제입니다.

예제 4-7 프로퍼티 바인딩

```
<p [textContent]="contents"></p>
<img [src]='/some/image.jpg' [width]='10 * 20'>
<img [src]='someImgUrl' width='128'>
<img src="{{someImgUrl}}" width='128'>
```

[예제 4-7]을 보면 알 수 있듯이 프로퍼티 바인딩은 실제 DOM의 프로퍼티에 템플릿 표현식 결과를 할당합니다. 구체적으로 각 코드는 다음과 같은 의미가 있습니다

1번 줄: DOM 노드[3]의 textContent 프로퍼티에 컴포넌트의 contents 속성을 바인딩

2번 줄: HTMLImageElement[4]의 width 프로퍼티에 10 * 20 연산 결과인 200을 바인딩

3번 줄: HTMLImageElement의 src 프로퍼티에 컴포넌트의 someImgUrl 바인딩

4번 줄: 삽입식으로 3번 줄과 동일한 결과

3번 줄과 4번 줄을 보면 각각 삽입식와 프로퍼티 바인딩을 사용하여 동일한 속성을 src에 바인

---

3 https://developer.mozilla.org/ko/docs/Web/API/Node/textContent

4 https://developer.mozilla.org/en-US/docs/Web/API/HTMLImageElement

딩하였습니다. 두 코드는 동일하게 동작하지만 한 가지 중요한 차이점이 있습니다. 그것은 삽입식은 템플릿 표현식의 결과를 문자열로 치환하지만 프로퍼티 바인딩은 템플릿 표현식의 결과를 DOM의 프로퍼티에 그대로 바인딩한다는 점입니다. 따라서 프로퍼티 바인딩과 삽입식은 방법만 다를 뿐 결과는 동일합니다. 다만 바인딩할 값이 문자열이 아닌 경우에는 삽입식이 아닌 프로퍼티 바인딩을 사용하여야 합니다. 프로퍼티 바인딩은 바인딩할 대상이 스타일이나 클래스인 경우에는 더 세밀하게 바인딩할 수도 있습니다.

예제 4-8 클래스 바인딩과 스타일 바인딩

```
<h1 class="test abc" [class]="'force'">{{title}}</h1>
<h1 class="test abc" [class.test]="isTest">{{title}}</h1>
<p [style.color]="isReally ? 'blue': 'grey'" >Hello Angular</p>
```

[예제 4-8]의 1번 줄처럼 직접 템플릿 표현식 결과를 class에 바인딩할 수 있습니다. 이렇게 선언하면 기존에 선언된 test, abc를 덮어서 force만 클래스에 바인딩됩니다. 2번 줄은 isTest라는 불리언 값을 단일 클래스 test에 바인딩한 예제입니다. 따라서 isTest 값이 true면 test 클래스가 적용되고 아닐 경우에는 클래스가 적용되지 않습니다.

스타일도 클래스와 유사하게 스타일의 각 속성을 직접 바인딩할 수 있습니다. 3번 줄을 해석하면 스타일의 color를 템플릿 표현식의 결과에 따라 blue나 grey로 바인딩하는 예제입니다. 사용 방법은 조금 독특해 보이지만 클래스 바인딩과 스타일 바인딩도 프로퍼티 바인딩의 한 방식이라는 점에서 큰 차이는 없습니다. 단일 클래스나 스타일이 아니라 여러 클래스 및 스타일 정보를 변경할 때는 프로퍼티 바인딩보다는 NgClass와 NgStyle을 사용하는 것이 더 좋습니다.

이벤트 바인딩

이벤트 바인딩은 뷰에서 발생하는 이벤트를 처리할 로직을 바인딩합니다. 이벤트 바인딩을 사용하는 방법은 다음과 같습니다.

```
(이벤트 대상)="템플릿 문장"
```

이벤트 대상은 click, keyup 등 DOM의 이벤트 이름[5]을 말합니다. 왼쪽에 괄호로 이벤트 이름을 감싼 후 오른쪽에 이벤트 발생 시 실행할 템플릿 문장을 작성합니다. 템플릿 문장 또한

---

5 https://developer.mozilla.org/en-US/docs/Web/Events

템플릿 표현식과 유사하게 몇 가지 제약을 가진 자바스크립트 문장입니다. 템플릿 표현식과 가장 큰 차이점은 부수 효과를 일으키는 할당문을 작성할 수 있다는 점입니다. 다음 예제로 더 자세히 살펴봅시다.

예제 4-9 이벤트 바인딩

```
<button type="button" (click)="confirm()">확인</button>
<div (mousemove)="printPosition($event)">X</div>
<input type="text" (keyup)="myStr = $event.target.value" />
<button type="button" (click)="clicked = true; callEvent($event)">확인</button>
```

1~2번 줄은 가장 일반적이고도 자주 사용하게 될 이벤트 바인딩 예제입니다. 바인딩한 DOM 객체에서 바인딩한 대상의 이벤트가 발생할 때 오른쪽에 선언한 컴포넌트의 메서드가 리스너로 실행됩니다.

2번 줄의 $event는 앵귤러에서 이벤트 발생 시 전달하는 표준 이벤트 객체입니다. [예제 4-9]의 경우 mousemove 이벤트 발생 시 앵귤러에서 DOM의 이벤트 객체를 $event에 담아 printPosition 메서드로 전달합니다.

3번과 4번 줄은 템플릿 문장을 활용하여 이벤트가 발생할 때 할당문을 추가한 경우입니다. 3번 줄과 같은 형태의 이벤트 바인딩도 자주 사용합니다. 이 코드는 입력 요소의 keyup 이벤트가 발생할 때마다 컴포넌트의 myStr에 입력 요소의 값을 할당합니다.

4번 줄처럼 세미콜론(;)을 사용하여 여러 할당문도 작성할 수 있습니다. 하지만 이벤트 바인딩에도 너무 복잡한 형태의 템플릿 문장은 사용하지 않는 것이 좋습니다. 이벤트 발생 시 처리할 최소한의 로직을 제외하고는 로직은 컴포넌트에 기술하는 것을 권장합니다.

양방향 바인딩

양방향 바인딩은 단방향 바인딩과 달리 뷰와 컴포넌트의 상태 변화를 상호 간에 반영해 줍니다. 양방향 바인딩을 사용하기 위한 가장 기본적인 출발은 FormsModule에서 제공하는 NgModel 지시자입니다. NgModel 지시자를 사용하면 폼의 입력 요소에 양방향 바인딩을 손쉽게 적용할 수 있습니다. 다음 예제를 통해서 어떻게 양방향 바인딩을 사용하는지 살펴봅시다.

```
1  <input type="text" [(ngModel)]="myData" />
-  <select [(ngModel)]="mySelection">
-    <option value="A">A value</option>
-    <option value="B">B value</option>
5    <option value="C">C value</option>
-    ...
-  </select>
```

양방향 바인딩은 [예제 4–10]의 1 ,2번 줄과 같이 ngModel을 좌변에, 바인딩할 대상을 우변에 둡니다. 컴포넌트 상태를 프로퍼티로 바인딩할 때 사용하였던 [ ]와 뷰에서 일어난 이벤트를 바인딩할 때 사용하였던 ( )를 사용하여 ngModel 키워드를 이중으로 감싸면 양방향 바인딩이 됩니다. 양방향 바인딩과 NgModel 지시자에 관련된 한 가지 비밀이 있습니다. 이 내용은 폼을 다룰 때 설명할 예정입니다. 궁금한 분은 '8.2.1 ngModel과 양방향 바인딩'을 먼저 읽어도 됩니다.

실습: 계수기

지금까지 다룬 내용을 바탕으로 간단한 실습을 해 봅시다. 이번에 작성할 웹 애플리케이션은 수를 세는 간단한 계수기입니다. 이 애플리케이션은 다음과 같은 기능을 갖추어야 합니다.

- 숫자를 기록하여 화면에 표시
- 숫자를 증감시킬 수 있는 버튼을 제공
- 수동으로 숫자를 변경할 수 있는 기능
- 현재 숫자가 양수, 0, 음수인 경우에 따라 다른 배경색

이 요구 사항에 따라 구현할 계수기 애플리케이션은 [그림 4–10]과 같은 모습일 것입니다. 최초에는 회색 배경의 숫자를 0으로 시작합니다. 숫자를 증가시키면(수가 양수가 되면) 녹색으로, 숫자를 감소시키면(수가 음수가 되면) 빨간색으로 배경색이 변합니다. 이번 절의 내용은 Git의 ch4–final 태그를 체크아웃하거나 http://bit.ly/hb–af–ch4–final에서 변경 내역을 확인할 수 있습니다.

그럼 다음 명령을 실행하여 실습 프로젝트를 생성합니다.

```
ng new simple-counter
```

그림 4-10 계수기 애플리케이션

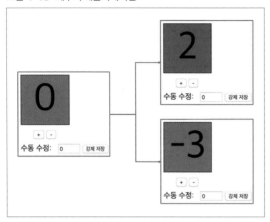

먼저 AppComponent의 템플릿부터 작성해 봅시다. 요구 사항에 필요한 요소를 HTML로 작성하고 각 요소에 이번 절에서 학습한 데이터 바인딩을 적절하게 적용하여야 합니다. 템플릿은 다음과 같이 작성합니다.

예제 4-11 simple-counter/src/app/app.component.html [ch4-final]

```
1   <div class="counter" [style.backgroundColor]="colorByValue()">{{curVal}}</div>
-   <div class="row buttons">
-     <button type="button" (click)="inc()">+</button>
-     <button type="button" (click)="dec()">-</button>
5   </div>
-   <div class="row manual-action">
-     <label for="manual-val">수동 수정:</label>
-     <input type="number" id="manual-val" [(ngModel)]="manualVal">
-     <button type="button" (click)="setValueForcibly()">강제 저장</button>
10  </div>
```

먼저 1번 줄 div 태그 사이에 삽입식으로 현재 값 curVal을 바인딩합니다. 그리고 curVal 값에 따라 배경색을 바꾸기 위하여 스타일 중 배경색^{backgroundcolor}을 프로퍼티 바인딩하였습니다[6]. 스타일에 프로퍼티 바인딩을 한 것은 colorByValue 메서드의 반환값입니다. 잠시 후 컴포넌트

---

6 본래 스타일의 배경색은 background-color입니다. 하지만 스타일 정보를 프로퍼티 바인딩할 때는 CamelCase로 바인딩해도 정상 동작합니다.

구현 시에는 colorByValue 메서드가 curVal을 비교하여 적절한 스타일 색상 값을 반환하도록 구현하여야 합니다. 이어서 수를 증감할 때 쓸 버튼의 click 이벤트를 각각 inc, dec 메서드에 바인딩하였습니다.

마지막으로 숫자를 수동으로 수정하기 위하여 입력 요소를 하나 두고 manualVal을 양방향 바인딩하였습니다. 또한 수동 수정 액션을 만들기 위하여 버튼을 추가하고 click 이벤트에 setValueForcibly 메서드를 바인딩하였습니다.

이제 컴포넌트 코드는 템플릿에서 선언한 코드에 따라 적절하게 속성과 메서드를 구현하면 됩니다. 다음은 AppComponent의 속성 및 전체 메서드 구현 코드입니다.

예제 4-12 simple–counter/src/app/app.component.ts [ch4–final]

```
1   curVal = 0;
    manualVal = 0;
    static LIMIT_CNT = 100;

5   colorByValue() {
      if (this.curVal > 0) return 'green';
      else if (this.curVal < 0) return 'red';
      else return 'grey';
    }
10
    inc() {
      const tempVal = this.curVal + 1;
      if (this.checkLimitCnt(tempVal)) {
        this.curVal = tempVal;
15    }
    }

    dec() {
      const tempVal = this.curVal - 1;
20    if (this.checkLimitCnt(tempVal)) {
        this.curVal = tempVal;
      }
    }

25  setValueForcibly() {
      if (this.checkLimitCnt(this.manualVal)) {
        this.curVal = this.manualVal;
      }
```

```
-      this.manualVal = 0;
30   }
-
-    checkLimitCnt(val) {
-      if (Math.abs(val) < AppComponent.LIMIT_CNT) {
-        return true;
35     }
-
-      const target = val > 0 ? '증가' : '감소';
-      alert(`더 이상 ${target}시킬 수 없습니다.`);
-      return false;
40   }
```

먼저, 템플릿에서 사용할 두 속성 curVal, manualVal을 선언한 후에 0으로 초기화하였습니다. colorByValue 메서드는 curVal 값을 비교하여 0일 경우 'grey'를, 0보다 크면 'green', 작으면 'red'를 반환하도록 구현합니다. 이 메서드는 이제 템플릿의 style.background Color에 프로퍼티 바인딩되어 culVal에 따라 배경색을 변경시킵니다.

inc, dec 메서드는 버튼 클릭에 따라 culVal을 증감시키는 메서드이며, setValueForcibly 메서드는 양방향 바인딩된 manualVal을 수동으로 curVal에 덮어 쓰고 0으로 다시 초기화합니다. 이 메서드는 모두 checkLimitCount 메서드를 호출하여 증감시키려는 값이 유효한 범위인지 체크합니다. 이 계수기 예제는 −99 ~ 99까지 카운트할 수 있습니다. 따라서 checkLimitCount에서 유효 범위에 따라 true 혹은 false를 반환합니다.

추가로 AppComponent의 간단한 스타일 정보를 작성하여 app.component.css를 수정하여야 합니다. 스타일 정보를 포함한 전체 소스는 다음 주소에서 확인할 수 있습니다.

• http://bit.ly/hb-af-ch4-counter

이제 ng serve 명령을 실행하여 애플리케이션이 정상 작동하는지 확인해 봅시다. 이번 절에서 학습한 데이터 바인딩을 사용한 덕분에 DOM 요소에 직접 접근하는 코드 없이도 사용자 이벤트를 처리하여 적절하게 뷰를 업데이트하는 계수기를 구현할 수 있었습니다.

4.2.3 지시자

이번 절에서 배울 지시자와 다음 절에서 배울 파이프도 데이터 바인딩과 함께 앵귤러의 템플릿을 강력하게 만들어 주는 요소입니다. 앵귤러에서 제공하는 지시자와 파이프뿐 아니라 우리가 직접 만든 지시자와 파이프로도 뷰를 구성하는 코드를 깔끔하게 유지하면서 동적으로 만들 수 있습니다. 여기서는 지시자의 개념과 앵귤러에서 기본으로 제공하는 주요 지시자를 알아봅시다.

지시자의 개념

지시자를 설명하기에 앞서 감추어 두었던 중요한 사실 한 가지를 말할 때가 드디어 왔습니다. 앵귤러에서 제일 중요한 요소라고 강조하였던 컴포넌트는 사실 지시자입니다. 이건 무슨 말일까요? 앵귤러 소스를 보면 컴포넌트와 지시자의 관계를 알 수 있습니다.

지금까지 작성하였던 코드 중 컴포넌트 위에 선언한 Component 데코레이터를 VS Code에서 Ctrl(맥은 Cmd) 키를 누른 채 클릭하면 앵귤러 소스의 Component 데코레이터 선언부를 볼 수 있습니다. 새롭게 열린 창을 보면 다음과 같은 선언을 발견할 수 있습니다.

```
export interface Component extends Directive
```

이 코드에서 알 수 있듯이 컴포넌트는 지시자를 상속받는 인터페이스입니다. 즉 컴포넌트도 지시자입니다. 지시자는 앵귤러JS를 사용해 본 분은 이미 접해 본 용어지만 아직 낯선 분도 있을 것입니다. 지시자 본래의 단어 directive를 네이버 영어사전에서 검색하면 제일 처음 나오는 정의는 다음과 같습니다.

- (공식적인) 지시[명령]
- A directive is an official instruction that is given by someone in authority.

마찬가지로 표준국어대사전에서 '지시'의 의미를 찾아보면 "1. 가리켜 보임, 2. 일러서 시킴. 또는 그 내용" 등으로 나옵니다. 여기서 우리가 관심을 가지는 의미는 두 번째에 해당합니다. 어휘의 의미에서 접근하였을 때 지시자라는 개념은 "어떠한 대상에게 일련의 명령을 수행하게 함"으로 다듬어 정의할 수 있습니다. 그리고 이 의미는 앵귤러 맥락에서도 동일합니다. 앵귤러에서 의미하는 지시자는 "DOM을 다루기 위한 모든 것"이라고 정의할 수 있습니다. 그렇다면 지시자의 한 종류로서 컴포넌트는 어떻게 정의할 수 있을까요?

실제 소스에서 Component 인터페이스는 Directive 인터페이스를 상속받아 지시자의 기본 속성에 템플릿, 스타일 정보 등 뷰를 그리는 데 필요한 메타데이터를 추가하고 있습니다. 따라서 컴포넌트는 지시자 중 뷰를 구성할 정보를 가지고 있는, 실제 뷰를 렌더링할 템플릿 정보를 포함한 지시자의 특별한 경우입니다.

지시자의 개념을 투영하면 앞에서 설명하였던 컴포넌트 트리도 지시자 트리라고 할 수 있습니다. 컴포넌트는 뷰 정보를 가진 특수한 지시자이므로 컴포넌트를 자식으로 가질 수 있습니다. 반면 지시자는 뷰가 없기 때문에 컴포넌트를 자식으로 가질 수 없습니다. 마찬가지 이유로 지시자는 트리의 루트도 될 수 없습니다.

그림 4-11 지시자가 포함된 컴포넌트 트리

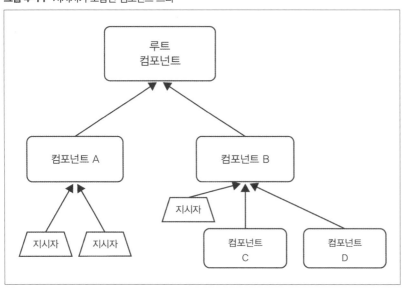

지시자와 컴포넌트의 관계를 복잡하게 설명하였지만 핵심은 컴포넌트도 지시자 중 하나라는 것입니다. 일반적으로는 컴포넌트를 굳이 지시자에 포함시켜 설명하기보다 별도의 존재로 보는 것이 지시자를 이해하는 데 더 도움이 됩니다. 따라서 이 책에서 지시자를 지칭할 때는 컴포넌트를 제외한 좁은 의미의 지시자를 말할 것입니다. 좁은 의미로 이야기할 때, 지시자는 뷰를 가지지 않지만 DOM의 표현과 동작을 풍성하게 만드는 요소로 활용됩니다. 지시자는 역할에 따라 구조 지시자와 속성 지시자가 있습니다. 세부적으로 어떤 역할을 하는지 확인해 봅시다.

구조 지시자

구조 지시자는 DOM 요소를 추가하거나 삭제하는 등 DOM 트리를 동적으로 조작하여 화면의 구조를 변경할 때 사용하는 지시자입니다. 앵귤러에서는 기본적으로 NgIf, NgFor, NgSwitch를 제공합니다[7]. 각 지시자의 용도를 하나씩 살펴봅시다.

NgIf는 DOM을 조건에 따라 노출하거나 제거할 때 사용하는 지시자입니다. 사용 방법은 아주 간단합니다. 지시자를 적용할 DOM의 속성에 *ngIf를 선언한 후 불리언 값을 주면 됩니다. [예제 4-13]을 봅시다.

예제 4-13 NgIf 지시자

```
1  <div>
-    <button type="button" (click)="isShow = !isShow">전환</button>
-    <label *ngIf="isShow; else hiding">You are special!</label>
-    <ng-template #hiding>
5      <label>I 'm so depressed</label>
-    </ng-template>
-  </div>
-
-  <div *ngIf="member" >
10     <p>Name: {{member.name}}</p>
-    <p>Email: {{member.email}}</p>
-  </div>
```

3번 줄은 isShow가 true일 경우에는 LABEL 요소가 뷰에 활성화됩니다. 반면 false면 3번 줄의 요소는 DOM 트리에서 제거되고 대신 else 뒤에 hiding이 가리키는 템플릿 참조 변수의 요소가 DOM으로 삽입됩니다[8].

9번 줄의 member라는 객체가 있을 경우에 div 태그와 함께 자식 요소에서 member 객체의 속성을 삽입식으로 화면에 노출하라는 의도가 담겨 있습니다. member 객체가 null 혹은 undefined라면 해당 div 태그와 함께 하위 요소들은 모두 DOM 트리에서 제거될 것입니다.

[예제 4-13]은 다음 링크에서 직접 실행해 볼 수 있습니다.

- http://bit.ly/hb-af-ng-if

---

7 NgPlural도 있지만 아직 공식 API의 상태가 experimental입니다.
8 NgIf 지시자의 else 구문은 버전 4 이상에서만 지원하는 기능입니다.

NgFor는 배열 형태의 모델을 DOM에 반복 표현할 때 사용하는 지시자입니다. 예를 들어 animals 객체에 ['Dog', 'Cat', …]과 같은 배열 데이터가 있다고 가정해 봅시다. 이때 NgFor는 *ngFor를 사용하여 다음과 같이 배열 데이터를 선언합니다.

예제 4-14 NgFor 지시자

```
<ul>
  <li *ngFor="let animal of animals; let idx = index">{{ idx + 1 }} {{animal}}</li>
</ul>
```

• 예제 실행 링크 : http://bit.ly/hb-af-ng-for

NgFor 안에 let (배열 요소) of (반복할 배열)과 같은 문법으로 선언한다면 NgFor를 선언한 요소부터 하위 요소에서 배열 요소를 사용할 수 있습니다. 또한 반복할 때 인덱스가 필요한 경우 let (변수명) = index와 같이 앵귤러에서 제공하는 index 변수를 추가로 선언하여 사용할 수 있습니다. 정상적으로 NgFor가 적용되었다면 브라우저의 DOM 트리는 [그림 4-12]와 같을 것입니다.

그림 4-12 NgFor가 적용된 DOM 트리

```
▼<ul>
   <!--bindings={
     "ng-reflect-ng-for-of":
   "Dog,Cat,Zebra,Horse"
   }-->
   <li>1 Dog</li>
   <li>2 Cat</li>
   <li>3 Zebra</li>
   <li>4 Horse</li>
 </ul>
```

NgSwitch는 NgIf와 유사하게 조건에 따라 DOM을 보여 주거나 삭제하는 기능을 갖춘 지시자입니다. DOM에서 스위치-케이스 문법을 사용하는 것과 같습니다. 따라서 정해진 값이 있고 true/false 조건이 아닌 여러 상태 값에 따라 DOM을 다르게 보여 주고 싶을 때 NgSwitch를 사용합니다.

```
1  <span [ngSwitch]="animal">
-    <span *ngSwitchCase="'Dog'">멍멍</span>
-    <span *ngSwitchCase="'Cat'">야옹</ span>
-    <span *ngSwitchCase="'Cock'">꼬끼오</span>
5    <span *ngSwitchDefault>에헴!</span>
-  </span>
```

- 예제 실행 링크 : http://bit.ly/hb-af-ng-switch

NgSwitch는 [예제 4-15]의 1번 줄과 같이 먼저 [ngSwitch]에 바인딩할 속성을 선언합니다. 그리고 2~4번 줄처럼 자식 요소의 속성에는 *ngSwitchCase에 각 케이스의 값을 바인딩하고 아무런 값에도 매치되지 않는 경우는 *ngSwitchDefault 속성을 사용합니다.

이번에는 ng-container를 살펴봅시다. 구조 지시자를 사용하여 DOM 트리를 동적으로 사용하다 보면 불필요하게 더미로 HTML 요소를 사용하게 될 때가 많습니다. 예를 들어 [예제 4-13]에서 4~7번 줄을 다시 봅시다.

```
<div *ngIf="member" >
  <p>{{member.name}}</p>
  <p>{{member.email}}</p>
</div>
```

이 코드는 member 속성이 있는 경우에만 p 태그로 member.name과 member.email을 노출합니다. 여기서 div 태그는 의도한 것일 수도 있지만 NgIf를 사용하기 위하여 더미로 생성한 것일 수도 있습니다. 구조 지시자를 활용하기 위하여 더미로 태그를 사용하는 것은 NgIf뿐 아니라 NgFor, NgSwitch 모두 마찬가지입니다.

DOM 트리에 불필요하게 요소를 추가하지 않으면서 구조 지시자를 사용하기 위하여 ng-container를 사용할 수 있습니다. 더미 태그 대신 ng-container를 태그로 사용하면 됩니다. 그럼 앵귤러에서 알아서 ng-container 부분은 DOM 트리에 포함시키지 않고 그 안의 내용만 뷰에 포함시킵니다. [예제 4-15]도 NgSwitch를 사용하기 위하여 span 태그를 중첩하였습니다. 이 코드를 ng-container로 바꾸면 다음과 같습니다.

```
1  <span [ngSwitch]="animal">
```

```
-   <ng-container *ngSwitchCase="'Dog'">멍멍</ng-container>
-   <ng-container *ngSwitchCase="'Cat'">야옹</ng-container>
-   <ng-container *ngSwitchCase="'Cock'">꼬끼오</ng-container>
5   <ng-container *ngSwitchDefault>에헴!</ng-container>
- </span>
```

이제 브라우저에는 1번 줄과 6번 줄의 span 태그만 남고 animal 속성 값에 매칭되는 경우의 텍스트만 뷰에 출력될 것입니다.

앵귤러에서 제공하는 NgIf, NgFor, NgSwitch 구조 지시자로도 애플리케이션을 개발하는 데 충분하지만 필요에 따라 자신만의 구조 지시자를 만들 수도 있습니다.

속성 지시자

속성 지시자는 지시자가 선언된 DOM의 모습이나 동작을 조작하는 데 사용하는 지시자입니다. 조작할 DOM에 미리 정의한 속성 지시자를 마킹하듯이 요소의 속성으로 선언하면 해당 DOM이 지시자에서 정의한 대로 동작합니다. 앵귤러에서 제공하는 속성 지시자에는 NgClass 와 NgStyle이 있습니다.

NgClass는 DOM의 class 속성을 동적으로 주는 데 사용하는 지시자입니다. 이미 앞서 프로퍼티 바인딩을 설명할 때 class 속성 하나만 바인딩할 경우에는 다음과 같이 작성할 수 있음을 설명하였습니다.

```
<div [class.my-class]="isMyClass">앵귤러 속성 지시자</div>
```

프로퍼티 바인딩만으로도 isMyClass라는 불리언 값에 따라 my-class라는 클래스를 div 태그에 동적으로 변경할 수 있습니다. 그러나 여러 클래스 속성을 동적으로 변경하려면 프로퍼티 바인딩은 다소 불편합니다. 이때는 NgClass를 사용하는 것이 좋습니다. 다음 코드를 봅시다.

```
<div [ngClass]="myObj">앵귤러 NgClass 속성 지시자</div>
```

이 코드만 보아서는 NgClass를 myObj에 바인딩한 것밖에는 알 수가 없습니다. 그런데 myObj 객체가 다음과 같은 값을 가지고 있다면 위 코드의 클래스 속성은 어떻게 될까요?

```
{'test-class': true, 'your-class': 0, test: true }
```

myObj 객체의 각 키 값이 참인 경우에만 클래스 속성을 반영하기 때문에 이 요소의 클래스 속성은 test-class, test가 될 것입니다. 즉 NgClass에 바인딩한 객체의 값이 true인 키를 클래스로 요소에 반영합니다.

NgClass와 유사하게, NgStyle도 프로퍼티 바인딩으로 하기 불편한 여러 스타일 요소를 동적으로 변경하고 싶을 때 사용합니다. 사용 방식 또한 NgClass와 유사합니다. 예를 들면 다음과 같이 동적으로 스타일 값을 담은 객체가 컴포넌트 클래스의 속성으로 있다고 가정해 봅시다.

```
this.styleConf = {
  color: this.boilable ? 'green' : 'yellow',
  'font-weight': this.edible ? 'bold' : 'normal'
};
```

boilable, edible의 값에 따라 스타일 값이 변경된 styleConf 객체는 다음과 같이 간단하게 ngStyle 속성 지시자를 활용하여 styleConf 객체의 스타일 속성을 바인딩할 수 있습니다.

```
<p [ngStyle]="styleConf">NgStyle 속성 지시자</p>
```

4.2.4 파이프

파이프는 뷰에 노출할 데이터를 간단하게 변환하거나 가공할 때 사용합니다. 예를 들면 서버에서 내려 받은 데이터 중에 코드 값 같은 것이 있을 경우 사용자가 이해할 수 있는 적절한 명칭으로 바꾸거나, 특정 값의 앞뒤에 반복적으로 붙는 표현 같은 것이 있을 경우 파이프를 사용하면 유용합니다.

앵귤러에서 기본으로 제공하는 파이프로는 DatePipe, UpperCasePipe, LowerCasePipe, CurrencyPipe, PercentPipe 등이 있습니다. 각 파이프의 활용은 API 매뉴얼[9]에서 해당 파이프를 검색하면 예제로 확인할 수 있습니다.

UpperCasePipe를 사용해 봅시다. member 객체의 name 속성에 소문자로 angular라는 값이 저장되어 있다고 가정합시다. 다음과 같이 데이터를 삽입식으로 노출시킬 때 파이프(|)

---

9 https://angular.io/docs/ts/latest/api/

를 표시한 후 UpperCasePipe의 이름인 uppercase를 붙이면 뷰에는 대문자 ANGULAR로
노출됩니다.

예제 4-16

```
<p name="member-name">{{ myName | uppercase | honor }}</p>
```

커스텀 파이프

파이프는 이름에 걸맞게 여러 파이프를 붙여서 사용할 수 있습니다. 이번에는 직접 커스텀 파
이프를 만들어 보고 연달아 붙여서 사용해 봅시다. 다음은 문자열을 받아서 그 뒤에 '님'을 붙이
는 파이프 선언 코드입니다.

예제 4-17 커스텀 파이프: HonorPipe

```
1   import { Pipe, PipeTransform } from '@angular/core';
-
-   @Pipe({ name: 'honor' })
-   export class HonorPipe implements PipeTransform {
5     transform(value: string): string {
-       return `${value}님`;
-     }
-   }
```

[예제 4-17]을 보면, 먼저 파이프를 정의하기 위하여 3번 줄과 같이 Pipe 데코레이터를 사용하
였습니다. 파이프 데코레이터는 메타데이터로 파이프를 사용할 때 필요한 name을 받습니다.

클래스명은 관례상 접미어로 Pipe를 붙이고 PipeTransform이라는 인터페이스를 구현하도록
선언합니다. PipeTransform 인터페이스는 다음과 같이 하나의 메서드 선언만 가지고 있습니다.

```
export interface PipeTransform { transform(value: any, ...args: any[]): any; }
```

이제 [예제 4-17] 5~7번 줄과 같이 transform 메서드만 구현하면 파이프의 실행은 앵귤러에
서 합니다. 인자로 받은 value 문자열 뒤에 '님'을 붙여서 반환하였습니다. 그럼 [예제 4-16]
을 다음과 같이 작성하면 이제 'ANGULAR님'이라는 값이 보일 것입니다.

```
<p name="member-name">{{ myName | uppercase | honor }}</p>
```

한 단계만 더 나아가 봅시다. PipeTransform 인터페이스의 transform 메서드 인자 목록을
보면 변형할 대상인 value 인자 뒤에 가변인자로 args 배열을 받는 것을 알 수 있습니다. args
는 파이프에서 인자를 추가로 받아 인자에 따라 변형 로직을 바꿀 수 있는 가능성을 열어 두었
습니다. 그럼 인자를 받는 새로운 파이프를 하나 더 선언해 봅시다.

예제 4-19 커스텀 파이프: GeekMarkerPipe

```
1    import { Pipe, PipeTransform } from '@angular/core';
-
-    @Pipe({ name: 'geekMark' })
-    export class GeekMarkerPipe implements PipeTransform {
5      transform(value: string, level: string): string {
-        switch (level) {
-          case 'A':
-            return `Oh Geek! ${value}`;
-          case 'I':
10           return `Good man, ${value}`;
-          case 'B':
-          default:
-            return `Novice ${value}`;
-      }
15   }
-    }
```

[예제 4-19]의 GeekMarkerPipe는 변형할 대상 value 문자열에 인자 값에 따라 Geek 등급
을 앞에 붙여서 반환하는 파이프입니다. 스위치문을 보면 각 인자에 따라 반환하는 값이 다르
고 인자가 없거나 정의되지 않은 경우도 기본 변환 값을 반환하도록 선언한 것을 확인할 수 있
습니다. 이제 GeekMarkerPipe까지 이어 붙이면 다음과 같이 사용할 수 있습니다.

예제 4-20 Pipe에 인자를 전달

```
<p name="member-name">{{ myName | uppercase | honor }}</p>
<p name="member-name">{{ myName | uppercase | honor | geekMark }}</p>
<p name="member-name">{{ itsName | uppercase | honor | geekMark:'A' }}</p>
```

파이프에 인자를 전달하는 문법은 [예제 4-20] 2번 줄과 같이 파이프 이름 뒤에 콜론(:)을 구분자로 두고 인자를 선언하는 것입니다. 여러 인자를 받을 수 있는 파이프라면 역시 콜론(:)으로 인자 사이에 구분자를 두고 선언합니다. 지금까지 설명한 파이프 예제의 실행 과정은 [그림 4-13]과 같이 요약할 수 있습니다.

그림 4-13 Pipe 조합 과정

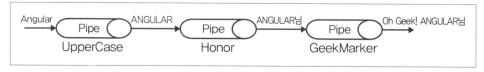

- 예제 실행 링크 : http://bit.ly/hb-af-pipe

정리하면 템플릿에서 컴포넌트 클래스의 데이터를 변형해 보여 주어야 할 필요가 있을 때 파이프를 사용한다는 점만 기억하면 됩니다.

4.3 마치며

이 장에서는 다음 내용을 다루었습니다.

- 앵귤러 애플리케이션은 뷰를 컴포넌트 단위로 설계하고 구현합니다.
- 컴포넌트는 뷰를 구성할 정보인 템플릿을 반드시 가지고 있습니다.
- Component 데코레이터에 메타데이터를 선언하면 컴포넌트를 만들 수 있습니다.
- 컴포넌트는 반드시 모듈에 등록하여야 사용할 수 있습니다.
- 앵귤러 애플리케이션은 컴포넌트가 모여 하나의 트리를 구축합니다.
- 템플릿은 표준 HTML과 앵귤러 고유의 문법으로 작성하며 뷰를 렌더링할 정보를 담고 있습니다.
- 템플릿에 선언적으로 컴포넌트와 뷰의 관계를 선언합니다.
- 데이터와 이벤트의 흐름은 데이터 바인딩을 통하여 컴포넌트와 뷰의 관계를 선언합니다.
- 뷰의 동적인 요소와 부가적인 기능은 구조 지시자와 속성 지시자를 사용하여 템플릿을 더욱 풍성하게 만듭니다.
- 뷰에 노출할 데이터가 있을 때는 파이프를 사용할 수 있습니다.

CHAPTER 05

견고한 애플리케이션 만들기

- 재사용 가능한 로직 서비스의 개념
- 의존성 주입의 개념과 활용 방법
- 테스트로 애플리케이션을 견고하게 만드는 방법
- 크롬 개발자 도구를 사용한 디버깅 방법

제1장부터 제4장의 내용만으로도 네트워크 통신이 필요 없는 웹 애플리케이션을 만드는 데 부족함은 없습니다. 그러나 애플리케이션의 요구 사항이 복잡해지고, 코드의 양이 늘어나면 애플리케이션의 복잡도를 관리하기가 어렵습니다.

이 장에서는 우리의 웹 애플리케이션이 견고한 애플리케이션으로 거듭나기 위하여 필요한 내용을 다룹니다. 먼저 컴포넌트에서 비즈니스 로직을 분리해 관리할 수 있는 서비스를 다룹니다. 더불어 우리가 객체의 생성과 의존성을 직접 관리하지 않고 앵귤러가 제공하는 의존성 주입 시스템을 사용하여 애플리케이션의 구조를 더 유연하게 만드는 법을 배웁니다. 마지막으로 작성한 서비스 및 컴포넌트를 테스트하는 환경을 구축하고 앵귤러로 개발한 애플리케이션의 디버깅 방법을 살펴봅니다.

5.1 서비스

서비스는 뷰와는 관련 없이 애플리케이션 전역에서 사용할 수 있는 순수한 비즈니스 로직이나 값을 다루는 클래스입니다. 예를 들면 로깅 기능과 같은 유틸 성격의 라이브러리는 서비스가 될 수 있습니다.

제4장에서 컴포넌트 역할을 소개한 것과 같이 컴포넌트는 순수하게 뷰의 생성과 뷰와의 상호 작용을 관리하는 것이 목적입니다. 서비스가 없으면 컴포넌트의 역할과 상관없는 로직까지

모두 컴포넌트가 관리하여야 합니다. 여러 컴포넌트에서 반복 작성하여야 하는 로직도 발생할 것입니다. 컴포넌트에 뷰의 로직과 비즈니스 로직이 공존하는 상황은 전형적인 안티패턴입니다. 뷰와 관련된 로직을 수정하려다 이와 관련 없는 로직에도 부수 효과를 일으킬 가능성도 있는 상태입니다. 따라서 [그림 5-1]과 같이 컴포넌트에서 뷰와 연관이 없거나 여러 컴포넌트에 산재한 공통 로직을 분리하여 서비스에 담아야 합니다.

그림 5-1 컴포넌트와 서비스의 역할

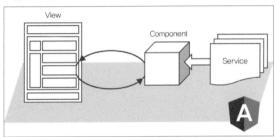

서비스를 도입함으로써 컴포넌트는 템플릿을 통하여 뷰와의 상호 작용을 관리하는 역할만 담당합니다. 뷰를 다루는 데 관련되지 않은 로직은 모두 서비스에 위임하고 기능이 필요할 때 서비스의 메서드를 호출하는 것이 올바른 방법입니다.

5.1.1 서비스의 생성과 사용

서비스도 컴포넌트와 마찬가지로 클래스로 선언합니다. Component 데코레이터를 앞에 반드시 붙여야 하는 컴포넌트와 달리 서비스는 필수로 붙여야 하는 데코레이터가 없습니다. 다만 서비스의 경우 Injectable이라는 데코레이터를 붙이는 것을 권장합니다. 중요한 점은 서비스는 그저 순수한 타입스크립트 클래스라는 점입니다. 클래스를 선언하고 필요한 로직을 구현하는 것이 서비스를 생성하는 방법의 전부입니다.

그럼 예제를 통해서 서비스를 살펴보겠습니다. 우리는 사칙 연산 기능을 제공하는 간단한 서비스를 구현할 것입니다. 우선 사칙 연산과 같은 로직은 전형적으로 뷰와 아무런 관련이 없는 순수한 비즈니스 로직입니다. CalculatorService라고 명명한 사칙 연산 기능의 서비스를 다음과 같이 구현할 수 있습니다.

```
1    export class CalculatorService {
        add(a, b) {
           return a + b;
        }
5
        sub(a, b) {
           return a - b;
        }

10      mul(a, b) {
           return a * b;
        }

        div(a, b) {
15         return a / b;
        }
     }
```

앞서 설명한 바와 같이 [예제 5-1]의 서비스도 평범한 타입스크립트 클래스에 사칙 연산을 수행할 각 로직을 메서드로 선언하였을 뿐입니다. 그럼 이제 임의의 컴포넌트인 Calculator Component에서 CalculatorService를 사용한다고 가정해 봅시다[1]. [예제 5-2]와 유사한 형 태로 구현할 수 있습니다.

예제 5-2 컴포넌트에서 서비스 사용

```
1    // 임포트 생략
     import { CalculatorService } from '../calculator.service';

     @Component({ .. })
5    export class CalculatorComponent {
        private result: number;
        private anotherResult: number;
        private calculator: CalculatorService;

10      constructor() {
           this.calculator = new CalculatorService();
        }
```

----

1 물론 서비스에서 다른 서비스를 사용하는 것도 가능합니다.

```
 -
 -     add(a, b) {
15       this.result = this.calculator.add(a, b);
 -     }
 -
 -     addAnother(a, b) {
 -       this.anotherResult = this.calculator.add(a, b);
20     }
 -   }
```

[예제 5-2] 8번 줄을 보면 컴포넌트의 속성으로 CalculatorService 타입의 calculatorService를 선언한 후 11번 줄 생성자에서 CalculatorService의 인스턴스를 생성하였습니다. 그리고 15번 줄에서 CalculatorService의 add 메서드를 사용하였습니다. [예제 5-2]에서 Calulator Service의 add 메서드를 사용하지 않고 다음과 같이 컴포넌트에서 직접 더하는 것은 어떨까요?

```
    add(a, b) {
      this.result = a + b;
    }
```

당연한 결과이지만, 이와 같이 변경하여도 코드를 수행하는 데 전혀 문제가 없습니다. 그런데 add와 addAnother 각 덧셈 연산 실행 전후에 관련 정보를 콘솔에 출력하여야 하는 요구 사항이 생겼다고 가정해 봅시다. 서비스를 사용하지 않는다면 add와 anotherAdd 메서드 두 군데의 코드를 다음과 같이 변경하여야 합니다.

```
1   add(a, b) {
 -     console.log(`Param: ${a}, ${b}`);
 -     this.result = a + b;
 -     console.log(`Result: ${this.result}`);
5   }
 -
 -   addAnother(a, b) {
 -     console.log(`Param: ${a}, ${b}`);
 -     this.anotherResult = a + b
10    console.log(`Result: ${this.anotherResult}`);
 -   }
```

서비스를 사용하지 않은 상황에서 이러한 변경 사항은 두 가지 문제를 낳습니다. 일차적으로는 뷰와 전혀 관련 없는 비즈니스 로직의 요구 사항이 컴포넌트 코드를 수정하여야 하는 상황을 만듭니다. 이차적으로는 add와 anotherAdd 메서드에 코드 중복을 만들어 냅니다. 반면 본래 [예제 5-2]처럼 CalculatorService의 add를 사용한다면 두 문제로부터 자유로워집니다. 비즈니스 로직의 변경 사항이기 때문에 컴포넌트 코드를 수정하지 않으며 코드의 중복도 없습니다. 바로 CalculatorService의 add 메서드만 요구 사항에 맞게 수정하면 됩니다.

5.1.2 실습: 마우스 위치 로거

이제 간단한 예제로 앵귤러에서 서비스를 활용해 봅시다. 예제로 구현할 내용은 특정 영역 내에서 마우스를 클릭할 때마다 클릭 시점의 위치를 콘솔로 출력하는 마우스 위치 로거 애플리케이션입니다. 예제의 최종 모습은 [그림 5-2]와 같습니다.

그림 5-2 마우스 위치 로거 실행 화면

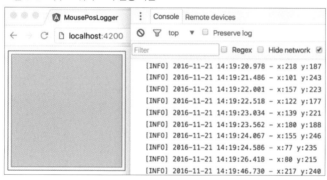

다음 명령을 실행하여 프로젝트를 생성합니다.

```
ng new mouse-pos-logger --prefix mpl
```

이번에는 프로젝트 생성 명령에 prefix 옵션을 추가한 것을 알 수 있습니다. 이 옵션은 컴포넌트 생성 시 selector에 자동으로 붙여 줄 접두어를 설정하는 것입니다. 옵션을 지정하지 않으면 app이 기본 접두어입니다. 여기서는 mouse-pos-logger 각 단어의 앞글자를 사용하여 mpl을 prefix 옵션에 주었습니다. prefix를 주는 것은 혹여 앵귤러 외부 패키지를 사용할 때 지시자 사이에서 selector 이름이 충돌하는 것을 방지하는 용도입니다.

컴포넌트를 생성하기 전에 서비스를 먼저 만들어 봅시다. 예제로 만들 서비스는 애플리케이션에서 범용할 수 있는 로거입니다. 프로젝트 폴더로 이동한 후 다음 명령을 실행하여 로거 기능을 구현할 MySpecialLoggerService 서비스를 생성합시다.

```
ng g service my-special-logger
```

앵귤러 CLI가 생성해 주는 서비스의 기본 템플릿 코드는 다음과 같습니다. 에디터에서 app 폴더에 있는 my-special-logger.service.ts를 열면 다음과 동일한 코드를 확인할 수 있습니다.

```
1   import { Injectable } from '@angular/core';
-
-   @Injectable()
-   export class MySpecialLoggerService {
5
-     constructor() { }
-
-   }
```

생성된 서비스 클래스 위에 Injectable이라는 데코레이터가 추가된 것이 보입니다. 앞에서 잠시 언급한 바와 같이 Injectable 데코레이터는 필수 데코레이터는 아니지만 가급적 붙이는 것을 권장하기 때문에 앵귤러 CLI가 생성하는 서비스 템플릿에도 Injectable이 기본으로 붙어 있습니다. 따라서 굳이 제거하지 않아도 실행에 문제가 없습니다.

이제 구현할 MySpecialLoggerService는 일반적인 로깅 라이브러리와 같이 로그 레벨에 따라 콘솔에 로그를 출력하는 기능과 함께 출력된 로그 중 일정 수만큼 이전 로그를 보관할 수 있다고 해 봅시다. 기능에 필요한 몇 가지 속성과 함께 생성자를 [예제 5-3]과 같이 작성합니다.

예제 5-3 mouse-pos-logger/src/app/my-special-logger.service.ts [ch5-1]

```
1   export class MySpecialLoggerService {
-     logLevel: LogLevel;
-     logs: string[] = [];
-     private readonly MAX_HISTORY_CNT: number = 100;
5     private readonly TIME_FORMATTER: string = "YYYY-MM-DD HH:mm:ss.SSS";
-
-     constructor(logLevel: LogLevel) {
-       this.logLevel = logLevel;
```

```
 –      }
10    }
```

[예제 5-3]을 보면 총 4개의 속성이 추가되었습니다. [예제 5-3]에서 선언한 속성은 다음 용도로 사용합니다.

- **logLevel**: 현재 서비스에 설정한 로그 레벨
- **logs**: 속성은 과거 로그를 보관
- **MAX_HISTORY_CNT**: 보관할 로그의 최대 수
- **TIME_FORMATTER**: 로그를 출력할 때 함께 출력할 시간의 포맷 정보

타입스크립트 접근 제어자

타입스크트립트에서는 클래스의 속성 혹은 메서드를 선언할 때 자바나 C#과 같은 OOP 언어가 지원하는 public, private, protected 접근 제어자modifiers를 동일하게 지원하고 의미 또한 기본적으로 같습니다. 다만 타입스크립트에서 제어자를 명시하지 않을 경우 자바가 패키지 레벨인 것과 달리 타입스크립트는 public이 기본입니다. 따라서 public으로 속성이나 메서드를 선언할 경우에는 public 키워드를 명시적으로 붙일 필요가 없습니다.

타입스크립트는 다른 OOP 언어와 달리 접근 제어자에 추가로 readonly 키워드를 사용할 수 있습니다. readonly로 선언된 속성은 속성의 선언부 및 생성자 안에서만 값을 할당할 수 있고 그 밖에는 오로지 읽기만 가능한 상태라는 것을 의미하는 키워드입니다. 코드의 2~3번 줄을 보면 readonly 키워드를 사용하여 MAX_HISTORY_CNT는 생성자 안에서 값을 할당하고, TIME_FORMATTER의 경우는 속성 선언부에 시간 포맷 값을 할당한 것을 확인할 수 있습니다.

MySpecialLoggerService의 임의의 메서드 foo에서 readonly로 선언된 속성에 값을 변경하려고 하면 [그림 5-3]과 같은 오류를 알려 줍니다.

그림 5-3 메서드에서 readonly 속성 변경 오류

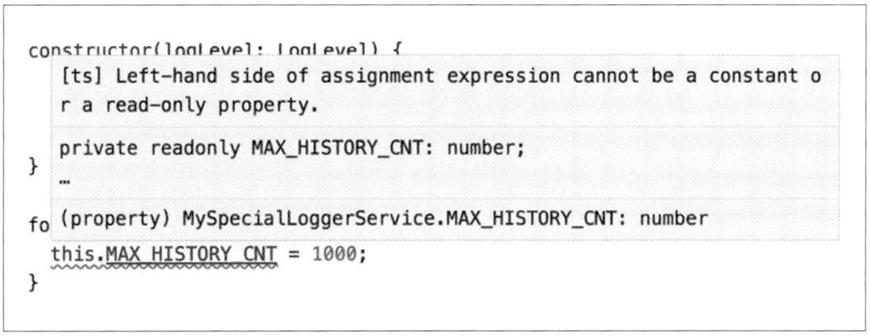

```
constructor(logLevel: LogLevel) {
    [ts] Left-hand side of assignment expression cannot be a constant o
    r a read-only property.
    private readonly MAX_HISTORY_CNT: number;
    …
}
fo (property) MySpecialLoggerService.MAX_HISTORY_CNT: number
   this.MAX_HISTORY_CNT = 1000;
}
```

선언한 속성 중 logLevel 타입 LogLevel은 타입스크립트에서 제공하는 기본 타입이 아닙니다. 에디터에서는 LogLevel이 무슨 타입인지 알 수 없기 때문에 [그림 5-4]와 같은 오류를 알려 줄 것입니다.

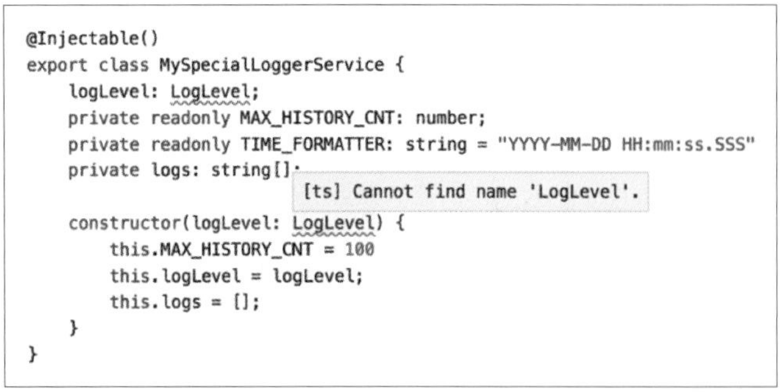

그림 5-4 LogLevel 타입을 찾지 못한다는 오류

```
@Injectable()
export class MySpecialLoggerService {
    logLevel: LogLevel;
    private readonly MAX_HISTORY_CNT: number;
    private readonly TIME_FORMATTER: string = "YYYY-MM-DD HH:mm:ss.SSS"
    private logs: string[]·
                        [ts] Cannot find name 'LogLevel'.
    constructor(logLevel: LogLevel) {
        this.MAX_HISTORY_CNT = 100
        this.logLevel = logLevel;
        this.logs = [];
    }
}
```

오류를 제거하려면 LogLevel 타입을 추가하여야 합니다. LogLevel은 상수 성격의 코드 값이므로 열거형enum을 사용하기에 적절합니다. 다행히 타입스크립트는 열거형을 지원하기 때문에 다음과 같이 열거형을 선언할 수 있습니다.

예제 5-4 LogLevel 열거형 타입

```
export enum LogLevel { DEBUG, INFO, WARN, ERROR }
```

LogLevel은 관례적으로 사용하는 레벨 중 등급별로 DEBUG, INFO, WARN, ERROR를 선언하였습니다. 애플리케이션의 기본 로그 레벨에 따라서 실제 로그 출력 여부가 결정됩니다. 애플리케이션의 로그 레벨이 INFO라면 DEBUG 레벨의 로그는 출력되지 않고 INFO, WARN, ERROR가 출력되고, 로그 레벨이 ERROR라면 ERROR 레벨의 로그만 출력됩니다.

LogLevel 열거형 파일을 직접 생성하여도 되지만 앵귤러 CLI의 generate 명령은 enum도 지원합니다. 다음 명령을 실행하여 열거형 타입 LogLevel 파일을 생성합니다.

```
ng g enum log-level
```

생성된 파일 log-level.enum.ts를 열고 [예제 5-4]를 입력합니다. 이제 LogLevel 타입을 만들었으니 MySpecialLoggerService로 돌아가서 다음과 같이 LogLevel을 임포트합니다.

```
1  import { Injectable } from '@angular/core';
-  import { LogLevel } from './log-level.enum';
-
-  @Injectable()
5  export class MySpecialLoggerService { … }
```

MySpecialLoggerService에서 로그를 출력할 때 시간을 특정 포맷에 맞게 출력하려고
TIME_FORMATTER 속성을 readonly로 미리 선언해 두었습니다. 하지만 자바스크립트의
Date 객체는 기본 API에서 포맷터를 지원하지 않습니다. 따라서 로그 시간을 포맷터에 따라
출력하기 위하여 date-fns[2]라는 패키지를 설치합니다.

```
npm i --save date-fns
```

이제 속성과 생성자까지 구현된 MySpecialLoggerService에 메서드를 추가합니다. 최종적으
로 MySpecialLoggerService는 다음과 같이 구현할 수 있습니다.

예제 5-5 mouse-pos-logger/src/app/my-special-logger.service.ts [ch5-2]

```
1   // 임포트 생략
-   import * as format from 'date-fns/format';
-
-   @Injectable()
5   export class MySpecialLoggerService {
-     // 속성 및 생성자 생략
-
-     debug(msg: string) { this.log(LogLevel.DEBUG, msg); }
-     info(msg: string) { this.log(LogLevel.INFO, msg); }
10    warn(msg: string) { this.log(LogLevel.WARN, msg); }
-     error(msg: string) { this.log(LogLevel.ERROR, msg); }
-
-     log(logLevel: LogLevel, msg: string) {
-       const logMsg = this.getFormattedLogMsg(logLevel, msg);
15      if (this.isProperLogLevel(logLevel)) {
-         console.log(logMsg);
-         this.keepLogHistory(logMsg);
-       }
-     }
```

----

2 https://date-fns.org/

```
20
-      private keepLogHistory(log: string) {
-        if (this.logs.length === this.MAX_HISTORY_CNT) {
-          this.logs.shift();
-        }
25       this.logs.push(log);
-      }
-
-      private getFormattedLogMsg(logLevel: LogLevel, msg: string) {
-        const curTimestamp = format(new Date(), this.TIME_FORMATTER);
30       return `[${LogLevel[logLevel]}] ${curTimestamp} - ${msg}`;
-      }
-
-      private isProperLogLevel(logLevel: LogLevel): boolean {
-        if (this.logLevel === LogLevel.DEBUG) return true;
35       return logLevel >= this.logLevel;
-      }
-    }
```

[예제 5-5]에서 추가된 메서드만 살펴보면 8~11번 줄에 각 로그 레벨별 메서드가 있습니다.
레벨별 메서드는 모두 13~19번 줄의 log 메서드에 로그 레벨만 다르게 인자를 전달합니다.
또한 레벨별로 로그의 출력 유효 여부를 결정할 isProperLogLevel이 33~36번 줄과 같이 구
현되어 있습니다. keepLogHistory는 MAX_HISTORY_CNT 값보다 저장된 로그가 적을 경
우 로그를 저장하고 MAX_HISTORY_CNT만큼 저장된 로그가 꽉 찼을 경우 과거 로그를 제
거하고 새 로그 정보를 보관합니다.

프로젝트의 기본 구성과 MySpecialLoggerService 구현까지 마쳤으니 마우스 위치를 로깅
하는 기능을 구현하기에 앞서 간단하게 MySpecialLoggerService 서비스가 정상적으로 동작
하는지 확인해 보기로 합니다. AppComponent를 다음과 같이 수정하여 MySpecialLogger
Service가 정상 동작하는지 직접 실행해 봅시다.

예제 5-6 mouse-pos-logger/src/app/app.component.ts [ch5-3]

```
1    import { Component } from '@angular/core';
-    import { MySpecialLoggerService } from './my-special-logger.service';
-    import { LogLevel } from './log-level.enum';
-
5    @Component({ ... })
-    export class AppComponent {
```

```
-       title = 'mpl works!';
-       logger: MySpecialLoggerService;
-
10      constructor() {
-           this.logger = new MySpecialLoggerService(LogLevel.INFO);
-           this.testLoggerLevel();
-       }
-
15      testLoggerLevel() {
-           console.log("==========Default(Info) Log Level==========");
-           this.logger.debug("test logging... in debug ");
-           this.logger.info("test logging... in info ");
-           this.logger.warn("test logging... in warn ");
20          this.logger.error("test logging... in error ");
-
-           this.logger.logLevel = LogLevel.DEBUG;
-           console.log("==========Debug Log Level==========");
-           this.logger.debug("test logging... in debug ");
25          this.logger.info("test logging... in info ");
-           this.logger.warn("test logging... in warn ");
-           this.logger.error("test logging... in error ");
-
-           this.logger.logLevel = LogLevel.WARN;
30          console.log("==========WARN Log Level==========");
-           this.logger.debug("test logging... in debug ");
-           this.logger.info("test logging... in info ");
-           this.logger.warn("test logging... in warn ");
-           this.logger.error("test logging... in error ");
35
-           this.logger.logLevel = LogLevel.ERROR;
-           console.log("==========Error Log Level==========");
-           this.logger.debug("test logging... in debug ");
-           this.logger.info("test logging... in info ");
40          this.logger.warn("test logging... in warn ");
-           this.logger.error("test logging... in error ");
-       }
-   }
```

코드를 살펴보면 AppComponent 클래스에 MySpecialLoggerService를 속성으로 선언하고 생성자에서 기본 로그 레벨 INFO로 설정하여 MySpecialLoggerService의 인스턴스를 생성한 후에 testLoggerLevel이라는 메서드를 호출합니다. testLoggerLevel 메서드에서는 로그 레벨을 바꾸어 가며 로그 메서드를 실행하여 서비스 코드가 정상 작동하는지 확인합니다.

애플리케이션 실행을 위한 코드를 구현하였으므로 이제 ng serve 명령을 실행한 후 개발자 도구를 띄워 로그를 확인해 봅니다. testLoggerLevel 메서드 수행 결과로 로그 레벨에 따라 [그림 5-5]와 같이 정상 출력되는 것을 확인합니다.

그림 5-5 MySpecialLoggerService 수행 결과

```
==========Default(Info) Log Level==========                    app.component.ts:22
[INFO] 2016-11-21 09:17:33.073 - test logging... in info       my-special-logger.service.ts:40
[WARN] 2016-11-21 09:17:33.073 - test logging... in warn       my-special-logger.service.ts:40
[ERROR] 2016-11-21 09:17:33.073 - test logging... in error     my-special-logger.service.ts:40
==========Debug Log Level==========                            app.component.ts:29
[DEBUG] 2016-11-21 09:17:33.074 - test logging... in debug     my-special-logger.service.ts:40
[INFO] 2016-11-21 09:17:33.074 - test logging... in info       my-special-logger.service.ts:40
[WARN] 2016-11-21 09:17:33.074 - test logging... in warn       my-special-logger.service.ts:40
[ERROR] 2016-11-21 09:17:33.074 - test logging... in error     my-special-logger.service.ts:40
==========WARN Log Level==========                             app.component.ts:36
[WARN] 2016-11-21 09:17:33.074 - test logging... in warn       my-special-logger.service.ts:40
[ERROR] 2016-11-21 09:17:33.075 - test logging... in error     my-special-logger.service.ts:40
==========Error Log Level==========                            app.component.ts:43
[ERROR] 2016-11-21 09:17:33.075 - test logging... in error     my-special-logger.service.ts:40
```

이제 마우스 위치 로거 애플리케이션의 뷰를 구성하고 마우스 위치가 바뀔 때 MySpecial LoggerService를 사용하여 로그를 출력해 봅시다. 먼저 뷰에서 마우스로 클릭할 때 위치를 포착할 영역을 담당할 컴포넌트를 생성합니다. 컴포넌트의 이름은 MouseTrackZone Component입니다. 다음 명령을 실행하여 컴포넌트의 관련 파일을 생성합니다.

```
ng g component mouse-track-zone
```

명령 실행 후 생성된 MouseTrackZoneComponent의 템플릿 파일에 다음과 같이 코드를 작성합니다.

```
<div class="track-zone" (click)="captureMousePos($event)"></div>
```

이 템플릿은 마우스의 위치를 포착하기 위하여 div 태그를 포함하고 click 이벤트를 capture-MousePos 메서드에 바인딩하였습니다.

마우스의 위치를 로그로 출력하도록 이제 MouseTrackZoneComponent에서 capture MousePos 메서드를 구현할 것입니다. MouseTrackZoneComponent를 구현하기 전에 간단한 스타일을 템플릿에 추가합니다. 컴포넌트의 스타일 파일을 열어 스타일 정보를 [예제 5-7]과 같이 수정합니다.

예제 5-7 mouse-pos-logger/src/app/mouse-track-zone/mouse-track-zone.component.css [ch5-4]

```
1    :host {
-      display: inline-block;
-      padding: 5px;
-      border: 1px solid darkslategrey;
5    }
-
-    .track-zone {
-      width: 200px;
-      height: 200px;
10     vertical-align: top;
-      background-color: lightblue;
-      border: 1px solid grey;
-      display: inline-block;
-    }
```

이제 MouseTrackZoneComponent 클래스를 구현해 봅시다. 먼저 [예제 5-8]과 같이 속성 및 생성자 코드를 구현합니다.

예제 5-8 mouse-pos-logger/src/app/mouse-track-zone/mouse-track-zone.component.ts [ch5-4]

```
1    import { Component, OnInit, OnDestroy } from '@angular/core';
-    import { MySpecialLoggerService } from '../my-special-logger.service';
-    import { LogLevel } from '../log-level.enum';
-
5    @Component({ ⋯ })
-    export class MouseTrackZoneComponent implements OnInit {
-      logLevel: LogLevel = LogLevel.INFO;
-      logger: MySpecialLoggerService;
-
10     constructor() {
-          this.logger = new MySpecialLoggerService(this.logLevel);
-      }
-      // 메서드 구현부 생략
-    }
```

[예제 5-8]에서 선언한 속성은 다음 용도로 사용합니다.

- **logLevel**: 애플리케이션에서 사용할 로그 레벨
- **logger**: 로그 출력으로 사용할 로거인 MySpecialLoggerService

logLevel 속성은 선언 시 값을 초기화하였으며 logger는 생성자에서는 11번 줄과 같이 MySpecialLoggerService의 객체를 생성하여 할당합니다. 이제 템플릿에서 마우스 움직임을 포착하기 위하여 선언한 이벤트 바인딩의 메서드 captureMousePos 코드를 다음과 같이 작성합니다.

예제 5-9 captureMousePos 메서드 구현부

```
1  captureMousePos($event: MouseEvent) {
-    this.logger.debug('click event occured');
-    const pos = [$event.clientX, $event.clientY];
-    this.logger.info(`x:${pos[0]} y:${pos[1]}`);
5  }
```

captureMousePos 메서드는 MouseEvent를 받아 이벤트가 발생하였다는 debug 로그와 현재 위치를 info 로그로 남깁니다. 이제 마지막으로 AppComponent의 템플릿을 열어서 MouseTrackZoneComponent의 템플릿을 포함시킵니다.

```
<h1>{{title}}</h1>
<mpl-mouse-track-zone></mpl-mouse-track-zone>
```

애플리케이션을 실행하고 개발자 도구를 열어 놓은 후 파란색lightblue 박스를 클릭할 때마다 로그가 찍히는지 확인해 보기 바랍니다. 그리고 [예제 5-8]의 속성에 선언한 logLevel을 DEBUG, WARN, ERROR로도 변경해 가면서 captureMousePos 메서드에서 호출하는 debug, info 메서드의 로그가 정상 작동하는지도 확인해 봅시다.

5.1.3 싱글턴으로서의 서비스

예제로 마우스 위치 로거 애플리케이션을 만들면서 로깅 기능을 갖춘 MySpecialLogger Service를 AppComponent와 MouseTrackZoneComponent에서 사용해 보았습니다. 로깅 기능을 각 컴포넌트에서 구현하지 않고 서비스에 담았기 때문에 코드 중복 없이 여러 컴포넌트에서 동일한 로직의 로깅 기능을 사용할 수 있습니다. 또한 기능을 변경하여도 모든 컴포넌트를 수정하지 않고 MySpecialLoggerService만 수정하면 이를 사용한 모든 곳에 변경 사항이 동일하게 반영되는 효과도 누릴 수 있습니다. 그러나 MySpecialLoggerService를 사용할 때 앞의 코드에는 한 가지 문제가 숨어 있습니다. 바로 여러 컴포넌트에서 동일한 서비스를 사용할 때 각 컴포넌트에서 일일이 인스턴스를 생성하는 것과 관련이 있습니다.

일반적으로 애플리케이션의 로그 레벨을 변경하면 전역적으로 모든 곳에 동일하게 적용되어야 합니다. 그러나 앞의 예제에서는 MySpecialLoggerService를 사용하기 위하여 생성자에서 각각 new 키워드로 MySpecialLoggerService의 인스턴스를 생성하였습니다. 따라서 [그림 5-6]과 같이 두 컴포넌트에서 바라보는 MySpecialLoggerService는 서로 다른 인스턴스이므로 각 컴포넌트에서 수정한 로그 레벨은 자신의 컴포넌트에서만 유효합니다.

그림 5-6 컴포넌트별로 생성된 서비스

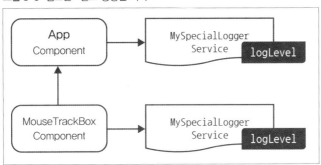

이 문제는 서비스의 인스턴스를 하나만 생성하여 여러 컴포넌트가 공유하면 해결할 수 있습니다. 서비스를 한 번만 생성하여 공유하는 제일 간단한 방법은 모든 컴포넌트의 루트가 되는 AppComponent에서 서비스를 생성한 후 이를 다른 컴포넌트에 전달하는 것입니다.

앵귤러는 컴포넌트 간의 통신을 위한 방법을 제공하고 있습니다. 이 문제를 해결하기 위하여 AppComponent에서 MouseTrackZoneComponent로 MySpecialLoggerService의 인스턴스를 전달해 봅시다. 먼저 MouseTrackZoneComponent 파일을 다시 열어서 다음과 같이 수정합니다.

예제 5-10 mouse-pos-logger/src/app/mouse-track-zone/mouse-track-zone.component.ts [ch5-5]

```
1    import { Component, OnInit, Input } from '@angular/core';
-    // 임포트 생략
-
```

```
-    @Component({ ⋯ })
5    export class MouseTrackZoneComponent implements OnInit {
-      @Input() private logger: MySpecialLoggerService;
-
-      constructor() { }
-        ...
10   }
```

[예제 5-10]에서 수정한 내용은 다음과 같습니다.

- @angular/core 패키지에서 Input 임포트 추가
- 속성으로 선언한 logger에 Input 데코레이터를 붙임
- 속성에 선언하였던 애플리케이션 logLevel 속성 제거
- 생성자에서 직접 MySpecialLoggerService의 인스턴스를 생성하였던 코드를 제거

Input 데코레이터는 제6장에서 자세히 다룰 내용으로, 여기서는 상위 컴포넌트에서 전달한 데이터를 받겠다는 방식이라는 것만 이해합시다. 이제 MouseTrackZoneComponent에서 logger 인스턴스를 전달하기 위하여 AppComponent의 템플릿 파일을 열어서 다음과 같이 코드를 수정합니다.

```
<h1>{{title}}</h1>
<mpl-mouse-track-zone [logger]="logger"></mpl-mouse-track-zone>
```

이와 같이 수정된 템플릿은 앵귤러에서 프로퍼티 바인딩으로 AppComponenet의 logger 인스턴스를 MouseTrackZoneComponent의 Input 데코레이터가 붙은 logger로 바인딩해 줍니다.

다음으로 AppComponent에서 테스트로 호출하였던 testLoggerLevel 메서드 호출은 주석 처리합니다. [예제 5-6] 15번 줄의 로그 레벨을 다양하게 변경하면서 애플리케이션이 어떻게 동작하는지 확인해 봅시다. 애플리케이션을 실행합니다. 이를 통하여 의도한 대로 App Component에서 선언한 로그 레벨에 따라 MouseTrackZoneComponent의 로그가 영향을 받는지 확인해 봅니다.

5.2 의존성 주입

MySpecialLoggerService에서 구현한 로깅 기능을 AppComponent와 MouseTrackZone Component에서 사용할 수 있게 되었습니다. 로거 인스턴스 또한 싱글턴으로 AppComponent에서 생성한 것을 MouseTrackZoneComponent도 공유하여 전역적으로 로그 레벨을 적용할 수 있었습니다.

그러나 여전히 서비스를 사용하는 데 문제가 있습니다. 단적으로 MySpecialLoggerService를 2개의 컴포넌트가 아니라 수십~수백 개의 컴포넌트에서 사용하여야 한다고 가정해 봅시다. 그때마다 우리는 일일이 AppComponent에서 모든 컴포넌트로 MySpecialLoggerService의 인스턴스를 전달하여야 합니다. 이는 단순히 불편하다는 문제가 아닙니다. MySpecialLogger Service의 기능이 변경되어 생성자의 인자를 추가하여야 한다면 MySpecialLoggerService의 인스턴스를 생성하는 AppComponent 코드를 수정하여야 합니다. AppComponent가 MySpecialLoggerService를 사용하고 있기 때문입니다. 다른 말로 표현하자면 App Component가 MySpecialLoggerService를 의존하고 있기 때문에 MySpecialLogger Service의 변경 사항은 AppComponent에도 영향을 준다는 것입니다.

예를 들어, AppComponent에서 MySpecialLoggerService의 인스턴스를 생성할 때 비동기로 특정 서버에 로깅 정보를 전송하는 기능이 추가되었다고 가정해 봅시다. 이에 따라 객체를 생성할 때 외부 서버와의 연결을 위한 커넥션 정보를 받도록 MySpecialLoggerService의 생성자 인자를 추가합니다. MySpecialLoggerService를 사용하는 AppComponent에서는 다음과 유사한 형태로 수정하여야만 합니다.

```
this.logger = new MySpecialLoggerService(LogLevel.INFO, new RemoteConnection( ));
```

AppComponent가 MySpecialLoggerService에 의존하고 있어 MySpecialLoggerService의 로직이 변경될 때마다 뷰를 그리는 컴포넌트인 AppComponent의 수정도 불가피합니다. 두 클래스 간 결합도가 높은 상황이 되었지만, 이 문제는 사실 소프트웨어 개발의 전통적인 문제로, 의존성 주입dependency injection으로 해결할 수 있습니다.

앵귤러 또한 의존성 주입 기능을 제공합니다. 인스턴스 생성에 필요한 정보를 앵귤러에 선언하면 인스턴스가 필요한 시점에 인스턴스를 어떻게 생성할지 몰라도 해당 인스턴스를 주입받을 수 있습니다.

앵귤러는 의존성 주입기를 내장하고 있습니다. 앵귤러의 요소는 의존성 주입기를 통하여 관리합니다. 컴포넌트를 포함하여 서비스도 의존성 주입기를 통하여 제공할 수 있습니다. 앵귤러의 의존성 주입 기능을 사용하면 앞서 코드 레벨에서 서비스의 싱글턴을 직접 유지하려고 하지 않아도 됩니다. 의존성 주입기는 기본적으로 인스턴스를 요청할 때마다 동일한 인스턴스를 주입해 주기 때문입니다.

앞의 AppComponent에서 MySpecialLoggerService를 직접 생성하였던 코드를 제거하고 앵귤러의 의존성 주입 기능을 사용해 봅시다. 앵귤러에서 의존 정보를 선언하는 방법 중 하나는 NgModule의 메타데이터에 providers로 의존성을 주입받을 대상을 선언하는 것입니다.

그럼 다음과 같이 NgModule의 메타데이터 providers에 MySpecialLoggerService를 선언해 봅시다.

```
1   // 임포트 생략
-   import { MySpecialLoggerService } from './my-special-logger.service';
-
-   @NgModule({
5     declarations: [ … ],
-     imports: [ … ],
-     providers: [MySpecialLoggerService],
-     bootstrap: [AppComponent]
-   })
```

이전에 MySpecialLoggerService 인스턴스를 공유하기 위하여 수정하였던 코드도 다시 원래 상태로 수정하여야 합니다. 먼저 AppComponent의 템플릿은 다시 <mpl-mouse-track-zone></mpl-mouse-track-zone>으로 수정합니다. MouseTrackZoneComponent 역시 logger에 선언하였던 Input 데코레이터와 임포트 부분도 제거합니다. 다음으로 AppComponent와 MouseTrackZoneComponent 모두 속성으로 선언되어 있던 logger를 제거하고 logger를 생성자의 매개 변수로 다음과 같이 선언합니다.

```
constructor(private logger: MySpecialLoggerService) { }
```

생성자의 매개 변수로 선언한 이유는 앵귤러의 의존성 주입기가 컴포넌트를 생성할 때 생성자의 인자로 MySpecialLoggerService를 주입해 주기 때문입니다. 즉 의존성 주입기가 의존성을 주입해 주는 통로가 클래스의 생성자 매개 변수입니다. 여기까지만 수정한 상태로 애플리케이션을 실행하면 콘솔에 [그림 5-7]과 같은 에러가 출력됩니다.

그림 5-7 의존성 주입기로 MySpecialLoggerService 주입 실패 로그

```
❌ ▶ Uncaught                                                                              compil
   ▶ Error {__zone_symbol__error: Error: Can't resolve all parameters for MySpecialLoggerService: (?). at
     Error.ZoneAwareError (ht……}
```

이 에러가 의미하는 것은 MySpecialLoggerService를 생성할 때 생성자에 선언된 매개 변수에 필요한 정보를 찾지 못하였다는 것입니다. MySpecialLoggerService의 생성자를 다시 봅시다. 생성자에 logLevel이 매개 변수로 선언되었음을 알 수 있습니다. 의존성 주입기가 의존성을 주입하는 통로가 생성자의 매개 변수라는 점을 생각한다면 지금 앵귤러의 의존성 주입기는 logLevel로 무엇을 주입해 주어야 할지 아무런 정보를 가지고 있지 않습니다. 이제 Injectable과 Inject 데코레이터를 살펴볼 차례가 왔습니다.

5.2.1 Injectable, Inject 데코레이터

앵귤러의 의존성 주입기는 Injectable 데코레이터 여부로 인스턴스를 생성할 때 생성자에 의존성을 주입해 줄 필요가 있는지를 결정합니다. 컴포넌트의 경우에는 Component 데코레이터를 통하여 컴포넌트 클래스가 의존성을 주입받을 수 있는 클래스라는 것을 앵귤러가 알 수 있습니다. 따라서 Injectable 데코레이터가 없어도 컴포넌트 클래스의 생성자에 의존성을 주입받을 매개 변수를 선언하면 의존성 주입기가 매개 변수에 선언된 타입 중 의존성 정보를 가지고 있는 인스턴스를 주입해 줍니다.

반면 서비스의 경우에는 평범한 타입스크립트 클래스이기 때문에 생성자에 매개 변수를 선언해 두어도 앵귤러의 의존성 주입기가 의존성 주입이 필요한지를 확인할 방법이 없습니다. 그러므로 서비스에서 생성자의 매개 변수로 의존성 주입이 필요한 경우에는 클래스에 Injectable을 붙여야 합니다. 생성자의 매개 변수로 주입받을 의존성 정보가 없다면 굳이 Injectable을 붙이지 않아도 되지만 관례상 코드의 확장을 위하여, 또는 버그를 미연에 방지하기 위하여 서비스를 선언할 때 Injectable을 붙이는 것을 권장하는 것입니다.

MySpecialLoggerService는 평범한 타입스크립트 클래스이면서 생성자에 LogLevel 타입의

매개 변수를 선언하였기 때문에 Injectable을 클래스 선언에 붙여야 합니다. 이로 인하여 컴포넌트에서 의존성 주입기로 MySpecialLoggerService의 인스턴스를 주입받으려고 할 때 의존성 주입기는 MySpecialLoggerService에 붙어 있는 Injectable을 보고 생성자에 선언된 매개 변수를 주입하려고 시도하는 것입니다. 따라서 앞의 오류를 제거하려면 logLevel도 어딘가에 의존성 정보가 선언되었어야 합니다. 그럼 MySpecialLoggerService 인스턴스를 의존성 주입기로 관리하기 위하여 다음과 같이 수정해 봅시다.

```
1   import { Injectable, Inject } from '@angular/core';
-   // 임포트 생략
-
-   @Injectable()
5   export class MySpecialLoggerService {
-     // 속성 생략
-     constructor(@Inject('logLevel') logLevel: LogLevel) {
-       this.logLevel = logLevel;
-     }
10    // 메서드 생략
-   }
```

이미 설명한 대로 MySpecialLoggerService 클래스 선언 앞에 Injectable 데코레이터를 붙였습니다. 그리고 이와 별개로 생성자의 인자로 받는 로그 레벨 앞에는 Inject라는 데코레이터를 붙이고 logLevel이라는 문자열을 선언하였습니다. Inject는 주입할 대상의 정보를 선언할 때 씁니다. 보통 주입할 대상 타입이 클래스인 경우에는 앵귤러가 타입 정보를 추론하여 자동으로 주입하기 때문에 Inject를 붙일 필요가 없습니다. 그래서 AppComponent나 MouseTrackZoneComponent에서는 MySpecialLoggerService를 주입받기 위하여 Inject를 붙이지 않았습니다. LogLevel은 열거형으로, 실제 자바스크립트에서는 숫자 값이기 때문에 명시적으로 Inject를 선언해 주어야 합니다. 이렇게 주입할 대상 정보인 logLevel까지 선언하였습니다. 마지막으로 AppModule의 LogLevel에 대한 의존 정보를 선언하여야 합니다.

5.2.2 providers

logLevel의 의존 정보는 다시 NgModule로 돌아가서 메타데이터의 providers를 다음과 같이 수정하여야 합니다.

예제 5-11 mouse-pos-logger/src/app/app.module.ts [ch5-6]

```
1   // 임포트 생략
-   import { LogLevel } from './log-level.enum';
-
-   @NgModule({
5     declarations: [ … ],
-     imports: [ … ],
-     providers: [MySpecialLoggerService, {provide: 'logLevel', useValue: LogLevel.INFO}],
-     bootstrap: [AppComponent]
-   })
```

providers에서 MySpecialLoggerService의 선언 뒤에 추가로 JSON 객체 provide와 useValue라는 키의 값으로 logLevel 정보를 INFO로 포함하였습니다. 이 JSON 객체는 의존성 주입기가 클래스를 생성할 때 참고하는 공급자^{provider} 타입의 값입니다. 공급자는 의존성 주입기가 생성할 클래스에 무엇으로 의존성을 주입할지 알려 주는 정보입니다. 따라서 providers에 선언된 공급자는 의존성 주입기가 실제 클래스를 생성할 시점에 공급자에 선언된 내용에 따라 의존성 주입을 해 줍니다.

공급자 타입에는 ClassProvider, ValueProvider, ExistingProvider, FactoryProvider, TypeProvider가 있습니다. 우리는 앞으로 ClassProvider와 ValueProvider를 주로 사용하고 다른 세 가지는 사용할 일이 많지 않을 것입니다. [예제 5-11]에서는 logLevel.INFO 값을 MySpecialLoggerService에 주입하기 위하여 ValueProvider를 사용하였습니다. 사실 providers에 처음 선언한 MySpecialLoggerService도 {provide: MySpecialLogger Service, useClass: MySpecialLoggerService}를 보기 편하게 해 주는 문법적 장치일 뿐 Class Provider를 사용한 것입니다.

공급자에서 provide는 공급한 클래스나 값을 구분해 주는 키 값입니다. 보통은 앞에서 사용한 것처럼 MySpecialLoggerService 등의 클래스가 타입의 키가 됩니다. 그러나 문자열도 키가 될 수 있습니다. 예를 들면 애플리케이션에서 공통으로 사용할 상수가 있다면 다음과 같이 공급자를 선언할 수 있습니다.

```
{provide: 'port', useValue: 8712}
```

그리고 주입받는 쪽에서는 생성자 안에 @Inject('port') port: number와 같이 작성하면 상수를 공통으로 주입받아 사용할 수 있습니다. 하지만 문자열을 키로 선택하는 것은 위험할 수 있습니다. 애플리케이션에서 사용한 공급자의 키가 외부 라이브러리에서 사용 중인 공급자의 키와 중복될 수 있기 때문입니다. 키가 중복될 경우 주입기는 마지막에 선언된 공급자를 꺼내서 의존성 주입을 해 줍니다. 이러한 문제를 미연에 막기 위하여 앵귤러에서는 Injection Token을 제공합니다[3]. InjectionToken의 사용법은 간단합니다. 다음과 같이 Injection Token 안에 임의 키 값을 전달하여 생성합니다.

```
import { InjectionToken } from '@angular/core';
import { LogLevel } from './log-level.enum';
export const LOG_LEVEL_TOKEN = new InjectionToken<LogLevel>('logLevel');
```

이제 app 폴더에 app.tokens.ts라는 파일을 생성하여 위 코드를 입력하고 저장해 봅시다. 그리고 NgModule의 providers에 { provide: LOG_LEVEL_TOKEN , useValue: LogLevel. INFO }와 같이 InjectionToken으로 코드를 변경하고 마찬가지로 MySpecialLogger Service 클래스의 생성자 인자에도 @Inject(LOG_LEVEL_TOKEN) logLevel: LogLevel 같이 코드를 변경해 봅시다. MySpecialLoggerService를 컴포넌트에서 주입받기 위한 긴 과정을 거쳤습니다. 이제 애플리케이션이 정상적으로 실행될 것입니다. InjectionToken을 사용한 코드는 GIT을 사용하여 ch5-7 태그를 체크아웃받거나 http://bit.ly/hb-af-ch5-7에서 변경 내역을 확인할 수 있습니다.

5.2.3 의존성 주입기 트리

의존성 주입기로 서비스를 사용할 때 앵귤러에서 보장해 주는 한 가지는 어떤 컴포넌트에서 서비스를 사용하든 동일한 객체를 주입해 주는 것임을 설명하였습니다. 이렇게 시스템 안에서 단일 객체로 존재하는 것을 싱글턴이라고 합니다. MySpecialLoggerService 또한 앵귤러에서 싱글턴으로 존재하기 때문에 logLevel이 전체 애플리케이션에 일관되게 적용됩니다. 그러나 때에 따라 새로운 서비스 클래스를 주입받고 싶은 경우도 존재할 수 있습니다. 이를 위하여 앵귤러에는 의존성 주입기 트리라는 개념이 있습니다.

앵귤러는 각 컴포넌트에게 의존성 주입기를 제공하므로 컴포넌트 트리는 [그림 5-8]과 같이 의존성 주입기 트리로 대응됩니다. 모든 컴포넌트마다 자신의 의존성 주입기를 갖는다면 매우

---

3 2.x 버전에서는 OpaqueToken을 사용합니다.

비효율적일 것입니다. 실제로는 특정 컴포넌트에서 공급자를 선언하지 않는 이상 의존성 주입기가 컴포넌트마다 생성되지는 않습니다.

그림 5-8 의존성 주입기 트리

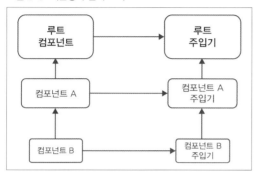

주입기 트리는 현재 컴포넌트에 필요한 서비스 클래스가 선언되어 있는 상위 컴포넌트까지 계속 찾아 올라가서 해당 주입기로부터 서비스를 받게 합니다. 컴포넌트에서도 새로운 서비스를 주입받을 수 있도록 @Component 데코레이터에 providers 정보를 줄 수 있습니다. 앞서 @NgModule의 providers에 선언한 것과 동일하며, 차이는 컴포넌트 레벨에서 새로운 서비스를 생성해 준다는 것입니다.

의존성 주입기를 통하여 MySpecialLoggerService의 인스턴스를 주입받는 것은 유지하면서 MouseTrackZoneComponent가 AppComponent로부터 독립적으로 로거 인스턴스를 주입받도록 예제를 수정해 봅시다. 수정은 간단합니다. MouseTrackZoneComponent의 메타데이터에서 providers에 MySpecialLoggerService 서비스를 추가하면 됩니다. AppComponent에서 INFO 레벨로 선언하였기 때문에 MouseTrackZoneComponent는 DEBUG로 선언하기로 합니다.

```
1  // 임포트 생략
-  import { LOG_LEVEL_TOKEN } from '../app.tokens';
-
-  @Component({
5    …
-    providers: [MySpecialLoggerService, {provide:LOG_LEVEL_TOKEN, useValue: LogLevel.DEBUG} ]
-  })
-  export class MouseTrackZoneComponent { … }
```

이제 AppComponent가 MouseTrackZoneComponent와 로그 레벨이 다른지 확인하기 위하여 AppComponent에서 debug 로그를 임의로 출력하는 버튼 하나만 간단히 추가해 봅시다. AppComponent의 템플릿을 다음과 같이 수정합니다.

```
<h1>{{title}}</h1>
<button type="button" (click)="printDebugLog()">Print log</button>
<mpl-mouse-track-zone></mpl-mouse-track-zone>
```

템플릿에 추가된 버튼과 click 이벤트에 바인딩된 printDebugLog 메서드를 AppComponent 클래스에 다음과 같이 추가합니다.

```
1    // 임포트 생략
-
-    @Component({ ... })
-    export class AppComponent {
5        ...
-        printDebugLog() {
-            this.logger.debug("test depenency injector tree!");
-        }
-        ...
10   }
```

이제 애플리케이션을 다시 실행하고 마우스 움직임을 포착할 위치 영역을 클릭해 봅시다. AppComponent는 기존과 같이 로그 레벨이 INFO이지만 MySpecialLoggerService 인스턴스를 MouseTrackZoneComponent에서 새로 주입받으면서 DEBUG 로그 레벨로 설정하였기 때문에 DEBUG 로그가 출력될 것입니다. 반면 AppComponent의 로그 레벨은 여전히 INFO이기 때문에 새로 추가한 버튼을 아무리 클릭해도 debug 로그가 출력되지 않는 것 또한 확인할 수 있습니다. 의존성 트리의 변경 내역은 GIT을 사용하여 ch5-8 태그를 체크아웃하거나 http://bit.ly/hb-af-ch5-8에서 확인할 수 있습니다.

5.2.4 Host, Optional 데코레이터

컴포넌트와 의존성 주입기가 쌍을 이루어 트리 형태를 가지고 있다는 특징을 바탕으로, 의존성 주입도 Host와 Optional 데코레이터를 이용하면 동적으로 다룰 수 있습니다. Host 데코레이터의 역할은 현재 컴포넌트에서 상위 의존성 주입 정보를 찾지 않고 현재 의존성 주입 정보를 찾아서 주입하라는 의미이고, Optional은 의존성 주입 정보가 없을 경우 의존성 주입을 받지 않아도 된다는 의미입니다.

예제로 Host와 Optional 데코레이터 활용법을 익혀 봅시다. MouseTrackZoneComponent는 반드시 컴포넌트에 MySpecialLoggerService의 의존성 정보가 있을 경우에만 의존성 정보를 주입받고, 의존성 정보가 없을 경우 AnotherLoggerService를 주입받아 사용한다고 가정해 봅시다.

몇 가지 기능만 추가한 AnotherLoggerService를 생성하기 전에 코드 중복을 피하기 위하여 새 클래스를 하나 생성합니다. 공통 코드를 구현할 LoggerService 클래스를 생성하여 기존 MySpecialLoggerService 클래스의 구현 코드 중 일부를 이 클래스로 옮깁니다. MySpecial LoggerService와 AnotherLoggerService는 LoggerService를 상속받아 각각 핵심 로그 부분만 구현하도록 코드를 개선할 예정입니다.

앵귤러 CLI를 활용하면 클래스도 다음과 같이 생성할 수 있습니다.

```
ng g class logger-service
```

생성된 logger-service.ts 파일을 열어 다음과 같이 코드를 작성합니다.

예제 5-12 mouse-pos-logger/src/app/logger-service.ts [ch5-9]

```
1   import { LogLevel } from './log-level.enum';
-
-   export abstract class LoggerService {
-     logLevel: LogLevel;
5
-     constructor(logLevel: LogLevel) {
-         this.logLevel = logLevel;
-     }
-
10   debug(msg: string) { this.log(LogLevel.DEBUG, msg); }
-    info(msg: string) { this.log(LogLevel.INFO, msg); }
-    warn(msg: string) { this.log(LogLevel.WARN, msg); }
-    error(msg: string) { this.log(LogLevel.ERROR, msg); }
-    abstract log(logLevel: LogLevel, msg: string);
15
```

```
-    protected isProperLogLevel(logLevel: LogLevel): boolean {
-        if (this.logLevel === LogLevel.DEBUG) return true;
-        return logLevel >= this.logLevel;
-    }
20 }
```

[예제 5-12]의 LoggerService는 14번 줄의 log 메서드를 abstract 키워드로 선언만 하였고 다른 로그 레벨별 메서드를 구현하였습니다. 또한 16~19번 줄의 isProperLogLevel 메서드는 protected 선언하여 상속받는 클래스에서만 사용할 수 있도록 접근 제어자를 설정하였습니다.

MySpecialLoggerService가 LoggerService를 상속받도록 코드를 수정합시다. 기존에 있던 logLevel 속성과 일부 메서드의 구현을 LoggerService로 옮겼습니다. 옮긴 메서드는 제거하고 구현 선언을 다음과 같이 추가합니다.

```
1   // 임포트 추가
-   import { LoggerService } from './logger-service';
-
-   @Injectable()
5   export class MySpecialLoggerService extends LoggerService {
-     logs: string[] = [];
-     private readonly MAX_HISTORY_CNT: number = 100;
-     private readonly TIME_FORMATTER: string = "YYYY-MM-DD HH:mm:ss.SSS"
-
10    constructor(@Inject(LOG_LEVEL_TOKEN) logLevel: LogLevel) {
-        super(logLevel);
-     }
-     ...
-   }
```

이제 AnotherLoggerService를 새로 만듭니다. AnotherLoggerService는 MySpecial LoggerService와 동일한 메서드를 가지고 있지만 시간 정보를 출력하지 않고 로그 히스토리를 저장하지 않는 간단한 로거입니다. 다음 명령을 실행하여 관련 파일을 생성합니다.

```
ng g service another-logger
```

AnotherLoggerService도 AbstractLoggerService를 상속받아 log 메서드만 구현하면, 기존의 MySpecialLoggerService와 동일한 기능으로 로그 서비스를 쉽게 만들 수 있습니다. 이제 다음과 같이 코드를 구현해 봅시다.

```
1   import { Injectable, Inject } from '@angular/core';
-   import { LogLevel } from './log-level.enum';
-   import { LOG_LEVEL_TOKEN } from './app.tokens'
-   import { LoggerService } from './logger-service';
5
-   @Injectable()
-   export class AnotherLoggerService extends LoggerService {
-     constructor(@Inject(LOG_LEVEL_TOKEN) logLevel: LogLevel) {
-       super(logLevel);
10    }
-
-     log(logLevel: LogLevel, msg: string) {
-       const logMsg = this.getFormattedLogMsg(logLevel, msg);
-       if (this.isProperLogLevel(logLevel)) {
15        console.log(logMsg);
-       }
-     }
-
-     private getFormattedLogMsg(logLevel: LogLevel, msg: string) {
20      return `[${LogLevel[logLevel]}] - ${msg}`;
-     }
-   }
```

새로 만든 AnotherLoggerService를 AppModule에 등록하여 애플리케이션에서 전역적으로 사용할 로거로 공급자에 등록합니다.

```
1   // 임포트 생략
-   import { AnotherLoggerService } from './another-logger.service';
-
-   @NgModule({
5     declarations: [ ⋯ ],
-     imports: [ ⋯ ],
-     providers: [
-       MySpecialLoggerService,
-       AnotherLoggerService,
10      { provide: LOG_LEVEL_TOKEN, useValue: LogLevel.INFO }
-     ],
-     bootstrap: [AppComponent]
-   })
-   export class AppModule { }
```

이제 Host와 Optional 데코레이터를 실험해 볼 준비가 되었습니다. MouseTrackZone Component에 LoggerService 타입으로 logger 속성을 선언하고 생성자를 다음과 같이 수정합니다.

```
1   import { Component, OnInit, Host, Optional } from '@angular/core';
-   // 임포트 생략
-   import { LoggerService } from '../logger-service';
-   import { AnotherLoggerService } from '../another-logger.service';
5
-   @Component({ ⋯ })
-   export class MouseTrackZoneComponent implements OnInit {
-       logger: LoggerService;
-
10      constructor(
-         @Host() mySpecialLogger: MySpecialLoggerService,
-         anotherLogger: AnotherLoggerService
-       ) {
-         this.logger = mySpecialLogger ? mySpecialLogger : anotherLogger;
15      }
-       ⋯
-   }
```

생성자의 매개 변수는 MySpecialLoggerService와 AnotherLoggerService를 모두 주입받기로 선언되어 있으며, Host 데코레이터가 MySpecialLoggerService 앞에 붙어 있습니다. 생성자 안에는 MySpecialLoggerService의 인스턴스가 존재할 경우 MySpecialLoggerService의 인스턴스를 logger에 할당하고 그렇지 않을 경우 AnotherLoggerService를 할당하도록 하였습니다. 이 상태에서 애플리케이션을 실행하면 아무 변화 없이 콘솔에 출력되는 로그도 MySpecialLoggerService의 인스턴스가 출력한 로그로 나옵니다. 그럼 Host 데코레이터를 유지한 상태로 Component 메타데이터에서 providers 선언부를 주석 처리해 봅시다.

```
1   @Component({
-       selector: 'mpl-mouse-track-zone',
-       templateUrl: './mouse-track-zone.component.html',
-       styleUrls: ['./mouse-track-zone.component.css'],
5       // providers: [MySpecialLoggerService, {provide:LOG_LEVEL_TOKEN, useValue: LogLevel.DEBUG} ]
-   })
```

providers를 주석 처리한 후 실행하면 애플리케이션이 실행되지 못하고 에러를 일으킵니다. Host 데코레이터 제약으로 인하여 앵귤러의 의존성 주입기가 애플리케이션 레벨까지 올라가지 않고 현재 MouseTrackZoneComponent의 의존성 정보만 찾으므로 MySpecial LoggerService의 의존성 정보를 찾을 수 없어 에러를 일으킨 것입니다. 생성자의 매개 변수 MySpecialLoggerService 선언부 Host 데코레이터 뒤에 Optional 데코레이터를 다음과 같이 추가하고 실행해 봅시다.

```
1  constructor(
-    @Host() @Optional() mySpecialLogger: MySpecialLoggerService,
-    anotherLogger: AnotherLoggerService
-  ) {
5    this.logger = mySpecialLogger ? mySpecialLogger : anotherLogger;
-  }
```

이제 애플리케이션이 정상 수행되고 마우스를 푸른색 박스 위에서 움직일 때 콘솔에는 시간 정보가 제외된 로그가 출력되는 것을 확인할 수 있습니다. 이는 mySpecialLogger가 현재 컴포넌트의 의존성 주입 정보를 가지고 있지 않고 Optional로 선언되어 있어서 의존성을 주입하지 않아 null로 할당하였으므로 생성자에 기술된 로직에 따라 AnotherLoggerService를 주입받아 logger에 할당하였기 때문입니다. Host, Optional 데코레이터의 코드는 GIT을 사용하여 ch5-9, 5-10 태그를 체크아웃받거나 http://bit.ly/hb-af-ch5-9, http://bit.ly/hb-af-ch5-10에서 변경 내역을 각각 확인할 수 있습니다.

5.3 테스트 코드 작성

애플리케이션을 견고하게 만들기 위한 기술에 빠질 수 없는 것은 테스트 케이스를 작성하고 코드를 테스트하는 것입니다. 사실 테스팅은 결코 가벼운 주제가 아닙니다. 제대로 된 테스트 케이스를 작성하는 것도 간단한 일이 아닐뿐더러 프론트엔드 개발의 테스팅 환경을 구축하는 것은 더더욱 쉽지 않습니다. 또한 비즈니스 로직의 단위 테스트와 달리 UI 테스트는 또 다른 차원의 이야기입니다.

이러한 어려움에도 불구하고 테스트를 다루는 첫 번째 이유는 앵귤러 CLI 덕분에 테스팅 환경을 구축할 필요가 없기 때문입니다. 두 번째 이유는 테스트 케이스를 작성하면 앵귤러의 동작 원리에 더 깊이 다가갈 수 있기 때문입니다. 모든 코드의 테스트를 반드시 작성하여 테스트 커버리지를 높이려는 목적보다는 앵귤러에 대한 이해도를 높인다는 관점에서 테스트를 알아 봅시다.

앵귤러는 앵귤러 세계 안의 요소를 테스트할 수 있는 여러 도구를 제공하고 있습니다. 이를 활용하면 프론트엔드 테스트 케이스를 더 쉽게 작성할 수 있습니다. 더불어 앵귤러 CLI 기반 프로젝트는 테스트를 위한 기본 설정을 이미 갖추고 있기 때문에 번거로운 테스팅 환경을 일일이 만들 필요가 없습니다. 앵귤러 CLI가 제공하는 테스팅 기술 스택은 [그림 5-9]와 같이 세 가지 도구로 이루어집니다. 카르마Karma[4]라고 하는 테스트 도구는 테스트를 실행할 수 있는 환경을 제공합니다. 우리가 테스트할 코드는 경우에 따라서 브라우저가 필요하지 않을 수도 있습니다. 그러나 뷰와 이벤트를 처리하려면 브라우저에서 코드를 실행하여야 합니다. 이러한 작업을 관리하고 실행하는 것이 바로 카르마의 역할입니다.

그림 5-9 테스팅 기술 스택

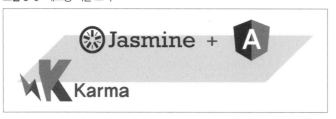

카르마의 실행 환경 위에서 자스민Jasmine과 앵귤러가 제공하는 API를 사용하여 테스트 코드를 작성합니다. 자스민[5]은 자바스크립트용 행동 주도 개발Behavior Driven Development 프레임워크입니다. 행동 주도 개발이라는 개념은 테스트 주도 개발Test Driven Development에서 파생한 개념인데, 우리는 행동 주도 개발의 철학이나 자세한 소개보다는 자스민의 활용 측면에서 접근하기로 합니다.

행동 주도 개발은 코드의 테스트 케이스를 작성하는 것보다 코드 자체가 어떻게 작동하여야 한다는 내용을 기술하고 이를 검증하는 데 초점을 맞추고 있습니다. 따라서 테스트 케이스를 보통 사양spec.으로 표현합니다. 다음 코드와 같이 하나의 사양은 describe로 표현되는 함수에 인자로 애플리케이션이 가져야 할 사양과 실제 테스트 함수를 전달합니다. 테스트로 전달되는 함

---

4 https://karma-runner.github.io/1.0/index.html
5 https://jasmine.github.io/2.4/introduction

수는 it이라는 메서드로 테스트할 코드를 작성합니다. 자스민 또한 찾아가며 학습하기보다는 앵귤러 안에서 필요한 테스트를 차근히 작성하면서 자연스럽게 익히도록 합시다.

```
1    describe("반드시 성공할 수밖에 없는 테스트들", function() {
-      it("true는 true일 수밖에...", function() {
-        const isReallyTrue = true;
-        expect(isReallyTrue).toBe(true);
5      });
-
-      it("1 + 1은 2를 반환하여야 한다.", function() {
-        const resultOfSum = 1 + 1;
-        expect(resultOfSum).toBe(2);
10     });
-    });
```

마지막으로 앵귤러는 프레임워크에서 동작하는 코드를 테스트할 수 있는 모의 환경을 제공합니다. 앵귤러의 모듈 중 core에는 테스팅과 관련된 API가 기본 내장되어 있습니다. 앵귤러 프로젝트의 테스트 코드는 크게 두 유형으로 구분할 수 있습니다. 첫 번째 유형은 앵귤러와 상관없이 순수하게 격리된 환경에서 로직을 검증할 수 있는 코드입니다. 대표적인 경우가 서비스입니다. 서비스 클래스는 앞에서 설명한 바와 같이 이미 그 자체로 어디에도 종속되지 않는 기능을 제공하는 코드이기 때문에 앵귤러가 제공하는 테스팅 환경 없이 손쉽게 테스트할 수 있습니다. 다만 @Injectable 데코레이터와 함께 생성자에서 다른 의존성을 주입받아야 하는 경우에는 순수하게 격리된 환경에서 서비스를 테스트하기가 어렵습니다. 두 번째 유형은 앵귤러가 제공하는 모의 환경에서 진행하는 테스트로, 컴포넌트입니다. 컴포넌트는 앵귤러 환경 없이는 결코 테스트할 수 없기 때문에 앵귤러는 컴포넌트를 테스트하기 위한 다양한 API를 제공합니다.

그림 5-10 앵귤러 테스팅 환경

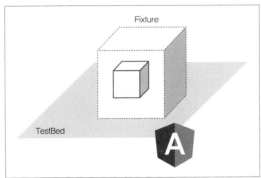

앵귤러가 제공하는 테스팅 환경에서 중요한 개념 중 TestBed와 Fixture가 있습니다. [그림 5-10]과 같이 TestBed는 앵귤러 안에서 코드가 동작할 수 있는 테스트 전용 실행 환경이라고 생각하면 됩니다. TestBed는 테스트할 컴포넌트와 서비스를 실제 애플리케이션과 동일하게 생성해 줍니다. Fixture는 테스트를 위하여 컴포넌트를 감싼 프록시와 같은 객체입니다. 컴포넌트를 테스트할 때 이벤트의 실행 및 앵귤러의 실행 과정을 모의해 주는 기능을 제공합니다.

이제 실제 코드를 보면서 테스트를 작성하는 법을 알아 봅시다. 이 장에서 함께 만든 마우스 위치 로거 프로젝트에 이미 테스트 코드가 준비되어 있습니다. 이는 앵귤러 CLI를 사용하여 프로젝트와 코드를 생성할 때 테스트 코드를 기본으로 생성하기 때문입니다. 프로젝트 폴더 위치에서 ng test 명령을 실행합니다. 프로젝트를 진행하면서 여러 로직과 코드가 추가되면서 앵귤러 CLI가 생성해 준 기본 테스트 템플릿은 실패할 수밖에 없을 것입니다. 이제 간단한 서비스부터 시작해 테스트 성공까지 수정해 봅시다. 다음 절의 서비스 테스트 코드는 GIT을 사용하여 ch5-11 태그를 체크아웃받거나 http://bit.ly/hb-af-ch5-11에서 변경 내역을 확인할 수 있습니다.

5.3.1 서비스 테스트

먼저 상대적으로 간단한 서비스의 테스트 케이스를 작성해 봅시다. 제일 마지막에 생성한 AnotherLoggerService의 테스트 케이스가 app 폴더의 another-logger.service.spec.ts에 준비되어 있습니다. 파일을 열어 보면 다음과 같이 코드가 작성되어 있습니다.

```
1   import { TestBed, inject } from '@angular/core/testing';
-   import { AnotherLoggerService } from './another-logger.service';
-
-   describe('AnotherLoggerService', () => {
5     beforeEach(() => {
-       TestBed.configureTestingModule({
-         providers: [AnotherLoggerService]
-       });
-     });
10
-     it('should ...', inject([AnotherLoggerService], (service: AnotherLoggerService) => {
-       expect(service).toBeTruthy();
-     }));
-   });
```

beforeEach는 it 메서드가 실행되기 전에 항상 실행되는 함수로 테스트 전에 필요한 환경을 갖추는 로직을 작성하는 부분입니다. 코드를 살펴보면 앵귤러가 제공하는 TestBed의 configure TestingModule 안에 메타데이터로 providers가 선언된 것을 알 수 있습니다. configure TestingModule은 테스트할 대상을 앵귤러에서 실행하는 데 필요한 메타데이터를 전달받아 모의 환경을 구성하는 TestBed의 메서드입니다. 이는 마치 앵귤러 애플리케이션을 실행하기 위하여 AppModule의 @NgModule에 메타데이터로 컴포넌트와 서비스를 선언하는 것과 같습니다.

이 파일에는 it으로 시작하는 테스트 구문이 하나밖에 없습니다. it 함수의 두 번째 인자로 전달하는 테스트 로직을 보면 inject 함수가 감싸고 있는 것을 알 수 있습니다. 이는 앵귤러의 의존성 주입기를 테스트 환경에서 적용하기 위하여 사용하는 함수입니다. 이 테스트는 앵귤러가 주입해 주는 AnotherLoggerService가 반드시 true일 것을 검증하는 코드밖에 없는 상태임에도 불구하고 실패합니다. 테스트가 실패하는 정확한 원인이 무엇인지 확인해 봅시다.

ng test 명령을 수행하면 앵귤러 CLI는 프로젝트의 전체 테스트 케이스를 실행하기 때문에 현재 작업하는 테스트 파일의 문제를 파악하기 어려울 수 있습니다. 이럴 때 자스민은 특정 사양에만 집중해 테스트할 수 있도록 fdescribe라는 함수를 제공합니다. AnotherLoggerService의 테스트 파일에 선언된 describe 앞에 f를 붙인 후에 ng test를 실행해 봅시다. 브라우저가 실행되고 [그림 5-11]과 같은 내용이 보일 것입니다.

그림 5-11 AnotherLoggerService 테스트 실패

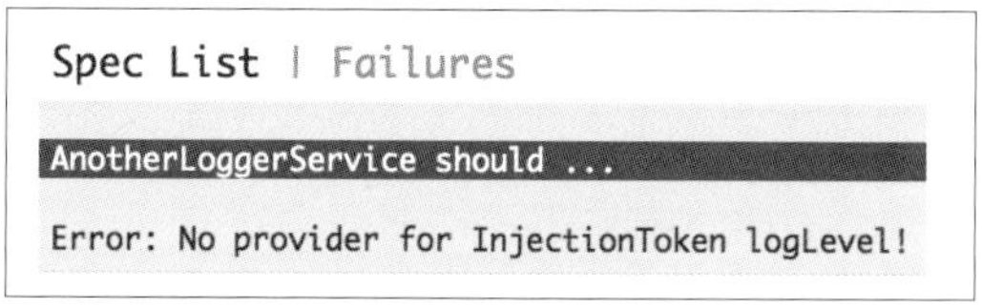

```
Spec List | Failures

AnotherLoggerService should ...

Error: No provider for InjectionToken logLevel!
```

[그림 5-11]에서 테스트 케이스 실패의 원인을 찾았습니다. AnotherLoggerService는 생성자에 LOG_LEVEL_TOKEN으로 logLevel을 주입받아야 하는데 TestBed의 configure TestingModule에 전달된 메타데이터에 logLevel의 정보가 없었습니다! AppModule에 선언하였던 logLevel의 의존 정보인 {provide: LOG_LEVEL_TOKEN, useValue: LogLevel. INFO}를 이 테스트 파일에도 입력합시다.

```
1   // 임포트 생략
-   import { LogLevel } from './log-level.enum';
-   import {LOG_LEVEL_TOKEN } from './app.tokens';
-
5   fdescribe('AnotherLoggerService', () => {
-     beforeEach(() => {
-       TestBed.configureTestingModule({
-         providers: [AnotherLoggerService, {provide: LOG_LEVEL_TOKEN, useValue: LogLevel.INFO}]
-       });
10    });
-     ...
-   });
```

그럼 바로 ng test를 다시 실행해 봅시다. 테스트가 성공적으로 통과하였음을 확인할 수 있습니다. ng test 명령도 파일의 변경 사항을 자동으로 감지하기 때문에 실행을 유지한 상태로 기존에 생성되어 있던 it 메서드 아래에 다음 테스트 코드를 추가합니다. 앵귤러 CLI는 변경된 코드를 감지하여 테스트를 다시 실행하고 문제없이 통과하였음을 알려줄 것입니다.

```
1   it('최초 로그 레벨은 LOG_LEVEL_TOKEN에서 선언한 값이어야 한다.',
-     inject([AnotherLoggerService], (service: AnotherLoggerService) => {
-     expect(service).toBeTruthy();
-     expect(service.logLevel).toEqual(LogLevel.INFO);
5   }));
-
-   it('level을 변경한 것이 정상적으로 반영되어야 한다.',
-     inject([AnotherLoggerService], (service: AnotherLoggerService) => {
-     service.logLevel = LogLevel.DEBUG;
10    expect(service.logLevel).toEqual(LogLevel.DEBUG);
-   }));
```

이제 MySpecialLoggerService로 넘어갑시다. MySpecialLoggerService도 AnotherLoggerService처럼 logLevel 주입 정보가 없기 때문에 AnotherLoggerService에서 수정한 것과 동일하게 configureTestingModule에 {provide: LOG_LEVEL_TOKEN, useValue: LogLevel.INFO}를 입력하고 필요한 임포트문을 추가한 뒤 describe를 fdescribe로 변경합시다. 테스트를 중지하지 않았다면 역시 변경 사항을 자동으로 감지하여 MySpecialLogger Service 코드까지 정상적으로 테스트에 통과하였음을 확인할 수 있습니다. MySpecial LoggerService에는 로그 히스토리 기능이 있으므로 이를 테스트하는 케이스를 포함하여 다음과 같이 테스트 케이스를 보강해 봅시다.

```
1    it('최초 로그 레벨은 LOG_LEVEL_TOKEN에서 선언한 값이어야 한다.',
-      inject([MySpecialLoggerService], (service: MySpecialLoggerService) => {
-      expect(service).toBeTruthy();
-      expect(service.logLevel).toEqual(LogLevel.INFO);
5    }));
-
-    it('로그 레벨에 따라 저장되는 로그의 수가 정확하게 일치하여야 한다.',
-      inject([MySpecialLoggerService], (service: MySpecialLoggerService) => {
-      service.info("test 1");
10     service.info("test 2");
-      expect(service.logs.length).toEqual(2);
-
-      service.debug("can't be printed...");;
-      expect(service.logs.length).toEqual(2);
15
-      service.logLevel = LogLevel.ERROR;
-      service.debug("can't be printed...");;
-      service.info("can't be printed...");;
-      service.warn("can't be printed...");;
20     expect(service.logs.length).toEqual(2);
-
-      service.error("test 3");
-      expect(service.logs.length).toEqual(3);
-    }));
```

테스트 케이스를 작성한 후 저장하면 콘솔 화면에는 test 1, test 2, test 3의 로그만 출력되고 브라우저에서는 [그림 5-12]와 같이 지금까지 작성한 두 서비스 클래스의 테스트가 정상적으로 성공하였음을 알려 줍니다.

그림 5-12 서비스 클래스 테스트 결과

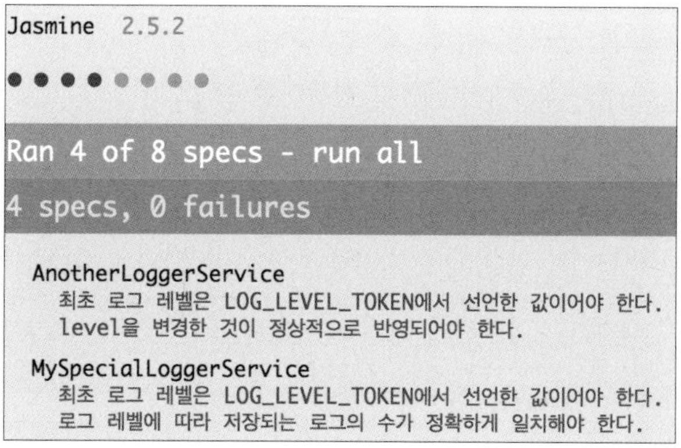

```
Jasmine  2.5.2

● ● ● ● ● ● ● ●

Ran 4 of 8 specs - run all

4 specs, 0 failures

  AnotherLoggerService
    최초 로그 레벨은 LOG_LEVEL_TOKEN에서 선언한 값이어야 한다.
    level을 변경한 것이 정상적으로 반영되어야 한다.

  MySpecialLoggerService
    최초 로그 레벨은 LOG_LEVEL_TOKEN에서 선언한 값이어야 한다.
    로그 레벨에 따라 저장되는 로그의 수가 정확하게 일치해야 한다.
```

5.3.2 컴포넌트 테스트

컴포넌트 테스트 케이스는 서비스의 테스트 케이스보다 복잡합니다. AppComponent의 테스트 파일(app.component.spec.ts)을 열어 보면 기본 테스트 케이스가 생성되어 있습니다. 마찬가지로 AppComponent의 테스트 파일을 열어 describe를 fdescribe로 변경한 후 어떤 에러가 뜨는지 확인해 봅시다. 브라우저에서 에러 내용을 보면 'mpl-mouse-track-zone' is not a known element와 같은 문구가 보일 것입니다. 이는 AppComponent의 템플릿에 선언된 mpl-mouse-track-zone 요소를 해석할 정보가 어디에도 없기 때문입니다. 서비스의 테스트 케이스를 보강할 때와 마찬가지로 먼저 configureTestingModule에 필요한 정보를 다 주어야 합니다.

```
1   // 임포트 생략
-
-   import { MouseTrackZoneComponent } from './mouse-track-zone/mouse-track-zone.component';
-   import { MySpecialLoggerService } from './my-special-logger.service';
5   import { AnotherLoggerService } from './another-logger.service';
-   import { LogLevel } from './log-level.enum';
-   import { LOG_LEVEL_TOKEN } from './app.tokens';
-
-   fdescribe('AppComponent', () => {
10    beforeEach(() => {
-       TestBed.configureTestingModule({
-         declarations: [AppComponent, MouseTrackZoneComponent],
-         providers: [MySpecialLoggerService, AnotherLoggerService,
-           {provide: LOG_LEVEL_TOKEN, useValue: LogLevel.INFO}]
15      });
-     });
-     ...
-   });
```

이제 마지막 남은 MouseTrackZoneComponent의 테스트 케이스를 수정합시다. MouseTrackZoneComponent의 테스트 코드도 기본 생성 코드는 큰 차이가 없으며, 지금까지 한 것과 동일하게 우선 TestBed.configureTestingModule에 애플리케이션 실행에 필요한 정보를 입력하여야 합니다.

```
1   // 임포트 생략
-   import { By } from '@angular/platform-browser';
```

```
-    import { MySpecialLoggerService } from '../my-special-logger.service';
-    import { AnotherLoggerService } from '../another-logger.service';
5    import { LogLevel } from '../log-level.enum';
-    import { LOG_LEVEL_TOKEN } from '../app.tokens';
-
-    fdescribe('MouseTrackZoneComponent', () => {
-      let component: MouseTrackZoneComponent;
10     let fixture: ComponentFixture<MouseTrackZoneComponent>;
-
-      beforeEach(async(() => {
-        TestBed.configureTestingModule({
-          declarations: [ MouseTrackZoneComponent ],
15         providers: [MySpecialLoggerService, AnotherLoggerService,
-            { provide: LOG_LEVEL_TOKEN, useValue: LogLevel.INFO }]
-        })
-        .compileComponents();
-      }));
20     ...
-    });
```

이렇게 수정하면 이제 모든 테스트가 기본적으로 통과할 수 있는 상태가 됩니다. 이전에
fdescribe로 변경하였던 코드를 모두 describe로 다시 변경하고 ng test를 실행하면 모든 테
스트 케이스를 성공적으로 통과합니다. 서비스에 테스트 케이스를 보강한 것 말고는 컴포넌트
에 테스트 케이스를 추가하지 않았기 때문에 당연한 결과입니다.

이제 MouseTrackZoneComponent가 수행하는 실제 로직이 정상적으로 작동하는지를 검
증하는 테스트 코드를 넣어 봅시다.

예제 5-13 컴포넌트의 마우스 클릭 시 로그 기능 테스트 케이스

```
1    it('마우스 클릭할 때마다 로그가 적재되어야 한다.', () => {
-      expect(component).toBeTruthy();
-
-      const trackZone = fixture.debugElement.query(By.css('.track-zone'));
5      trackZone.triggerEventHandler("click", { clientX: 1, clientY: 1 });
-      expect(((<MySpecialLoggerService>component.logger).logs.length).toEqual(1);
-
-      trackZone.triggerEventHandler("click", { clientX: 100, clientY: 10 });
-      trackZone.triggerEventHandler("click", { clientX: 200, clientY: 150 });
10     expect(((<MySpecialLoggerService>component.logger).logs.length).toEqual(3);
-    });
```

컴포넌트에서 마우스 클릭 시 로그가 적재되는지 확인하기 위하여 [예제 5-13]의 테스트 케이스에서 세 가지 메서드를 사용합니다. 먼저 4번 줄의 컴포넌트 Fixture에서 debugElement 속성에 접근하여 css로 track-zone을 클래스로 가진 div 태그를 trackZone에 담습니다. 그러고 나서 5번 줄에서 triggerEventHandler라는 메서드를 통하여 모의로 div 태그에 이벤트를 줍니다. 이때 첫 번째 인자는 이벤트 이름이고 두 번째 인자는 이벤트 객체입니다. 이벤트를 호출하고 난 뒤 6번 줄에서 컴포넌트에 접근하여 로그가 실재로 1건이 적재되었는지 검증합니다. 8~10번 줄에서도 추가로 두 번의 클릭 이벤트를 발생시켜 마찬가지로 로그 3건이 적재되었는지 검증합니다.

지금까지 작성한 모든 테스트 케이스를 정상적으로 통과하면 브라우저에서 [그림 5-13]과 같은 결과를 확인할 수 있습니다.

그림 5-13 전체 테스트 수행 결과

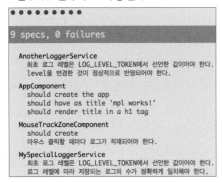

5.4 디버깅

디버깅은 어떠한 종류의 애플리케이션을 개발하든 꼭 익혀야 하는 중요한 스킬 중 하나입니다. 이 장의 마지막 내용으로 앵귤러 CLI로 구성된 프로젝트의 코드를 디버깅하는 방법을 살펴봅시다. 여기서 다루는 디버깅은 단순히 코드의 버그를 찾는 데만 사용하는 것이 아니라 애플리케이션 실행 과정을 분석하는 데도 필요한 내용입니다.

우리는 지금까지 앵귤러 CLI를 통하여 프로젝트 코드를 바로 실행하였습니다. ng serve 명령은 앞서 설명한 Webpack으로 타입스크립트 소스를 자바스크립트로 컴파일한 후 2~3개의 파일로 번들링하여 서버에 배포합니다. 그럼에도 우리가 코드 레벨에서 작성한 타입스크립트 코드를 그대로 브라우저 환경에서 디버깅할 수 있습니다. 먼저 크롬의 개발자 도구를 띄우고 오른쪽의 추가 메뉴를 선택할 수 있는 버튼을 클릭한 후 "Settings"를 클릭합니다.

그림 5-14 크롬 개발자 도구 Settings 메뉴

Settings 메뉴를 클릭하면 여러 설정 정보가 나오는데 그중 Preferences 탭에서 반드시 Enable Javascript Source Maps가 [그림 5-15]와 같이 활성화되어 있어야 합니다. 이 옵션이 체크되어 있지 않다면 체크합니다. 이 옵션이 활성화되지 않으면 앞에서 이야기한 대로 우리가 작성한 타입스크립트 코드를 브라우저에서 디버깅할 수 없습니다.

그림 5-15 크롬 개발자 도구 설정

Settings	Preferences
Preferences	
Workspace	Sources
Blackboxing	☐ Automatically reveal files in navigator
Devices	☑ Enable JavaScript source maps
Throttling	☑ Detect indentation

이제 ng serve 명령을 입력하여 마우스 위치 로거 프로젝트를 다시 실행한 후 개발자 도구를 다시 띄웁니다. 개발자 도구에서 Sources 탭을 선택하면 하단에 webpack:// 메뉴가 보일 것입니다. 이제 이 메뉴를 열어 봅니다. 메뉴를 열면 현재 프로젝트를 실행한 폴더 경로가 보이고 그 폴더를 열면 실제 에디터에서 본 타입스크립트 코드를 포함하여 템플릿, 스타일 소스가 그대로 있는 것을 확인할 수 있습니다.

그림 5-16 크롬 개발자 도구 내 디버깅

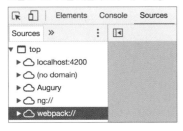

그림 5-17 크롬 개발자 도구를 이용한 소스 디버깅

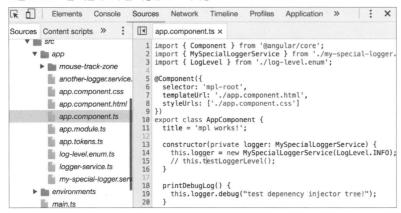

이제 브라우저에서 에디터에서 본 소스와 동일하게 접근할 수 있으므로 임의의 위치에 브레이크 포인트를 걸어 봅시다. 왼쪽의 폴더에서 mouse-track-zone 안에 mouse-track-zone.component.ts 파일을 열고 오른쪽 코드 번호에서 생성자 안의 첫 번째 if 구문에 브레이크 포인트를 설정합니다. 브레이크 포인트는 코드 왼편의 코드 라인 위를 클릭하면 됩니다. 브레이크 포인트가 정상적으로 걸리면 파란색 북마크가 보입니다. 이제 브라우저를 리프레시하면 [그림 5-18]과 같이 브레이크 포인트를 설정한 지점에서 애플리케이션이 실행을 멈추는데, 이 상태에서 많은 정보를 확인할 수 있습니다. 먼저 [그림 5-18]과 같이 특정 변수 위에 마우스를 대면 현재 시점에 할당된 값을 볼 수 있습니다. 또는 오른쪽 탭의 Scope 메뉴를 열면 현재 시점에 객체가 지닌 속성 값들을 확인할 수 있습니다.

또한 오른쪽 메뉴 중 [그림 5-19]와 같이 Call Stack을 보면 현재 시점에서 함수의 호출이 어떻게 이루어졌는지를 분석할 수 있습니다. Call Stack은 특별히 앵귤러가 어떻게 동작하는지 분석하는 귀중한 정보를 제공합니다.

그림 5-18 크롬 개발자 도구를 이용한 소스 디버깅 2

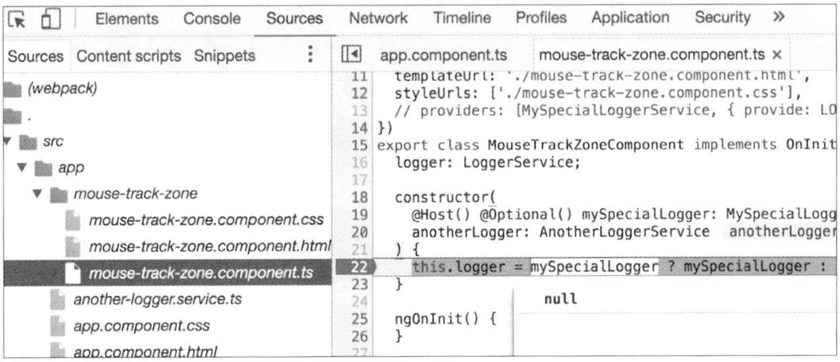

그림 5-19 크롬 개발자 도구를 이용한 소스 디버깅 3

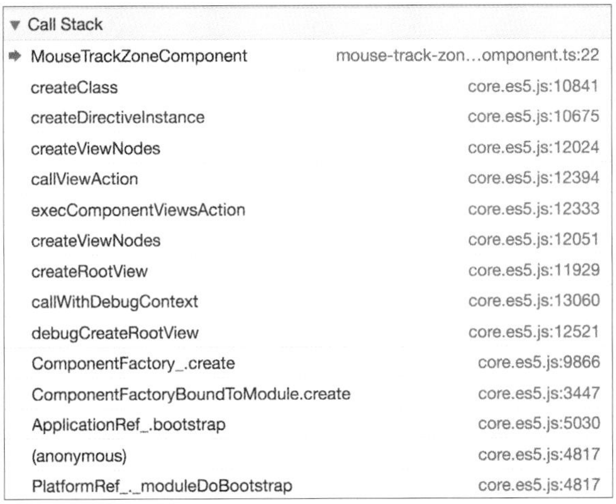

지금까지 살펴본 디버깅 기술은 크롬에만 있는 것이 아니며 파이어폭스나 사파리에서도 유사한 형태의 개발 도구를 지원하고 있습니다. 앞으로 다룰 개념에서 앵귤러의 실행 과정과 동작 원리를 분석할 때 지금 설명한 내용을 활용할 예정이므로 개발자 도구에서 다양한 시도를 해보기 바랍니다.

5.5 마치며

이 장에서는 다음 내용을 다루었습니다.

- 컴포넌트 클래스는 뷰와의 바인딩 및 상호 작용하는 로직에 집중하고, 비즈니스 로직 및 뷰와 무관한 로직을 서비스 클래스로 이관하였습니다.
- 의존성 주입기로 서비스 클래스를 컴포넌트에서 손쉽게 주입받아 사용할 수 있습니다.
- 의존성 주입 시 Host, Optional 데코레이터를 사용하면 의존성 주입 정보도 유연하게 처리할 수 있습니다.
- 앵귤러의 테스팅 기술 스택을 설명하였고, 간단한 테스트 케이스를 작성하였습니다.
- 브라우저상에서 앵귤러 애플리케이션을 디버깅하는 방법을 살펴보았습니다.

CHAPTER 06

컴포넌트 고급

- 컴포넌트가 독립된 요소로서 사용되도록 하는 웹 컴포넌트
- 앵귤러에서 컴포넌트 개발 시 반드시 피하여야 할 안티패턴
- 컴포넌트 간의 데이터를 공유하는 다양한 방법
- 앵귤러 방식으로 DOM을 탐색하고 조회하는 방법
- 컴포넌트의 생명 주기

제4장에서 컴포넌트는 뷰를 구성하는 정보인 템플릿을 소유하며 뷰의 상태를 관리하고 뷰에서 일어나는 이벤트를 처리하는 관리자라고 설명하였습니다. 이는 컴포넌트를 역할 관점에서 바라본 정의였습니다. 사실 컴포넌트가 이러한 일을 수행할 수 있는 이유는 앵귤러가 컴포넌트를 구현하는 방식과 밀접한 관련이 있습니다. 컴포넌트를 역할 관점이 아닌 앵귤러의 관점에서 설명하면 컴포넌트는 앵귤러 시스템 안에서 독립된 스코프를 가진 하나의 완결된 뷰를 그리는 요소라고 정의할 수 있습니다. 컴포넌트가 독립된 스코프를 가진다는 것은 컴포넌트의 상태 정보나 로직 그리고 CSS 정보가 오직 선언된 컴포넌트 안에서만 유효하다는 의미입니다.

뷰를 구성하는 데 필요한 정보를 온전히 갖춘 요소로 컴포넌트를 만드는 데 가장 적합한 구현 방식은 객체 지향 방식의 클래스입니다. 다행히 제1부에서 설명한 것과 같이 타입스크립트 덕분에 앵귤러는 웹 애플리케이션 개발에 클래스를 사용할 수 있습니다. 객체 지향 방식으로 구현된 애플리케이션은 각 객체가 자신의 역할에 따른 로직과 상태를 책임지고 메서드로 통신하는 것과 동일하게 앵귤러 시스템 안의 컴포넌트도 서로 상태를 주고받고 메서드를 호출할 수 있습니다. 다만 웹 애플리케이션에서 컴포넌트와 객체 지향 방식의 일반적인 애플리케이션의 다른 점은 컴포넌트가 템플릿을 통하여 다른 컴포넌트를 포함하여 루트부터 시작하는 컴포넌트 트리 형태를 가지는 구조라는 점입니다.

이제 이 장에서는 본격적으로 컴포넌트를 둘러싼 다양한 활용 방법과 원리를 살펴볼 것입니다. 지금까지 다룬 예제는 몇 개의 컴포넌트만으로 구현된 간단한 애플리케이션이었습니다. 그러나 빠른 응답성을 보장하며 사용자가 원하는 기능을 갖춘 애플리케이션을 만들려면 앞에서 다

론 내용만으로는 한계가 있습니다. 그러므로 이 장에서는 앵귤러가 제공하는 다양한 기능을 살펴보고자 합니다. 컴포넌트가 브라우저상에서 구현되는 방식(웹 컴포넌트, 뷰 추상화)과 컴포넌트 간의 통신 방법 그리고 앵귤러 안에서 컴포넌트가 어떻게 동작하는지 등 뷰를 세밀히 다루는 데 필요한 개념들을 알아봅시다.

6.1 독립된 요소: 컴포넌트

6.1.1 웹 컴포넌트

앵귤러를 통하여 브라우저의 메모리 공간 안에서 생명을 얻은 컴포넌트는 화면을 그릴 뷰에 필요한 모든 정보를 갖춘 하나의 독립된 존재입니다. 하지만 브라우저에서는 컴포넌트에 독립적인 환경을 허용하지 않고 사용자가 바라보는 페이지를 기준으로 동작합니다. 즉 컴포넌트가 아닌 페이지 단위로 DOM을 읽고 자바스크립트 소스를 해석하여 실행하며 CSS 스타일 정보도 페이지 전역에 걸쳐 적용됩니다. 이미 앞에서 여러 번 강조한 바와 같이 현대 웹 환경은 단순히 정보나 문서용에 국한되지 않고 오히려 다양한 기능과 UI를 갖춘 애플리케이션이 사용되고 있습니다. 이러한 환경에서 사용자가 원하는 기능과 UI를 갖춘 웹 애플리케이션을 페이지 단위로 개발하는 것은 쉬운 일이 아닙니다. [그림 6-1]과 같이 유튜브의 영상 목록 하나를 구현하기 위해서도 복잡한 DOM 트리 구성 및 속성과 함께 자바스크립트 코드가 필요합니다.

이러한 문제를 해결하기 위하여 나온 것이 웹 컴포넌트라는 표준입니다. 웹 컴포넌트는 웹 브라우저에서 컴포넌트 단위로 독립된 스코프의 UI를 개발할 수 있도록 하기 위한 표준입니다. 웹 컴포넌트는 Custom Elements, HTML Imports, Template, Shadow DOM 4개의 기술 스펙으로 이루어져 있습니다.

웹 컴포넌트는 개념상 앵귤러의 컴포넌트와 깊은 관계가 있습니다. Custom Elements는 브라우저 안에서 HTML 표준에 명시되지 않은 요소의 작성과 관련된 스펙입니다. 여러 예제로 이미 경험하였듯이 앵귤러는 selector에 지정된 요소명으로 컴포넌트도 커스텀 요소를 만들 수 있습니다. Template은 화면에 바로 렌더링되지 않지만 동적으로 렌더링할 수 있는 template 요소를 정의한 스펙입니다. 이 기술은 이미 앵귤러 내부적으로 다양한 곳에서 template 요소를 사용하고 있습니다. HTML Imports는 HTML 페이지 안에서 다른 HTML을 불러올 수 있는 스펙입니다. 스타일 정보와 자바스크립트를 내장한 HTML 파일을 동적으로 가져올 수 있다는 것 또한 개념상 앵귤러의 컴포넌트에서 다른 컴포넌트를 자식으로 가질 수 있다는 것과 비교할 수 있습니다.

그림 6-1 유튜브 애플리케이션 HTML 소스

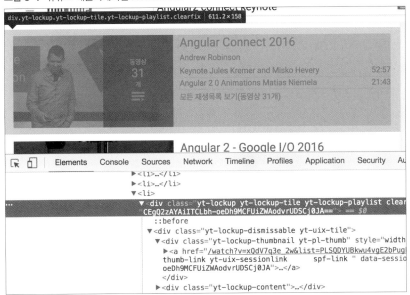

마지막으로 Shadow DOM은 DOM 트리 내에 독립된 환경의 새로운 DOM 트리를 구축하여 자식 요소로 포함시킬 수 있는 기술입니다. 복잡한 DOM 트리에서 하위에 선언된 새로운 DOM 트리가 외부에서는 하나의 요소로 감추어지기 때문에 Shadow DOM이라고 합니다. Shadow DOM은 지금 당장 예제로 확인해 볼 수 있습니다. 크롬 브라우저를 실행하여 유튜브 사이트에 있는 영상 중 하나를 골라 영상이 재생되는 화면의 요소가 어떻게 이루어졌는지 조사해 봅시다. 개발자 도구를 열어서 요소 검사를 해 보면 [그림 6-2]와 같이 영상을 실행하는 데 .video-stream.html5-main-video 클래스로 선언된 HTML5에 추가된 video 요소를 사용하고 있음을 알 수 있습니다.

Video 요소는 Shadow DOM을 설명하기 좋은 예입니다. 브라우저가 영상을 재생할 수 있는 UI로 HTML5에 추가된 요소를 제공하지만 이것이 어떻게 가능한지 이제 확인해 봅시다. 개발자 도구를 띄운 상태에서 F1키를 누르면 개발자 도구 설정 팝업이 보입니다. 여기서 [그림

6-3]에 강조된 Show user agent shadow DOM 옵션이 활성화되어 있지 않으면 체크 박스를 클릭하여 이 옵션을 활성화시킵니다.

그림 6-2 유튜브 재생 화면 요소 검사

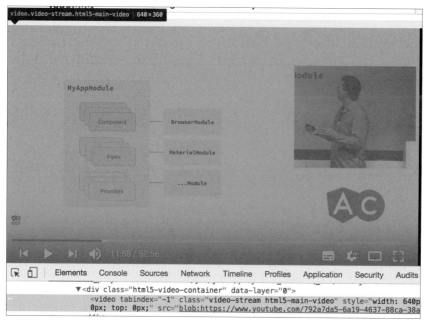

그림 6-3 크롬 설정 탭

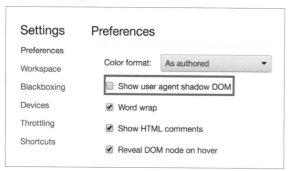

옵션을 활성화한 후 이제 다시 video 요소를 살펴봅시다. 무언가 달라진 점이 있을 것입니다. 아마도 [그림 6-4]와 같이 앞서 video 요소만 존재한 것과 달리 video 요소 하위로 #shadow-root가 선언되어 있고 #shadow-root 하위에 여러 요소가 있음을 확인할 수 있습니다. 이는 앵귤러가 컴포넌트를 구현하는 기본 방식과 유사한데, 재사용 가능한 UI를 독립적인 하나의 요소로 캡슐화하는 것이 곧 Shadow DOM입니다.

그림 6-4 Shadow DOM 활성화 상태의 video 요소

```
▼<div class="html5-video-container" data-layer="0">
  ▼<video tabindex="-1" class="video-stream html5-main-video" style="width: 640px;
  height: 360px; left: 0px; top: 0px;" src="blob:https://www.youtube.com/792a7da5-
  6a19-4637-88ca-38aec93bcded">
    ▼#shadow-root (user-agent)
      ▼<div pseudo="-webkit-media-controls">
        ▶<div pseudo="-webkit-media-controls-overlay-enclosure">…</div>
        ▶<div pseudo="-webkit-media-controls-enclosure">…</div>
          <div pseudo="-internal-media-controls-text-track-list" style="display:
          none;"></div>
        ▶<div pseudo="-internal-media-controls-overflow-menu-list" style="display:
        none;">…</div>
      </div>
  </video>
</div>
```

앵귤러는 하나의 독립적인 UI 요소로 기능하는 컴포넌트가 웹 컴포넌트의 기술과 깊은 연관이 있음을 설명하였습니다. 웹 컴포넌트에 포함된 네 가지 기술에는 지금 이야기한 내용보다 더 많은 기능과 내용이 있지만 아직 모든 브라우저에서 정식으로 지원하고 있지는 않습니다. 또한 앵귤러의 컴포넌트와 개념적으로 유사함을 강조하였으나 웹 컴포넌트의 스펙을 앵귤러의 컴포넌트가 완벽하게 따르는 것은 아닙니다. 중요한 점은 웹상에서 재사용 가능하고 독립적인 스코프를 가진 컴포넌트가 필요하며, 이를 위하여 앵귤러와 웹 컴포넌트가 같은 목적을 가지고 있다는 것입니다.

6.1.2 컴포넌트와 스타일 정보

앵귤러의 컴포넌트가 자기만의 스코프를 가지고 있으므로 컴포넌트에 선언된 스타일 정보는 오직 컴포넌트에만 적용됩니다. 컴포넌트에 스타일 정보를 선언하는 방법은 @Component 데코레이터의 styles에 CSS를 인라인으로 직접 기술하거나 styleUrls로 외부 CSS 파일에 선언하는 것입니다. 앞에서 살펴본 많은 예제에서 이미 컴포넌트에 스타일을 선언해 보았습니다. 제5장에서 보았던 마우스 위치 로거의 MouseTrackZoneComponent 클래스 선언부 코드를 살펴봅시다.

예제 6-1 MouseTrackZoneComponent 클래스의 스타일 선언 정보

```
1   @Component({
-       selector: 'mpl-mouse-track-zone',
-       templateUrl: './mouse-track- zone'.component.html',
-       styleUrls: ['./mouse-track-zone.component.css'],
5       providers: [MySpecialLoggerService, {provide:LOG_LEVEL_TOKEN, useValue: LogLevel.DEBUG} ]
-   }
-   export class MouseTrackZoneComponent { … }
```

스타일 정보가 많지 않을 경우에는 styles에 직접 작성하는 것도 좋지만 [예제 6-1]의 4번 줄과 같이 역할별 로직을 가능한 한 분리하기 위하여 스타일 정보를 외부 CSS에 선언하고 styleUrls에 파일 경로를 작성하는 것이 좋습니다. MouseTrackZoneComponent에서는 스타일 정보를 mouse-track-zone.component.css에 다음과 같이 작성하였습니다.

예제 6-2 mouse-track-zone.component.css

```
1   :host {
-       display: inline-block;
-       padding: 5px;
-       border: 1px solid darkslategrey
5   }
-
-   .track-zone {
-       width: 200px;
-       height: 200px;
10      vertical-align: top;
-       background-color: lightblue;
-       border: 1px solid grey;
-       display: inline-block
-   }
```

특정 컴포넌트에만 유효한 스타일 정보를 브라우저에서 네이티브로 지원하지 않는데도 앵귤러는 이를 어떻게 구현하고 있는지 알아봅시다. 제5장의 마우스 위치 로거(ch05/mouse-pos-logger)를 실행한 후 요소 검사를 통하여 MouseTrackZoneComponent가 선언된 mpl-mouse-track-zone 요소를 살펴봅시다.

그림 6-5 컴포넌트에 선언된 스타일

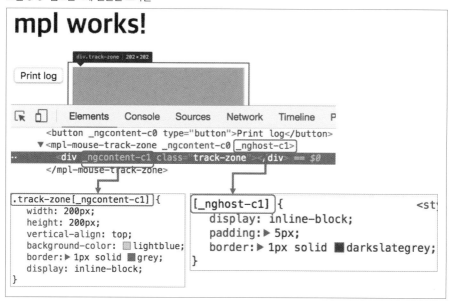

[그림 6-5]와 같이 MouseTrackZoneComponent의 템플릿으로부터 생성된 DOM에 앵귤러가 임의로 속성^{attribute}을 추가하였습니다. 그리고 이 속성을 스타일 정보를 선언한 CSS의 선택자^{selector}에 속성으로 포함시켜 해당 컴포넌트에서만 유효한 스타일 정보를 줄 수 있게 구현하였습니다. 각 컴포넌트마다 가지는 스타일 정보는 이러한 방식으로 앵귤러에서 각 DOM에 고유한 속성을 부여함으로써 마치 컴포넌트를 스코프로 국한하여 스타일 정보가 적용될 수 있도록 해 줍니다.

앵귤러는 이와 같이 속성을 주입하여 컴포넌트 단위로 스타일 정보를 가지는 기능을 모사하기도 하지만 브라우저에서 웹 컴포넌트를 지원한다는 전제가 있을 경우 웹 컴포넌트의 Shadow DOM을 이용하여 컴포넌트를 구현할 수도 있습니다. 컴포넌트를 웹 컴포넌트 방식으로 구현하는 방법은 @Component 메타데이터에 encapsulation으로 ViewEncapsulation. Native 옵션을 주는 것입니다. ViewEncapsulation은 앵귤러가 제공하는 열거형으로 Emulated, Native, None을 제공합니다. @Component 메타데이터에 encapsulation 옵션을 선언하지 않을 경우에는 기본으로 Emulated 모드가 되고, 앞에서 확인한 것처럼 DOM에 속성을 부여하여 스타일 정보를 캡슐화합니다. 그럼 MouseTrackZoneComponent에 ViewEncapsulation 임포트를 추가하고 다음과 같이 Native 속성을 추가합시다.

예제 6-3 MouseTrackZoneComponent의 ViewEncapsulation 타입을 Native로 선언

```
import { Component, Host, Optional, ViewEncapsulation } from '@angular/core';
// 임포트 생략

@Component({
    selector: 'mpl-mouse-track-zone',
    templateUrl: './mouse-track-zone.component.html',
    styleUrls: ['./mouse-track-zone.component.css'],
    providers: [MySpecialLoggerService, {provide:LOG_LEVEL_TOKEN, useValue: LogLevel.DEBUG} ],
    encapsulation: ViewEncapsulation.Native
})
export class MouseTrackZoneComponent { … }
```

앵귤러 CLI를 종료하지 않았다면 변경 사항이 자동으로 적용되고, [그림 6-6]과 같이 MouseTrackZoneComponent의 DOM이 이전과 달리 Shadow DOM으로 구현된 것을 확인할 수 있습니다.

그림 6-6 ViewEncapsulation.Native 적용 후 DOM

```
▼<mpl-mouse-track-zone _ngcontent-c0>
  ▼#shadow-root (open)
      <style></style>
    ▼<style>
        :host {
          display: inline-block;
          padding: 5px;
          border: 1px solid darkslategrey;
        }

        .track-zone {
          width: 200px;
          height: 200px;
          vertical-align: top;
          background-color: lightblue;
          border: 1px solid grey;
          display: inline-block;
        }
      </style>
      <div class="track-zone"></div>
  </mpl-mouse-track-zone>
```

ViewEncapsulation 모드와 상관없이 컴포넌트의 스타일을 줄 때 Shadow DOM 스펙에 명시된 선택자도 사용할 수 있습니다. Emulated면 속성 정보를 통하여 Native 모드로 웹 컴포넌트가 제공하는 선택자 효과를 동일하게 제공합니다. 예를 들면 [예제 6-2]에서 사용한 :host 선택자가 Shadow DOM의 루트가 되는 요소입니다.

6.1.3 컴포넌트의 독립성을 깨뜨리는 안티패턴

컴포넌트가 자신이 관리하는 뷰의 정보를 캡슐화하여 외부에 노출시키지 않는다는 것은 다른 어떤 컴포넌트도 해당 컴포넌트의 내부 정보를 직접 살펴볼 수 없다는 뜻입니다. 하지만 이는 앵귤러의 논리적인 제약일 뿐 실제 웹 애플리케이션을 개발할 때 우리는 얼마든지 다른 컴포넌트의 뷰에 접근하거나 수정할 수 있습니다. 이는 브라우저가 컴포넌트 단위의 스코프 개념을 제공하지 않으므로 DOM API를 통하여 스크립트가 실행되는 시점의 document 안에 있는 DOM은 무엇이든 접근할 수 있기 때문입니다. 실습을 통하여 이 상황을 구체화해 봅시다. 실습 프로젝트의 완성된 모습은 [그림 6-7]과 같습니다. 제6장의 실습 프로젝트 기본 코드는 GIT을 사용하여 ch6-1 태그로 체크아웃받을 수 있습니다.

그림 6-7 컴포넌트 통신 프로젝트 실행화면

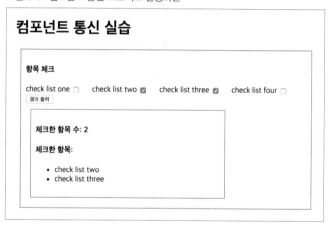

사용자가 항목 체크에서 임의의 항목을 체크한 후 결과 출력 버튼을 누르면 하단에 체크한 항목의 수와 체크한 항목의 결과가 반영됩니다. 항목 체크를 위한 뷰는 CheckListComponent에 정의되어 있으며 다음과 같이 작성되어 있습니다.

예제 6-4 comp-comm/src/app/check-list/check-list.component.ts [ch6-1]

```
1    import { Component, OnInit } from '@angular/core';
-
-    @Component({ ... })
-    export class CheckListComponent implements OnInit {
5      checkList: string[];
```

```
-       checkedResult: boolean[] = [];
-
-       constructor() {
-           this.checkList = [
10              'check list one',
-               'check list two',
-               'check list three',
-               'check list four'
-           ];
15          this.checkList.forEach(() => this.checkedResult.push(false));
-       }
-
-       ngOnInit() {
-       }
20  }
```

결과 출력 버튼을 눌렀을 때 체크한 항목 결과만 보여 주는 CheckListResultComponent는
다음과 같이 구현되어 있습니다.

예제 6-5 comp-comm/src/app/check-list/check-list-result/check-list-result.component.ts [ch6-1]

```
1   import {Component} from '@angular/core';
-
-   @Component({ … })
-   export class CheckListResultComponent implements OnInit {
5       checkedCnt: number;
-       checkedResult: string[];
-
-       constructor() {
-           this.initResult();
10      }
-
-       ngOnInit() {
-       }
-
15      private initResult() {
-           this.checkedCnt = 0;
-           this.checkedResult = [];
-       }
-   }
```

이제 주어진 두 컴포넌트 클래스를 기반으로 [그림 6-7]과 같이 동작하도록 기능을 구현한다고 해 봅시다. 기능 구현을 위한 핵심은 버튼을 클릭하였을 때 체크한 항목 결과를 관리하는 CheckListResultComponent에서 CheckListComponent의 뷰에 체크된 항목이 무엇인지를 알아야 한다는 것입니다. 브라우저에 어떠한 제약도 없기 때문에 CheckListResultComponent가 생성될 때 DOM API를 사용하여 CheckListComponent의 뷰에 접근하여 체크된 항목을 가져올 수 있습니다. 이를 코드로 구현하면 CheckListResultComponent를 다음과 같이 수정할 수 있습니다.

예제 6-6 comp-comm/src/app/check-list/check-list-result/check-list-result.component.ts [ch6-2]

```
1    // 생 략
     export class CheckListResultComponent {
       checkedCnt: number;
       checkedResult: string[];
5
       constructor() {
         this.initResult();
         const buttonElem = document.querySelector('button');
         buttonElem.addEventListener('click', () => this.collectCheckedResult());
10     }

       private initResult() {
         this.checkedCnt = 0;
         this.checkedResult = [];
15     }

       private collectCheckedResult() {
         this.initResult();
         const spanElems = document.querySelectorAll('span');
20       for (let i = 0; i < spanElems.length; i++) {
           const spanElem = spanElems.item(i);

           const checkboxElem = spanElem.querySelector('input');
           if (checkboxElem.checked) {
25           this.checkedResult.push(spanElem.querySelector('label').innerText);
           }
         }
         this.checkedCnt = this.checkedResult.length;
       }
30   }
```

[예제 6-6]에서 구현된 코드는 의도한 기능을 정상적으로 수행합니다. 하지만 이 코드에는 두 가지 문제가 있습니다. 첫 번째는 DOM API의 사용이고, 두 번째는 DOM API를 사용하여 두 컴포넌트 간의 결합도가 높아진 것입니다.

앵귤러를 사용할 때 DOM API는 가능한 한 선택하지 말아야 할 방법입니다. 뷰를 렌더링하고 갱신하기 위한 직접적인 DOM 접근 및 관리는 앵귤러에 위임하고, 컴포넌트와 템플릿에 로직을 작성하고 뷰와의 관계를 선언하는 것이 우리가 할 일입니다. 그런데 직접 DOM API를 사용한 코드는 뷰에 대한 의존도가 높아집니다. 작성한 코드를 이해하려면 컴포넌트와 템플릿을 모두 정확하게 이해하여야 합니다. DOM API를 직접 사용하는 것의 또 다른 문제는 테스팅을 어렵게 만든다는 것입니다. 뷰의 로직을 테스팅하는 것 자체가 간단하지 않습니다. 실제 뷰에 대한 처리는 앵귤러가 담당하므로 테스팅의 범위를 컴포넌트와 템플릿 사이의 바인딩 로직으로 국한시키면 뷰 로직의 테스팅이 가능합니다. 그러나 DOM API를 직접 사용한 경우에는 앵귤러의 관리를 벗어난 호출이기 때문에 테스팅하기가 어렵습니다.

두 번째 문제는 컴포넌트 간의 결합도와 관련이 있습니다. 예제에서는 CheckListResultComponent에서 직접 DOM API를 사용하여 CheckListComponent의 뷰에 체크된 항목 상태 값에 접근하였습니다. 이로 인하여 CheckListResultComponent는 CheckListComponent의 템플릿에 의존적인 코드가 되었습니다. 이 말은 CheckListComponent의 템플릿에 변경 사항이 발생할 경우 CheckListResultComponent에도 영향을 미칠 수 있다는 뜻입니다. DOM API의 직접 사용으로 다른 컴포넌트의 상태 값에 직접 접근하는 일은 컴포넌트의 독립성 규칙을 어기는 일입니다. 이는 앵귤러를 사용하는 데 있어 안티패턴과도 같습니다. 그러나 이 예제와 같이 컴포넌트 간 서로의 상태 정보가 필요하고 특정 이벤트에 따라 핸들링하여야 하는 경우가 많습니다. 6.2절에서 컴포넌트 사이에서 상태를 공유하는 방법과, 컴포넌트의 템플릿에 직접 DOM API를 사용하여 접근하지 않고 앵귤러에서 제공하는 방법으로 DOM에 접근하는 법을 알아봅시다.

6.2 컴포넌트 간 상태 공유와 이벤트 전파

현실의 웹 애플리케이션은 복잡한 컴포넌트 트리로 구성됩니다. 이 트리 안의 각 컴포넌트는 자신의 고유한 스코프 안에서 뷰를 가지며 자신만을 바라볼 수 없습니다. 반드시 다른 컴포넌트의 상태 정보가 필요하거나 다른 컴포넌트에서 발생하는 이벤트를 알아야 합니다. 여기서는 이처럼 컴포넌트의 독립성을 유지하면서도 이러한 요구 사항을 만족시키기 위한 방법을 다룹니다.

6.2.1 부모-자식 컴포넌트 간의 통신

컴포넌트가 상호 작용하는 방법은 앵귤러에서 제공하는 기본적인 기능을 이용하는 것부터 외부 라이브러리를 활용한 방법까지 다양합니다. 이 중 가장 간단하면서도 제일 빈번하게 사용하는 방식은 직접적인 부모-자식 관계를 가지는 컴포넌트 사이에서 프로퍼티 바인딩과 이벤트 바인딩으로 상호 작용하는 것입니다.

부모 컴포넌트는 자신의 템플릿에 선언된 자식 컴포넌트에 프로퍼티 바인딩과 이벤트 바인딩을 적용할 수 있습니다. 프로퍼티 바인딩과 이벤트 바인딩을 적용할 대상이 표준 DOM 요소에서 우리가 작성한 컴포넌트인 것을 제외하면, 제4장에서 컴포넌트와 템플릿 사이에 데이터를 전달하기 위하여 프로퍼티, 이벤트 바인딩을 사용한 것과 동일한 방식입니다.

Input 데코레이터를 사용한 프로퍼티 바인딩

예를 들어 [그림 6-8]과 같이 내부에 상태 값을 2개 가지고 있는 부모-자식 관계의 두 컴포넌트가 있다고 가정해 봅시다. 자식 컴포넌트의 메타데이터에 선택자가 test-child로 선언되어 있다고 할 경우 부모 컴포넌트는 자신의 상태 값을 자식 컴포넌트에 프로퍼티 바인딩으로 전달할 수 있습니다. 부모 컴포넌트 클래스는 [예제 6-7]과 같이 간단하게 템플릿에서 바인딩하기만 하면 됩니다.

그림 6-8 부모-자식 컴포넌트의 상태 전달

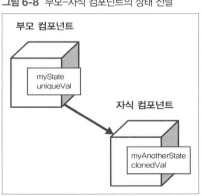

```
<test-child [myAnotherState]="myState" [clonedVal]="uniqueVal"×/test-child>
```

반면 자식 컴포넌트 쪽에서는 부모의 상태 값을 전달받기 위하여 [예제 6-8]과 같이 코드를 작성하여야 합니다. 부모 컴포넌트의 상태와 바인딩할 변수명은 앞에서 프로퍼티 바인딩으로 노출한 이름과 반드시 같아야 합니다. 동일한 이름으로 프로퍼티 바인딩을 선언한 후 @Input 데코레이터를 앞에 붙여 주면 자식 컴포넌트에서 부모 컴포넌트의 상태 값을 전달받기 위한 모든 준비가 끝납니다.

예제 6-8 @Input 데코레이터로 자식 컴포넌트가 상태를 전달받는 방식

```
1   import { Component, Input } from '@angular/core';
-
-   @Component({ … })
-   export class TestChildComponent {
5     @Input() myAnotherState;
-     @Input() clonedVal;
-
-     constructor() {}
-   }
```

Output 데코레이터를 사용한 이벤트 바인딩

프로퍼티 바인딩을 통하여 부모 컴포넌트의 상태 정보를 자식 컴포넌트에 전달할 뿐 상호 간에 상태를 공유하는 것은 아닙니다. 자식 컴포넌트에서 전달받은 clonedVal에 다른 값을 할당한 것은 자식 컴포넌트에만 반영될 뿐 부모 컴포넌트의 uniqueVal에는 영향을 주지 않습니다. 그럼 반대로 자식 컴포넌트의 상태 정보는 부모 컴포넌트에 어떻게 전달할까요? 바로 이벤트 바인딩을 사용합니다. 이번에는 자식 컴포넌트에서 changeMyData라는 메서드가 수행될 때 임의의 상태 값을 부모 컴포넌트로 전달한다고 가정해 봅시다. 이를 다음과 같이 구현할 수 있습니다.

예제 6-9 자식 컴포넌트에서 @Output으로 상태를 전달하는 방식

```
1    import { Component, Input, Output, EventEmiiter } from '@angular/core';
-
-    @Component({ … })
```

```
  -   export class TestChildComponent {
  5     @Input() myAnotherState;
  -     @Input() clonedVal;
  -     @Output() onChangeChildData = new EventEmitter<number>();
  -
  -     constructor() {}
 10
  -     changeMyData() {
  -       // 비즈니스 로직
  -       const resultVal = 8712;
  -       this.onChangeChildData.emit(resultVal);
 15     }
  -   }
```

자식 컴포넌트에서 부모 컴포넌트로 이벤트를 보낼 전달자로 onChangeChildData를 선언합니다. onChangeChildData는 앵귤러에서 제공하는 EventEmitter 타입의 객체를 초기에 생성합니다. 이후 changeMyData 메서드가 호출되면 일련의 로직을 거친 후 부모 컴포넌트로 데이터를 전달할 시점에 onChangeChildData를 사용합니다. 메서드에 인자로 전달할 데이터를 넘겨서 onChangeChildData의 emit을 호출합니다. 이제 emit 메서드 호출과 함께 resultVal이 부모 컴포넌트로 전달됩니다. 부모 컴포넌트에서 이 값을 받기 위해서는 [예제 6-10]과 같이 템플릿과 컴포넌트 코드를 작성하여야 합니다.

예제 6-10 부모 컴포넌트에서 이벤트 바인딩으로 상태 전달받기

```
  1   import { Component, Input, Output, EventEmitter } from '@angular/core';
  -
  -   @Component({
  -     template:`<test-child [myAnotherState]="myState"
  5         [clonedVal]="uniqueVal" (onChangeChildData)="receiveData($event)"></test-child>`
  -   })
  -   export class TestParentComponent {
  -     myState;
  -     uniqueVal;
 10
  -     constructor() {}
  -
  -     receiveData(resultVal) {
  -       console.log(`자식 컴포넌트로부터 전달된 데이터: ${resultVal}`);
 15     }
  -   }
```

자식 컴포넌트에서 전달하는 데이터를 받기 위하여 부모 컴포넌트는 자식 컴포넌트의 Event Emitter 타입으로 선언한 onChangeChildData와 동일한 이름으로 템플릿에 선언된 자식 컴포넌트 요소에 이벤트 바인딩을 선언하여야 합니다. 그리고 자식 컴포넌트에서 emit 메서드가 호출되어 데이터가 전달될 때 실행할 메서드에 $event를 인자로 선언합니다. 이제 예제와 같이 receiveData를 이벤트 바인딩하였으므로 자식 컴포넌트에서 데이터가 전달될 때마다 receive Data가 호출되면서 메서드의 인자를 통하여 자식 컴포넌트의 데이터를 받을 수 있습니다.

6.2.2 실습: 컴포넌트 통신 V2

프로퍼티 바인딩과 이벤트 바인딩을 통하여 부모-자식 컴포넌트 사이에서 데이터를 주고받는 법을 살펴보았으니 앞의 comp-comm-v2에서 DOM API를 사용하여 직접 다른 컴포넌트의 뷰에 접근하였던 코드를 개선해 봅시다.

이번 절의 실습 코드는 GIT을 사용하여 단계적으로 각각 ch6-3, ch6-4, ch6-5의 태그를 체크아웃받거나 다음 URL에서 코드의 변경 내역을 확인할 수 있습니다.

- (ch6-3): http://bit.ly/hb-af-ch6-3
- (ch6-4): http://bit.ly/hb-af-ch6-4
- (ch6-5): http://bit.ly/hb-af-ch6-5

개선 방법은 CheckListComponent의 템플릿과 컴포넌트를 수정하여 프로퍼티 바인딩으로 체크 결과만 CheckListResultComponent에 전달하는 것입니다. 먼저 CheckListComponent의 결과 출력 버튼을 클릭하면 extractCheckedResult 메서드를 호출하고 checked Result를 자식 컴포넌트에 전달하도록 [예제 6-11]과 같이 수정합니다.

예제 6-11 comp-comm/src/app/check-list/check-list.component.html [ch6-3]

```
1  <h4>항목 체크</h4>
-  <span *ngFor="let item of checkList; let i = index">
-    <label for="chk-{{i + 1}}">{{item}}</label>
-    <input type="checkbox" id="chk-{{i + 1}}" [(ngModel)]="checkedResult[i]" />
5  </span>
-  <button (click)="extractCheckedResult()">결과 출력</button>
-  <cc-check-list-result [checkedResult]="checkedResultData"></cc-check-list-result>
```

다음으로 컴포넌트 클래스에 checkedResultData 상태를 추가하고 extractCheckedResult 메서드를 [예제 6-12]와 같이 구현합니다.

예제 **6-12** comp–comm/src/app/check–list/check–list.component.ts [ch6–3]

```
1    // 임포트 생략
-
-    @Component({ … })
-    export class CheckListComponent implement OnInit {
5      checkList: string[];
-      checkedResult: boolean[] = [];
-      checkedResultData: string[];
-
-      constructor() { … }
10
-      extractCheckedResult() {
-          this.checkedResultData = [];
-          this.checkedResult.forEach((isChecked, idx) => {
-              if(isChecked) {
15                   this.checkedResultData.push(this.checkList[idx]);
-              }
-          });
-      }
-
20     ngOnInit() { }
-    }
```

자식 컴포넌트인 CheckListResultCommponent의 구현은 간단합니다. 이전의 DOM API 를 사용하던 코드를 모두 제거하고 checkedResult에 @Input 데코레이터만 붙입니다.

예제 **6-13** comp–comm/src/app/check–list/check–list–result/check–list–result.component.ts [ch6–3]

```
1   import { Component, OnInit, Input } from '@angular/core'
-
-   @Component({ … })
-   export class CheckListResultComponent implements OnInit {
5     checkedCnt: number;
-     @Input() checkedResult: string[];
-     constructor() { }
-     ngOnInit() { }
-   }
```

이제 애플리케이션을 실행해 봅니다. DOM에 접근하지 않고도 애플리케이션이 정상적으로 수행됩니다. 그러나 부모 컴포넌트에서 자식 컴포넌트로 선택된 항목이 자동으로 전달되기 때문에 체크된 항목 수인 checkedCnt를 할당할 시점이 보이지 않습니다. 부모로부터 자동으로 상태 정보가 바인딩되기 때문에 체크된 항목 수를 계산할 방법이 현재로서는 없습니다.

세터 메서드를 통한 프로퍼티 바인딩

앵귤러는 부모 컴포넌트의 상태 값에 변경이 일어날 때 변경된 정보를 자식 컴포넌트에 전달합니다. 따라서 체크된 항목 수를 계산하려면 명시적으로 부모 컴포넌트에서 전달되는 상태 값을 받도록 코드를 수정하여야 합니다. 타입스크립트에서는 속성명으로 시작하는 메서드 앞에 set 키워드를 붙이면 이 메서드가 세터 메서드가 됩니다. 이 점을 활용하여 다음과 같이 코드를 수정하면 체크된 항목의 수도 정상적으로 반영할 수 있습니다.

예제 6-14 comp–comm/src/app/check–list/check–list–result/check–list–result.component.ts [ch6–4]

```
1    import { Component, OnInit, Input } from '@angular/core';
-
-    @Component({ … })
-    export class CheckListResultComponent implements OnInit {
5      _checkedData: string[];
-      checkedCnt: number;
-
-      constructor() { }
-
10     @Input()
-      set checkedResult(checkedResult: string[]) {
-        if (!checkedResult) {
-          return;
-        }
15       this._checkedData = checkedResult;
-        this.checkedCnt = this._checkedData.length;
-      }
-
-      ngOnInit() { }
20   }
```

세터 메서드를 활용하여 개선한 코드를 살펴봅시다. set 키워드와 함께 checkedResult로 메서드명을 선언하였기 때문에 부모 컴포넌트에서 checkedResultData 값이 변경되어 앵귤러가 이 값을 자식 컴포넌트에 대신 전달할 때 이 메서드를 호출해 데이터를 전달합니다. 따라서 부모 컴포넌트에서 전달된 checkedResult를 _checkedData로 이름을 변경한 내부 상태 값에 할당하였습니다. 그리고 세터 메서드인 checkedResult가 호출된 시점에 체크된 항목의 수를 계산하는 로직을 추가하여 checkedCnt를 정상적으로 구할 수 있게 되었습니다. 추가로 checkedResult를 _checkedData로 변경하였기 때문에 템플릿도 다음과 같이 수정합니다.

```
<li *ngFor="let item of _checkedData">{{item}}</li>
```

이벤트 바인딩 활용

컴포넌트 통신 예제를 더 개선해 봅시다. 이미 체크한 항목 가운데 자식 컴포넌트에서 버튼을 클릭하여 체크 해제하는 기능을 이벤트 바인딩으로 구현할 것입니다. 먼저 템플릿에 NgFor 지시자로 체크된 항목을 보여 주는 부분에 삭제 버튼을 추가합시다. NgFor 지시자에 인덱스를 추가하여 해당 항목을 클릭할 때 인덱스를 onRemove 메서드에 인자로 전달하도록 아래와 같이 템플릿을 수정합니다.

```
<li *ngFor="let item of _checkedData; let idx = index">
  {{item}} <button (click)="onRemove(idx)">X</button>
</li>
```

컴포넌트 클래스에서는 onRemove 메서드의 구현과 함께 삭제된 결과를 부모 컴포넌트에 전달하는 부분을 구현하여야 합니다. 이때 이벤트 바인딩을 사용하여 부모 컴포넌트로 전달할 EventEmitter 타입의 속성을 사용할 것입니다. 수정된 클래스 코드는 [예제 6-15]와 같습니다.

예제 6-15 comp–comm/src/app/check–list/check–list–result/check–list–result.component.ts [ch6–5]

```
1   import { Component, OnInit, Input, Output, EventEmitter } from '@angular/core';
-
-   @Component({ ⋯ })
-   export class CheckListResultComponent implements OnInit {
5     _checkedData: string[];
-     checkedCnt: number;
-     @Output() onSelectedToRemoveItem = new EventEmitter<string>();
-
-     constructor() { }
```

```
10
-     ngOnInit() { }
-
-     @Input()
-     set checkedResult(checkedResult: string[]) {
15      if ( checkedResult ) {
-         return;
-       }
-       this._checkedData = checkedResult;
-       this.checkedCnt = this._checkedData.length;
20    }
-
-     onRemove(idx) {
-       this.onSelectedToRemoveItem.emit(this._checkedData[idx]);
-     }
25  }
```

코드는 체크된 항목의 값을 _checkedData에서 꺼낸 후 EventEmitter로 정의된 onSelected
ToRemoveItem 객체의 emit 메서드에 실어서 부모 컴포넌트로 전달합니다.

이제 부모 컴포넌트를 구현해 봅시다. 부모 컴포넌트에서 수정할 부분은 자식 컴포넌트의 요소
에서 onSelectedToRemoveItem 이벤트로 전달된 데이터를 받아 처리할 메서드를 선언하고
템플릿에서도 바인딩하는 것입니다. 먼저 템플릿에서 이벤트 바인딩 코드를 다음과 같이 추가
합니다.

```
<cc-check-list-result [checkedResult]="checkedResultData"
    (onSelectedToRemoveItem)="removeCheckedItem($event)"></cc-check-list-result>
```

자식 컴포넌트에서 삭제한 항목을 이벤트 바인딩으로 전달한 것을 위에서 removeChecked
Item 메서드에 바인딩하였습니다. 이 메서드를 CheckListComponent에 추가해 봅시다.

예제 6-16 comp-comm/src/app/check-list/check-list.component.ts [ch6-5]

```
1  removeCheckedItem(removeItem) {
-    this.checkedResult.forEach((isChecked, _id) => {
-      if ( isChecked && this.checkList[_id] === removeItem ) {
-        this.checkedResult[_id] = false;
5        this.extractCheckedResult();
-      }
```

```
-     });
-   }
```

이제 다시 개선된 컴포넌트 통신 실습 프로젝트를 실행하여 항목의 체크와 삭제가 정상적으로 작동하는지 확인해 봅시다.

6.2.3 다양한 상태 공유 시나리오

어떤 상태에 대하여 공통의 관심사를 가진 컴포넌트가 부모-자식 관계를 가지고 있는 경우 프로퍼티 바인딩과 이벤트 바인딩으로 상호 간의 상태를 공유할 수 있습니다. 애플리케이션이 복잡해지면 컴포넌트 트리가 깊어지고 이러한 환경에서는 부모-자식 관계를 넘어서 상태를 공유할 상황이 쉽게 발생합니다. 복잡한 컴포넌트 트리 구조에서 일어날 수 있는 상태 공유의 시나리오는 두 가지 유형으로 분류됩니다. 각각의 상황을 그림으로 확인해 봅시다.

먼저 직접 부모-자식 관계를 가지지는 않지만 자식 컴포넌트를 계속 타고 내려가면 만날 수 있는 직계 가족과 같은 관계를 가지는 컴포넌트 사이에서 상태 공유가 필요한 경우입니다. 예를 들면 [그림 6-9]처럼 부모 컴포넌트 B의 someState를 트리의 말단에 위치한 컴포넌트 G가 뷰에 가공해 노출하여야 하거나, 일련의 로직을 수행하는 데 필요할 수 있습니다. 이러한 경우에도 물론 프로퍼티 바인딩을 사용할 수 있습니다.

그림 6-9 복잡한 컴포넌트 트리에서 여러 컴포넌트 간의 상태 공유가 필요한 상황

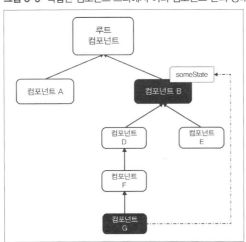

[그림 6-10]과 같이 someState를 컴포넌트 B에서 컴포넌트 G까지 순차적으로 프로퍼티 바인딩하면 someState의 정보와 함께 변경 사항이 일어날 때 컴포넌트 G까지 전달됩니다.

그림 6-10 컴포넌트에 프로퍼티 바인딩으로 연쇄적 상태 전달

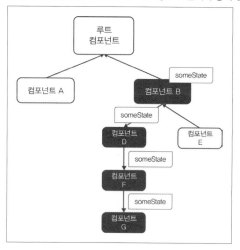

그림 6-11 공통의 부모를 갖는 컴포넌트 사이에 상태 공유

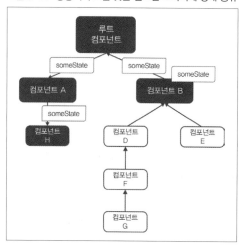

다른 상황은 공통의 부모를 공유하는 사촌 관계와 유사한 관계에서 상태를 공유하여야 할 때입니다. [그림 6-11]과 같이 컴포넌트 H에게 컴포넌트 B의 상태가 필요한 경우를 예로 들 수 있습니다. 이때에도 역시 공통의 부모 컴포넌트까지 이벤트 바인딩으로 상태를 전달한 후 부모에서 상

태에 관심을 갖는 해당 컴포넌트까지 프로퍼티 바인딩을 사용하면 상태를 공유할 수 있습니다.

지금까지 살펴본 두 가지 유형은 프로퍼티 바인딩과 이벤트 바인딩으로 상태를 공유할 수 있었습니다. 그런데 이 방식에는 미묘한 문제가 있습니다. 먼저 멀리 떨어진 두 컴포넌트가 상태를 공유하기 위해서는 공유할 상태에 관심이 없는 컴포넌트에도 불필요한 상태가 전달된다는 점입니다. 그렇다면 이렇게 복잡한 컴포넌트 트리 구조에서 여러 컴포넌트 사이에 상태를 공유하는 방법은 무엇인지 알아 봅시다.

6.2.4 싱글턴 서비스를 이용한 상태 공유

원거리에 떨어진 컴포넌트 간에 상태를 공유하기 위하여 여러 컴포넌트를 통하지 않아도 되는 방법으로 서비스를 사용할 수 있습니다. 제4장에서 살펴본 것처럼 서비스는 공급자가 선언된 모듈이나 컴포넌트를 기준으로 하위 컴포넌트가 모두 동일한 인스턴스를 주입받습니다. 따라서 공통 관심 대상인 상태를 서비스에 보관하면 컴포넌트 트리의 제약에서 벗어나 자유롭게 상태를 공유할 수 있으며 사용하기도 훨씬 편합니다. 앞서 [그림 6-10]에서 서비스를 활용하면 여러 컴포넌트를 통과할 필요 없이 [그림 6-12]와 같이 바꿀 수 있습니다.

그림 6-12 공통의 관심 대상 상태 값을 서비스에 보관하여 공유

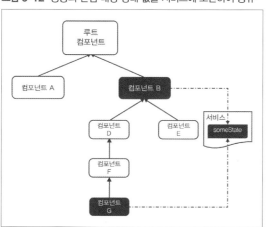

실습: 컴포넌트 통신 V3

실습을 통하여 서비스로 상태를 공유하는 방법을 알아 봅시다. 예제는 [그림 6-13]과 같이 이전 실습 프로젝트를 개선하여 통계 리포트 기능을 추가할 것입니다. 다음 절의 서비스 테스트 코드는 GIT을 사용하여 각각 ch6-6, ch6-7 태그를 체크아웃받거나 다음 URL에서 변경 내역을 확인할 수 있습니다.

- (서비스로 상태 공유) http://bit.ly/hb-af-ch6-6
- (EventEmitter 사용) http://bit.ly/hb-af-ch6-7

그림 6-13 서비스 상태 공유 예제인 comp-comm 실행 화면

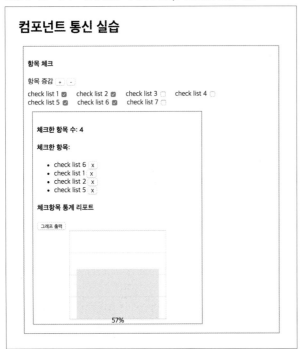

통계 리포트는 전체 체크 항목 대비 체크한 항목의 비율을 막대 그래프로 표기하는 것입니다. 이 기능을 구현하려면 기존 코드에 추가로 ResultGraphComponent를 생성하고, 이 컴포넌트를 CheckListResultComponent의 템플릿에서 사용합니다.

ResultGraphComponent는 체크 항목의 통계를 내기 위하여 전체 항목 수와 현재 체크된 항목 수를 알아야 합니다. 체크된 항목의 수만 보면 바로 부모 컴포넌트인 CheckListResult-

Component에서 얻어 올 수도 있지만 전체 항목 수는 CheckListComponent에 있는 정보입니다. 따라서 전체 항목 수와 현재 체크된 항목 수를 서비스에 보관하여 ResultGraph Component에서 사용하도록 해 봅시다. 먼저 공유할 상태를 보관할 서비스를 다음 명령을 실행하여 생성합니다.

```
ng g service check-list-data
```

생성된 CheckListDataService를 [예제 6-17]과 같이 구현합니다.

예제 6-17 comp-comm/src/app/check-list/check-list-data.service.ts [ch6-6]

```
1   import { Injectable } from '@angular/core';
-   import { CheckItem } from './check-item';
-
-   @Injectable()
5   export class CheckListDataService {
-     private checkList: CheckItem[] = [];
-
-     constructor() { }
-
10    initList(totalCnt) {
-       for (let i = 0; i < totalCnt; i++) {
-         const checkItem = this.getNewCheckItem(i+1);
-         this.checkList.push(checkItem);
-       }
15      return this.checkList;
-     }
-
-     changeTotalCntByOp(op: string) {
-       if (op === '+') {
20        const totalCnt = this.checkList.length
-         const newItem = this.getNewCheckItem(totalCnt + 1);
-         this.checkList.push(newItem);
-       } else if (op === '-') {
-         this.checkList.pop();
25      }
-     }
-
-     checkItem(checkItem: CheckItem) {
-       this.checkList[checkItem.idx-1] = checkItem;
30    }
```

```
-      unCheckItem(idx: number) {
-          this.checkList[idx-1].isChecked = false;
-      }
35
-      getCheckedItemRatioText() {
-          const curCnt = this.checkList.filter(i => i.isChecked).length;
-          const totalCnt = this.checkList.length;
-          const roundedRatio = Math.round((curCnt / totalCnt) * 100);
40         return `${roundedRatio}%`;
-      }
-
-      private getNewCheckItem(idx: number) {
-          return { idx: idx, content: this.getCheckListMsg(idx), isChecked: false };
45     }
-
-      private getCheckListMsg(idx: number): string {
-          return `check list ${idx}`;
-      }
50  }
```

[예제 6-17] CheckListDataService에 선언한 속성부터 살펴봅시다. 6번 줄은 사용자가 선택할 체크 항목 리스트를 CheckItem 타입으로 선언하였습니다. CheckItem은 항목의 인덱스(idx), 정보(content), 체크 여부(isChecked)를 나타내고 다음과 같은 인터페이스로 check-item.ts 파일에 선언합니다.

```
1   export interface CheckItem {
-     idx: number;
-     content: string;
-     isChecked: boolean;
5   }
```

이어서 구현한 메서드를 살펴봅시다. CheckListDataService의 10번 줄 initlist는 체크 항목 데이터를 만들어서 반환합니다. 이 값을 잠시 뒤에 CheckListComponent에서 사용할 것입니다. 18번 줄의 changeTotalCntByOp 메서드는 매개 변수에 따라 체크 항목 리스트를 증감시킵니다. 28, 32번 줄의 checkItem, uncheckItem 메서드는 뷰에서 항목의 체크 여부에 따라 호출할 메서드입니다. 마지막으로 36번 줄의 getCheckedItemRatioText 메서드는 전체 항목 중 체크한 항목의 비율을 반환하는 메서드입니다. 전체 코드를 보고 나면 CheckList

DataService는 체크할 항목의 상태 관리뿐 아니라 항목의 추가/삭제와 같은 비즈니스 로직을 담은 서비스 클래스라는 것을 알 수 있습니다.

애플리케이션에 새롭게 서비스 클래스를 만들었으므로 CheckListDataService를 모듈에 등록하여야 합니다.

예제 6-18 comp-comm의 AppModule

```
1   // import 구문 생략
-
-   @NgModule({
-     declarations: [
5       AppComponent,
-       CheckListComponent,
-       CheckListResultComponent,
-       ResultGraphComponent
-     ],
10    imports: [
-       BrowserModule,
-       FormsModule,
-       HttpModule
-     ],
15    providers: [CheckListDataService],
-     bootstrap: [AppComponent]
-   })
-   export class AppModule {}
```

이제 ResultGraphComponent 코드를 구현합시다. 터미널에서 현재 폴더의 위치를 check-list-result로 이동한 후에 ng g component result-graph 명령을 실행하여 ResultGraph Component 관련 파일을 생성합니다. 컴포넌트 관련 파일이 생성되면 ResultGraph Component의 템플릿을 다음과 같이 작성합니다.

```
1  <h4>체크항목 통계 리포트</h4>
-  <button type="button" (click)="onPrintGraph()">그래프 출력</button>
-  <div class="chart" *ngIf="graphToggle">
-    <div class="grid">
5      <span [style.height]="checkedRatio" [title]="checkedRatio"></span>
-    </div>
-  </div>
```

템플릿은 통계 결과를 출력할 간단한 마크업 코드와 바인딩이 선언되어 있습니다. 그래프 출력 버튼 클릭 시 onPrintGraph 메서드가 이벤트 바인딩되어 있으며, 차트를 포함하는 DIV 요소는 graphToggle 값에 따라서 노출 여부가 결정됩니다. 그래프의 실제 모습은 checkedRatio 값에 따라 그려집니다. 이제 이 템플릿에 대응하는 컴포넌트 클래스를 [예제 6-19]와 같이 구현합니다.

예제 6-19 comp-comm/src/app/check-list/check-list-result/result-graph/result-graph.
         component.ts [ch6-6]

```
1   import { Component, OnInit } from '@angular/core';
-   import { CheckListDataService } from '../../check-list-data.service';
-
-   @Component({ ... })
5   export class ResultGraphComponent implements OnInit {
-     checkedRatio: string = '0%';
-     graphToggle = true;
-
-     constructor(public checkListDataService: CheckListDataService) { }
10
-     ngOnInit() { }
-
-     onPrintGraph() {
-       this.graphToggle = false;
15      this.checkedRatio = this.checkListStatisticsService.getCheckedItemRatioText();
-     setTimeout(() => this.graphToggle = true, 1);
-     }
-   }
```

먼저 통계 정보 상태가 저장된 CheckListDataService를 임포트한 후 9번 줄과 같이 주입받습니다. 본래 상위 컴포넌트에서 관리되는 체크 항목의 비율 정보를 서비스로 공유한 덕분에 ResultGraphComponent에서도 공유 상태에 손쉽게 접근할 수 있게 되었습니다.

13번 줄에서 템플릿의 버튼 클릭 이벤트에 바인딩한 onPrintGraph 메서드를 구현하였습니다. 이 메서드는 graphToggle을 false로 변경하였다가 16번 줄과 같이 바로 true로 값을 변경합니다. graphToggle의 변경은 템플릿의 ngIf에 따라 DOM에서 제거되었다가 다시 생성됩니다. 이는 그래프의 CSS 애니메이션 효과를 초기화하기 위한 로직입니다.

다음으로 전체 항목과 체크된 항목의 변동 사항을 컴포넌트에서 관리하지 않고 CheckList

DataService에서 관리하도록 CheckListComponent를 개선해 봅시다. 먼저 변경된 템플릿 코드를 살펴봅니다.

예제 6-20 comp-comm/src/app/chek-clist/check-list.component.html [ch6-6]

```
1    <h4>항목 체크</h4>
-    <div class="row">
-      <label>항목 증감</label>
-      <button type="button" (click)="onChangeCnt('+')">+</button>
5      <button type="button" (click)="onChangeCnt('-')">-</button>
-    </div>
-    <div class="row">
-      <span *ngFor="let item of checkList; let i = index">
-      <label for="chk-{{item.idx}}">{{item.content}}</label>
10     <input type="checkbox" id="chk-{{item.idx}}"
-        (ngModelChange)="onChecked($event, item)" [(ngModel)]="item.isChecked" />
-      </span>
-    </div>
-    <cc-check-list-result [checkItem]="curCheckedItem"
15     (onSelectedToRemoveItem)="unCheckedItem($event)"></cc-check-list-result>
```

[예제 6-20]에서는 이전과 달리 체크 항목을 증감할 수 있는 버튼 요소를 추가하고 onChnage Cnt 메서드에 바인딩하였습니다. 또한 양방향 바인딩된 item.isChecked의 변화를 onChecked 메서드에 바인딩하였습니다. 따라서 항목의 체크 박스를 클릭할 때마다 onChecked 체크 여부를 $event 인자에 담아 호출할 것입니다. 마지막으로 자식 컴포넌트인 CheckListComponent 에 현재 선택된 체크 항목인 curCheckedItem을 프로퍼티 바인딩하였습니다. 컴포넌트 코드도 대대적인 수정을 하여야 합니다.

예제 6-21 comp-comm/src/app/check-list/check-list.component.ts [ch6-6]

```
1    import { Component, OnInit } from '@angular/core';
-    import { CheckItem } from "./check-item ";
-    import { CheckListDataService } from './check-list-data.service';
-
5    @Component({ ··· })
-    export class CheckListComponent implements OnInit {
-      INIT_TOTAL_CNT: number = 4;
-      checkList: CheckItem[] = [];
-      curCheckedItem: CheckItem;
```

```
10
-      constructor(public checkListDataService: CheckListDataService) {
-        this.checkList = this.checkListDataService.initList(this.INIT_TOTAL_CNT);
-      }
-
15     ngOnInit() { }
-
-      onChangeCnt(op: string) {
-        this.checkListDataService.changeTotalCntByOp(op);
-      }
20
-      onChecked(isChecked, checkedItem: CheckItem) {
-        checkedItem.isChecked = isChecked
-        this.curCheckedItem = checkedItem;
-        this.checkListDataService.checkItem(checkedItem);
25     }
-
-      unCheckedItem(idx) {
-        this.checkListDataService.unCheckItem(idx);
-      }
30   }
```

먼저 CheckListComponent는 체크 항목 리스트인 checkList를 속성으로 가집니다. 이 속성은 생성자에서 12번 줄과 같이 CheckListDataService의 initList가 반환하는 값을 사용합니다. 즉 컴포넌트가 직접 체크 항목 상태를 생성/관리하지 않고 서비스로부터 체크 항목 리스트를 전달받은 것입니다. 따라서 항목을 증감시킬 때에도 18번 줄과 같이 CheckListData Service의 changeTotalCntByOp 메서드만 호출하면 서비스 클래스 내에서 체크 항목을 변경한 것이 컴포넌트에도 고스란히 반영됩니다. 다른 메서드도 마찬가지로 각 이벤트에 바인딩된 메서드가 호출될 때마다 상태 변경의 역할을 CheckListDataService에 위임하고 있음을 알 수 있습니다.

서비스 클래스를 사용하는 것만으로 컴포넌트 간의 프로퍼티 바인딩 없이 상태를 쉽게 공유할 수 있었습니다. 그런데 서비스 클래스를 사용하여 상태를 공유하는 방법에는 한 가지 단점이 있습니다. CheckListComponent에서 상태를 변경하였을 때 이를 동기화하여 공유받을 방법이 없다는 점입니다. 그래서 CheckListComponent에서 CheckListDataService의 체크 항목 상태를 변경하였다는 것을 보장하기 위하여 "그래프 출력"이라는 버튼을 추가한 것입니다. 사용자 입장에서는 체크한 항목을 누르고 버튼을 한 번 더 눌러야만 그래프가 출력되는 불편한 인터페이스가 되었습니다.

이 문제는 이벤트 전파로 해결할 수 있습니다. 앞서 부모-자식 관계를 갖는 컴포넌트는 자식 컴포넌트의 변경 사항을 부모 컴포넌트에게 EventEmitter를 활용하여 이벤트 바인딩으로 전달하였습니다. 이를 서비스에도 동일하게 적용할 수 있습니다. 그럼 코드를 개선해 봅시다.

예제 6-22 comp-comm/src/app/check-list/check-list-data.service.ts [ch6-7]

```
1    import { Injectable, EventEmitter } from '@angular/core';
-    import { CheckItem } from './check-item';
-    @Injectable()
-    export class CheckListDataService {
5      private checkList: CheckItem[] = [];
-      changedCntState: EventEmitter<any> = new EventEmitter<any>();
-
-      constructor() { }
-
10     initList(totalCnt) { ... }
-
-      changeTotalCntByOp(op: string) {
-        if (op === '+') {
-          const totalCnt = this.checkList.length
15         const newItem = this.getNewCheckItem(totalCnt + 1);
-          this.checkList.push(newItem);
-        } else if (op === '-') {
-          this.checkList.pop();
-        }
20       this.changedCntState.emit({});
-      }
-
-      checkItem(checkItem: CheckItem) {
-        this.checkList[checkItem.idx-1] = checkItem;
25       this.changedCntState.emit({});
-      }
-
-      unCheckItem(idx: number) {
-        this.checkList[idx-1].isChecked = false;
30       this.changedCntState.emit({});
-      }
-      ...
-    }
```

먼저 6번 줄과 같이 EventEmitter 타입으로 changedCntState 속성을 CheckListData
Service에 추가하였습니다. changedCntState의 목적은 체크 항목에 변경 사항이 일어났다는
사실을 알리는 것이므로 데이터를 전달하지 않아 EventEmitter⟨any⟩로 선언하였습니다.
이제 changedCntState는 CheckListDataService에서 체크 항목의 상태를 바꾸는
changeTotalCntByOp, checkItem, uncheckItem 메서드의 마지막에 emit 메서드를
호출하여 상태의 변경이 일어났다는 것을 전달합니다. 남은 작업은 이 이벤트를 받아서 처리할
수 있도록 ResultGraphComponent를 개선하는 것입니다.

먼저 ResultGraphComponent의 템플릿에서 "그래프 출력" 버튼은 더 이상 필요 없습니다.
그리고 컴포넌트는 [예제 6-23]과 같이 수정합니다.

예제 6-23 comp-comm/src/app/check-list/check-list-result/result-graph/result-graph.
component.ts [ch6-7]

```
1   import { Component, OnInit } from '@angular/core';
-   import { CheckListDataService } from '../../check-list-data.service';
-
-   @Component({ ...  })
5   export class ResultGraphComponent implements OnInit {
-     checkedRatio: string = '0%';
-     graphToggle = true;
-
-     constructor(public checkListDataService: CheckListDataService) { }
10
-     ngOnInit() {
-         this.checkListDataService.changedCntState.subscribe(() => this.printGraph());
-     }
-
15    printGraph() { ... }
-   }
```

먼저 12번 줄을 보면 ngOnInit 메서드 안에서 checkedListDataService의 changedCnt
State의 subscribe 메서드를 호출한 것을 알 수 있습니다. 앞서 이벤트 바인딩 시 템플릿 안
에서 소괄호를 사용하여 이벤트 전파를 다룬 것과 달리, 코드 레벨에서는 EventEmitter 타
입으로 선언된 인스턴스의 subscribe 메서드에 콜백을 등록하여 해당 인스턴스의 emit 메서
드 호출 시 이 이벤트를 포착하여 콜백을 실행합니다. ngOnInit 메서드 안에서 실행한 이유는

ResultGraphComponent의 인스턴스가 안전하게 초기화된 후 subscribe 메서드로 콜백을 등록하기 위함입니다. 이와 관련된 자세한 내용은 '6.4.1 ngOnInit과 ngOnDestroy'에서 다루기로 하고 지금은 컴포넌트의 초기화가 실행된다는 맥락만 확인합시다.

subscribe 안에 콜백으로 printGraph 메서드를 호출하도록 하였습니다. 이전에 버튼 클릭 시 실행되었던 onPrintGraph를 printGraph로 이름을 변경하였습니다. 이제 서비스에서 emit이 호출될 때 changedcntState의 subscribe 콜백으로 printGraph 메서드가 실행되어 버튼의 클릭 없이 그래프를 그릴 수 있게 되었습니다.

EventEmitter는 사실 RxJS 라이브러리 덕분에 이벤트 바인딩의 매개체로 사용할 수 있었습니다. EventEmitter 구현체는 RxJS가 제공하는 Subject를 상속받아 구현되었기 때문입니다. RxJS는 앵귤러에서 비동기 이벤트를 선언적으로 처리하기 위하여 사용하고 있습니다. RxJS는 제7장에서 알아봅니다.

6.3 앵귤러 방식의 템플릿 요소 탐색

'6.1.3 컴포넌트의 독립성을 깨뜨리는 안티패턴'에서 앵귤러를 사용할 때 브라우저의 DOM API 및 외부 DOM Selector 라이브러리는 가능한 한 사용하지 않아야 하는 이유를 설명하였습니다. 하지만 애플리케이션을 개발하다 보면 DOM을 직접 다루지 않고는 구현하기 힘든 요구 사항이 늘어납니다. 앵귤러에서는 다른 DOM 라이브러리 대신 자체적으로 컴포넌트에 선언된 템플릿 요소를 선언적으로 탐색할 수 있는 방법이 있습니다.

앵귤러가 제공하는 DOM 탐색에는 두 가지 특징이 있습니다. 첫 번째 특징은 DOM 탐색의 대상은 자신의 컴포넌트 내에 선언된 템플릿에만 한정된다는 점입니다. '6.1 독립된 요소: 컴포넌트'에서 살펴본 바와 같이 앵귤러는 프론트엔드 UI 개발의 복잡도를 낮추기 위하여 컴포넌트 단위로 범위를 제한합니다. 따라서 앵귤러가 제공하는 DOM 탐색은 결코 컴포넌트의 템플릿 범위를 벗어날 수 없습니다.

또 하나의 특징은 탐색된 DOM 요소 결과도 브라우저의 표준 DOM 객체가 아닌 DOM 객체를 감싼 ElementRef라고 하는 타입의 객체를 반환한다는 점입니다. 이는 컴포넌트의 로직에서 DOM 요소에 직접 접근하는 코드가 포함되면서 컴포넌트의 로직과 화면 간의 결합도가 높아지는 문제를 방지하기 위한 앵귤러의 선택입니다. 화면을 그리고 배치하고 조정하는 실질적인 작업은 앵귤러가 도맡아 하고 개발자는 컴포넌트와 템플릿의 선언적 방식의 코딩과 앵귤러가 제공하는 감싸진 DOM 요소를 사용하므로 직접 DOM을 다루는 일을 원천적으로 제거하는 것이 목표입니다.

앵귤러의 DOM 탐색 방식을 개괄적으로 살펴봅시다. 템플릿의 특정 요소에 접근하려면 [그림 6-14]와 같이 컴포넌트에 찾고자 하는 뷰의 요소 정보와 함께 탐색한 결과를 바인딩할 변수를 선언하여야 합니다. DOM 탐색을 위한 쿼리와 바인딩할 변수를 선언하면 이후에는 앵귤러가 탐색한 결과를 바인딩해 줍니다. 탐색할 수 있는 요소는 템플릿에 선언된 자식 컴포넌트와 ElementRef로 포장된 네이티브 DOM 요소입니다.

그림 6-14 앵귤러의 DOM 탐색 방식

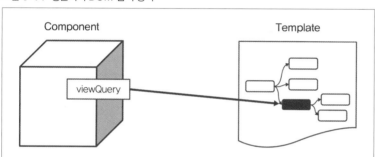

6.3.1 ViewChild를 사용한 요소 탐색

템플릿에 선언된 요소를 탐색하기 위하여 ViewChild 혹은 ViewChildren 데코레이터를 사용합니다. 이 데코레이터에 인자로 탐색할 요소의 타입이나 이름을 선택자selector로 전달하면 앵귤러가 해당하는 요소를 찾아서 데코레이터가 붙은 속성에 바인딩해 줍니다. ViewChild는 인자로 전달된 탐색 조건에 해당하는 요소 가운데 첫 번째 결과를 바인딩하고, ViewChildren은 탐색 조건에 해당하는 모든 결과를 QueryList라는 타입으로 바인딩한다는 차이만 있을 뿐 사용 목적은 동일합니다. 먼저 임의의 부모 컴포넌트 템플릿에 선언된 자식 컴포넌트 요소를 탐색하는 방법을 살펴봅시다.

```
1   import { Component, ViewChild } from '@angular/core';
-   import { TestChildComponent } from './test-child/test-child.component';
-
-   @Component({
5     selector: 'test-parent',
-     template: '<test-child></test-child>'
-   })
-   export class TestParentComponent {
-     @ViewChild(TestChildComponent) testChild: TestChildComponent;
10  }
```

[예제 6-24]를 보면 TestParentComponent는 6번 줄에서 test-child라는 선택자를 가진 TestChildComponent를 템플릿에 선언하여 자식 컴포넌트로 가집니다. 이때 TestParent Component는 자식 컴포넌트 요소를 탐색하기 위하여 9번 줄과 같이 ViewChild 데코레이터를 사용하여 testChild 속성에 선언적으로 바인딩합니다. 이제 ViewChild 데코레이터에 전달한 TestChildComponent 타입 정보를 기준으로 앵귤러는 이에 부합하는 요소를 템플릿에서 탐색하여 @ViewChild 데코레이터가 붙은 testChild 속성에 바인딩해 줍니다. 이제 testChild에는 실제 TestChildComponent의 인스턴스가 바인딩됩니다.

ViewChild를 사용하여 부모 컴포넌트에서 자식 컴포넌트의 요소 인스턴스에 접근할 수 있다는 것은 자식 컴포넌트의 공개된 속성이나 메서드를 사용할 수 있음을 의미합니다. 예를 들면 [예제 6-24]의 TestChildComponent가 다음과 같이 구현되어 있다고 가정해 봅시다.

```
1   import { Component } from '@angular/core';
-
-   @Component({
-     selector: 'test-child',
5     templateUrl: './test-child.component.html',
-     styleUrls: ['./test-child.component.css']
-   })
-   export class TestChildComponent {
-     myOpenState: string = 'let it be';
10    private _internalState: string = 'not authroized';
-
-     constructor() { }
```

```
 -
 -     foo() {
15       console.log('foo');
 -     }
 -
 -     private bar () {
 -       console.log('bar');
20     }
 -
 -   }
```

[예제 6-25]에 선언된 TestChildComponent의 속성과 메서드 중에서 myOpenState 속
성과 foo 메서드는 [예제 6-24]의 부모 컴포넌트에서 testChild를 통하여 각각 testChild.
myOpenState, testChild.foo()와 같이 접근 및 호출이 가능합니다. 반면 private으로 선언
된 _internalState와 bar 메서드는 여전히 접근할 수 없습니다.

이와 같이 부모 컴포넌트에서 ViewChild 혹은 ViewChildren을 통하여 자식 컴포넌트의 공
개된 속성이나 메서드에 접근할 수 있다는 점은 '6.2 컴포넌트 간 상태 공유와 이벤트 전파'에
서 다루지 않은 부모-자식 컴포넌트 간의 새로운 통신 방식을 제공합니다. 예를 들어 자식 컴
포넌트에 선언된 메서드가 상황에 따라 부모 컴포넌트에서 직접 실행될 필요가 있다고 합시다.
이때 ViewChild나 ViewChildren으로 자식 컴포넌트의 인스턴스를 바인딩하여 직접 자식
컴포넌트의 메서드를 호출할 수 있습니다. 이 예제를 코드로 확인해 봅시다. 애플리케이션의
실행 예제는 다음 링크에서 확인합니다.

- http://bit.ly/hb-af-view-child

그림 6-15 ViewChildren을 활용한 예제 화면

예제는 [그림 6-15]와 같이 개별 체크 박스를 직접 클릭할 수 있거나 하단의 버튼으로 전체를
체크하거나 해제하는 기능으로 구성되어 있습니다. 이는 일반적인 회원 가입 화면에서 여러 동
의 사항을 한 번에 체크하는 기능을 간략하게 핵심만 뽑아서 구현한 예제입니다.

이제 이 기능이 구현된 코드 [예제 6-26]을 살펴봅시다. 예제는 TestParentComponent와 TestChildComponent에 구현되어 있고 편의상 두 파일의 내용을 [예제 6-26]에 기술하였습니다.

예제 **6-26** ViewChildren을 활용한 예제 전체 코드

```
1    // test-parent.component.ts
-    import { Component, ViewChildren, QueryList } from '@angular/core';
-    import { TestChildComponent } from './test-child/test-child.component';
-
5    @Component({
-      selector: 'test-parent',
-      template: `
-      <ol>
-        <li *ngFor="let num of checkListNums">
10         <test-child></test-child>
-        </li>
-      </ol>
-      <div>
-        <button type="button" (click)="checkedAll()">Check All</button>
15       <button type="button" (click)="unCheckedAll()">Uncheck All</button>
-      </div>
-           `
-    })
-    export class TestParentComponent {
20     checkListNums: number[];
-      @ViewChildren(TestChildComponent) testChild: QueryList<TestChildComponent>;
-
-      constructor() {
-        this.checkListNums = [1, 2, 3];
25     }
-
-      checkedAll() {
-        this.testChild.map((comp) => comp.isChecked = true);
-      }
30
-      unCheckedAll() {
-        this.testChild.map((comp) => comp.isChecked = false);
-      }
-
35   }
-
```

```
  -
  -   // test-child.component.ts
  -   import { Component, ViewChild } from '@angular/core';
 40
  -   @Component({
  -     selector: 'test-child',
  -     template: `
  -     <label>check me</label><input type="checkbox" [(ngModel)]="isChecked">
 45     `
  -   })
  -   export class TestChildComponent {
  -     isChecked: boolean;
  -
 50     constructor() {
  -       this.isChecked = false;
  -     }
  -
  -   }
```

부모 컴포넌트에서는 자식 컴포넌트를 10번 줄과 같이 선언한 후에 ngFor 지시자를 사용
하여 checkListNums 배열 속성에 선언된 숫자만큼 반복 생성하였습니다. 21번 줄에서
ViewChildren 데코레이터를 사용하여 TestChildComponent를 복수로 QueryList 타입
안에 바인딩하였습니다. 이제 14, 15번 줄에서 버튼이 클릭되면 QueryList에 담긴 복수의 자
식 컴포넌트를 map 메서드를 통하여 하나씩 순회하면서 48번 줄과 같이 자식컴포넌트에서
공개된 isChecked 속성을 변경합니다. 자식 컴포넌트는 체크 박스 타입의 INPUT 요소를
isChecked에 양방향 바인딩으로 선언하였기 때문에 isChecked 값의 변경이 뷰에도 반영됩
니다.

6.3.2 템플릿 참조 변수와 ElementRef

이번에는 ViewChild와 ViewChildren을 활용하여 자식 컴포넌트가 아닌 네이티브 DOM
요소를 탐색해 봅시다. 템플릿에 선언된 DOM에 접근할 수 있는 방법은 두 가지입니다. 하
나는 컴포넌트의 생성자에 ElementRef 타입의 변수를 선언하여 앵귤러에서 직접 컴포넌
트 템플릿의 모든 DOM을 가져오는 방법입니다. 예를 들면 [예제 6-27]과 같이 생성자에서
ElementRef 타입의 변수를 주입받아 컴포넌트의 속성인 elementRef에 할당한다고 해 봅시

다. ElementRef 타입은 nativeElement라는 속성으로 네이티브 DOM을 담고 있습니다. 따라서 다음 예제에서 elementRef.nativeElement를 확인하면 컴포넌트가 관리하는 DOM의 루트 요소가 반환됩니다.

예제 6-27 ElementRef 주입

```
1    import { Component, ElementRef } from '@angular/core';

-    @Component({
-      selector: 'app-root',
5      templateUrl: './app.component.html',
-      styleUrls: ['./app.component.css']
-    })
-    export class AppComponent {
-     elementRef: ElementRef
10     constructor(ef: ElementRef) {
-        this.elementRef = ef;
-      }
-    }
```

두 번째 방법은 현재 컴포넌트의 루트 DOM이 아닌 특정 요소를 가져오는 방법입니다. 이때 템플릿 참조 변수template reference variable를 템플릿에 선언합니다. 템플릿 참조 변수는 컴포넌트 템플릿의 특정 DOM 요소를 앵귤러의 특정 변수로 바인딩하기 위한 방법입니다. 템플릿 참조 변수를 선언하는 법은 간단합니다. 탐색할 DOM 요소를 지칭할 임의의 변수명에 접두어로 # 또는 ref-를 붙인 후 요소의 속성으로 선언합니다. 예를 들면 [예제 6-28]의 #myInput 혹은 ref-myInput처럼 템플릿에 선언된 임의의 요소에 속성으로 선언할 수 있습니다.

예제 6-28 템플릿 참조 변수 선언

```
<div>
  <input type="text" id="n-1" #myInput />
  <input type="text" id="n-2" ref-myInput />
</div>
```

템플릿에 특정 DOM 요소를 템플릿 참조 변수로 선언하였다면 이제 컴포넌트에서 해당 변수를 ElementRef로 바인딩할 수 있습니다. 이때 '6.3.1 ViewChild를 사용한 요소 탐색'에서 다룬 것과 동일한 ViewChild와 ViewChildren을 사용합니다. [예제 6-28]의 템플릿에서 선언
한 INPUT 요소는 [예제 6-29]와 같이 ViewChild를 사용하여 myInput에 바인딩할 수 있습
니다. ViewChild는 인자로 전달받은 탐색 쿼리에 부합하는 첫 번째 결과를 바인딩하기 때문
에 ID가 my-input-1인 INPUT 요소를 myInput에 바인딩합니다

예제 6-29 ViewChild를 사용하여 특정 DOM 바인딩

```
1    import { Component, ViewChild, ViewChildren, ElementRef,
-        QueryList, AfterViewInit }from '@angular/core';
-
-    @Component({ ··· })
5    export class AppComponent implements AfterViewInit {
-        @ViewChild('myInput') myInput: ElementRef;
-        @ViewChildren('myInput') myInputs: QueryList<ElementRef>;
-
-        ngAfterViewInit() {
10           // 이때 바인딩이 이루어짐
-        }
-
-        // . . .
-    }
```

ViewChildren을 사용하면 템플릿에 동일한 이름으로 선언한 템플릿 참조 변수를 QueryList
로 바인딩할 수 있습니다. 따라서 [예제 6-29]의 myInputs는 [예제 6-28]에 numInput으로
선언한 두 INPUT 요소를 모두 바인딩하여 QueryList에 담습니다.

템플릿 참조 변수를 사용할 때는 주의할 점이 있습니다. 먼저 동일한 이름으로 템플릿의 루
트 레벨에 템플릿 참조 변수를 중복 선언하면 컴파일 에러가 발생합니다. 이는 앵귤러에서
내부적으로 템플릿을 파싱할 때 일으키는 에러입니다. 예를 들면 [예제 6-28]에서 DIV 요
소를 삭제하고 템플릿의 루트 레벨에 선언된 두 INPUT 요소에 동일하게 myInput이 템플
릿 참조 변수를 선언하면 에러가 발생합니다. 따라서 중복으로 템플릿 참조 변수를 선언하여
QueryList에 바인딩할 때는 다른 요소의 자식으로 선언하여 사용합니다. 일반적으로는 [예
제 6-30]과 같이 ngFor처럼 반복해 생성하는 요소에 접근할 때 ViewChildren을 사용하는
것이 적절합니다.

예제 6-30 ngFor와 템플릿 참조 변수를 함께 사용할 때

```
1    import { Component, ViewChildren, QueryList, ElementRef, AfterViewInit } from '@angular/core';
-
-    @Component({
-      selector: app-sample'
5      template:`
-        <ul>
-          <li *ngFor="let item of items" #listItems>{{item.content}}</li>
-        </ul>
-        `
10   })
-    export class AppComponent implements AfterViewInit {
-      items: any[];
-      @ViewChildren('listItems') itemElems: QueryList<ElementRef>;
-
15     ngAfterViewInit { … }
-    }
```

또 다른 주의점은 템플릿 참조 변수와 ViewChild, ViewChildren을 사용하여 바인딩한 속성은
ngAfterViewInit 메서드가 실행되는 시점부터 확인할 수 있다는 것입니다. ngAfterView
Init은 컴포넌트의 생명 주기 가운데 뷰의 초기화가 끝났을 때 실행되는 메서드입니다. 따라서
앵귤러가 뷰를 정상적으로 초기화하기 전인 constructor나 ngOnInit 메서드에서는 템플릿
참조 변수에 접근할 수 없습니다. 이와 관련해서는 '6.4 컴포넌트 생명 주기'에서 자세히
알아봅시다.

마지막으로 템플릿 참조 변수는 선언된 템플릿 안에서 직접 사용할 수도 있습니다. 이때는
ViewChild, ViewChildren과 같은 데코레이터가 필요하지 않습니다. 선언한 템플릿 참조 변
수는 템플릿 안에서는 ElementRef 타입으로 감싸지 않고 DOM 그 자체로 바인딩됩니다. 템
플릿 안에서 템플릿 참조 변수에 DOM으로 직접 접근하는 것은 간단한 처리가 필요할 때 유용
합니다. [예제 6-31]을 통하여 어떻게 활용할 수 있는지 알아봅시다.

예제 6-31 템플릿에서 직접 템플릿 참조 변수를 사용할 때

```
1    import { Component } from '@angular/core'
-
-    @Component({
-      selector: 'sample-app',
```

```
5    template: `
-      <div>
-        <input type="text" id="n-1" #keyInput (keyup)="leaveKeyLog($event,keyInput.value)" />
-        <div>INPUT[id="{{keyInput.id}}"] your current input: {{keyInput.value}}</div>
-        <div>INPUT[id="{{keyInput.id}}"] all inputs: {{logs | json}}</div>
10     </div>
-      <div>
-        more attributes of INPUT[id="{{keyInput.id}}"] <br/>
-        type: {{keyInput.type}} <br/>
-        isRequired: {{keyInput.required}} <br/>
15       isDisabled: {{keyInput.disabled}} <br/>
-        ...
-      </div>
-      `,
-    })
20   export class AppComponent {
-      logs: number[];
-
-      constructor() {
-        this.logs = [];
25     }
-
-      leaveKeyLog(evt, num: number) {
-        if(evt.keyCode === 13) {
-          this.logs.push(num);
30         evt.target.value = '';
-        }
-      }
-    }
```

이 예제는 주어진 텍스트 입력 요소에 기록된 텍스트를 받아서 화면에 출력합니다. 텍스트를 입력할 때마다 your current input에 입력된 내용이 출력되다가 엔터를 입력하면 입력한 내용이 all inputs에 누적되어 보이고 텍스트 입력 요소는 초기화됩니다. 실행 예제와 소스는 다음 링크에서 확인할 수 있습니다.

- http://bit.ly/hb-af-tpl-ref

먼저 7번 줄을 보면 템플릿에서 keyInput으로 템플릿 참조 변수를 선언한 것을 확인할 수 있습니다. 이 변수는 7번 줄에서 INPUT 요소의 keyup 이벤트에 바인딩된 leaveKeyLog 메서드의 두 번째 인자로 keyInput.value를 전달할 때 사용하였습니다. 또한 8번 줄과 9번 줄에서도 보간을 통하여 keyInput.value, keyInput.id가 뷰에 직접 해당 값을 출력하도록 하였습니다. 키 입력이 있을 때마다 호출되는 27번 줄의 leaveKeyLog 메서드는 전달된 Event의 keyCode가 13인지 확인합니다. 13은 엔터 키의 코드로 엔터가 입력되었을 때 21번 줄에서 컴포넌트의 속 성으로 선언한 logs 배열에 현재까지의 값을 push합니다. 이러한 구현은 keyInput이 INPUT 요소 DOM으로 바인딩되었기 때문에 value, id뿐 아니라 11번 줄에서 확인할 수 있는 것처럼 INPUT 요소의 속성이라면 무엇이든지 직접 템플릿 안에서 사용할 수 있는 것입니다.

6.3.3 Content Projection과 ContentChild를 사용한 요소 탐색

표준 HTML은 여는 태그와 닫는 태그 사이 요소의 콘텐츠로 다른 요소를 포함할 수 있습니다. 그렇다면 앵귤러의 컴포넌트도 HTML 요소와 같이 태그 안에 다른 요소나 컴포넌트를 태그로 기술할 수 있을까요? 물론 가능합니다.

컴포넌트의 태그 안에 다른 요소나 컴포넌트 태그 등을 작성하는 것을 Content Projection이 라고 합니다. 예를 들면 [예제 6-32]처럼 임의의 부모 컴포넌트 템플릿에서 test-child라는 선택자를 가진 자식 컴포넌트 태그에 다른 표준 HTML 요소나 컴포넌트를 얼마든지 선언할 수 있습니다. 하지만 Content Projection을 적용하기 위해서는 추가로 하여야 할 일이 있습니다.

예제 6-32 컴포넌트 태그 콘텐츠에 내용 넣기

```
1  <!-- 템플릿 내 다른 요소들… -->
-  <test-child>
-    <!-- 자식 컴포넌트 태그 안에 콘텐츠 선언-->
-    <div> <!-- … --></div>
5  </test-child>
-  <!-- 템플릿 내 다른 요소들… -->
```

앞에서부터 끊임없이 강조한 바와 같이 컴포넌트는 고유한 템플릿과 뷰 로직, 상태를 내포하고 있는 하나의 완결된 요소입니다. 이러한 개념은 컴포넌트 태그 안에 무언가 다른 요소를 포함 할 수 있다는 개념과 상반됩니다. 이미 컴포넌트는 렌더링에 필요한 템플릿 정보가 있는데 부 모 컴포넌트로부터 Content Projection으로 새로운 요소가 선언되면 컴포넌트는 템플릿 정 보를 두 개 가지게 되므로 뷰를 어떻게 렌더링하여야 할지 알 수 없습니다. 따라서 컴포넌트가 태그 안에 다른 템플릿 정보를 콘텐츠로 받을 때 자신이 이미 가지고 있는 템플릿과의 관계를 선언해 주어야 합니다.

Content Projection으로 발생하는 문제는 자식 컴포넌트에서 ng-content 요소를 사용하여 해결할 수 있습니다. ng-content는 앵귤러에서 정의한 키워드입니다. 자식 컴포넌트에서 Content Projection으로 전달받은 템플릿이 렌더링될 위치를 표시하기 위한 용도입니다. ng-content가 어떻게 작동하는지 알아 봅시다. [그림 6-16]의 좌측 상단에는 부모 컴포넌트가 선언되어 있습니다. 이 컴포넌트의 템플릿 안에는 test-child를 선택자로 가진 자식 컴포넌트가 우측에 선언되어 있습니다. 중요한 부분은 이전까지의 예제와 달리 test-child 태그 안에 다른 요소가 콘텐츠로 포함되어 있다는 점입니다.

그림 6-16 ng-content를 사용한 Content Projection

```
import { Component } from '@angular/core'

@Component({
  selector: 'test-parent',
  template: `
      <h4>In Parent Component's tpl</h4>
      <test-child>
      <h4>In Parent Component's content projected tpl</h4>
      </test-child>
  `,
})
export class TestParentComponent {
  constructor() { }
}
```

```
import { Component } from '@angular/core'

@Component({
  selector: 'test-child',
  template: `
      <h4>In Child Component's tpl</h4>
      <ng-content></ng-content>
  `,
})
export class TestChildComponent {
  constructor() { }
}
```

```
▼<test-parent>
    <h4>In Parent Component's tpl</h4>
    ▼<test-child>
      <h4>In Child Component's tpl</h4>
      <h4>In Parent Component's content projected tpl</h4>
    </test-child>
  </test-parent>
```

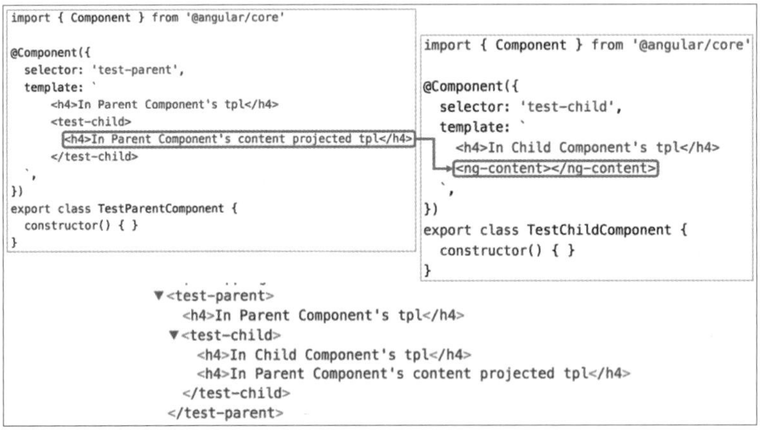

자식 컴포넌트인 TestChildComponent는 자신만의 고유한 템플릿 정보가 이미 @Component 데코레이터의 template 안에 기술되어 있습니다. 하지만 템플릿 안에 ng-content를 사용하여 부모 컴포넌트에서 Content Projection으로 선언된 외부 템플릿을 렌더링할 위치를 표시하였습니다. [그림 6-16]의 화살표는 부모 컴포넌트에서 Content Projection으로 전달한 화살표가 자식 컴포넌트의 ng-content로 이동하여 렌더링된다는 것을 보여 줍니다. 결과적으로 [그림 6-16] 하단의 DOM과 같이 ng-content는 부모 컴포넌트에서 전달한 템플릿으로 치환됩니다.

ContentChild, ContentChildren은 부모 컴포넌트에서 Content Projection으로 전달된 템플릿의 DOM을 탐색할 때 사용할 수 있는 데코레이터입니다. ContentChild와

ContentChildren은 이미 '6.3.1 ViewChild를 사용한 요소 탐색'에서 살펴본 ViewChild, ViewChildren과 기능과 역할이 동일합니다. 다만 DOM 탐색의 대상이 자신의 템플릿인지 Content Projection으로 전달된 템플릿인지만 다를 뿐입니다. 또한 ViewChild로 바인딩된 컴포넌트의 속성은 ngAfterInit 메서드 호출 시점부터 접근할 수 있다는 것과 달리 Content Child로 바인딩된 속성은 ngAfterContentInit 호출 시점부터 접근할 수 있다는 점만 다릅니다. 그럼 ContentChild를 어떻게 사용하는지 확인해 봅시다. 예제는 다음 링크에서 직접 확인할 수 있습니다.

- http://bit.ly/hb-af-content-projection

예제는 AppComponent → TestParentComponent → TestChildComponent 순서로 부모-자식 관계를 갖고 있습니다. [예제 6-33]의 템플릿을 보면 test-parent 선택자를 가진 TestParentComponent에 12번 줄과 같이 test-child를 선언하여 Content Projection으로 TestChildComponent를 선언하였음을 알 수 있습니다.

예제 6-33 ContentChild 사용 예제의 AppComponent 코드

```
1    import { Component } from '@angular/core'
-
-    @Component({
-      selector: 'sample-app',
5      template: `
-        <div style="background-color:yellow;">
-          <h4>In AppComponent's tpl</h4>
-          <test-parent>
-            <div style="background-color: red;">
10             <h4>In AppComponent's content projected tpl</h4>
-            </div>
-            <test-child></test-child>
-          </test-parent>
-        </div>
15     `,
-    })
-    export class AppComponent {
-      constructor() { }
-    }
```

이제 TestParentComponent에서 어떻게 ContentChild를 사용하는지 [예제 6-34]를 확인해 봅시다.

예제 6-34 ContentChild 예제를 위한 TestParentComponent 코드

```
1  import { Component, ContentChild, ViewChild, AfterContentInit, AfterViewInit } from
   '@angular/core'
-  import { TestChildComponent } from './test-child/test-child.component';
-
-  @Component({
5    selector: 'test-parent',
-    template: `
-      <div style="background-color: grey;">
-        <h4>In ParentComponent's tpl</h4>
-        <ng-content×/ng-content>
10     </div>
-      `,
-  })
-  export class TestParentComponent {
-    @ContentChild(TestChildComponent) childCmp: TestChildComponent;
15   @ViewChild(TestChildComponent) childCmp2: TestChildComponent;
-
-    constructor() { }
-
-    ngAfterContentInit() {
20     if(this.childCmp) {
-        this.childCmp.callMe();
-      } else {
-        console.log('[ngAfterContentInit] not found childCmp');
-      }
25   }
-
-    ngAfterViewInit() {
-      if(this.childCmp2) {
-        this.childCmp2.callMe();
30     } else {
-        console.log('[ngAfterViewInit] not found childCmp2');
-      }
-    }
-  }
```

TestParentComponent는 AppComponent에서 Content Projection으로 전달한 템플릿

이 위치할 곳을 9번 줄과 같이 표시한 후 TestChildComponent의 인스턴스를 얻기 위하여 ContentChild와 ViewChild를 사용하여 14, 15번 줄과 같이 컴포넌트의 속성 childCmp, childCmp2를 각각 선언하였습니다. 두 속성이 정상적으로 바인딩되었는지를 확인하고자 예제의 19번 줄, 27번 줄과 같이 ngAfterContentInit과 ngAfterViewInit 메서드에서 각기 ContentChild와 ViewChild로 바인딩한 childCmp와 childCmp2 인스턴스를 체크한 후 TestChildComponent의 메서드 callMe를 호출하도록 하였습니다.

예제에서 ViewChild로 바인딩한 childCmp2는 해당하는 DOM을 찾지 못해 undefined로 남아 있고, ContentChild로 바인딩한 childCmp만 정상적으로 ngAfterContentInit 메서드에서 값을 지니고 있고 callMe 메서드를 호출할 것입니다.

이 예제가 시사하는 점은 두 가지입니다. 첫 번째는 이미 설명한 바와 같이 Content Projection으로 전달된 템플릿은 ViewChild가 아닌 ContentChild 데코레이터를 사용하여야 한다는 점입니다. 핵심은 두 번째입니다. 바로 Content Projection으로 템플릿을 전달받는 쪽이 부모에서 무슨 템플릿을 선언하였는지 정보를 알고 있다는 점입니다. 이는 자식 컴포넌트가 부모 컴포넌트에 종속된다는 것을 의미합니다. 부모 컴포넌트의 템플릿을 수정하다가 Content Projection으로 자식 컴포넌트에 전달할 템플릿이 변경되었다고 가정해 봅시다. 이는 결국 자식 컴포넌트의 구현도 종속적으로 변경될 수밖에 없음을 의미합니다. 따라서 Content Projection과 ContentChild의 사용이 큰 문제를 초래하는 것은 아니지만 가능하면 사용하지 않음으로써 컴포넌트 간의 불필요한 종속성을 제거하는 것이 좋습니다. 다만 ContentChild로 탐색한 결과가 반드시 필요한 대상이 아닌 선택적으로 사용할 수 있는 경우라면 괜찮습니다.

6.4 컴포넌트 생명 주기

앵귤러는 컴포넌트의 일생과 관련하여 8가지 중요한 순간을 정의하고, 해당 시점에 우리의 로직을 수행할 수 있도록 인터페이스를 제공합니다. 8가지 인터페이스는 모두 자신의 생명 주기와 동일한 이름으로 존재하며, 인터페이스명에 접두어로 ng가 붙은 메서드가 단 하나씩 선언되어 있습니다. 예를 들면 OnInit이라는 생명 주기에는 동일한 이름의 OnInit 인터페이스가 존재하고 OnInit 인터페이스는 ng 접두어가 붙은 ngOnInit이라는 메서드를 하나 가지고 있습니다.

8가지 생명 주기는 [그림 6-17]과 같이 컴포넌트 생성 시점부터 소멸까지 일련의 정해진 순서를 따릅니다. 최초 인스턴스 생성 시점에서 constructor 메서드를 호출한 후 ngOnChanges부터 ngAfterViewChecked까지 순차적으로 호출됩니다. 이후 컴포넌트가 뷰에서 소멸되기 전까지 외부 이벤트와 컴포넌트의 구현에 따라 ngOnChanges~ngAfterViewChecked가 반복 호출됩니다. 그리고 종료 시점에 ngOnDestroy가 호출되면서 컴포넌트의 일생이 끝납니다.

앞선 예제들에서 자세하게 설명하지 않았지만 이미 ngOnInit이나 ngAfterViewChecked 등을 사용한 경우를 기억하는 독자도 있을 것입니다. 이제 본격적으로 8가지 생명 주기의 의미와 생명 주기 인터페이스의 메서드가 어느 시점에 호출되는지 알아봅시다.

그림 6-17 생성부터 소멸까지 Component 생명 주기 인터페이스 호출 순서

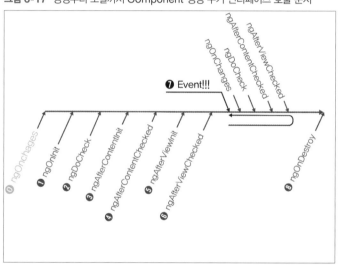

6.4.1 ngOnInit과 ngOnDestroy

OnInit은 컴포넌트의 생성을 의미하는 생명 주기입니다. [그림 6-17]을 보면 실제 ngOnInit 앞에 ngOnChanges가 있지만 ngOnChanges는 컴포넌트의 구현에 따라 초기에 선택적으로 호출되는 생명 주기입니다. 실질적으로 컴포넌트가 초기화를 마치고 완전한 상태를 갖춘 시점은 ngOnInit 메서드가 호출될 때입니다.

ngOnInit은 constructor와 용도가 자칫 혼동될 수 있습니다. constructor는 ES6 클래스 문법의 표준으로 클래스에서 객체를 생성하는 시점에 호출되는 메서드입니다. constructor 가 호출될 때는 앵귤러가 초기화 작업을 수행하기 전이므로 컴포넌트의 속성 가운데 템플릿 과 바인딩한 속성이나 부모 컴포넌트로부터 전달받은 속성 등의 초기화를 보장하지 않습니다. constructor에는 순수하게 객체의 생성 시점에 필요한 간단한 초기화 로직만 넣는 것이 좋습 니다. API 호출이나 그 밖에 앵귤러가 제공하는 기능은 반드시 ngOnInit 호출 이후부터 이용 할 수 있습니다.

ngOnDestroy는 컴포넌트가 뷰에서 제거되기 직전에 호출됩니다. ngOnDestroy 메서드 는 주로 객체를 소멸하기 전에 반드시 하여야 할 일이 있을 때 구현합니다. 예를 들면 특정 리 소스를 반환하거나 컴포넌트 소멸 전에 실행할 로직이 있을 경우입니다. 그럼 ngOnInit과 ngOnDestroy의 호출 실습을 해 봅시다. 실행 예제는 다음 링크에서 확인할 수 있습니다.

- http://bit.ly/hb-af-ng-oninit

예제 6-35 ngOnInit / ngOnDestroy

```
1    import { Component, Input, OnInit, OnDestroy } from '@angular/core';
-
-    @Component({
-      selector: 'sample-cmp',
5      template: `
-      <h4>SampleComponent</h4>
-      <p>content: {{exContent}}</p>
-        `,
-    })
10   export class SampleComponent implements OnInit, OnDestroy {
-      @Input() exContent: string;
-
-      constructor() {
-        alert(`hasBindedContent? ${this.chkExistence(this.exContent)}`);
15     }
-
-      ngOnInit() {
-        alert(`hasBindedContent? ${this.chkExistence(this.exContent)}`);
-      }
20
-      ngOnDestroy() {
-        alert('will be destoryed...');
```

```
 -        }
 -
25        private chkExistence(val) {
 -            return val !== undefined;
 -        }
 -    }
```

[예제 6-35]는 부모 컴포넌트에서 프로퍼티 바인딩으로 값을 전달받는 SampleComponent 코드입니다. SampleComponent는 10번 줄과 같이 OnInit, OnDestroy 인터페이스를 구현하여 ngOnInit과 ngOnDestroy 메서드를 추가하였습니다.

이 컴포넌트는 부모 컴포넌트로부터 프로퍼티 바인딩으로 전달된 값을 Input 데코레이터를 사용하여 11번 줄처럼 exContent에 바인딩하였습니다. exContent 값이 언제 바인딩되는지 확인하고자 14, 18번 줄에서 각각 exContent의 바인딩 여부를 체크합니다. constructor는 객체 생성 시 호출되는 메서드이기 때문에 exContent는 undefined 상태일 것이고, ngOnInit 메서드가 호출될 때 exContent는 부모 컴포넌트로부터 전달받은 상태가 됩니다. 컴포넌트를 뷰에서 소멸시키면 22번 줄의 ngOnDestroy가 호출됩니다.

6.4.2 ngAfterContentInit과 ngAfterViewInit

ngAfterContentInit과 ngAfterViewInit 메서드는 컴포넌트의 뷰가 초기화되는 시점에 호출됩니다. 두 생명 주기의 호출 시점 차이는 '6.3 앵귤러 방식의 템플릿 요소 탐색'에서 살펴본 ViewChild, ContentChild와 관련이 있습니다. ngAfterContentInit은 Content Projection 으로 전달받은 템플릿의 초기화 완료 시점에 호출되고, ngAfterViewInit은 컴포넌트의 템플릿이 완전히 초기화된 시점에 호출됩니다.

컴포넌트 템플릿에 ng-content로 Content Projection된 템플릿이 있다면 ngAfterContentInit이 호출될 때 ng-content가 Content Projection으로 전달받은 템플릿으로 치환되어 렌더링된 것을 의미합니다. 더불어 앞서 [예제 6-34]와 같이 ContentChild 데코레이터로 선언한 속성의 바인딩도 보장합니다.

ngAfterViewInit이 호출된 시점에는 컴포넌트의 모든 속성이 정상적으로 바인딩되었고 뷰도 렌더링되었음을 의미합니다. 예를 들면 부모 컴포넌트로부터 프로퍼티 바인딩으로 받은 속성

a를 템플릿에서 뷰로 노출하도록 구현하였다고 가정해 봅시다. ngAfterViewInit이 호출될 때 a 속성은 부모 컴포넌트로부터 값이 전달되었음을 보장할 수 있으며, 동시에 뷰에도 부모로부터 전달받은 값이 렌더링되었다는 것을 보장합니다.

6.4.3 ngOnChanges

앵귤러는 컴포넌트의 상태 변경을 뷰에 자동으로 반영하기 위하여 내부적으로 늘 컴포넌트의 상태 변경 여부를 감시하고 있습니다. 어떠한 이벤트에 의해서 컴포넌트의 상태가 변경된다면 앵귤러는 ngOnChanges나 ngDoCheck를 호출할 수 있습니다. 먼저 ngOnChanges 메서드는 구현한다고 해서 반드시 호출되는 것은 아닙니다. 컴포넌트가 프로퍼티 바인딩을 통하여 부모 컴포넌트에게 상태를 전달받는 경우에만 호출되는 메서드입니다.

컴포넌트에 프로퍼티 바인딩으로 선언한 속성이 있다면 [그림 6-17]의 0번 ngOnChanges가 최초에 1회 호출됩니다. 이후 부모 컴포넌트에서 바인딩한 속성의 값이 변경될 때마다 [그림 6-17]의 7번과 같이 ngOnChanges가 호출됩니다.

ngOnChanges는 다른 생명 주기 인터페이스의 메서드와 달리 인자를 하나 받습니다. 앵귤러 소스를 보면 OnChanges가 [예제 6-36]과 같이 선언되어 있습니다. 메서드의 인자는 부모 컴포넌트에서 바인딩한 값이 변경되었을 경우 해당 정보를 주기 위한 용도입니다.

예제 6-36 앵귤러 OnChanges 선언부 코드

```
export abstract class OnChanges { abstract ngOnChanges(changes: SimpleChanges): void; }
```

변경된 상태 정보의 인자는 [예제 6-36]을 보면 SimpleChanges 타입임을 알 수 있습니다. SimpleChanges는 컴포넌트에서 프로퍼티 바인딩한 모든 값을 키로 하는 SimpleChange 타입의 값을 복수로 가진 단순한 타입이며, 실제 변경 정보는 SimpleChange에 담겨 있습니다. 앵귤러 소스를 보면 SimpleChange 타입은 [예제 6-37]과 같이 구현되어 있습니다.

예제 6-37 SimpleChange 타입 구현 코드

```
1  export class SimpleChange {
-      constructor(public previousValue: any, public currentValue: any) {}
```

```
-
-    isFirstChange(): boolean { return this.previousValue === UNINITIALIZED; }
5  }
-
-  export const UNINITIALIZED = {
-    toString: () => 'CD_INIT_VALUE'
-  };
```

코드에서 확인한 바와 같이 SimpleChange 타입은 previousValue와 currentValue라는 속성과 isFirstChange라는 메서드로 이루어진 간단한 타입입니다. ngOnChanges의 최초 호출 시에는 isFirstChange의 결과가 true이고 previousValue에는 UNINTIALIZED라고 정의된 임의의 객체가 들어 있으며, currentValue에는 최초로 부모 컴포넌트로부터 바인딩된 상태 정보가 담깁니다. 이후에 프로퍼티 바인딩된 상태가 변경되면 isFirstChange는 false를 반환하고 previousValue와 currentValue에 각각 이전 상태와 변경된 현재 상태가 담깁니다.

ngOnChanges는 일반적으로 앵귤러에서 상태를 변경한 시점에 추가로 변경한 상태의 가공 처리를 하거나 외부 API를 호출하는 등 상태 변경에 종속적인 로직을 실행하여야 할 때 사용합니다. 그럼 ngOnChanges를 어떻게 사용하는지 확인해 봅시다. 직접 실행할 수 있는 예제는 다음 링크에서 확인할 수 있습니다.

- http://bit.ly/hb-af-ng-changes

예제 6-38 ngOnChanges 사용

```
1  import { Component, Input, OnChanges, SimpleChanges } from '@angular/core';
-  import { TempData } from '../temp-data/temp-data.model.ts';
-
-  @Component({
5    selector: 'prop-input-bind',
-    template: `
-    <h4>PropInputBindComponent</h4>
-    <p>myNum: {{myNum}}</p>
-    <p>myStr: {{myStr}}</p>
10   <p>tempData.content</p>
-    `
-  })
-  export class PropInputBindComponent implements OnChanges {
-    @Input() myNum: number;
15   @Input() myStr: string;
```

```
-      @Input() tempData: TempData;
-
-      constructor() { ;
-
20     }
-
-      ngOnChanges(changes: SimpleChanges) {
-        if(changes.myNum && !changes.myNum.isFirstChange()) {
-          // exteranl API call or more preprocessing...
25       }
-
-        for (let propName in changes) {
-          let change = changes[propName];
-          if(change.isFirstChange()) {
30           console.log(`first change: ${propName}`);
-          } else {
-            console.log(`prev: ${change.previousValue}, cur: ${change.currentValue}`);
-          }
-        }
35     }
-   }
```

[예제 6-38]은 예제 링크에서 프로퍼티 바인딩이 선언된 자식 컴포넌트인 PropInputBind Component 클래스입니다. 이 컴포넌트는 13번 줄과 같이 OnChanges 인터페이스를 구현 하여 22번 줄과 같이 ngOnChanges 메서드를 선언하였습니다. 14번 줄에서부터 Input 데 코레이터와 함께 선언된 속성 myNum, myStr, tempData는 모두 프로퍼티 바인딩으로 부모 컴포넌트가 전달한 값을 받습니다. 부모 컴포넌트는 [예제 6-39]와 같이 자식 컴포넌트에 프 로퍼티 바인딩으로 선언한 상태를 사용자의 입력을 받아 수정할 수 있도록 구현되어 있습니다.

예제 6-39 ngOnChanges 예제의 부모 컴포넌트 코드

```
1    import { Component } from '@angular/core';
-    import { TempData } from './temp-data/temp-data.model.ts';
-
-    @Component({
5      selector: 'sample-app',
-      template: `
-      <h2>OnChanges</h2>
-      myNum: <input type="number" [(ngModel)]="numVal" /> <br>
-      myStr: <input type="text" [(ngModel)]="strVal" /> <br>
```

```
10    temp.id: <input type="number" [(ngModel)]="temp.id" /> <br>
 -    temp.content: <input type="text" [(ngModel)]="temp.content" /> <br>
 -    <prop-input-bind [myNum]="numVal" [myStr]="strVal" [tempData]="temp">
 -    </prop-input-bind>
 -    <none-input-bind></none-input-bind>
15    `,
 -    })
 -    export class AppComponent {
 -      numVal: number;
 -      strVal: string;
20      temp: TempData;
 -
 -      constructor() {
 -        this.numVal = 1;
 -        this.strVal = 'test'
25        this.temp = new TempData(10, 'sample data')
 -      }
 -    }
```

개발자 도구를 띄워 놓고 온라인 실행 예제에서 입력 요소의 값을 직접 변경시켜 봅시다. 부모 컴포넌트에서 사용자가 값을 변경할 경우 [예제 6–38] 22번 줄의 ngOnChanges 메서드가 실행되면서 개발자 도구의 콘솔창에 변경된 상태와 이전 상태가 출력되는 것을 알 수 있습니다. 27번 줄에서 ngOnChanges 메서드가 전달받은 changes를 순회하면서 변경된 상태를 change에 담아 이전 상태와 현재 상태를 콘솔에 출력하고 있습니다. 예를 들면 애플리케이션에서 myStr을 변경할 경우 [그림 6–18]과 같이 myStr을 키로 하고 SimpleChange 타입의 값을 전달해 줍니다. SimpleChange 타입은 [예제 6–37]에서 본 것과 같이 현재 상태를 currentValue에 담고 변경 전 상태를 previousValue에 담아 줍니다.

그림 6-18 ngOnChanges에 전달되는 인자

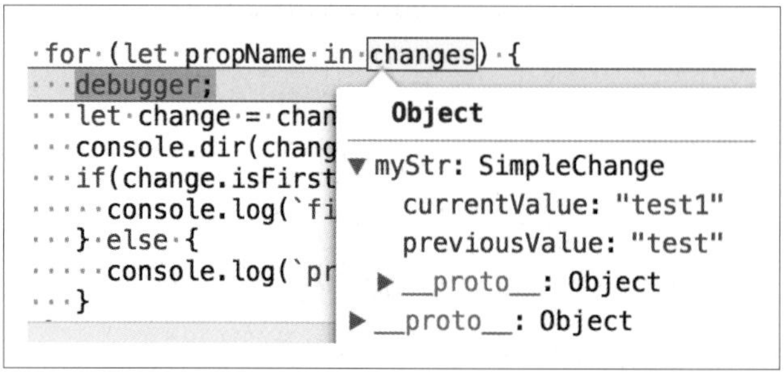

6.4.4 ngDoCheck

ngDoCheck는 앵귤러가 컴포넌트의 상태 변경을 감지한 후에 항상 호출되는 메서드입니다. 기본적으로는 최초 컴포넌트 초기화 후 ngOnInit이 호출된 뒤에 바로 호출되고, 이후에는 외부 이벤트에 따라 상태 변경 감지가 내부에서 실행된 후에 항상 호출됩니다. ngDoCheck를 구현하여야 할 시점은 앵귤러에서 감지하지 못한 변경 사항을 수동으로 체크할 때입니다. 예를 들면 다른 라이브러리를 반드시 호출하거나 팝업에서 데이터를 받아오는 등 요구 사항에 따라 앵귤러가 변경 사항을 직접 관리하기 어려운 경우가 있습니다. 기본적으로는 앵귤러가 자동으로 상태를 감지할 수 있도록 코드를 작성하는 것이 최선입니다. 가능하면 DoCheck를 구현하지 않거나 구현해 로직을 넣는다 해도 무거운 작업을 포함시키면 안 됩니다. DoCheck는 구현된 컴포넌트와 상관없이 애플리케이션에서 일어나는 모든 비동기 이벤트마다 호출되기 때문에 성능에 무리를 줄 수 있기 때문입니다.

설명을 위하여 jQuery를 사용하여 앵귤러가 변경 사항을 감지하지 못하는 상황에서 DoCheck를 사용하는 예를 살펴봅시다. 실행 가능한 예제는 다음 링크에서 확인할 수 있습니다.

- http://bit.ly/hb-af-do-check

이 예제는 jQuery UI의 Datepicker를 사용하여 날짜를 선택하였을 때 입력한 날짜가 크리스마스인지를 확인하는 간단한 애플리케이션입니다. 애플리케이션의 메인 페이지에 앵귤러 소스뿐 아니라 jQuery와 jQuery UI 라이브러리도 임포트한 상태입니다. 코드는 [예제 6-40]과 같이 구현할 수 있습니다.

예제 6-40 DoCheck 활용

```
1  import { Component, ViewChild, ElementRef, AfterViewInit, DoCheck } from '@angular/core';
-  declare var jQuery;
-
-  @Component({
5    selector: 'sample-app',
-    template: `
-    <h2>DoCheck and External Lib</h2>
-    <input type="text" #myInput />
-    <span *ngIf="isChristmas">Wow Christmas!!!</span>
10   `,
-  })
```

```
-  export class AppComponent implements AfterViewInit, DoCheck {
-    curDate: string = "";
-    oldDate: string = "";
15   chkCounter: number = 0;
-    isChristmas: boolean;
-    @ViewChild('myInput') myInput: ElementRef;
-
-    constructor() { }
20
-    ngAfterViewInit() {
-      jQuery(this.myInput.nativeElement).datepicker();
-    }
-
25   ngDoCheck() {
-      this.curDate = this.myInput.nativeElement.value;
-      if(this.oldDate !== this.curDate) {
-        console.log(`cur date changed: ${this.curDate}`);
-        this.oldDate = this.curDate;
30        console.log(`chk counter: ${this.chkCounter}`);
-        this.chkChristmas();
-      }
-      this.chkCounter++;
-    }
35
-    chkChristmas() {
-      const result = this.curDate.match(/12\/25\/[0-9]{4}/);
-      this.isChristmas = result && result.length === 1;
-    }
40
-  }
```

코드에 선언된 템플릿을 먼저 살펴봅시다. 8번 줄을 보면 Datepicker를 사용할 입력 요소를 선언하고 myInput으로 템플릿 참조 변수를 선언하였습니다. myInput은 컴포넌트에서 ViewChild로 바인딩하여 뷰의 초기화가 끝난 후 호출되는 ngAfterViewInit 메서드 안에서 22번 줄과 같이 jQuery를 사용하여 Datepicker를 적용하였습니다.

25번 줄에서 구현한 ngDoCheck는 뷰에서 일어나는 모든 이벤트마다 계속 호출될 것입니다. 따라서 매번 불필요한 로직을 수행하지 않도록 입력 요소에 저장된 날짜의 과거 상태를 oldDate에 저장하여 현재 입력 요소의 curDate와 비교한 후 변경이 일어날 때만 추가 로직을 실행하도록 하였습니다.

이제 애플리케이션에서 입력 요소를 클릭한 후 Datepicker가 활성화되면 날짜를 변경할 때마다 chkChistmas 메서드가 실행되고 12월 25일을 선택한 경우 입력 요소 우측에 Wow Christmas!!! 문구가 노출됩니다.

이와 같이 외부 라이브러리를 사용하여 변경 사항을 체크하여야 하는 경우에 DoCheck를 사용할 수 있습니다. 하지만 앞에서 이야기한 것과 같이 DoCheck는 브라우저상의 모든 이벤트마다 호출되기 때문에 상당히 빈번하게 호출됩니다. 간단한 형태의 이 예제만 해도 한 번 Datepicker를 선택해 날짜를 변경하는 동안 약 40여 회 가까이 DoCheck가 호출되었습니다. 따라서 DoCheck 사용 시 [예제 6-40]과 같이 반드시 상태 변경이 일어날 때만 추가적인 로직을 수행하도록 코드를 작성하여야 합니다.

6.4.5 ngAfterContentChecked와 ngAfterViewChecked

ngAfterContentChecked와 ngAfterViewChecked는 ngAfterContentInit과 ngAfterViewInit에 쌍을 이루는 메서드입니다. [그림 6-17]을 다시 보면 뷰의 초기화가 끝난 시점에 ngAfterContentInit과 ngAfterViewInit이 먼저 호출됩니다. 이후 앵귤러가 변경 감지를 완료하면 ❹, ❻과 같이 ngAfterContentChecked와 ngAfterViewChecked가 연달아 1회 호출됩니다. 이후에는 ❼과 같이 외부 이벤트가 발생할 때마다 앵귤러가 상태 변경을 체크한 후 ngAfterContentChecked와 ngAfterViewChecked가 반복 호출됩니다. 그렇기 때문에 ngAfterContentChecked와 ngAfterViewChecked는 뷰의 상태가 변경된 후 처리할 로직이 있을 때 사용하기 좋은 생명 주기입니다.

6.4.6 지시자의 생명 주기

지시자는 기본적으로 컴포넌트와 생명 주기가 동일합니다. 지시자의 생명 주기와 컴포넌트의 생명 주기 사이에서 차이가 있는 부분은 뷰의 이벤트와 관련된 생명 주기입니다. 지시자는 컴포넌트와 달리 화면에 노출할 뷰를 가지지 않습니다. 그러므로 뷰의 상태와 관련된 After-ViewInit, AfterViewChecked, AfterContentInit, AfterContentChecked 생명 주기는 사용할 필요가 없습니다. OnChanges, DoCheck, OnInit, OnDestroy는 생명 주기가 컴포넌트와 의미가 동일하므로 컴포넌트에서 사용할 때와 같은 방법으로 활용할 수 있습니다.

6.5 마치며

이 장에서는 다음 내용을 다루었습니다.

- 웹 표준으로서의 웹 컴포넌트와 앵귤러의 컴포넌트의 관계를 설명하였습니다.
- 앵귤러는 컴포넌트 메타데이터의 ViewEncapsulation 설정으로 웹 컴포넌트를 사용할 수 있습니다.
- 여러 컴포넌트 사이에서 자기가 관리하는 내부 상태를 어떻게 공유할 수 있는지 살펴보았습니다.
- 부모–자식 관계의 컴포넌트일 경우에는 직접 프로퍼티 바인딩으로 전달할 수 있습니다.
- 이벤트 바인딩을 활용하면 자식 컴포넌트에서 부모 컴포넌트로 변경 사항을 전달할 수도 있습니다.
- 프로퍼티 바인딩과 이벤트 바인딩으로 컴포넌트 사이를 이동하지 않고 싱글턴 서비스에 상태를 보관하는 방법도 알아보았습니다.
- 앵귤러 방식으로 템플릿의 요소를 탐색하기 위하여 ViewChild, ViewChildren 데코레이터를 사용하여 선언적으로 DOM을 가져올 수 있습니다.
- 앵귤러는 DOM에 직접 접근하는 것을 권장하지 않으므로 ViewChild로 조회한 DOM은 ElementRef로 감싸서 제공합니다.
- 컴포넌트에서 외부로부터 템플릿 일부를 전달받아 렌더링하는 Content Projection도 설명하였습니다.
- Content Projection으로 전달받은 템플릿의 요소도 ContentChild, ContentChildren 데코레이터로 가져올 수 있습니다.
- 앵귤러는 컴포넌트의 생성부터 소멸까지 일련의 생명 주기를 관리합니다.
- 컴포넌트의 일생 가운데 중요한 순간마다 후킹할 수 있는 생명 주기 인터페이스를 제공합니다.

이 장에서 다루지 못한 컴포넌트와 템플릿의 내용도 있습니다. 하지만 실제 애플리케이션 개발 시 활용도 관점에서 핵심적인 내용은 모두 다루었습니다. 또한 단순히 개념만이 아닌 실질적인 활용 사례도 다루었습니다. 내용이 길었지만 이 장의 내용은 꼭 이해하고 남은 장을 읽어 보기 바랍니다.

CHAPTER 07

HTTP 통신과 RxJS

- 앵귤러가 제공하는 Http 패키지의 기본 사용 방법
- RxJS의 동작 원리 및 기본 개념
- RxJS의 주요 연산자 설명
- 게이트웨이 서비스로 Http 설정 관련 공통 처리 방법

지금까지 우리는 최초 요청을 제외하고 서버와 통신하지 않는 간단한 웹 애플리케이션을 살펴보았습니다. 정적인 콘텐츠를 제공하는 페이지나 실행 중 브라우저 메모리 공간에 저장된 데이터를 유지할 필요가 없는 웹 애플리케이션은 서버와 통신할 필요가 없습니다. 하지만 현실의 웹 애플리케이션은 대부분 서버와 데이터를 주고 받습니다.

웹 애플리케이션과 서버 사이에서 이루어지는 통신의 바탕에는 HTTP와 Ajax가 있습니다. HTTP는 웹 애플리케이션이 서버와 통신하기 위한 프로토콜이고, Ajax는 브라우저에서 페이지 전환 없이 비동기로 서버와 통신하는 방법입니다. 기존에는 jQuery와 같은 라이브러리를 사용하여 [예제 7-1]과 같이 Ajax로 API를 호출하여 서버의 데이터를 받았습니다.

예제 7-1 jQuery를 사용한 ajax 통신 코드

```
$.get('/api/foo', function(res) {
  // API 콜백 함수 바디
});
```

jQuery와 같은 라이브러리는 Ajax로 서버와 통신하기 위하여 브라우저에서 제공하는 API인 XMLHttpRequest를 사용합니다. XMLHttpRequest를 직접 사용하는 것은 상당히 불편하고, 버전이 낮은 브라우저들은 저마다 API 호출 방식도 달라 다루기 까다롭습니다. 이러한 이유로 우리는 Ajax로 서버의 데이터를 불러올 때 XMLHttpRequest 객체를 직접 만들기보다는 라이브러리를 사용해 왔습니다.

앵귤러 또한 간편하게 Ajax로 HTTP 통신을 할 수 있는 기능을 제공합니다. 앵귤러를 구성하는 패키지 중 @angular/http에 HttpModule과 JsonpModule은 서버와 통신하기 위한 API를 포함한 모듈입니다. 우리가 이 장에서 살펴보려고 하는 내용이 바로 HttpModule에서 제공하는 기능입니다[1].

Ajax로 서버와 HTTP 통신을 할 때 중요한 특징이 하나 있습니다. Ajax는 서버에서 데이터를 불러오는 과정이 비동기로 이루어진다는 점입니다. [예제 7–1]을 다른 로직 안에서 수행한다고 가정할 때 코드의 실행 순서는 [그림 7–1]과 같습니다. ❶부터 ❹는 코드가 기술된 순서대로 실행되지만 $.get()의 두 번째 인자로 전달한 함수는 서버로부터 데이터를 수신한 시점에 비동기로 호출됩니다.

그림 7-1 jQuery를 활용한 Ajax 통신 코드 실행 순서

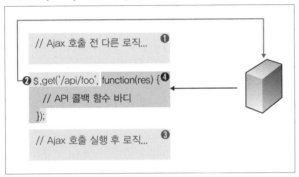

[그림 7–1]과 같이 자바스크립트에서 비동기로 실행되는 함수를 인자로 전달하는 방식을 콜백이라고 합니다. 콜백 방식은 비동기로 실행되는 함수의 결과를 처리하는 데 효과적입니다. 하지만 여러 비동기 호출 코드 간의 실행 순서가 보장되어야 할 때 소위 콜백 지옥이라는 코드 스타일을 피할 수 없습니다. 비동기 로직을 효과적으로 다루기 위하여 앵귤러가 선택한 기술은 RxJS입니다. RxJS는 ReactiveX 프로젝트[2] 시리즈 중 자바스크립트 버전에 해당하는 라이브러리입니다. 제2장에서 앵귤러 필수 패키지를 설명할 때 rxjs 패키지를 언급하였습니다. 이 패키지가 바로 RxJS 라이브러리입니다. RxJS는 앵귤러에서 비동기로 실행되는 곳곳에서 사용되

---

1 본래 브라우저는 동일 출처 원칙(Same–Origin policy)에 따라 웹페이지 내의 스크립트에서 다른 도메인의 URL로 Ajax 호출을 금지합니다. 이러한 문제를 피하기 위하여 JSONP를 사용할 수 있는데 JsonpModule은 이때 사용하는 모듈입니다. HttpModule의 기본 내용과 크게 다르지 않아 이 책에서는 다루지 않습니다.

2 http://reactivex.io/

고 있으며, 무엇보다도 HTTP 통신 기능도 RxJS를 기본으로 구현되어 있습니다.

결론적으로 이 장에서 우리는 RxJS를 바탕으로 제공되는 HTTP 통신 API를 살펴볼 것입니다. 먼저 RxJS가 무엇인지 이해하기 전에 실행 예제로 앵귤러에서 제공하는 Http 서비스의 사용 방법을 알아보고 나서 이 책에서 필요한 범위 내에서 RxJS의 기본 개념과 몇 가지 활용 방안을 살펴봅니다. 앵귤러가 제공하는 HTTP 통신 기능을 사용하기는 쉽지만 원리를 익히기는 쉽지 않습니다. 차분히 읽으면서 콜백 방식에서 RxJS로 진화한 비동기 로직을 다루는 방법을 알아봅시다.

7.1 HttpModule과 Http 서비스 기초

HttpModule은 @angular/http 패키지에 포함된 모듈입니다. 앵귤러 CLI로 생성한 프로젝트는 기본으로 @angular/http 패키지를 포함하여 설치합니다. 자동으로 생성된 App Module에도 HttpModule이 이미 임포트되어 있습니다.

HttpModule은 HTTP 통신을 위한 여러 서비스를 제공하는데, 핵심은 Http 서비스입니다. Http 서비스는 [예제 7-2]와 같이 HTTP 요청 메서드에 대응하는 모든 메서드를 포함하여 범용 HTTP 통신 메서드인 request를 API로 제공합니다.

예제 7-2 Http 서비스 클래스의 메서드[3]

```
1   request(url: string | Request, options?: RequestOptionsArgs): Observable<Response>;
-   get(url: string, options?: RequestOptionsArgs): Observable<Response>;
-   post(url: string, body: any, options?: RequestOptionsArgs): Observable<Response>;
-   put(url: string, body: any, options?: RequestOptionsArgs): Observable<Response>;
5   delete(url: string, options?: RequestOptionsArgs): Observable<Response>;
-   patch(url: string, body: any, options?: RequestOptionsArgs): Observable<Response>;
-   head(url: string, options?: RequestOptionsArgs): Observable<Response>;
-   options(url: string, options?: RequestOptionsArgs): Observable<Response>;
```

Http 서비스를 사용하려면 의존성 주입으로 인스턴스를 받아야 합니다. 사용자 정보를 관리할 UserService를 만든다고 가정해 봅시다. 먼저 [예제 7-3]과 같이 UserService 클래스의 생

---

3 https://github.com/angular/angular/blob/master/packages/http/src/http.ts#L102-L184

성자에서 Http 서비스를 주입받습니다. 생성자에 선언된 http를 보고 앵귤러는 UserService 의 인스턴스를 생성할 때 Http 서비스도 생성하여 UserService에 주입합니다.

예제 7-3 HttpService 주입

```
1  import {Injectable} form '@angular/core';
-  import {Http} from '@angular/http';
-
-  @Injectable()
5  export class UserService {
-     constructor(public http: Http) { }
-  }
```

Http 서비스를 주입받은 후에는 [예제 7-2]의 Http 서비스가 제공하는 API를 사용하여 HTTP 통신을 할 수 있습니다.

Http 서비스를 다른 서비스 클래스에 주입받는 이유?

Http 서비스를 다른 서비스 클래스에 주입받는 이유는 무엇일까요? 컴포넌트에서 직접 Http 서비스를 주입받는 것은 어떨까요? HTTP 통신은 뷰를 다루는 로직과 직접적인 연관을 맺지 않습니다. 따라서 뷰와 관련된 로직을 다루는 컴포넌트에 Http 서비스를 주입받아 서버와 통신하는 로직을 넣지 않는 것이 좋습니다.

UserService에 사용자 조회, 등록, 수정, 삭제 기능을 구현한다면 Http 서비스를 사용하여 [예제 7-4]와 같이 코드를 작성할 수 있습니다.

예제 7-4 UserService 구현 코드 user.service.ts

```
1  import { Injectable } from '@angular/core';
-  import { Http } from '@angular/http';
-
-  @Injectable()
5  export class UserService {
-     constructor(public http: Http) { }
-
-     getUser(id: number, callback) {
```

```
-            this.http.get(`/api/users/${id}`).map(res => res.json()).subscribe(callback);
10     }
-
-      addUser(user: any, callback) {
-            this.http.post('/api/users', user).map(res => res.json()).subscribe(callback);
-      }
15
-      modifyUser(user: any, callback) {
-            this.http.put(`/api/users/${user.id}`, user).map(res => res.json()).subscribe(callback);
-      }
-
20     removeUser(user: any, callback) {
-            this.http.delete(`/api/users/${user.id}`).subscribe(callback);
-      }
-
-   }
```

[예제 7-4] 9번 줄을 보면 jQuery를 사용하여 Ajax 호출에 따른 콜백을 등록하는 것과 유사한 방식으로 구현되어 있음을 알 수 있습니다. getUser 메서드의 9번 줄뿐 아니라 addUser, modifyUser, removeUser 메서드 모두 API 호출 후 실행할 콜백을 callback이라는 인자로 받아서 subscribe 함수에 인자로 전달하였습니다.

Http 서비스 인스턴스 http의 post, get, put 메서드는 메서드 체이닝으로 호출 결과를 map 메서드로 전달하여 res => res.json()을 실행하는 부분이 있습니다. 이는 서버로부터 전송된 데이터의 바디 값을 json으로 파싱하여 반환하는 부분입니다. post, get, put, delete부터 시작하는 메서드 체이닝의 마지막 메서드 subscribe는 RxJS의 Observable 타입에 선언된 메서드입니다. [예제 7-2]를 다시 보면 Http 서비스의 모든 인터페이스가 RxJS의 Observable을 반환하고 있음을 알 수 있습니다.

앞서 미리 예고한 바와 같이 앵귤러는 RxJS를 적극적으로 활용합니다. 따라서 RxJS를 잘 알고 있으면 앵귤러를 효과적으로 사용하는 데 큰 도움이 됩니다. RxJS와 Observable은 잠시 뒤에 알아보기로 하고 지금은 [그림 7-1]처럼 jQuery를 사용하여 Ajax 통신을 하였던 것과 유사하게 RxJS 또한 [그림 7-2]와 유사한 방법으로 Ajax 통신을 처리한다는 점만 확인합시다.

RxJS만 제외하면 Http 서비스를 사용하여 Ajax 통신을 하는 것은 어렵지 않습니다. 간단한 예제로 Http 서비스를 사용해 보기로 합니다.

그림 7-2 Http 서비스를 사용한 Ajax 코드 실행 순서

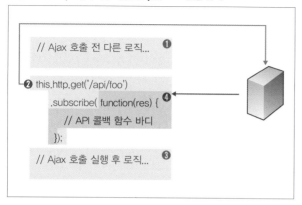

7.1.1 실습: 초간단 사용자 조회 애플리케이션

앵귤러 CLI를 통하여 프로젝트를 생성하고 Http 서비스를 맛보기 위하여 간단한 사용자 CRUD[4]기능을 갖춘 실습 애플리케이션을 작성해 봅시다. 다음 명령을 터미널에 입력하여 프로젝트를 생성합니다.

```
ng new contacts-manager --prefix=cm
```

생성된 프로젝트의 AppModule 소스를 엽니다. [예제 7-5] 15번 줄과 같이 HttpModule이 이미 임포트되어 있습니다. 앵귤러 CLI 없이 직접 프로젝트를 구성한다면 이 AppModule에 HttpModule을 등록하여야 합니다.

예제 7-5 contacts-manager/src/app/app.module.ts [ch7-0]

```
1    import { BrowserModule } from '@angular/platform-browser';
-    import { NgModule } from '@angular/core';
-    import { FormsModule } from '@angular/forms';
-    import { HttpModule } from '@angular/http';
5
-    import { AppComponent } from './app.component';
-
-    @NgModule({
```

---

4 Create Read Update Delete

```
 -      declarations: [
10        AppComponent
 -      ],
 -      imports: [
 -        BrowserModule,
 -        FormsModule,
15        HttpModule
 -      ],
 -      providers: [],
 -      bootstrap: [AppComponent]
 -    })
20 export class AppModule { }
```

AppModule에 HttpModule이 임포트되었다면 이제 Http 서비스를 프로젝트에서 사용할 수 있습니다. 사용자 CRUD 기능이 구현된 [예제 7-4] UserService 클래스를 직접 작성해 봅시다. 프로젝트 폴더에서 다음 명령을 차례로 실행합니다.

```
mkdir src/app/user
ng g service user/user
```

명령을 실행하면 src/app/user에 user.service.ts 파일이 생성됩니다. 이 파일에 [예제 7-4]를 작성합니다. [예제 7-4]에서 RxJS의 map 연산자를 사용하고 있기 때문에 에디터에 다음과 같이 map 연산자를 임포트해 주어야 합니다.

```
import 'rxjs/add/operator/map'
```

이 임포트문은 직접 UserService 클래스에 선언해도 되지만 RxJS와 같이 애플리케이션 전반에 걸쳐 사용하는 코드는 임포트문을 한 곳에서 임포트하는 것이 좋습니다. 이를 위하여 앵귤러 CLI는 polyfills.ts 파일을 제공합니다. src 폴더에 있는 polyfills.ts 파일을 열어 제일 마지막 부분에 위의 임포트문을 추가합니다.

이어서 사용자 정보에 해당하는 모델 클래스를 생성합니다. src/app/user에 user.model.ts 파일을 생성하고 다음 클래스 파일을 입력합니다.

```
1   export class User {
 -    id: number;
```

```
-       name: string;
-       age: number;
5
-       constructor() {
-         this.id = 0;
-         this.name = '';
-         this.age = 0;
10     }
-     };
```

이제 CRUD 기능을 위하여 사용자의 입력을 받을 컴포넌트만 구현하면 됩니다. 간단하게 이미 생성된 AppComponent에 코드를 구현하기로 합니다. 먼저 AppComponent의 템플릿을 작성합니다. src/app/app.component.html을 열고 다음 내용을 작성합니다.

예제 7-6 contact-manager/src/app/app.component.html [ch7-1]

```
1    <h2>Contact Manager : Http 실습</h2>
-    <div>
-      <h4>사용자 조회 / 삭제</h4>
-      <label for="user-no">사용자 Id: </label>
5      <input type="number" name="user-id" #userIdInput />
-      <button type="button" (click)="findUser(userIdInput.value)">검색</button>
-      <button type="button" (click)="removeUser(userIdInput.value)">삭제</button>
-      <div>{{searchedUser | json}}</div>
-    </div>
10   <div>
-      <h4>사용자 등록 / 수정</h4>
-      <label for="user-id">사용자 ID:</label>
-      <input type="number" name="user-id" [(ngModel)]="user.id"> <br/>
-      <label for="user-name">사용자 이름:</label>
15     <input type="text" name="user-name" [(ngModel)]="user.name"> <br/>
-      <label for="user-age">사용자 나이:</label>
-      <input type="number" for="user-age" [(ngModel)]="user.age" />
-      <button type="button" (click)="modifyUser()">사용자 등록/수정</button>
-    </div>
```

작성한 [예제 7-6] 템플릿 코드를 살펴봅시다. 템플릿에는 button이 총 3개 있고 버튼을 각각 클릭하면 findUser, removeUser, modifyUser 메서드를 호출하도록 이벤트 바인딩하였습니다. 또한 사용자 등록을 위한 input 요소에 ngModel 지시자를 사용하여 user 모델의 속성 id, name, age를 양방향 바인딩으로 선언하였습니다.

이제 src/app/app.component.ts 파일을 열고 [예제 7-6]에서 작성한 바인딩 정보를 App Component에 구현하여야 합니다. UserService를 주입받은 후 템플릿에서 이벤트 바인딩한 메서드를 UserService가 제공하는 메서드를 호출하도록 작성합니다. 코드는 다음과 같습니다.

예제 7-7 contacts-manager/src/app/app.component.ts [ch7-1]

```
1    import { Component } from '@angular/core';
-    import { User } from './user/user.model';
-    import { UserService } from './user/user.service';
-
5    @Component({
-      selector: 'cm-root',
-      templateUrl: './app.component.html',
-      styleUrls: ['./app.component.css']
-    })
10   export class AppComponent {
-      user: User;
-      searchedUser: User;
-
-      constructor(public userService: UserService) {
15       this.user = new User();
-      }
-
-      findUser(id) {
-        const onSuccess = res => {
20         const user = res.data;
-          this.searchedUser = user;
-        };
-
-        this.userService.getUser(id, onSuccess);
25     }
-
-      addUser() {
-        const newUser = { name: this.user.name, age: this.user.age };
-        const callback = res => {
30         const newUser: User = res.data;
-          console.log(JSON.stringify(newUser));
-          alert(`사용자 생성\nID:${newUser.id}\n이름:${newUser.name}\n나이:${newUser.age}`);
-        };
-
35       this.userService.addUser(newUser, callback);
-        this.user = new User();
```

```
-      }
-
-
-
40    modifyUser() {
-        if (this.user.id === 0) {
-          this.addUser();
-          return;
-        }
45
-        const callback = res => {
-          const newUser: User = res.data;
-          console.log(JSON.stringify(newUser));
-          alert(`사용자 변경\nID:${newUser.id}\n이름:${newUser.name}\n나이:${newUser.age}`);
50      }
-
-        this.userService.modifyUser(this.user, callback);
-      }
-
55    removeUser(id) {
-        const onSuccess = res => {
-          if(res.status === 204) {
-            alert(`사용자 ID:${id} 삭제 성공`);
-            console.log(res);
60          return;
-          }
-          alert(`사용자 ID:${id} 삭제 실패`);
-        };
-
65      this.userService.removeUser(id, onSuccess);
-      }
-
-    }
```

마지막으로 UserService를 AppModule에 등록하면 예제의 기본 골격을 갖춘 것입니다.

예제 7-8 contacts-manager/src/app/app.module.ts [ch7-1]

```
1   // 임포트 생략
-
-   import { AppComponent } from './app.component';
-   import { UserService } from './user/user.service';
5
```

```
  -
  -   @NgModule({
  -     declarations: [ ⋯ ],
  -     imports: [ ⋯ ],
 10     providers: [UserService],
  -     bootstrap: [AppComponent]
  -   })
  -   export class AppModule { }
```

이제 터미널에서 ng serve 명령을 실행하여 소스를 빌드하고 개발 서버를 띄워 봅시다. 화면에서 사용자 조회를 위하여 ID로 1을 입력한 후 "검색"하면 [그림 7-3]과 같이 오류가 발생합니다. 사용자 CRUD를 위한 API 서버가 준비되지 않았으니 당연한 결과입니다.

그림 7-3 Http Service의 Ajax 호출 실패

7.1.2 angular-in-memory-web-api 활용

애플리케이션을 개발할 때 API가 제공되는 경우에는 Http 서비스를 통하여 해당 API를 직접 호출하면 됩니다. 그러나 API를 직접 붙이기 전에 간단히 화면의 기능을 테스트하거나 API 개발 전에 화면을 먼저 개발하여야 할 수도 있습니다.

angular-in-memory-web-api 패키지를 사용하면 실제 API를 호출하지 않고도 애플리케이션이 동작하도록 시뮬레이션할 수 있습니다. 이 패키지는 데이터베이스 역할을 할 객체를 메모리에 두고 앵귤러의 Http 서비스 요청을 가로채서 HTTP 통신을 한 것과 같은 효과를 애플리케이션에 주는 기능을 합니다. 이번 절의 코드는 GIT을 사용하여 ch7-2 태그를 체크아웃

받거나 http://bit.ly/hb-af-ch7-2를 통해서 변경 내역을 확인할 수 있습니다.

한번 사용해 봅시다. 먼저 angular-in-memory-web-api 패키지를 설치하여야 합니다. 다음 명령을 실행하여 패키지를 설치합니다.

```
npm i --save angular-in-memory-web-api
```

다음으로 애플리케이션에서 API를 호출할 때 사용할 데이터베이스를 생성하여야 합니다. 데이터베이스는 angular-in-memory-web-api 패키지가 제공하는 InMemoryDbService 클래스를 이용하여 만듭니다. InMemoryDbService는 createDb라는 추상 메서드가 있는 추상 클래스입니다.

```
export declare abstract class InMemoryDbService {
  abstract createDb(): {};
}
```

이제 InMemoryDbService 클래스를 상속받아 createDb 메서드를 구현할 서비스 클래스를 하나 생성하여야 합니다. 터미널에서 다음 명령을 실행하여 시뮬레이션으로 API 호출의 결과를 제공할 데이터베이스 서비스 파일을 만듭니다.

```
ng g service in-memory-user
```

명령을 실행한 후 생성된 src/app/in-memory-user.service.ts 파일을 열어 다음과 같이 코드를 변경합니다.

예제 7-9 contacts-manager/src/app/in-memory-user.service.ts [ch7-2]

```
1   import { Injectable } from '@angular/core';
-   import { InMemoryDbService } from 'angular-in-memory-web-api';
-   import { User } from './user/user.model';
-
5   @Injectable()
-   export class InMemoryUserService implements InMemoryDbService {
-     private _database: any;
-
-     constructor() { }
```

```
10
    createDb() {
      this._database = {};
      this.makeUserTableAndDummyData();
      return this._database;
15  }

    private createTable(tableName: string, initialData: any[]) {
      this._database[tableName] = initialData;
    }
20
    private makeUserTableAndDummyData(){
      const  dummyUserData: User[] = [
        { id: 1, name: 'woojin', age: 33 },
        { id: 2, name: 'yunhye', age: 31 },
25      { id: 3, name: 'sunhye', age: 29 },
      ];

      this.createTable('users', dummyUserData);
    }
30  }
```

[예제 7-9]를 보면 어떻게 메모리에 임의의 데이터베이스를 만드는지 알 수 있습니다. 먼저 7번
줄에서 데이터베이스 역할을 할 객체 _database를 선언하였습니다. 이제 최종적으로 추상
클래스인 InMemoryDbService에 구현되지 않았던 createDb 메서드를 구현합니다. 11번
줄과 같이 _database를 빈 객체로 생성한 후 사용자 테이블을 구성하고 임의의 데이터 배
열을 만들어 _database에 넣습니다. 테이블을 생성하고 데이터를 넣는 과정에 특별한 구현이
있는 것이 아닙니다. createTable 메서드를 보면 알 수 있듯이 _database 객체의 키가 테이
블명이 되고 값에 배열로 데이터를 넣어 줄 뿐입니다. 단, 더미 데이터를 만들 때 한 가지 주의
사항이 있습니다. 데이터의 고유성을 보장하는 키의 속성명은 반드시 id여야 합니다. 이 밖에
는 자유롭게 데이터를 만들어 넣을 수 있습니다.

이제 우리가 작성한 InMemoryUserService와 angular-in-memory-web-api 패키지의
모듈인 InMemoryWebApiModule을 AppModule에 등록하는 일만 남았습니다. 변경된
AppModule 코드는 다음과 같습니다.

```
1   // 임포트 생략
    import { InMemoryWebApiModule } from 'angular-in-memory-web-api';
```

```
-     import { AppComponent } from './app.component';
5     import { InMemoryUserService } from './in-memory-user.service';
-     import { UserService } from './user/user.service';
-
-     @NgModule({
-       declarations: [ ... ],
10      imports: [
-         BrowserModule,
-         FormsModule,
-         HttpModule,
-         InMemoryWebApiModule.forRoot(InMemoryUserService, { delay: 500, put204: false })
15      ],
-       providers: [ ... ],
-       bootstrap: [ ... ]
-     })
-     export class AppModule { }
```

볼드 표시로 추가된 코드에서 임포트문을 제외하면 14번 줄이 핵심입니다. 이 부분의 코드를 보면 InMemoryWebApiModule을 등록하면서 앞에서 작성한 InMemoryUserService를 전달합니다. InMemoryUserService는 API 시뮬레이션을 위한 데이터베이스 역할을 할 뿐 다른 컴포넌트나 서비스에서 의존성 주입을 받지 않기 때문에 providers에 등록할 필요가 없습니다. InMemoryUserService와 함께 전달된 다른 인자는 시뮬레이션을 위한 간단한 설정입니다.

delay는 이름에서 유추할 수 있듯이 API 응답 시간을 지정하는 설정입니다. put204는 PUT 메서드로 API 호출 시 응답 코드를 204(콘텐츠 없음)로 줄 것인지 결정하는 설정입니다. 기본값은 true로, PUT 호출 시 204가 호출되지만 false를 설정하면 200 코드와 함께 수정한 데이터가 바디에 실려 반환됩니다.

이제 다시 ng serve를 실행하여 사용자 CRUD 기능이 정상적으로 작동하는지 확인해 봅니다. [그림 7-4]와 같이 사용자 조회를 시도할 경우 정상 실행되지만 브라우저의 네트워크에 어떠한 기록도 남지 않는 것을 확인할 수 있습니다. 이는 HTTP 통신이 실제로 이루어지는 것이 아니라 angular-in-memory-web-api를 활용하여 Http 서비스를 사용하는 경우에 한하여 API 호출을 시뮬레이션하였기 때문입니다.

그림 7-4 사용자 관리 앱 정상 실행 화면

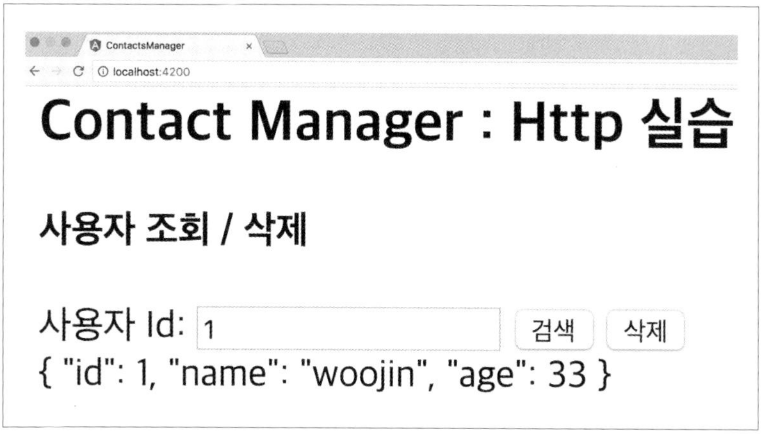

7.2 RxJS

RxJS는 ReactiveX 시리즈 중 자바스크립트로 구현된 라이브러리입니다. ReactiveX는 비동기로 일어나는 이벤트를 효율적으로 다루기 위하여 고안된 기술입니다. RxJS는 앵귤러에서 필수 패키지로 채택되어 비동기 이벤트와 관련된 부분에서 활발하게 사용되고 있습니다. 하지만 RxJS는 내용이 간단하지 않고 학습 비용이 다소 큰 라이브러리입니다.

RxJS는 몇 가지 핵심 개념을 기반으로 다양한 API를 제공하고 있습니다. 이 책에서 가볍게 다룰 수 있는 수준의 라이브러리가 결코 아닙니다. 그럼에도 우리는 RxJS를 다루어 보려고 합니다. 다만 이 절의 초점은 앵귤러를 활용하는 데 반드시 필요한 RxJS의 내용을 최소한으로 줄여서 소개하는 것입니다.

7.2.1 왜 RxJS인가?

RxJS를 알아보기 전에 또 하나의 기술을 학습하여야 할 이유를 먼저 살펴봅시다. RxJS를 포함하여 ReactiveX가 해결하려고 하는 문제의 핵심은 '비동기 코드를 어떻게 처리하는 것이 좋은가?'라는 질문과 맞닿아 있습니다.

비동기asynchronous라는 개념부터 복기해 봅시다. 자바스크립트 환경에서 비동기는 어떠한 작업 또는 구체적으로 함수의 호출 결과를 기다리지 않는 것을 말합니다. 함수의 호출 결과가 발생할 때까지 동기적synchronous으로 대기하지 않고 다음 작업을 실행하도록 구현할 때 이를 비동기 프로그래밍이라고 부릅니다. 호출 결과를 기다리지 않는 비동기 코드가 필요한 이유는 빠른 응답성을 주기 위함입니다. 대표적인 예가 Ajax와 같은 네트워크 통신입니다. 물리적인 위치를 벗어나는 네트워크 통신은 본질적으로 다른 로직에 비하여 시간이 오래 걸리고 요청에 따라 응답 시간도 다릅니다. 따라서 네트워크 통신을 호출한 후 응답 결과를 대기하지 않고 다음 로직을 수행함으로써 코드 실행의 응답 속도를 높일 수 있습니다.

또 다른 예는 UI 프로그래밍에서 흔한 사용자 이벤트입니다. 사용자의 마우스, 키 입력은 언제 발생할지 예측할 수 없습니다. 이렇게 이벤트에 종속적인 로직은 비동기 처리가 필수입니다. 그런데 문제는 비동기 프로그래밍이 까다롭다는 점입니다. 비동기 프로그래밍은 호출 결과를 대기하지 않기 때문에 호출 결과가 필요한 로직을 어떻게 작성할 것인가 하는 문제가 발생합니다. 시간이 오래 걸리는 네트워크 통신을 비동기로 작성한 것은 좋지만 응답 결과를 어떻게 받아서 어떻게 처리할 것인지 해결책이 필요합니다. 작성된 순서에 따라 실행되는 동기적인 코드와 달리 비동기 호출은 근본적으로 호출 결과가 언제 발생할지 알 수 없습니다. 따라서 여러 비동기 호출 코드 간의 선후 관계가 필요할 때 이를 어떻게 처리할지에 대한 문제도 있습니다.

지금까지 브라우저 기반 웹 애플리케이션에서 자바스크립트는 Ajax처럼 비동기로 호출되는 코드의 결과를 콜백으로 해결하였습니다. 사용자가 발생시키는 이벤트 또한 이벤트 리스너를 콜백 형태로 등록하였습니다. 간단한 비동기 코드에서 콜백은 적절한 해결 방식입니다. 그러나 프로그램의 로직이 복잡해지고 비동기 코드 간의 선후 관계가 필요할 때 콜백 방식은 콜백 지옥이라 불리는 중첩된 콜백 형태로 코드를 작성하여야 한다는 문제가 발생합니다.

이러한 배경에서 비동기, 이벤트 기반의 로직을 효율적으로 다루기 위하여 ReactiveX 기술이 등장하였습니다. 물론 비동기 코드를 다루기 위하여 Future, Promise나 async/await 같은 개념을 들어 보았거나 사용해 본 분도 있을 것입니다. ReactiveX도 이와 같은 기술처럼 근본적으로 비동기 프로그래밍이 일으키는 어려움을 해결하는 기술이라는 점에서 목표는 같습니다. 하지만 비동기 프로그래밍을 다루기 위한 구체적인 방법론과 접근이 다릅니다. 자세한 내용을 곧 확인해 봅시다.

그렇다면 왜 우리는 RxJS를 알아야 할까요? 앞서 설명한 것과 같이 비동기, 이벤트 기반의 코드를 효율적으로 작성하기 위함입니다. 특히 UI가 있는 사용자용 소프트웨어인 웹 애플리케이션은 기본적으로 비동기적이고 이벤트 기반의 로직이 필수입니다. 앵귤러는 사용자용 애플리케이션 프레임워크로서 비동기, 이벤트 프로그래밍을 유려하게 하기 위한 목적으로 RxJS를 필수 패키지로 사용하고 있습니다.

덧붙여 RxJS를 포함한 ReactiveX는 여러 언어별, 환경별로 제공되고 있어 플랫폼과 상관없이 사용할 수 있습니다. RxJS 개념을 숙지하면 우리의 개발 환경에 따라 RxJava, RxSwift 등을 새로운 학습에서 부담 없이 사용할 수 있습니다. 플랫폼에 따라 미묘한 차이는 있지만 ReactiveX의 기본 개념과 대부분의 API가 동일하기 때문입니다. 또한 자바 9에서는 ReactiveX의 개념을 바탕으로 Flow API[5]가 표준으로 제공될 예정입니다. 그럼 이제 앵귤러를 효과적으로 사용하기 위하여 본격적으로 RxJS를 살펴봅시다.

7.2.2 RxJS 원리

RxJS의 원리는 Observable, Observer, Subscription의 관계로 설명할 수 있습니다. 세 가지 개념 중 핵심은 Observable입니다. Observable은 명칭에서 드러나듯 관찰할 수 있는 대상을 의미합니다. 관찰할 대상은 Observable 안에서 발생하는 데이터입니다. 따라서 Observable은 일련의 데이터를 발생시키는 원천이라고 생각하여도 좋습니다. 3, 'RxJS', [829, 'Test', true]와 같은 일반적인 값에서부터 Ajax 통신 결과, 웹 소켓, 사용자 이벤트 등 데이터를 만들어 내는 것은 무엇이든 Observable로 만들 수 있습니다.

데이터를 Observable로 만드는 이유는 데이터에 관심 있는 주체에게 데이터를 전달하기 위함입니다. Observable에서 발생하는 데이터를 관찰하는 주체를 RxJS에서는 Observer라고 합니다. Observer는 단지 next, error, complete라는 세 종류의 메서드를 가진 객체에 불과합니다. Observable은 subscribe 메서드를 가지고 있으며, 이 메서드를 통해 Observer를 등록합니다. Observable에 Observer를 등록하면 Observable이 전달하는 데이터를 전달받을 수 있습니다. RxJS에서는 전달하는 데이터를 Observer에서 관찰한다고 표현하기보다 구독subscribe한다고 표현합니다. Observer가 데이터를 구독하기 시작할 때 Observable은 Subscription을 반환합니다. Subscription은 Observer에서 더 이상 Observable의 데이터를 구독하고 싶지 않을 때 구독을 취소하는 기능을 하는 객체입니다.

---

5 http://download.java.net/java/jdk9/docs/api/index.html?java/util/concurrent/Flow.html

지금까지 설명한 Observable, Observer, Subscription의 관계를 [그림 7-5]와 같이 표현할 수 있습니다.

그림 7-5 RxJS의 기본 구조

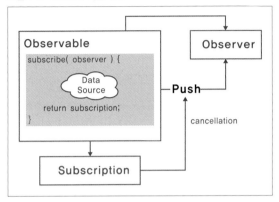

[그림 7-5]를 보면 알 수 있듯이 Observer와 데이터 소스를 연결하는 일은 Observable의 subscribe 메서드로 이루어집니다. 이후 Subscription의 unsubscribe 메서드를 호출하거나 데이터 소스가 더 이상 만들어 낼 데이터가 없으면 Observer와 데이터 소스 사이의 관계는 끝을 맺습니다.

그럼 RxJS의 동작 과정을 살펴봅시다.

예제 7-10 최초의 RxJS

```
1   const subscribeFn = function(observer) {
-     observer.next('최초의 RxJS');
-   };
-   const myFirstObservable = new Rx.Observable(subscribeFn);
5
-   myFirstObservable.subscribe((d) => console.log(d));
```

[예제 7-10]을 실행하면 콘솔에 다음 내용이 출력됩니다.

```
최초의 RxJS
```

[예제 7-10] 4번 줄에서 간단한 Observable을 하나를 생성하였습니다. Observable은 데이

터 소스가 될 여러 대상을 인자로 받아 Observable로 반환하는 다양한 메서드를 가지고 있습니다. 그중 이 예제에서는 구독할 Observer에 '최초의 RxJS' 문자열 값 하나를 만들어 Observer에 전달할 subscribe 메서드인 subscribeFn을 직접 구현하여 Observable 클래스의 생성자에 인자로 전달하였습니다. subscribeFn을 살펴보면 인자로 전달받은 observer의 next 메서드를 호출합니다. 바로 이 next 메서드의 호출이 Observable에서 발생한 값을 Observer로 전달하는 부분입니다.

Observable과 Observer의 관계만 일반화하면 [그림 7-6]과 같습니다. next는 이미 살펴본 것처럼 Observable에서 Obsever에게 값을 전달할 때 호출합니다. error 메서드는 Observable에서 오류가 발생할 때 호출하며 complete는 Observable이 모든 작업을 마치고 나면 호출합니다.

그림 7-6 Observable과 Observer의 관계

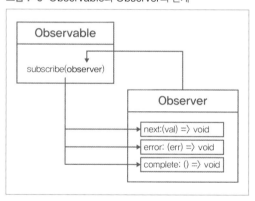

[예제 7-10]의 마지막 줄을 보면 myFirstObservable의 subscribe에 (d) => console.log(d) 함수를 전달하였습니다. subscribe 메서드는 인자로 전달한 함수의 수에 따라서 순차적으로 next, error, complete로 바인딩합니다. 이 예제에서는 하나의 함수만 전달하였기 때문에 (d) => console.log(d)는 Observable에서 값이 발생하였을 때 호출됩니다. 결과적으로 둘째 줄 observer.next('최초의 RxJS')를 호출한 순간 Observer의 next로 등록한 (d) => console.log(d)함수가 호출되면서 콘솔에 결과가 출력된 것입니다.

Observable과 Observer의 관계를 다시 정리해 봅시다. Observable은 Observer를 subscribe 메서드로 전달받을 수 있습니다. Observer는 next, error, complete 메서드를 포함한 객체입니다. Observable은 데이터 소스를 Observer와 연결하여 로직에 따라 자신에

게 등록된 Observer의 next, error, complete 메서드를 호출합니다.

지금 살펴본 예제는 단 하나의 값을 발생시키는 간단한 Observable이었습니다. 따라서 Observer가 구독 후 Subscription을 통하여 구독을 취소할 기회도 없었습니다. 이번에는 스트림 형태로 데이터가 발생하는 Observable 예제를 살펴봅시다.

예제 7-11 연속해서 데이터를 발생시키는 Observable

```
1    const number$ = Rx.Observable.create((observer) => {
-      let myCounter = 0;
-      const producerFn = () => observer.next(myCounter++);
-
5      const intervalId = setInterval(producerFn, 1000);
-
-      const finishFn = () => {
-        clearInterval(intervalId);
-        observer.complete();
10     }
-      setTimeout(finishFn, 10 * 1000);
-
-      return finishFn;
-    });
15
-
-    const subscription = number$.subscribe((n) => console.log(`streaming... ${n}`));
-
-    setTimeout(() => subscription.unsubscribe(), 5 * 1000);
```

이번 예제에서는 1번 줄과 같이 Observable.create 메서드를 사용하여 Observable을 생성하였습니다. create 메서드는 내부적으로 new Observable(subscriber)를 호출하기 때문에 이전 예제와 동일하게 직접 subscribe 함수를 작성하여 Observable을 생성한 것입니다. subscribe 함수의 구현을 살펴보면 5번 줄의 setInterval 함수가 1초마다 호출되면서 등록된 3번 줄의 producerFn을 실행합니다. producerFn은 후위 연산자를 통하여 subscribe 함수에서 선언된 myCounter를 증가시키면서 Observer에 값을 전달하고 있습니다.

이제 이 Observable은 7~10번 줄에서 clearInterval로 1초마다 반복되는 producerFn의 실행을 멈추고 Observer에게 더 이상 생성할 데이터가 없음을 알리는 complete 메서드를 호출하는 finishFn 함수를 10초 후에 호출할 때까지 1초마다 Observer에게 데이터를 전달할 것입니다. 하지만 실제 코드를 실행하면 5초 동안만 데이터가 생성되어 콘솔에 값이 출력되고 더 이상 값이 생성되지 않습니다. 그 이유는 19번 줄에서 호출한 subscription의 unsubscribe 때문입니다. 17번 줄에서 number$의 구독을 시작하면서 1초마다 observer.next 메서드를 통하여 Observer에 값을 전달합니다. 그러나 19번 줄에서 등록한 setTimeout의 콜백이 5초 뒤에 실행되면서 unsubscribe 메서드가 호출됩니다. unsubscribe 메서드는 subscription 객체로 전달된 finishFn을 호출하기 때문에 10초가 되기 전에 Observable의 실행이 종료되는 것입니다.

[예제 7-11] 17번 줄에서 number$의 subscribe 메서드를 호출하지 않으면 어떻게 될까요? number$은 subscribe 메서드가 실행되기 전까지 호출이 지연됩니다. 이는 마치 자바스크립트에서의 함수 동작과 유사합니다. 함수를 선언만 하고 호출하지 않으면 선언된 함수의 바디는 결코 실행되지 않습니다. 마찬가지로 RxJS의 Observable 또한 Observer를 전달하면서 subscribe 메서드를 호출하지 않는 이상 아무런 동작도 하지 않습니다. [예제 7-11]에서는 Observable의 변수명을 number$으로 선언하였는데, $은 관례적으로 Observable이 연속적으로 발생 가능한 스트림일 경우에 변수 후위에 붙입니다.

지금까지 살펴본 RxJS의 개념과 예제만 보면 jQuery나 Promise로 비동기 코드를 다루는 것과 무슨 연관이 있는지 아직 잘 와닿지 않을 것입니다. RxJS의 진정한 가치는 바로 풍성한 연산자에 있습니다.

7.2.3 RxJS 연산자 활용

RxJS에서는 Observable이 만들어 내는 데이터를 Observer에서 구독하는 과정 사이에 다양한 연산자를 추가하여 데이터를 가공하거나 복잡한 비동기 이벤트 간의 처리를 손쉽게 선언할 수 있습니다. ReactiveX 라이브러리를 학습한다는 것은 사실 다양한 연산자 API를 익히는 것과 다름 없습니다. 여기서는 예제를 통하여 몇 가지 유용한 연산자를 살펴보면서 RxJS를 활용하는 방법을 배워 봅시다.

가장 먼저 쉽게 접근할 수 있는 연산자는 map, filter, reduce 등 기존 자바스크립트 배열과 동일한 기능을 수행하는 연산자입니다. 그럼 RxJS로 map, filter, reduce 연산을 활용해 봅시다.

예제 7-12 RxJS의 map 연산자 활용

```
1   const num$ = Rx.Observable.from([1,2,3,4,5,6,7,8,9,10]);
-
-   num$
-     .map(n => n * 2)
5     .subscribe(n => console.log(`num: ${n}`));
```

[예제 7-12] 1번 줄을 보면 이전 예제와 달리 Observable.from이라는 메서드로 Observable을 생성한 것을 확인할 수 있습니다. Observable의 from 메서드는 배열이나 유사 배열 객체 등 반복 가능한^{Iterable} 객체나 Promise 등 다양한 타입을 인자로 받아 Observable로 생성하는 메서드입니다. 이 예제에서는 1부터 10까지 담긴 배열을 Observable.from 메서드에 전달하여 num$이라는 Observable을 만들었습니다. num$은 map 연산을 활용하여 1부터 10까지 모든 수에 2를 곱하여 subscribe 메서드 안에 전달하는 콜백에 의하여 각 결과를 콘솔에 출력합니다.

이번에는 [예제 7-13]과 같이 filter 연산자를 사용해 봅시다. filter 연산자 또한 예측한 대로 인자로 전달된 조건에 부합하는 요소만 걸러서 subscribe 메서드를 호출합니다.

예제 7-13 RxJS의 filter 연산자 활용

```
1   const num$ = Rx.Observable.from([1,2,3,4,5,6,7,8,9,10]);
-
-   num$
-     .filter(n => n % 2 === 0)
5     .subscribe(n => console.log(`num: ${n}`));
```

마지막으로 filter 연산자에 바로 뒤에 reduce 연산자를 붙여서 전체 요소를 합산하는 코드로 개선해 봅시다.

예제 7-14 RxJS의 reduce 연산자 활용

```
1   const num$ = Rx.Observable.from([1,2,3,4,5,6,7,8,9,10]);
-
-   num$
-     .filter(n => n % 2 === 0)
5     .reduce((acc, val) => acc + val, 0)
```

```
.subscribe(res => console.log(`result: ${res}`));
```

이전 예제에 reduce 연산자를 추가하면서 [예제 7-14]는 1부터 10까지의 수 중 2의 배수에 해당하는 2, 4, 6, 8, 10을 모두 합산하여 30을 콘솔에 출력합니다.

지금까지 살펴본 map, filter, reduce는 자바스크립트 배열에도 있는 익숙한 연산자였습니다. 익숙한 코드지만 이 메서드 안에는 중요한 사실이 한 가지 있습니다. 바로 모든 메서드의 반환 값이 Observable이라는 점입니다. 이로 인하여 map, filter, reduce뿐만 아니라 RxJS에서 제공하는 Observable의 연산자는 다른 연산자의 결과 값을 받아 그대로 자신의 연산을 수행하고 다시 Observable에 전달합니다.

그럼 RxJS 연산자의 유용함을 느낄 수 있는 예제를 확인해 봅시다. [예제 7-12]에서 작성한 Observable을 1초에 한 번씩 값을 만들어 내도록 변경하기로 합니다. 먼저 다음 코드를 살펴봅시다.

```
const untilFive$ = Rx.Observable.interval(1000).take(5);
```

이 코드에서는 Observable.interval 메서드로 Observable을 생성하였습니다. interval 메서드는 브라우저에서 제공하는 interval 메서드와 동일합니다. 코드를 실행하면 Observable.interval 메서드는 0부터 시작해 1초마다 1씩 증가한 값을 만들어냅니다. interval 메서드에 붙은 take 연산자는 인자로 받은 수만큼만 값을 제한하여 취하는 연산자입니다. 이로 인하여 untilFive$은 1초마다 무한히 호출되는 코드에서 5초 동안 0부터 4까지 5개의 값을 만들어 내는 Observable이 되었습니다.

이제 untilFive$을 활용해 [예제 7-12]를 1초마다 만들어 내도록 수정해 봅시다. 이번에 사용할 연산자는 zip 연산자입니다. zip 연산자는 인자로 복수의 Observable을 받아 각 Observable이 발산하는 값을 모아서 전달하는 기능을 합니다. 이 연산자는 시간적으로 각 Observable이 발산하는 값이 다를 때 동기화해 주는 효과가 있는 연산자입니다. 그럼 zip 연산자를 활용한 [예제 7-15]를 살펴봅시다.

예제 7-15 RxJS zip 연산자를 활용한 Observable 조합

```
untilFive$ = Rx.Observable.interval(1000).take(5);
```

```
const num$ = Rx.Observable.from([1,2,3,4,5,6,7,8,9,10]).map(n => n * 2);

Observable.zip(num$, untilFive$, (num, int) => num).subscribe(n => console.log(n));
```

[예제 7-15]에서 배열의 원소에 2를 곱한 Observable이 2번 줄에 선언되어 있습니다. 이후 zip 연산자에 untilFive$을 전달하고 두 번째 인자로 zip 연산으로 동기화된 두 Obervable의 값을 받아 반환할 콜백을 선언합니다. 우리는 2의 배수가 된 num$의 값이 필요하므로 콜백의 첫 번째 인자를 바로 반환하도록 (num, int) => num으로 선언하였습니다. 이제 코드를 실행하면 1초 간격으로 2, 4, 6, 8, 10이 출력되고 정상적으로 실행이 종료됩니다.

RxJS를 포함한 ReactiveX는 이 책이 모두 다루기 힘들 만큼 많은 기능을 제공합니다. 또한 기본적으로 비동기 이벤트를 효율적으로 다루는 데 초점을 맞춘 라이브러리므로 ReactiveX가 제공하는 API의 기능을 이해하기가 쉽지 않습니다. ReactiveX는 API의 기능을 조금이라도 직관적으로 이해할 수 있도록 돕고자 Marble 다이어그램이라고 하는 것을 고안하여 제공합니다. 예를 들면 앞에서 살펴본 zip 연산자의 다이어그램은 [그림 7-7]과 같습니다.

그림 7-7 zip 연산자의 Marble 다이어그램[6]

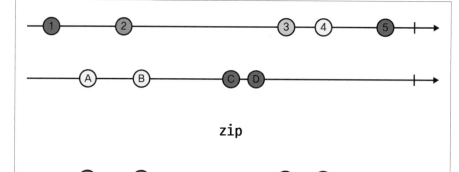

Marble 다이어그램에서 화살표로 이루어진 선은 Observable의 시퀀스를 의미하며 왼쪽에서 오른쪽으로 시간 흐름을 나타냅니다. 각 시퀀스상에서 각각의 원은 Observable상에서 발생하는 데이터를 나타냅니다. 중간에 연산자를 기준으로 위에 배치된 Observable은 연산자의 입력이고, 그 아래 Observable은 연산 결과입니다.

---

6 http://rxmarbles.com/#zip

기본적인 개념을 가지고 [그림 7-7]을 보면 zip 연산이 어떻게 이루어지는지 이해할 수 있습니다. Zip 연산 위에 위치한 두 Observable은 각각 1에서 5와 A부터 D까지의 데이터를 만들어 냅니다. 두 Observable의 zip 연산을 적용하면 각 Observable은 상대가 데이터를 만들어 낼 때까지 기다렸다가 상대가 값을 만들어 내는 때에 맞추어서 결과를 반환합니다.

7.2.4 RxJS를 활용한 마우스 위치 로거 코드 개선

제5~6장에서 만든 마우스 위치 로거 애플리케이션은 마우스를 클릭할 때 로그를 출력하는 방식으로 구현하였습니다. 이번에는 마우스를 움직일 때 일정 주기마다 로그를 출력하는 기능의 마우스 위치 로거를 구현해 봅니다.

그럼 RxJS를 이용하여 일정 시간마다 로그를 찍는 부분의 코드만 먼저 구현해 봅시다. 코드는 다음과 같이 작성할 수 있습니다.

예제 7-16 RxJS를 활용한 일정 간격 마우스 위치 로그 기능 구현

```
this.move$
  .throttleTime(1000)
  .map(evt => [evt.clientX, evt.clientY])
  .subscribe(pos => this.logger.info(`x:${pos[0]} y:${pos[1]}`));
```

move$은 마우스 움직임 이벤트를 발산하는 Observable 스트림입니다. 이 Observable에 throttleTime 연산자를 적용하여 일정 간격으로 스트림이 발산하는 데이터를 조절할 수 있습니다. throttleTime으로 조절된 마우스 움직임은 이제 map 연산을 통하여 MouseEvent에서 마우스의 좌표를 가진 배열 객체로 변환되었습니다. 이후 subscribe 메서드를 호출하여 마우스 좌표를 로그로 남깁니다.

먼저 템플릿에서 div 태그의 click 이벤트를 mousemove로 변경합니다.

```
<div class="track-zone" (mousemove)="captureMousePos($event)"></div>
```

이제 [예제 7-16]을 포함하여 MouseTrackZoneComponent 코드를 수정합니다.

```
1    // 임포트 생략
-    import {Observable} from 'rxjs/Observable';
-    import {Subject} from 'rxjs/Subject';
-
5    @Component({ … })
-    export class MouseTrackZoneComponent implements OnInit {
-      logger: LoggerService;
-      moveSubject: Subject<MouseEvent> = new Subject<MouseEvent>();
-      move$: Observable<MouseEvent> = this.moveSubject.asObservable();
10
-      constructor(
-        @Host() @Optional() mySpecialLogger: MySpecialLoggerService,
-        anotherLogger: AnotherLoggerService
-      ) {
15       this.logger = mySpecialLogger ? mySpecialLogger : anotherLogger;
-      }
-
-      ngOnInit() {
-        this.move$
20         .throttleTime(1000)
-          .map(evt => [evt.clientX, evt.clientY])
-          .subscribe(pos => this.logger.info(`x:${pos[0]} y:${pos[1]}`));
-      }
-
25     captureMousePos($event: MouseEvent) {
-        this.logger.debug('click event occured');
-        this.moveSubject.next($event);
-      }
-    }
```

변경된 코드에서 추가된 부분은 8~9번 줄과 27번 줄입니다. 8번 줄의 Subject는 우리가 다루지 않은 RxJS의 새로운 개념 중 하나입니다. 여기서는 Subject가 Observable이자 Observer 역할을 모두 하는 것이라고만 이해합시다. 이 Subject는 마우스의 움직임을 다루는 객체가 됩니다. Subject가 Observable이 될 수 있기 때문에 9번 줄과 같이 asObservable이라는 메서드를 호출하여 마우스의 움직임 이벤트를 Observable로 만들고 move$이라는 이름을 부여하였습니다. 마지막으로 27번 줄을 보면 Subject가 Observer 역할 또한 하기 때문에 moveSubject의 next 메서드를 호출하여 마우스 이벤트를 전달하도록 하였습니다.

마지막으로 [예제 7-17]에서 사용한 RxJS의 연산자를 임포트하여야 합니다. src/polyfills.ts 파일을 열어 다음 내용을 마지막에 추가합니다.

```
import 'rxjs/add/operator/throttleTime';
import 'rxjs/add/operator/map';
```

7.3 게이트웨이 기반 Http 서비스 활용

지금까지 살펴본 내용을 바탕으로 실제 Http 서비스를 활용하는 실습을 해 봅시다. 예제로 함께 만들어 볼 것은 API 서버와 통신할 전용 서비스인 MyApiGatewayService입니다.

그림 7-8 각 서비스에서 Http 서비스를 직접 호출하는 구조

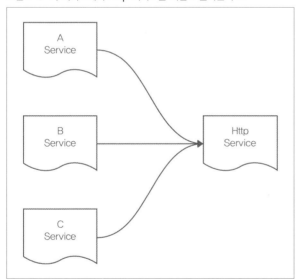

지금까지 이 책을 보면서 앵귤러의 구조를 잘 익혔다면 웹 애플리케이션을 구현할 때 API 호출은 [그림 7-8]과 같이 구현하는 것이 일반적임을 알 수 있을 것입니다. 뷰를 담당할 컴포넌트와 서비스의 조합이 구별되어 있고 각 뷰에서 호출할 API는 해당 서비스 안에서 호출하는 방식으로 코드를 구조화합니다. 이때 각 서비스는 Http 서비스를 직접 주입받아 HTTP 통신을 합니다.

서비스가 직접 Http 서비스를 주입받아 API를 호출하는 구현에는 한 가지 취약한 구조가 있습니다. HTTP 통신을 하는 각 서비스에 HTTP 통신과 관련된 관심사가 흩어져 있다는 점입니다. API 통신을 할 때 필요한 요청 및 에러 처리 등 공통으로 관리할 요소가 분명히 있는데, 이러한 코드가 HTTP 통신을 하는 모든 서비스에 산재한다면 변경 사항 발생 시 모든 서비스를 수정하여야 하는 문제가 발생합니다.

그림 7-9 ApiGateway를 통한 Http 서비스 호출 구조

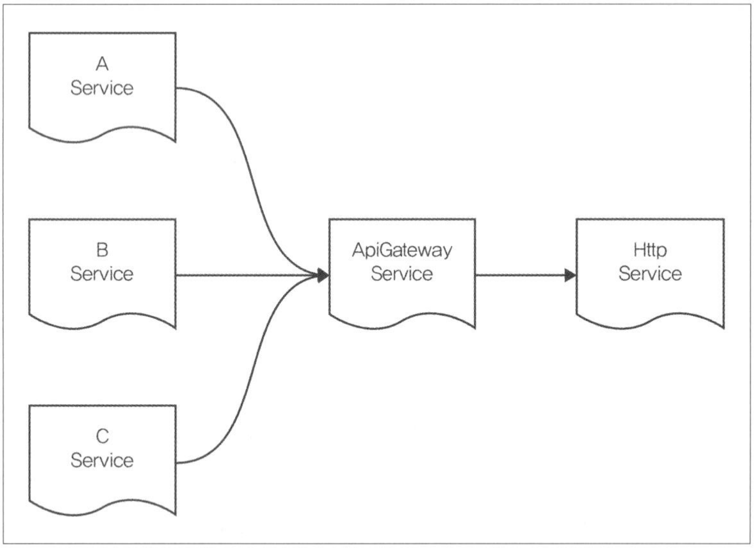

[그림 7-9]와 같이 서비스에서 직접 Http를 주입받지 않고 중간에 게이트웨이 역할을 할 서비스를 생성하면 앞의 문제를 해결할 수 있습니다. HTTP 통신과 관련된 공통 설정 및 코드를 게이트웨이에 모으므로 서비스는 HTTP 통신과 관련된 세부 사항을 코드에 담지 않게 됩니다. 이는 API의 스펙 혹은 통신 설정이 변경될 때 게이트웨이만 수정하고 서비스는 수정하지 않는 장점을 취한 것입니다. 이와 같은 목적으로 각자 자신만의 게이트웨이 서비스를 구현해 봅시다.

7.3.1 ApiGateway 서비스

앞서 설명한 구조와 같이 HTTP 통신의 게이트웨이 역할을 할 서비스를 하나 생성해 봅시다. Http 서비스를 주입받고 CRUD 역할을 할 메서드를 4개 가진 MyApiGatewayService를 다음과 같이 만들었습니다.

```
1   import { Injectable } from '@angular/core';
-   import { Http } from '@angular/http';
-
-   @Injectable()
5   export class MyApiGatewayService {
-     constructor(private _http: Http) {}
-
-     get(url: string)  {
-       return this._http.get(url)
10    }
-
-     post(url: string, data: any) {
-       return this._http.post(url, data);
-     }
15
-     put(url: string, data: any) {
-       return this._http.put(url, data);
-     }
-
20    delete(url: string) {
-       return this._http.delete(url);
-     }
-   }
```

[예제 7-18]은 아직까지 특별할 것 없이 Http 서비스의 메서드를 감싼 인터페이스를 제공하고 있습니다. 이제 우리의 웹 애플리케이션은 Http 서비스를 직접 주입받아 사용하지 않고 MyApiGatewayService를 사용하여야 합니다. 그럼 예제 애플리케이션을 개선해 가면서 MyApiGatewayService에 어떻게 살을 붙여 나가는지 확인해 봅시다.

7.3.2 실습: 사용자 관리 애플리케이션

실습으로 살펴볼 사용자 관리 애플리케이션은 HTTP 통신이 반드시 필요합니다. 서버와의 HTTP 통신을 통하여 사용자 정보를 조회하고 등록/수정할 수 있어야 합니다. 바로 앞에서 생성한 MyApiGatewayService의 구현을 추가하면서 이러한 기능을 구현할 것입니다. 실습을 위한 기본 프로젝트 기본 구현 코드는 다음 주소에서 확인할 수 있습니다.

- http://bit.ly/hb-af-ch7-contacts-2

이 실습에서는 사전에 Node.js용 웹 애플리케이션 프레임워크인 express로 사용자 정보와 관련된 기본적인 CRUD를 미리 구현해 두었습니다. Express로 구현한 사용자 관리 API는 프로젝트의 server 폴더 내 app.js에 있습니다. 이 API는 실습용으로 실제 DB를 활용하지 않고 데이터를 메모리에 저장하기 때문에 서버를 재시작하면 이전에 사용한 데이터는 모두 사라집니다.

API 서버는 node./server/app.js로 실행할 수 있습니다. 프로젝트의 package.json에 API 서버와 함께 ng serve 명령을 동시에 실행할 수 있도록 다음 명령을 준비해 두었습니다. 터미널에서 다음 명령을 입력하면 API 서버와 앵귤러 애플리케이션 웹 서버가 동시에 실행됩니다.

```
npm run start
```

서버가 실행되고 브라우저로 애플리케이션 페이지에 접속하면 다음과 같은 화면을 확인할 수 있습니다.

그림 7-10 사용자 관리 애플리케이션 화면

프로젝트 소스에는 2개의 서비스가 Http 서비스를 직접 주입받아 HTTP 통신을 하도록 구현되어 있습니다. 바로 UserListService와 UserDetailService입니다. UserListService는 초기 화면이 뜰 때 전체 사용자의 목록용 모델 리스트를 API로 가져올 때 사용하는 서비스입니다. UserDetailService는 실제 사용자 정보의 CRUD를 수행하는 API와의 통신이 구현되어 있습니다. 코드는 다음과 같습니다.

```
1   import { Injectable } from '@angular/core';
-   import { Http, Headers } from '@angular/http';
-   import { User } from './user.model';
-
5   @Injectable()
-   export class UserDetailService {
-     headerInfo: Headers
-     constructor(public http: Http) {
-       this.headerInfo = new Headers();
10      this.headerInfo.set('X-My-Api-Token', 'angular-is-awesome');
-     }
-
-     findUser(no: number) {
-       return this.http.get(`/api/v1/users/${no}`,
15        { headers: this.headerInfo }).map(res => res.json());
-     }
-
-     addUser(user: any) {
-       return this.http.post('/api/v1/users', user,
20        { headers: this.headerInfo }).map(res => res.json());
-     }
-
-     modifyUser(user: User) {
-       return this.http.put(`/api/v1/users/${user.no}`, user,
25        { headers: this.headerInfo }).map(res => res.json());
-     }
-
-     removeUser(userNo: any) {
-       return this.http.delete(`/api/v1/users/${userNo}`,
30        { headers: this.headerInfo });
-     }
-   }
```

코드를 잠깐 살펴보면 7~10번 줄에서 Headers라는 타입으로 선언된 속성에 헤더 값을 설정하는 것을 확인할 수 있습니다. 이는 API 서버에서 토큰으로 angular-is-awesome 값을 포함하지 않으면 403 코드를 반환하게 구현하였기 때문입니다. 코드를 보면 http 요청을 보낼 때 파라미터에 헤더 정보가 포함되어 있는 것을 확인할 수 있습니다.

이제 예제 애플리케이션이 MyApiGateway 서비스 기반으로 API 호출을 하도록 코드를 개선해 보도록 합시다.

7.3.3 HTTP 통신 관련 중복 코드 제거

UserListService와 UserDetailService를 보면 API 호출을 인증하기 위한 토큰을 헤더에 설정하는 부분이 중복되어 있음을 알 수 있습니다. 그러므로 API 토큰이 변경되면 API를 호출하는 모든 서비스의 헤더 정보를 변경하여야 하는 불편함이 수반됩니다. 공통의 헤더 정보를 처리하기 위한 방법 중 하나는 MyApiGateway 서비스를 이용하는 것입니다. MyApiGateway 서비스에 헤더 정보를 두고 UserListService와 UserDetailServices는 API 호출에 관련된 정보만 MyApiGateway 서비스에 전달하고, 실제 헤더 정보와 함께 호출을 담당하는 역할은 MyApiGateway가 하는 것입니다. 그럼 MyApiGateway에 헤더 설정 정보를 모으는 방법으로 코드를 개선해 봅시다.

예제 7-20 my-api-gateway.service.ts 1차 개선

```
1    import { Injectable, Inject } from '@angular/core';
-    import { Http, RequestOptionsArgs, Headers } from '@angular/http';
-
-    @Injectable()
5    export class MyApiGatewayService {
-      reqOptions: RequestOptionsArgs = {};
-
-      constructor(private _http: Http) {
-        this.makeDefaultHttpOption();
10     }
-
-      makeDefaultHttpOption() {
-        const headerInfo = new Headers();
-        headerInfo.set('X-My-Api-Token', 'angular-is-awesome');
15       this.reqOptions.headers = headerInfo;
-      }
-
-    get(url: string) {
-      return this._http.get(url, this.reqOptions);
20   }
-
-    post(url: string, data: any) {
-      return this._http.post(url, data, this.reqOptions);
-    }
-
25   put(url: string, data: any) {
-        return this._http.put(url, data, this.reqOptions);
```

```
-    }
-
-    delete(url: string) {
30     return this._http.delete(url, this.reqOptions);
-    }
- }
```

RequestOptionArgs 타입

[예제 7-20]에서 굵게 표시된 부분이 새로 추가된 코드입니다. 6번 줄을 보면 Request
OptionArgs 타입으로 reqOptions라는 속성을 선언하였습니다. RequestOptionArgs 타입
은 앵귤러의 Http 모듈에서 제공하는 타입으로, HTTP 통신 요청에 필요한 설정을 선언할 때
사용합니다. url 정보, HTTP 요청 메서드, 쿼리 스트링 파라미터, 헤더 정보headers, 바디 등을
설정할 수 있습니다.

RequestOptionArg 타입은 Http 서비스의 각 메서드에서 선택적으로 전달할 수 있는 인자
입니다. 필요할 경우 메서드의 제일 마지막 인자로 전달하면 됩니다. 코드를 통하여 보면 [예제
7-20]의 13~15번 줄과 같이 reqOptions 객체에 설정할 정보와 맞는 키에 값을 입력하면 됩
니다. reqOptions에 API 토큰을 선언한 헤더를 포함한 후에는 각 메서드 호출의 마지막 인자
로 reqOptions를 전달합니다. 이는 [예제 7-19]에서 다음과 같이 get 메서드의 마지막 인자
로 { headers: this.headerInfo }를 전달한 것과 동일한 코드입니다.

```
findUser(no: number) {
  return this.http.get(`/api/v1/users/${no}`, { headers: this.headerInfo }).map(res
  => res.json());
}
```

이제 헤더 설정 정보를 MyApiGateway로 옮겼으니 UserListService와 UserDetailService
를 Http 서비스에서 MyApiGateway로 바꾸고, 각 서비스에 선언하였던 헤더 설정 코드를 제
거합니다. UserDetailService의 [예제 7-19]는 [예제 7-21]과 같이 변경됩니다.

예제 7-21 user-detail.service.ts 개선 버전 1

```
1    import { Injectable } from '@angular/core';
-    import { User } from './user.model';
-    import { MyApiGatewayService } from '../../my-api-gateway.service';
```

```
5   @Injectable()
    export class UserDetailService {
      constructor(public apiGateway: MyApiGatewayService) { }

      findUser(no: number) {
10      return this.apiGateway.get(`/api/v1/users/${no}`).map(res => res.json());
      }

      addUser(user: any) {
        return this.apiGateway.post('/api/v1/users', user).map(res => res.json());
15    }

      modifyUser(user: User) {
        return this.apiGateway.put(`/api/v1/users/${user.no}`, user).map(res => res.json());
      }
20
      removeUser(userNo: any) {
        return this.apiGateway.delete(`/api/v1/users/${userNo}`);
      }
    }
```

변경된 [예제 7-21]에도 여전히 개선할 여지가 보입니다. 먼저 Http 통신 결과가 있는 get, post, put 메서드의 경우 동일하게 map(res => res.json())이 작성되어 있습니다. API 통신이 JSON으로 이루어진다는 전제하에 이 코드를 모두 MyApiGateway로 옮길 수 있습니다.

Response 타입

앞서 [예제 7-2]의 Http 서비스가 제공하는 메서드의 시그니처에서 확인할 수 있듯이 HTTP 통신의 반환 값은 Observable<Response>로 Response 타입을 반환합니다. Response 타입에는 HTTP 응답 코드와 텍스트, 헤더 등의 정보와 함께 응답 결과가 바디에 있는 경우 바디의 데이터를 제공합니다.

Response는 바디의 데이터를 JSON, 텍스트, ArrayBuffer, Blob 유형에 따라 값을 반환할 수 있도록 하는 json( ), text( ), arrayBuffer( ), blob( ) 메서드를 제공합니다. 따라서 지금까지 HTTP 호출 시 메서드 체이닝으로 호출한 map(res => res.json())은 Response 타입의 res를 JSON 타입으로 변환한다는 의미입니다. HTTP 통신 결과를 JSON 객체로 받지 않고 텍스트 그대로 받고 싶을 경우에는 map(res => res.text())로 변경합니다.

API 호출 시 url 중 중복되는 부분도 개선할 수 있습니다. 일반적으로 출처가 같은 REST API의 엔드포인트는 url 역시 앞부분이 동일합니다. 이 예제에서는 '/api/v1'이 모든 API에서 중복되는 정보입니다. 이 정보를 API 호출 시마다 전체 url로 넘기지 않고 공통되는 부분을 설정으로 추출하면 추후 변경이 용이합니다. 특히 '/api/v1'과 같은 정적인 텍스트는 앵귤러가 제공하는 의존성 주입을 활용하면 더 좋습니다.

그럼 Response 응답 객체의 공통 가공 처리가 가능하고, API 호출 시 url 일부만 받아 공통으로 처리할 수 있도록 변경한 ApiGatewayService 코드를 살펴봅시다.

예제 7-22 contacts-manager-v2/src/app/my-api-gateway.service.ts [ch7-4]

```
1    import { Injectable, Inject } from '@angular/core';
-    import { Http, RequestOptionsArgs, Headers } from '@angular/http';
-    import { API_URL_TOKEN, API_VER_TOKEN } from './app.tokens';
-
5    const JSON_MAPPER_FN = res => res.json();
-
-    @Injectable()
-    export class MyApiGatewayService {
-      reqOptions: RequestOptionsArgs = {};
10
-      constructor(
-        private _http: Http,
-        @Inject(API_URL_TOKEN) public apiUrl: string,
-        @Inject(API_VER_TOKEN) public apiVer: string
15   ) {
-        this.makeDefaultHttpOption();
-      }
-
-      makeDefaultHttpOption() {
20       const headerInfo = new Headers();
-        headerInfo.set('X-My-Api-Token', 'angular-is-awesome');
-        this.reqOptions.headers = headerInfo;
-      }
-
25     get(url: string) {
-        return this._http
-          .get(`${this.apiUrl}/${this.apiVer}/${url}`, this.reqOptions)
-          .map(JSON_MAPPER_FN);
-      }
-    }
30
```

```
   -        post(url: string, data: any) {
   -          return this._http
   -            .post(`${this.apiUrl}/${this.apiVer}/${url}`, data, this.reqOptions)
   -            .map(JSON_MAPPER_FN);
  35        }
   -
   -        put(url: string, data: any) {
   -          return this._http
   -            .put(`${this.apiUrl}/${this.apiVer}/${url}`, data, this.reqOptions)
  40          .map(JSON_MAPPER_FN);
   -        }
   -
   -        delete(url: string) {
   -          return this._http
  45          .delete(`${this.apiUrl}/${this.apiVer}/${url}`, this.reqOptions);
   -        }
   -      }
```

Response 객체의 응답 바디를 JSON 객체로 변경하는 코드를 먼저 봅시다. 5번 줄에 JSON_
MAPPER_FN이라는 이름으로 res => res.json() 함수를 선언하였습니다. 이 함수를 Http
서비스의 메서드 호출 후 map 메서드에 인자로 전달하도록 코드가 추가되었습니다. 이로 인하
여 이제 MyApiGatewayService를 사용하여 API 통신을 하는 경우에는 불필요하게 map(res
=> res.json())을 중복 호출하지 않고 응답 결과가 바로 JSON 객체로 반환됩니다.

다음으로 API 호출 시 사용한 url에 공통으로 중복된 부분을 처리해 봅시다. 모든 url의 앞
부분에 '/api/v1/'이 포함되어 있었습니다. [예제 7-22]에서는 '/api'를 apiUrl로 'v1'을
apiVer로 선언하여 13~14번 줄과 같이 생성자에서 주입받도록 구현하였습니다. 주입받을 때
는 제5장에서 살펴본 @Inject 어노테이션과 OpaqueToken을 사용하였습니다. 3번 줄을 보
면 app.tokens.ts 파일에 InjectionToken으로 선언한 APP_URL_TOKEN, APP_VER_
TOKEN을 임포트하였음을 알 수 있습니다. app.tokens.ts는 다음과 같이 간단하게 의존성
주입을 위한 토큰을 생성한 것이 전부입니다.

```
import { InjectionToken } from '@angular/core';

export const API_URL_TOKEN = new InjectionToken<string>('API_URL');
export const API_VER_TOKEN = new InjectionToken<string>('API_VER');
```

이제 이 토큰을 활용하여 AppModule에 의존성 주입 선언을 합니다. 변경된 AppModule의 코드에서 의존성 주입 부분만 확인하면 다음과 같습니다.

```
providers: [UserListService, UserDetailService, MyApiGatewayService,
    { provide: API_URL_TOKEN, useValue: '/api' },
    { provide: API_VER_TOKEN, useValue: 'v1' }
  ]
```

이제 API 엔드 포인트의 url 앞부분이 변경되거나 API 버전이 변경될 경우 모든 서비스 클래스를 수정할 필요 없이 AppModule의 윗부분만 수정하면 됩니다. 변경된 MyApiGateway Service에 따라 최종 수정된 UserDetailService와 UserListService를 살펴봅시다. 두 서비스 클래스 모두 url에서 공통된 부분과 map(res => res.json()) 코드를 추출하여 MyApi GatewayService로 옮겼습니다. 이제 HTTP 통신과 관련된 공통 로직을 MyApiGateway Service에 둠으로써 변경 사항이 발생하였을 때 더욱 유연하게 코드를 수정할 수 있습니다.

예제 7-23 contacts–manager–v2/src/app/user–list/user–detail/user–detail.service.ts [ch7–4]

```
1    import { Injectable } from '@angular/core';
-    import { Http, Headers } from '@angular/http';
-    import { User } from './user.model';
-    import { MyApiGatewayService } from '../../my-api-gateway.service';
5
-    @Injectable()
-    export class UserDetailService {
-      constructor(public apiGateway: MyApiGatewayService) { }
-
10     findUser(no: number) {
-        return this.apiGateway.get(`users/${no}`);
-      }
-
-      addUser(user: any) {
15       return this.apiGateway.post('users', user);
-      }
-
-      modifyUser(user: User) {
-        return this.apiGateway.put(`users/${user.no}`, user);
20     }
-
-      removeUser(userNo: any) {
```

```
-        return this.apiGateway.delete(`users/${userNo}`);
-      }
25  }
```

예제 7-24 contacts-manager-v2/src/app/user-list/user-list.service.ts [ch7-4]

```
1  import { Injectable } from '@angular/core';
-  import { User } from './user-detail';
-  import { MyApiGatewayService } from '../my-api-gateway.service';
-
5  @Injectable()
-  export class UserListService {
-
-    constructor(public apiGateway: MyApiGatewayService) { }
-
10    findAllUserSummary() {
-      return this.apiGateway.get('users');
-    }
-  }
```

7.4 마치며

이 장에서는 다음 내용을 다루었습니다.

- 사용자용 웹 애플리케이션 환경은 사용자 이벤트 리스너, Ajax와 같이 다양한 비동기 코드로 이루어집니다.

- 비동기 코드를 효율적으로 다루는 데 있어 RxJS 라이브러리는 좋은 대안이며, 앵귤러에서 제공하는 HttpModule도 RxJS를 사용합니다.

- 앵귤러가 제공하는 HttpModule의 실제 소스를 통해서 Http 서비스의 인터페이스를 살펴보았습니다.

- Http 서비스를 사용하여 간단한 사용자 조회 서비스를 구현하였습니다. 이때 서버의 API를 대용할 용도로 angular-in-memory-web-api 패키지를 사용하였습니다.

- 비동기 이벤트 기반의 코드를 효율적으로 다룰 수 있는 라이브러리인 RxJS의 원리와 함께 기본 연산자를 살펴보았습니다.

- RxJS를 활용하여 제5~6장의 실습 예제 마우스 위치 로거를 개선하였습니다.

- 마지막으로 Http 서비스를 활용하기 위한 방법 중 하나로 ApiGateway 서비스를 구현하여 준비된 사용자 관리 프로젝트를 리팩토링하였습니다.

CHAPTER 08

폼 다루기

- 앵귤러에서 제공하는 폼의 모델 클래스와 폼 지시자 이해
- 템플릿과 NgModel 지시자를 활용한 폼 개발 방법
- 커스텀 Validator 지시자를 작성하는 방법
- 컴포넌트에서 모델과 FormBuilder를 사용한 반응형 폼 개발 방법
- 실습: FormGroup, FormControlName을 활용한 반응형 폼

폼은 웹 애플리케이션에서 사용자의 입력을 받는 창구입니다. 지금까지 우리는 여러 예제에서 앵귤러가 제공하는 바인딩 기능을 활용하여 사용자 입력을 처리하였습니다. 예를 들면 사용자에게 텍스트나 숫자를 입력받을 때 우리는 ngModel과 양방향 바인딩을 사용하였습니다.

```
<input type="text" name="product-name" [(ngModel)]="product.name" />
<input type="number" name="product-price" [(ngModel)]="product.listPrice" />
```

NgModel 지시자는 FormsModule에 포함되어 있기 때문에 NgModel로 양방향 바인딩을 사용하려면 FormsModule을 우리의 모듈에 임포트하여야 합니다. 다만 앵귤러 CLI로 프로젝트를 생성한 경우에는 기본으로 FormsModule이 AppModule에 이미 임포트되어 있습니다. ngModel을 포함하여 '4.2 템플릿'에서 다룬 바인딩 기능으로도 사용자 입력 폼을 다루는 데 부족함이 없습니다. 하지만 앵귤러는 폼을 다루는 다양한 기능을 제공하고 있습니다. 이 장에서는 앵귤러에서 제공하는 폼 API를 살펴보면서 폼을 더 간단하게 처리하는 방법을 알아볼 것입니다.

8.1 폼의 구성

앵귤러에서는 폼의 모든 요소를 추상화하여 모델 클래스와 지시자의 조합으로 구성하여 제공합니다. 앵귤러에서 폼을 어떻게 모델링하고 있는지를 파악하면 앵귤러의 폼을 자유롭게 다룰수 있습니다.

이 절에서는 폼에서 제공하는 모든 기능을 설명하기보다는 어떻게 앵귤러가 뷰의 실체인 템플릿을 모델과 지시자로 감싸는지^{wrapping} 그 구조를 살펴봅니다. 이 구조에 대한 이해는 바로 다음절인 반응형 폼 구성을 위한 교두보이므로 꼭 확인하고 넘어가기 바랍니다.

8.1.1 폼 모델

폼을 다루는 요소의 핵심은 FormControl 클래스입니다. FormControl은 폼에서 사용자 입력을 받는 모든 요소에 일대일로 대응하는 모델 클래스입니다. 앵귤러는 우리가 작성한 템플릿의 폼을 파싱하여 모든 입력 요소마다 FormControl 클래스를 하나씩 생성합니다.

그림 8-1 FormControl 관련 클래스 계층

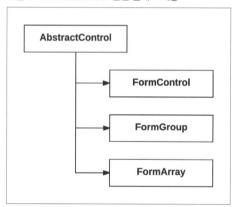

[그림 8-1]은 FormControl과 관련된 클래스 계층 구조입니다. FormControl은 Abstract Control 클래스를 상속받습니다. 사용자가 입력한 값의 상태 및 변경 이벤트의 기본적인 구현부는 AbstractControl에 있습니다. 예를 들면 입력 요소의 실제 값이 선언된 곳은 Abstract Control입니다. AbstractControl의 _value 속성이 선언되어 있으며, 입력 요소의 실제 값은 AbstractControl에 선언된 _value에 저장됩니다.

AbstractControl 클래스를 상속받는 FormGroup과 FromArray는 입력 폼을 묶어서 관리할 때 사용하는 클래스입니다. [그림 8-2]를 한번 봅시다.

그림 8-2 FormControl의 그룹화

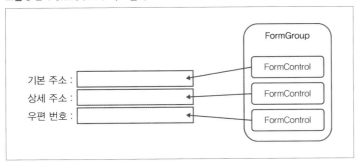

[그림 8-2]와 같이 사용자 주소를 입력받는 폼이 있다고 가정할 때 주소를 입력받는 각 입력 요소가 FormControl 객체가 되고, 주소라는 의미로 모아서 FormGroup으로 묶을 수 있습니다.

8.1.2 AbstractControl과 폼의 값 상태

AbstractControl에는 실제 폼의 입력 값 상태를 포함한 주요한 정보들이 선언되어 있습니다. 실제 소스를 보고 각 상태의 의미를 살펴봅시다.

예제 8-1 AbstractControl 소스 일부[1]

```
1    export abstract class AbstractControl {
-      /** @internal */
-      _value: any;
-      /** @internal */
5      _onCollectionChange = () => {};
-
-      private _valueChanges: EventEmitter<any>;
-      private _statusChanges: EventEmitter<any>;
-      private _status: string;
```

----

1 https://github.com/angular/angular/blob/4.0.0/packages/forms/src/model.ts#L78–L1374

```
10      private _errors: {[key: string]: any};
-       private _pristine: boolean = true;
-       private _touched: boolean = false;
-       private _parent: FormGroup|FormArray;
-       private _asyncValidationSubscription: any;
15      /* 메서드 생략 */
-     }
```

[예제 8-1]은 AbstractControl 클래스 소스에서 속성을 선언한 부분입니다. 3번 줄의 _value
가 실제 DOM에서 저장된 입력 요소의 값을 저장하는 공간입니다.

다음으로 살펴볼 만한 상태는 9, 11, 12번 줄에 선언된 _status, _pristine, _touched 속성입
니다. 이 속성은 각각 현재 FormControl 값의 상태를 나타내는 중요한 정보가 됩니다.

8.1.3 폼 지시자

폼 지시자는 템플릿의 입력 요소에 속성attribute으로 직접 선언할 때 사용합니다. FormControl
과 같은 폼의 모델 객체 생성과 관리가 폼 지시자 안에서 이루어집니다. 대표적인 지시자는 우
리가 앞에서 본 NgModel 지시자입니다. NgModel 외에도 폼을 구성하는 데 필요한 다양한
지시자가 있습니다. 폼과 관련된 전체 지시자의 클래스 구조는 [그림 8-3]과 같습니다.

모든 지시자는 기본적으로 AbstractControlDirective를 상속받습니다. AbstractControl
Directive는 각각 NgControl과 ControlContainer에서 상속받고 있으며 NgControl
을 상속받은 여러 지시자 중 하나가 바로 NgModel 지시자입니다. NgControl과 Control
Container는 클래스명에서 유추할 수 있듯이 개별 FormControl과 FormControl의 묶음인
FormGroup, FormArray 모델에 대응하는 지시자입니다.

지금까지 다룬 폼의 모델과 지시자의 관계를 정리하면 [그림 8-4]와 같이 표현할 수 있습니다.
앵귤러는 템플릿 입력 폼 요소의 속성으로 ngModel을 선언한 것을 보고 NgModel 지시자
클래스를 생성합니다. NgModel 지시자의 속성으로 포함된 FormControl을 통하여 DOM
API를 사용하지 않고 템플릿의 폼 요소를 다룰 수 있는 능력을 갖추게 됩니다. 결론적으로 폼
의 지시자는 폼 모델을 속성으로 포함하고 실제 로직을 수행하는 클래스입니다.

그림 8-3 FormControlDirective 관련 클래스 계층

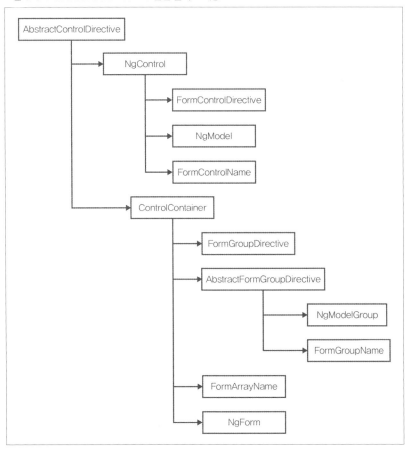

그림 8-4 폼 모델과 지시자의 관계

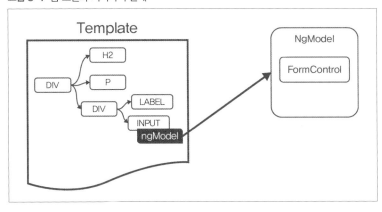

8.1.4 실습: NgModel과 FormControl

지금까지 설명한 폼의 모델과 지시자의 개념을 코드로 확인해 봅시다. 다음 링크를 통해서 예제를 실행해 볼 수 있습니다.

- http://bit.ly/hb-af-ng-model

실습할 예제는 다음과 같이 하나의 입력 요소가 있는 간단한 형태의 뷰입니다.

그림 8-5 NgModel 및 FormControl 실습 예

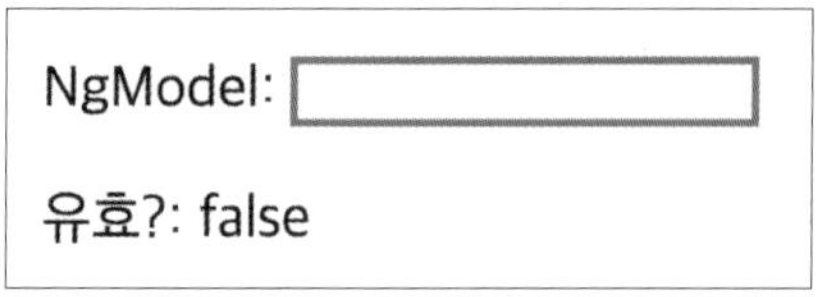

```
NgModel: [            ]

유효?: false
```

현재 이 템플릿은 다음과 같은 입력 요소를 ngModel로 양방향 바인딩하였고 ngModel 지시자를 myModel이라는 템플릿 지역 변수로 선언하였습니다.

```
<input type="text" id="test-input" [(ngModel)]="myData"
  #myModel="ngModel" required pattern="010-[0-9]{4}-[0-9]{4}">
```

또한 HTML 표준 Validation 속성을 선언한 상태입니다. 검증 규칙은 이와 같이 값의 필수 여부required와 010으로 시작하는 휴대 전화 번호를 체크하도록 정규식으로 구성되어 있습니다. 검증 여부는 바로 화면에서 불리언 값으로 확인할 수 있습니다. 먼저 유효성 여부는 쉽게 확인할 수 있습니다. NgModel 지시자에서 valid라는 속성으로 현재 입력 요소에 부여된 검증 규칙을 모두 통과하였는지 여부를 제공하고 있기 때문입니다. 따라서 다음과 같이 myModel.valid 값을 사용하면 현재 입력 요소의 검증 여부를 템플릿에서 바로 확인할 수 있습니다.

```
<label for="is-valid">유효?: </label><span id="is-valid">{{myModel.valid}}</span>
```

myModel로 선언한 NgModel 지시자를 ViewChild로 컴포넌트에서 주입받아 사용하는 것도 가능합니다. 다음 컴포넌트 코드를 봅시다.

예제 8-2 폼의 NgModel Validation

```
1    @Component({ ... })
-    export class AppComponent implements OnInit {
-      myData: any;
-      @ViewChild('myModel') myNgModel: NgModel;
5      validResult: boolean;
-
-      ngOnInit() {
-        this.myNgModel.valueChanges.subscribe(v => console.log('value: ${v}'));
-        this.myNgModel.statusChanges.subscribe(s => console.log('status: ${s}'));
10     }
-
-      checkValid() {
-        this.validResult = this.myNgModel.valid;
-      }
15   }
```

코드를 보면 먼저 4번 줄에서 ViewChild를 사용하여 myModel을 탐색하고 myNgModel에 바인딩합니다. OnInit 생명 주기가 실행될 때 myNgModel의 값이 바인딩되므로 OnInit 이후부터 myNgModel에서 NgModel 지시자가 제공하는 API를 사용할 수 있습니다.

이에 따라 8~9번 줄에서는 NgModel이 제공하는 valueChanges와 statusChanges를 사용하였습니다. 두 속성은 NgModel 지시자가 선언된 입력 요소의 값과 현재 검증 상태의 변화를 Observable로 제공합니다. 이제 입력 요소에 휴대 전화 번호를 입력하면 다음과 같이 값이 변할 때마다 현재 값과 검증 결과가 출력됩니다.

그림 8-6 폼의 Validation 결과

```
value: 010-1234-5
status: INVALID
value: 010-1234-56
status: INVALID
value: 010-1234-567
status: INVALID
value: 010-1234-5678
status: VALID
```

물론 Observable을 쓰지 않고 현재 값과 상태도 myNgModel.value, myNgModel.valid

와 같이 직접 조회할 수도 있습니다.

지금까지 살펴본 NgModel의 모든 API는 내부 FormControl의 API를 호출하는 것입니다. 핵심은 폼의 상태 정보는 FormControl에 있으며, 이를 관리하는 것은 NgModel 지시자에 있다는 것입니다. 현재 FormControl의 상태는 DOM의 클래스로도 확인할 수 있습니다. 예제를 실행하면 최초에는 INPUT 요소에 다음과 같이 ng-untouched, ng-pristine, ng-invalid가 부여됩니다. 모두 앵귤러가 폼 요소에 자동으로 생성한 클래스입니다.

그림 8-7 FormControl의 상태를 나타내는 클래스 속성

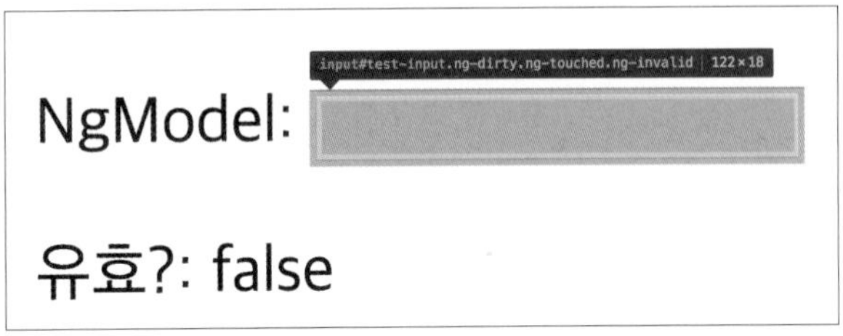

이 클래스는 현재 입력 요소의 값과 검증 상태에 따라 동적으로 변화합니다. 이는 각각 다음과 같은 의미가 있습니다.

표 8-1 FormControl 상태에 따른 입력 요소 클래스 속성

	맞을 경우	아닐 경우
한 번이라도 입력 포커스 발생	ng-touched	ng-untouched
한 번이라도 값이 변경	ng-dirty	ng-pristine
요소에 주어진 모든 검증 조건	ng-valid	ng-invalid

이 클래스를 조합한 스타일로 사용자에게 적절한 정보를 제공할 수 있습니다.

8.2 템플릿 주도 폼

템플릿 주도 폼은 템플릿 안에서 지시자를 사용하여 NgModel을 폼으로 구성하는 방식을 말합니다. 템플릿 주도 폼은 폼의 형태가 간단하고 고정된 경우에 적합한 방식입니다. 템플릿

주도 폼 방식으로 폼을 만들 때 필요한 개념은 앞서 살펴보았던 내용을 바탕으로 NgForm과 NgModel이 전부입니다.

[그림 8-3]에서 설명한 바와 같이 NgModel은 개별 입력 요소에 해당하는 FormControl을 관리하는 지시자이고 NgForm은 폼에 선언된 전체 입력 요소를 그룹화하여 하나로 관리하는 컨테이너 지시자입니다. 그럼 이제 NgModel과 NgForm을 활용하여 템플릿 주도의 폼을 작성하는 방법을 살펴봅시다.

8.2.1 ngModel과 양방향 바인딩

먼저 폼을 위하여 NgModel을 사용하기 전에 NgModel의 양방향 바인딩의 실체를 파악해 봅시다. 엄밀하게 말하면 앵귤러에는 사실 양방향 바인딩이 존재하지 않습니다. 오로지 프로퍼티 바인딩과 이벤트 바인딩만 있을 뿐입니다. 그렇다면 ngModel이 어떻게 양방향 바인딩을 지원하는 걸까요? 다음과 같이 양방향 바인딩을 사용한 간단한 템플릿 코드가 있다고 합시다.

```
<input type="text" [(ngModel)]="myData"/>
```

여러분이 이와 같이 작성한 템플릿은 앵귤러에서는 다음과 같이 선언한 것으로 이해하고 각각 프로퍼티 바인딩과 이벤트 바인딩으로 나누어서 처리합니다.

```
<input type="text" [ngModel]="myData" (ngModelChange)="myData = $event" />
```

그리고 ngModel 지시자는 ngModel로 프로퍼티 바인딩된 속성과 ngModelChange로 이벤트 바인딩된 속성을 갖고 있습니다. 실제 앵귤러의 ngModel 소스 일부를 살펴봅시다.

예제 8-3 ngModel 지시자 소스 일부[2]

```
1    // 임포트 생략
-
-    @Directive({ ... })
-    export class NgModel extends NgControl implements OnChanges,
5        OnDestroy {
```

---

2 https://github.com/angular/angular/blob/4.0.0/packages/forms/src/directives/ng_model.ts

```
  -      // 다른 속성 생략
  -      @Input('ngModel') model: any;
  -      @Output('ngModelChange') update = new EventEmitter();
  -
 10      // 메서드 구현부 생략
  -    }
```

설명한 바와 같이 ngModel, ngModelChange로 각각 프로퍼티 바인딩과 이벤트 바인딩이
선언되었음을 소스에서 확인할 수 있습니다. 따라서 양방향 바인딩의 존재는 문법적 편의 기능
이며, 실제 동작 원리는 프로퍼티 바인딩과 이벤트 바인딩의 조합이라는 것을 알 수 있습니다.
이제 양방향 바인딩을 지원하는 [()] 기호는 더 이상 ngModel만의 전유물이 아닙니다. 우리
의 컴포넌트나 지시자에도 양방향 바인딩을 사용할 수 있습니다. 프로퍼티 바인딩과 이벤트 바
인딩으로 속성을 선언하되, 프로퍼티 바인딩 속성명에 Change를 붙여 이벤트 바인딩 속성명
으로 하면 됩니다.

예제 8-4 양방향 바인딩 문법 사용

```
 1    <some-component [(myData)]="parentModelData"×/some-component>
  -
 -    export class SomeComponent {
 -      @Input() myData: any;
 5      @Ouput() myDataChange: EventEmitter<any> = new EventEmitter();
 -    }
```

예를 들어, 부모 컴포넌트의 템플릿 안에 [예제 8-4] 1번 줄과 같이 선언된 코드가 있다고 해
봅시다. parentModelData를 자식 컴포넌트의 myData에 양방향 바인딩으로 선언하였습니
다. 이제 자식 컴포넌트인 SomeComponent에서는 4~5번 줄과 같이 각각 프로퍼티 바인딩
과 이벤트 바인딩으로 규칙에 맞게 이름만 선언하면 앵귤러가 괄호를 확인하여 각 바인딩을 적
절하게 처리해 줍니다.

먼저 부모 컴포넌트에서 일어나는 변화는 프로퍼티 바인딩을 통하여 myData에 반영됩니
다. SomeComponent에서 추가로 다루어야 할 부분은 myData의 값이 변화할 때 이를 부
모 컴포넌트에 이벤트로 전달하는 일입니다. 예를 들면, myData 값이 변화할 때 다음과 같이
myData 값을 부모 컴포넌트로 전달하면 됩니다.

```
                     // myData 값이 바뀌었음을 확인 후
                     this.myDataChange.emit(myData);
```

8.2.2 실습: 템플릿 주도 폼

간단한 폼을 구성하여 템플릿 주도 폼의 구성 방법을 알아봅시다. 실습 코드는 다음 링크에서
확인할 수 있습니다.

- http://bit.ly/hb-af-ch8-tpl-form

먼저 폼 구성을 위하여 입력받을 템플릿을 작성합니다.

예제 8-5 product-manager/src/app/app.component.html [ch8-1]

```
1   <h4 class="p-4">{{title}}</h4>
-   <form (ngSubmit)="onSubmit()" (ngReset)="onReset()" #prodForm="ngForm">
-     <div class="input-group pl-5 my-3">
-       <span class="input-group-addon" id="product-name">상품명</span>
5       <input type="text" name="prod-name" class="form-control col-4"
-         [(ngModel)]="product.name"/>
-     </div>
-
-     <div class="input-group pl-5 my-3">
10      <span class="input-group-addon" id="product-listPrice">상품가격</span>
-       <input type="number" name="prod-price" class="form-control col-4"
-         [(ngModel)]="product.listPrice" />
-     </div>
-
15    <div class="input-group pl-5 my-3">
-       <span class="input-group-addon" id="prodcut-qty">상품수량</span>
-       <input type="number" name="prod-qty" class="form-control col-4"
-         [(ngModel)]="product.qty" />
-     </div>
20
-     <div class="input-group pl-5 my-3">
-       <textarea class="form-control col-6" name="prod-desc" rows="4"
-         placeholder="상품 상세 설명" [(ngModel)]="product.desc"></textarea>
-     </div>
25
```

```
-        <div class="row m-3 p-3">
-          <button type="submit" class="btn btn-info btn-sm mr-2"
-                [disabled]="!prodForm.form.valid">상품 등록</button>
-          <button type="reset" class="btn btn-warning btn-sm">초기화</button>
30       </div>
-      </form>
```

[예제 8-5]에서 NgModel 지시자를 사용하여 각 입력 요소를 양방향 바인딩으로 선언하였습니다. 그리고 2번 줄을 보면 form 태그의 속성에 ngSubmit 이벤트 바인딩과 prodForm 템플릿 변수가 선언되어 있음을 확인할 수 있습니다.

앵귤러는 form 태그에 자동으로 NgForm 지시자를 적용합니다. 따라서 [예제 8-5] 2번 줄에 있는 ngSubmit과 ngReset 이벤트는 NgForm 지시자에서 제공하는 이벤트 바인딩 속성입니다. prodForm 변수는 이 NgForm 지시자를 바인딩한 템플릿 지역 변수가 됩니다.

이제 컴포넌트는 템플릿에서 NgModel로 바인딩한 product 모델과 NgForm에서 제공하는 두 가지 이벤트인 ngSubmit, ngReset에 바인딩한 메서드를 구현하면 됩니다. 컴포넌트는 다음과 같이 작성할 수 있습니다.

예제 8-6 product-manager/src/app/app.component.ts [ch8-1]

```
1    // 임포트 생략
-    @Component({ ⋯ })
-    export class AppComponent {
-      title = '상품 등록';
5      product: any;
-
-      constructor() {
-        this.initProduct();
-      }
10
-      initProduct() {
-        this.product = { name: '', listPrice: '', qty: 0, desc: '' };
-      }
-
15     onSubmit() {
-        alert('제출\n${JSON.stringify(this.product)}');
-      }
-
-      onReset() {
```

```
20        this.initProduct();
-    }
- }
```

컴포넌트의 코드를 보면 NgModel로 양방향 바인딩한 모델 속성과 NgForm의 이벤트 바인딩 메서드를 제외하고 폼과 관련된 코드를 찾아볼 수 없습니다. 이러한 특징이 템플릿 주도 폼을 구성할 때 명확하게 나타나는 부분입니다. 이제 앞에서 살펴본 컴포넌트와 템플릿만 가지고도 사용자의 입력 정보를 폼으로 전달받을 수 있습니다.

8.2.3 폼 유효성 검증

예제의 내용을 발전시켜 폼에서 데이터의 유효성을 체크할 수 있도록 코드를 개선해 봅시다. 예제에서 템플릿 주도로 폼을 구성하였기 때문에 Validation이라고 부르는 폼의 입력 데이터 검증도 템플릿에서 작성할 수 있습니다.

[예제 8-5]에서 NgModel이 선언된 부분과 FORM 요소에 코드를 약간 추가하면 폼의 데이터를 쉽게 검증할 수 있습니다. 검증 규칙의 추가는 HTML 표준을 활용하여 각 입력 요소에 required, pattern 등을 적용하였습니다.

예제 8-7 product-manager/src/app/app.component.html [ch8-2]

```
1   <h4 class="p-4">{{title}}</h4>
-   <form (ngSubmit)="onSubmit()" (ngReset)="onReset()"
-           #prodForm="ngForm" novalidate>
-
5      ...
-
-      <input type="text" name="prod-name" class="form-control col-4"
-        [(ngModel)]="product.name" required/>
-
10     ...
-
-      <input type="number" name="prod-price" class="form-control col-4"
-        [(ngModel)]="product.listPrice" required pattern="[1-9]\d*" />
-
15     ...
-
```

```
-       <input type="number" name="prod-qty" class="form-control col-4"
-           [(ngModel)]="product.qty" required pattern="[1-9]\d*" />
-
20      …
-
-   <textarea class="form-control col-6" name="prod-desc"
-           rows="4" placeholder="상품 상세 설명" [(ngModel)]="product.desc"
-           required minlength="5" maxlength="100"></textarea>
25
-       …
-
-   <div class="row m-3 p-3">
-       <button type="submit" class="btn btn-info btn-sm mr-2"
30          [disabled]="!prodForm.form.valid">상품 등록</button>
-       <button type="reset" class="btn btn-warning btn-sm">초기화</button>
-   </div>
-   </form>
```

[예제 8-7]에서 추가한 required 규칙은 폼의 입력 요소를 필수로 받는 검증 규칙입니다. pattern은 정규식을 통하여 입력값의 유효성을 검사합니다. 이 예제에서는 숫자만 입력받는 정규 표현식을 pattern 속성에 작성하였습니다. 또한 minlength, maxlength는 입력한 값의 최소, 최대 길이를 체크하는 검증 규칙입니다.

required, pattern, minlength, maxlength 모두 브라우저에서 기본으로 지원합니다. 따라서 검증 규칙을 만족하지 않은 상태로 폼을 제출하면 에러 메시지를 출력합니다. 이 밖에도 브라우저에서는 min, max, step이라는 검증 규칙을 제공하지만 이 예제에서는 4가지만 사용한 이유가 있습니다.

첫 번째 이유는 FORM 요소에 novalidate 속성을 추가하였기 때문입니다. 이제 novalidate 속성으로 인하여 폼 제출 시 브라우저에서 네이티브로 지원하던 검증과 에러 출력을 하지 않습니다. 대신 앵귤러는 폼에 선언된 검증 규칙을 파싱하여 지시자로 객체화시킵니다. 그리고 각 입력 요소의 FormControl에 검증 규칙을 주입합니다. 현재 FormsModule은 Required Validator, PatternValidator, MinLengthValidator, MaxLengthValidator 지시자만 기본으로 제공하고 있습니다. 따라서 min, max, step 검증 규칙은 템플릿에 선언하여도 작동하지 않습니다.

브라우저의 네이티브 검증 기능과 에러 출력을 사용하지 않는 대신 우리는 앵귤러가 제공하는 NgForm, NgModel 지시자를 통하여 입력 값의 유효성을 검증할 수 있습니다. 예를 들어 [예제 8-7] 30번 줄을 보면 prodForm.form.valid를 사용하고 있는 것을 확인할 수 있습니다. NgForm에서 제공하는 valid 속성 값은 우리가 템플릿에 선언한 검증 규칙을 모두 통과할 경우에는 true를, 하나라도 만족하지 못할 경우에는 false를 반환합니다. 따라서 30번 줄에서 폼 제출 버튼의 disabled 속성을 !prodForm.form.valid로 프로퍼티 바인딩하여 데이터 검증에 실패할 경우 제출 버튼이 비활성화됩니다.

8.2.4 커스텀 Validator 지시자 작성

기본 Validator와 상관없이 커스텀 Validator 지시자를 만들어 템플릿에 적용할 수 있습니다. 커스텀 Validator 지시자를 만들기 위해서는 FormsModule에 포함된 Validator 인터페이스를 구현하여야 합니다.

Validator 인터페이스는 AbstractControl을 받아 입력 값이 유효하면 null을 반환하고 유효하지 않을 경우 에러 정보를 담은 객체를 반환할 validate 메서드를 가지고 있습니다. 커스텀 Validator 지시자를 만들기 전에 Validator 인터페이스를 구현한 다음 샘플 Validator를 먼저 살펴봅시다.

예제 8-8 커스텀 Validator 코드 템플릿

```
1   import { Directive, Input, forwardRef } from '@angular/core';
-   import { AbstractControl, Validator } from '@angular/forms';
-
-   export const CUSTOM_VALIDATOR: any = {
5     provide: NG_VALIDATORS,
-     useExisting: forwardRef(() => CustomValidator),
-     multi: true
-   };
-
10  @Directive({
-       selector: '[myOwnValidate][ngModel]',
-       providers: [CUSTOM_VALIDATOR]
-   }
-   export class CustomValidator implements Validator {
15
-       validate(control: AbstractControl): { [key: string]: any } {
```

```
-           // control.value
-           return null;
-       }
20  }
```

CustomValidator를 만들기 위한 첫 단추는 Directive 어노테이션의 CSS 선택자 문법으로 속성명을 정의하는 일입니다. 11번 줄을 보면 [myOwnValidate][ngModel]로 선언한 것을 알 수 있습니다. 이 선택자의 의미는 다음과 같이 ngModel과 함께 myOwnValidate 속성이 선언된 입력 요소에 CustomValidator를 적용하겠다는 선언을 의미합니다.

```
<input type="text" [(ngModel)]="myData" myOwnValidate />
```

어노테이션에 지시자 정보를 작성한 후에는 Validator 인터페이스의 validate 메서드를 구현하여야 합니다. validate 메서드에서 입력 요소의 값을 인자로 전달받은 AbstractControl 객체의 control.value를 통하여 접근할 수 있습니다. control.value의 유효성을 체크하여 값이 유효할 때는 null, 그렇지 않을 경우에는 에러 정보를 객체를 반환합니다.

마지막으로 12번 줄을 보면 Directive 어노테이션에서 COUSTOM_VALIDATOR로 정의된 객체를 providers에 선언한 것을 확인할 수 있습니다. COUSTOM_VALIDATOR는 4~8번 줄에 선언된 의존성 선언 정보입니다.

그럼 예제 템플릿 코드에 다음과 같이 min, max 검증 규칙을 추가해 봅시다.

```
1  <input type="number" name="prod-price" class="form-control col-4"
-       [(ngModel)]="product.listPrice" required min="1000" max="1000000"
-         pattern="[1-9]\d*" />
-
5      <input type="number" name="prod-qty" class="form-control col-4"
-       [(ngModel)]="product.qty" required min="1" max="100" pattern="[1-9]\d*" />
```

FormsModule에는 min, max를 위한 Validator가 없기 때문에 직접 커스텀 Validator를 작성하여야 합니다. [예제 8-8]을 기반으로 입력 요소의 최솟값·최댓값 제한을 두기 위하여 MinNumValueValidator와 MaxNumValueValidator를 작성해 봅시다.

```
1    import { Directive, Input, forwardRef } from '@angular/core';
-    import { AbstractControl, Validator, NG_VALIDATORS } from '@angular/forms';
-
-    const MIN_VALIDATOR = {
5        provide: NG_VALIDATORS,
-        useExisting: forwardRef(() => MinNumValueValidator),
-        multi: true
-    };
-
10   @Directive({
-        selector: '[min][ngModel]',
-        providers: [MIN_VALIDATOR]
-    })
-    export class MinNumValueValidator implements Validator {
15       @Input() min: string;
-
-        validate(control: AbstractControl): { [key: string]: any } {
-            if (this.min != null) {
-                const min = Number.parseInt(this.min, 10);
20               return control.value >= min ? null : {
-                    'min': '${this.min} 이상의 값을 입력하세요' };
-            }
-            return null;
-        }
25
-    }
-
-
-    const MAX_VALIDATOR = {
30       provide: NG_VALIDATORS,
-        useExisting: forwardRef(() => MaxNumValueValidator),
-        multi: true
-    };
-
35
-    @Directive({
-        selector: '[max][ngModel]',
-        providers: [MAX_VALIDATOR]
-    })
40   export class MaxNumValueValidator implements Validator {
-        @Input() max: string;
-
```

```
  -         validate(control: AbstractControl): { [key: string]: any } {
  -             if (this.max != null) {
 45                 const max = Number.parseInt(this.max, 10);
  -                 return control.value <= max ? null : {
  -                     'max': '${this.max} 이하의 값을 입력하세요' };
  -             }
  -             return null;
 50         }
  -     }
```

먼저 구현된 코드에서 각 Directive의 selector를 봅시다. 각각 min, max로 선언한 것을 확인할 수 있습니다. 다음으로 입력 값의 유효성을 체크할 validate 메서드는 각각 입력한 값을 속성에 선언된 값과 비교하여 유효한 경우 null을 반환하고 그렇지 않으면 에러 메시지를 담은 에러 객체를 반환하도록 구현되어 있습니다. 이제 이렇게 생성한 커스텀 Validator 지시자를 모듈의 declarations에 선언하면 우리의 폼에 직접 만든 Validator를 적용할 수 있습니다. [예제 8–9]를 제외하고 이 절에서 사용된 전체 코드는 다음과 같습니다.

예제 8-10 product-manager/src/app/app.module.ts [ch8-3]

```
 1    import { BrowserModule } from '@angular/platform-browser';
  -    import { NgModule } from '@angular/core';
  -    import { FormsModule } from '@angular/forms';
  -    import { HttpModule } from '@angular/http';
 5
  -    import { AppComponent } from './app.component';
  -    import { MinNumValueValidator, MaxNumValueValidator } from './custom-validators'
  -
  -    @NgModule({
 10     declarations: [
  -       AppComponent,
  -       MinNumValueValidator,
  -       MaxNumValueValidator
  -     ],
 15     imports: [
  -       BrowserModule,
  -       FormsModule,
  -       HttpModule
  -     ],
 20     providers: [],
  -     bootstrap: [AppComponent]
```

```
-    })
-  export class AppModule { }
```

예제 8-11 product-manager/src/app/app.component.ts [ch8-3]

```
 1  import { Component, AfterViewInit, ViewChild } from '@angular/core';
 -  import { NgModel, NgForm } from '@angular/forms';
 -  import { Observable } from 'rxjs/Observable';
 -
 5  @Component({ ... })
 -  export class AppComponent implements AfterViewInit {
 -    title = '상품 등록';
 -    product: any;
 -    errorCodes = ['min', 'max', 'required', 'pattern'];
10    errors: any[] = [];
 -    @ViewChild('prodForm') prodForm: NgForm;
 -
 -    constructor() {
 -      this.initProduct();
15    }
 -
 -    ngAfterViewInit() {
 -      this.prodForm.statusChanges.filter(s => s === 'INVALID')
 -        .switchMap(() => {
20          this.errors = [];
 -          return Observable.from(Object.keys(this.prodForm.controls));
 -        })
 -        .subscribe((controlName) => {
 -          this.errorCodes
25            .filter(code => this.prodForm.hasError(code, [controlName]))
 -            .forEach(code => {
 -              const errorMsg = this.prodForm.getError(code, [controlName]);
 -              this.errors.push({ controlName, code, errorMsg })
 -            });
30        });
 -
 -      this.prodForm.statusChanges.filter(s => s === 'VALID')
 -        .subscribe(() => this.errors = []);
 -    }
35
 -    initProduct() {
 -      this.product = { name: '', listPrice: '', qty: 0, desc: '' };
```

```
 -      }
 -
40     onSubmit() {
 -        alert('제출\n${JSON.stringify(this.product)}');
 -      }
 -
 -      onReset() {
45       this.initProduct();
 -      }
 -  }
```

예제 8-12 템플릿 주도 폼 구성: app.component.html 최종

```
1   <h4 class="p-4">{{title}}</h4>
 -   <form (ngSubmit)="onSubmit()" (ngReset)="onReset()" #prodForm="ngForm" novalidate >
 -     <div class="input-group pl-5 my-3">
 -       <span class="input-group-addon" id="product-name">상품명</span>
5       <input type="text" name="prod-name" class="form-control col-4"
 -         [(ngModel)]="product.name" required/>
 -     </div>
 -
 -     <div class="input-group pl-5 my-3">
10      <span class="input-group-addon" id="product-listPrice">상품가격</span>
 -       <input type="number" name="prod-price" class="form-control col-4"
 -         [(ngModel)]="product.listPrice" required min="1000" max="1000000"
 -           pattern="[1-9]\d*" />
 -     </div>
15
 -     <div class="input-group pl-5 my-3">
 -       <span class="input-group-addon" id="prodcut-qty">상품수량</span>
 -       <input type="number" name="prod-qty" class="form-control col-4"
 -         [(ngModel)]="product.qty" required min="1" max="100" pattern="[1-9]\d*" />
20     </div>
 -
 -     <div class="input-group pl-5 my-3">
 -       <textarea class="form-control col-6" name="prod-desc"
 -         rows="4" placeholder="상품 상세 설명" [(ngModel)]="product.desc"
25        required minlength="5" maxlength="100"></textarea>
 -     </div>
 -
 -     <ul>
 -       <li *ngFor="let err of errors">{{err | json}}</li>
```

```
30   </ul>
 -  <div class="row m-3 p-3">
 -    <button type="submit" class="btn btn-info btn-sm mr-2"
 -     [disabled]="!prodForm.form.valid">상품 등록</button>
 -    <button type="reset" class="btn btn-warning btn-sm">초기화</button>
35  </div>
 -  </form>
```

예제 8-13 product—manager/src/app/app.component.css [ch8—3]

```
1  .ng-valid {
 -    border-right: 5px solid #42A948; /* green */
 -  }
 -
5  .ng-invalid:not(form) {
 -    border-right: 5px solid #a94442; /* red */
 -  }
```

8.3 반응형 폼(모델 주도 폼)

이번 절에서는 폼을 동적으로 구성하는 방식인 반응형 폼 구성을 알아봅시다. 반응형 폼은 템플릿 주도 폼과 달리 폼을 구성하는 구현 코드를 템플릿이 아닌 컴포넌트에 작성합니다. 컴포넌트 클래스에서 폼에 대응하는 모델을 기반으로 폼을 구성하기 때문에 모델 주도 폼이라고 부르기도 합니다. 이미 앞에서 살펴보았던 템플릿 주도 폼에서 템플릿에 NgModel, NgForm과 같은 지시자로 폼을 작성하였습니다. 이때 내부적으로 앵귤러는 NgModel에 대응하여 FormControl 객체를 만들고, NgForm에 대응하여 FormGroup 객체를 생성하였습니다.

반응형 폼 방식은 템플릿 주도 폼이 템플릿에 선언된 지시자를 기준으로 하여 내부적으로 알아서 FormControl을 만들고 FormGroup을 구성하였던 것을 컴포넌트에서 우리가 직접 작성하는 것뿐입니다. 즉 템플릿에 NgModel 지시자를 사용하여 폼을 구성하는 대신 폼 요소마다 직접 FormControl 객체를 만들고 하나의 폼을 구성하는 FormGroup을 컴포넌트에 작성하는 것이 반응형 폼이 템플릿 주도 폼 방식과 다른 점입니다. 폼의 구현과 관련된 내용이 템플릿에서 컴포넌트로 공간만 변경되었을 뿐 앵귤러가 생각하는 폼에 대한 기본 개념은 '8.1 폼의 구성'에서 벗어나지 않습니다.

그럼 이제 반응형 폼을 구성하는 방식을 알아 봅시다. 템플릿 주도 폼을 학습할 때 사용하였던 실습 예제를 이번에도 사용합니다. 템플릿 주도 폼 방식으로 이미 구현을 마친 코드를 반응형 폼으로 변경할 예정입니다. 반응형 폼이 템플릿 주도 폼과 어떤 차이가 있는지 알아 봅시다.

8.3.1 ReactiveFormsModule

먼저 반응형 폼을 사용하기 위하여 지금까지 사용하였던 FormsModule 대신 다음과 같이 ReactiveFormsModule을 임포트하여야 합니다.

```
1   // 다른 임포트문 생략
-   import { ReactiveFormsModule } from '@angular/forms';
-
-   @NgModule({
5     imports: [ BrowserModule, ReactiveFormsModule ],
-     // 생략
-   })
-   export class AppModule {}
```

ReactiveFormsModule은 다음과 같은 지시자를 제공하고 있습니다.

표 8-2 ReactiveFormsModule의 지시자

클래스명	선택자 이름	
FormControlDirective	formControl	FormControl 객체 바인딩
FormGroupDirective	formGroup	FormGroup 객체 바인딩
FormControlName	formControlName	FormGroup에 포함된 FormControl 객체 바인딩
FormGroupName	formGroupName	FormGroup에 포함된 FormGroup 객체 바인딩
FormArrayName	formArrayName	FromGroup에 포함된 FormArray 객체 바인딩

5개 지시자 모두 FormControl, FormGroup, FormArray 객체를 DOM의 폼 요소에 바인딩할 때 사용됩니다. 이 중에서 Directive가 붙는 FormControlDirective, FormGroupDirective는 독립적인 객체를 DOM에 바인딩할 때 사용합니다. 반면 Name이 뒤에 붙는

FormControlName, FormGroupName, FormArrayName 지시자는 하나의 폼에 포함된 하위 요소로 존재하는 FormControl, FormGroup, FormArray 객체를 바인딩할 때 각각 사용합니다.

8.3.2 FormBuilder

ReactiveFormsModule은 컴포넌트에서 폼을 쉽게 만들 수 있도록 FormBuilder 서비스를 제공합니다.

그림 8-8 상품 등록 폼 예시

템플릿 주도 폼에서 실습할 때 사용한 [그림 8-8]의 폼을 반응형 폼으로 구성한다고 할 때 FormBuilder를 사용하지 않을 경우 다음과 같이 FormGroup을 컴포넌트에서 작성할 수 있습니다.

예제 8-14 FormBuilder를 사용하지 않고 FormGroup 생성

```
1    new FormGroup({
-        name: new FormControl('', Validators.required),
-        listPrice: new FormControl(0, [
-          Validators.required,
5          NumberRangeValidator.min(1000),
-          NumberRangeValidator.max(1000000),
-          Validators.pattern('[1-9]\\d*')
-        ])
```

```
10      qty: new FormControl(0, Validators.compose([
-         Validators.required,
-         NumberRangeValidator.min(1),
-         NumberRangeValidator.max(100),
-         Validators.pattern('[1-9]\\d*')
15      ])),
-       desc: new FormControl('', [
-         Validators.required,
-         Validators.minLength(5),
-         Validators.maxLength(100)
20      ])
-     });
```

[예제 8-14]를 보면 name, listPrice 등과 같이 각 폼의 입력 요소에 대응하는 키 값을 선언하고 여기에 검증 규칙과 함께 FormControl 객체를 생성한 것을 알 수 있습니다. FormBuilder는 FormControl, FormGroup을 직접 생성하지 않고 객체를 생성하는 API를 제공하므로 [예제 8-14]와 동일한 기능의 코드를 다음과 같이 작성할 수 있습니다.

예제 8-15 FormBuilder를 사용한 FormGroup 생성

```
1    this.formBuilder.group({
-        name: ['', Validators.required],
-        listPrice: [0,
-          Validators.compose([
5            Validators.required,
-            NumberRangeValidator.min(1000),
-            NumberRangeValidator.max(1000000),
-            Validators.pattern('[1-9]\\d*')
-          ])
10       ],
-        qty: [0, [
-            Validators.required,
-            NumberRangeValidator.min(1),
-            NumberRangeValidator.max(100),
15           Validators.pattern('[1-9]\\d*')
-        ]]
-        desc: ['', [
-            Validators.required,
-            Validators.minLength(5),
20           Validators.maxLength(100)
```

```
-         ]]
-     });
```

8.3.3 FormGroup, FormControlName

템플릿 주도 폼에서는 NgModel 지시자를 사용하여 각 입력 요소를 특정 모델에 양방향 바인 딩하였습니다. 그러나 반응형 폼은 앞서 살펴본 템플릿 주도 폼과 달리 템플릿에 많은 정보를 담지 않습니다.

반응형 폼은 모델 주도 방식으로 이미 컴포넌트에서 선언한 FormGroup 객체를 템플릿의 입 력 요소와 바인딩하는 코드만 작성합니다. 이때 사용하는 것이 FormGroup, FormControl Name 지시자입니다.

FormGroup 지시자는 컴포넌트에서 생성한 FormGroup을 선언할 때 사용합니다. 예를 들면 컴포넌트에서 prodForm이라는 FormGroup을 FormBuider로 생성하였다면 다음과 같이 템 플릿에서 FormGroup 지시자를 사용하여 프로퍼티 바인딩으로 컴포넌트의 FormGroup을 템 플릿의 폼과 바인딩할 수 있습니다.

```
<form (ngSubmit)="onSubmit()" [formGroup]="prodForm" novalidate>
```

다음으로 FormControlName 지시자는 컴포넌트에서 선언한 FormGroup의 각 Form Control을 템플릿의 입력 요소와 바인딩할 때 사용합니다. 예를 들어 FormBuilder를 사용하 여 컴포넌트에서 name을 키로 하는 FormControl을 포함하여 FormGroup을 하나 생성하 였다고 가정해 봅시다.

```
this.myFormGroup = this.formBuilder.group({name: ['', Validators.required], … });
```

이제 템플릿에서는 FormGroup에서 각 FormControl 생성 시 사용한 키를 다음과 같이 formControlName 지시자에 문자열로 전달하면 됩니다.

```
<input type="text" formControlName="name" class="form-control"/>
```

8.3.4 실습: 반응형 폼

반응형 폼을 사용하는 데 필요한 모든 개념을 살펴보았으니 이제 '8.2 템플릿 주도 폼'에서 실습하였던 예제를 반응형 폼으로 개선해 봅시다. 이번 절의 반응형 폼 실습 코드는 GIT을 사용하여 ch8-4 태그를 체크아웃받거나 http://bit.ly/hb-af-ch8-4를 통해서 변경 내역을 확인할 수 있습니다.

먼저 제일 중요한 템플릿의 변화부터 살펴봅시다.

예제 8-16 product-manager/src/app/app.component.html [ch8-4]

```
1   <h4 class="pl-5 mt-5">상품 정보</h4>
-   <form (ngSubmit)="onSubmit()" [formGroup]="prodForm" novalidate>
-     <div class="container">
-       <div class="row">
5         <div class="col-6 py-3">
-           <div class="input-group">
-             <span class="input-group-addon" id="product-name">상품명</span>
-             <input type="text" formControlName="name" class="form-control"/>
-           </div>
10        </div>
-       </div>
-       <div class="row">
-         <div class="col-6 py-3">
-           <div class="input-group">
15            <span class="input-group-addon" id="product-listPrice">상품가격</span>
-             <input type="number" formControlName="listPrice" class="form-control"/>
-           </div>
-         </div>
-       </div>
20      <div class="row">
-         <div class="col-6 py-3">
-           <div class="input-group">
-             <span class="input-group-addon" id="product-qty">상품수량</span>
-             <input type="number" formControlName="qty" class="form-control"/>
25          </div>
-         </div>
-       </div>
-       <div class="row">
-         <div class="col-6 py-3">
30          <div class="input-group">
-             <textarea class="form-control" formControlName="desc" rows="4"
```

```
-          placeholder="상품 상세 설명"></textarea>
-        </div>
-      </div>
35    </div>
-    </div>
-  </form>
```

템플릿 주도 폼의 템플릿에서 변화된 [예제 8-16]을 봅시다. 먼저 NgModel 지시자를 사용하지 않고 formControlName으로 FormGroup에서 사용한 키 값을 바인딩하였습니다. 또한 기존에 템플릿에 선언하였던 검증 규칙 속성을 모두 뺐습니다. 검증 규칙은 대신 컴포넌트에서 FormGroup 생성 시 선언할 것입니다.

그럼 이제 컴포넌트 코드를 봅시다.

예제 8-17 product-manager/src/app/app.component.ts [ch8-4]

```
1   import { Component} from '@angular/core';
-   import { FormGroup, FormBuilder, Validators, FormControl } from '@angular/forms';
-   import { NumberRangeValidator } from "./custom-validators";
-
5   @Component({
-     selector: 'app-root',
-     templateUrl: './app.component.html',
-     styleUrls: ['./app.component.css']
-   })
10  export class AppComponent {
-     title = '상품 등록';
-     prodForm: FormGroup;
-
-     constructor(public fb: FormBuilder) {
15      this.prodForm = this.fb.group({
-         name: ['', Validators.required],
-         listPrice: [0,
-           Validators.compose([
-             Validators.required,
20            NumberRangeValidator.min(1000),
-             NumberRangeValidator.max(1000000),
-             Validators.pattern('[1-9]\\d*')
-           ])
-         ],
25        qty: [0, [
```

```
 -          Validators.required,
 -          NumberRangeValidator.min(1),
 -          NumberRangeValidator.max(100),
 -          Validators.pattern('[1-9]\\d*')
30        ]],
 -      desc: ['', [
 -          Validators.required,
 -          Validators.minLength(5),
 -          Validators.maxLength(100)
35        ]],
 -    });
 -  }
 -
 -  onSubmit() {
40    alert('제출\n${JSON.stringify(this.prodForm.value)}');
 -  }
 -  }
```

컴포넌트 코드는 간단합니다. FormBuilder를 사용하여 생성자 메서드에서 템플릿에서 선언
한 FormGroup을 생성한 것이 전부입니다. 이때 FormGroup 각 요소의 키 값은 템플릿의
formControlName에서 바인딩한 name, listPrice, qty, desc입니다. 또한 템플릿에서 제거
한 검증 규칙을 FormControl 객체 생성 시 포함하였습니다.

8.3.5 실습: 동적 폼

앞선 예제를 보면 템플릿 주도 폼과 반응형 폼은 코드의 표현 방식을 제외하면 사실 큰 차이가
없습니다. 이는 폼에서 입력받을 요소가 고정된 예제였기 때문입니다. 반응형 폼을 이용하면
폼에서 입력받을 요소를 손쉽게 동적으로 구성할 수 있습니다. 반응형 폼 방식으로 동적인 폼
을 어떻게 구성하는지 예제로 확인해 봅시다. 이번 절의 동적 폼 실습 코드는 GIT을 사용하여
ch8-5 태그를 체크아웃받거나 http://bit.ly/hb-af-ch8-5를 통해서 변경 내역을 확인할
수 있습니다.

폼을 동적으로 만들기 위하여 기존 양식에서 담당자 정보를 복수로 유연하게 받을 수 있도록
개선할 것입니다. 먼저 기존 컴포넌트의 템플릿에는 다음과 같이 담당자 정보를 동적으로 추
가/삭제할 수 있는 버튼을 추가합니다.

예제 8-18 product-manager/src/app/app.component.html [ch8-5]

```
1    <h4 class="pl-5 mt-5">담당자 정보</h4>
-      <fieldset class="mx-5 mb-5 p-3 rounded">
-        <div class="pl-2 my-2">
-          <button type="button" class="btn btn-info btn-sm mr-1"
5            (click)="addManager()">+</button>
-          <button type="button" class="btn btn-warning btn-sm mr-1"
-            (click)="removeManager()">-</button>
-        </div>
-        <div class="pl-5 my-3" formArrayName="managers">
10         <div *ngFor="let manager of managers.controls; let i = index">
-            <app-manager-info [idx]="i" [manager]="manager"></app-manager-info>
-          </div>
-        </div>
-      </fieldset>
```

[예제 8-18] 4~7번 줄에 담당자 정보 등록/삭제를 위한 버튼을 추가하면서 add Manager, removeManager 메서드를 클릭 이벤트에 바인딩하였습니다. 9번 줄에서 담당자를 formControlName이 아닌 formArrayName으로 변경하였습니다. 11번 줄의 요소는 잠시 후 생성할 ManagerInfoComponent입니다. 이제 동적으로 담당자의 Form Group을 추가/삭제할 수 있도록 템플릿 구현이 완료되었습니다. 다음으로 컴포넌트에서는 템플릿에 추가한 버튼 이벤트의 메서드를 구현합니다.

예제 8-19 product-manager/src/app/app.component.ts [ch8-5]

```
1    constructor(public fb: FormBuilder) {
-
-      this.managers = this.fb.array([this.buildManagerFormGroup()]);
-      this.prodForm = this.fb.group(
5        {
-          ...,
-          managers: this.managers
-        });
-    }
10
-    addManager() {
-      this.managers.push(this.buildManagerFormGroup());
-    }
-
```

```
15    removeManager() {
-        this.managers.removeAt(this.managers.length-1);
-    }
```

[예제 8-19] 3번 줄을 보면 템플릿에서 FormArrayName으로 managers를 바인딩한 것에
대응하여 담당자 정보를 FormBuilder를 사용하여 array로 구성한 것을 알 수 있습니다. 이제
managers는 FormArray 타입으로 담당자 정보를 가집니다. 그리고 11~13번 줄과 15~17
번 줄은 각각 버튼 이벤트에 따라 담당자 정보의 FormGroup을 FormArray에 추가/삭제하
도록 선언하였습니다. 이제 앞에서 템플릿에 추가한 ManagerInfoComponent를 생성합니
다. 다음 명령을 실행하여 컴포넌트 관련 파일을 추가합니다.

```
cd src/app/
ng g component manager-info
```

ManagerInfoComponent는 부모 컴포넌트가 프로퍼티 바인딩으로 전달하는 idx 값과
FormGroup 객체를 받도록 다음과 같이 구현합니다.

예제 8-20 product-manager/src/app/manager-info/manager-info.component.ts [ch8-5]

```
1    import { Component, OnInit, Input } from '@angular/core';
-
-    @Component({ ... })
-    export class ManagerInfoComponent implements OnInit {
5      @Input() idx: number;
-      @Input() manager;
-
-      constructor() { }
-
10     ngOnInit() { }
-
-    }
```

템플릿은 프로퍼티 바인딩으로 전달받은 FormGroup manager를 폼 요소에 각각 바인딩합
니다.

```
1   <fieldset class="mx-2 my-2 py-2 rounded" [formGroup]="manager">
-     <div class="container">
-       <div class="row">
-         <div class="col-6">
5           <div class="input-group">
-             <span class="input-group-addon">이름</span>
-             <input type="text" class="form-control" [id]="'manager-name-' + idx"
-               formControlName="name"/>
-           </div>
10        </div>
-         <div class="col-6">
-           <div class="input-group">
-             <span class="input-group-addon">연락처</span>
-             <input type="text" class="form-control" [id]="'manager-phone-' + idx"
15              formControlName="phoneNum"/>
-           </div>
-         </div>
-       </div>
-     </div>
20  </fieldset>
```

담당자 정보를 폼에 추가하는 작업을 모두 마쳤습니다. 이제 코드를 실행해 보면 담당자 정보의 추가/삭제에 따라 동적으로 변하는 폼이 정상적으로 작동하는 것을 알 수 있습니다.

그림 8-9 반응형 폼으로 동적으로 구성한 예제

8.4 마치며

이 장에서는 다음 내용을 다루었습니다.

- 앵귤러는 브라우저의 폼을 추상화하여 좀 더 유연하고 고급스럽게 폼을 다룰 수 있는 기능을 제공합니다.
- 앵귤러는 폼의 요소를 모델링하여 AbstractControl을 상속받는 FormControl, FormGroup, FormArray로 클래스화합니다.
- 모델링한 폼 클래스는 템플릿 안에서 NgModel, FormControlName과 같은 지시자에서 사용합니다.
- 폼 지시자는 실제 폼의 요소에 해당하는 AbstractControl 클래스를 속성으로 포함하고 실제 로직을 수행합니다.
- 폼 모델과 지시자를 통해서 폼을 구성하는 방식에는 템플릿 주도 폼과 반응형 폼이 있습니다.
- 템플릿 주도 폼은 폼 지시자를 활용하여 템플릿에서 폼을 구성하는 방식이고, 반응형 폼은 컴포넌트 안에서 모델 기반으로 폼을 구성하는 방식입니다.
- 간단한 형태의 폼의 경우 템플릿 주도 폼이 사용하기 쉽지만 폼이 복잡하고 양식이 동적으로 변화한다면 반응형 폼을 사용합니다.

CHAPTER 09

앵귤러 동작 원리

- 앵귤러 애플리케이션의 실행 과정
- JIT 컴파일과 AOT 컴파일의 개념
- 앵귤러 소스를 통한 부트스트랩 과정
- Zone.js의 역할
- 상태의 변경 사항을 감지하는 원리

우리는 지금까지 앵귤러를 활용하여 애플리케이션을 개발하는 데 중요한 요소와 개념을 알아보았습니다. 그런데 그동안 컴포넌트와 템플릿 등 앵귤러가 제공하는 요소와 기능을 사용하였을 뿐 애플리케이션의 실행과 관련된 코드는 작성하지 않았습니다. 또한 직접 DOM을 제어하는 코드도 작성하지 않았습니다. 대신 컴포넌트와 뷰 사이에 상호 작용이 필요한 경우 데이터 바인딩을 하였습니다.

앵귤러로 작성한 애플리케이션을 어떻게 실행할지 신경 쓰지 않아도 되는 이유는 앞서 제3장에서 강조한 대로 앵귤러는 프레임워크이기 때문입니다. 컴포넌트와 뷰의 상호 작용을 포함하여 사용자용 애플리케이션의 실행과 관련된 전반적인 동작은 모두 앵귤러가 담당합니다.

이 장에서는 내부의 동작 원리를 통하여 앵귤러가 어떻게 우리 대신 일하는지를 알아보고자 합니다. 동작 원리라고 하여 대단히 특별하고 어려운 개념이 숨어 있는 것은 아닙니다. 앵귤러로 작성한 코드는 결국 브라우저에서 실행할 수 있는 자바스크립트입니다. 앵귤러는 자바스크립트로 구현된 애플리케이션의 로직에 따라 우리가 작성한 코드가 의도한 대로 동작할 수 있도록 도와줍니다.

또한 데이터 바인딩이 어떻게 동작하는지도 알아볼 것입니다. 데이터 바인딩은 뷰를 다루는 데 있어 가장 중요한 기능입니다. 앵귤러에는 컴포넌트와 뷰 사이에 데이터를 바인딩하기 위하여 상태가 변경되었는지 확인하고 변경되었으면 이를 처리하는 로직이 있습니다. 이는 애플리케이션 성능과도 직결되는 부분입니다. 따라서 데이터 바인딩의 동작 원리를 알아보면서 애플리케이션 실행 속도를 높이는 부분도 함께 살펴봅니다. 그동안 앵귤러가 제공하는 기능을 이해하는 데 목적을 두었다면, 제2부를 마치기 전에 이 장의 내용으로 앵귤러의 동작과 관련된 큰 그림을 알아봅시다.

9.1 부트스트랩과 컴파일

9.1.1 애플리케이션의 최초 진입점

앵귤러 애플리케이션은 부트스트랩과 함께 시작합니다. 부트스트랩은 모듈 단위로 구성된 앵귤러 코드를 브라우저에서 실행할 수 있도록 초기화하는 일련의 과정을 진행합니다. 부트스트랩을 실행하는 위치는 앵귤러 CLI로 생성한 프로젝트의 경우 src/main.ts에 있습니다.

예제 9-1 src/main.ts

```
1   import { enableProdMode } from '@angular/core';
-   import { platformBrowserDynamic } from '@angular/platform-browser-dynamic';
-
-   import { AppModule } from './app/app.module';
5   import { environment } from './environments/environment';
-
-   if (environment.production) {
-     enableProdMode();
-   }
10
-   platformBrowserDynamic().bootstrapModule(AppModule);
```

[예제 9-1]의 마지막 줄이 앵귤러 애플리케이션의 시작 위치입니다. 마지막 줄의 의미를 설명하기에 앞서 7~9번 줄부터 간단히 짚고 넘어갑시다. 7~9번 줄은 개발 단계의 코드가 아닌 릴리스용으로 코드를 배포할 때 enableProdMode를 호출하라는 의미입니다. if문의 조건이 되는 environment.production은 배포 환경별 설정 값을 담을 수 있는 앵귤러 CLI에서 제공하는 편의 기능입니다. 앵귤러 CLI로 배포할 때 –prod 옵션을 붙이면 릴리스용 환경 설정을 사용하고 옵션이 없을 경우 기본 값이 개발 환경 설정을 반영합니다.

환경 설정 파일은 src/environmets 폴더에 있습니다. 폴더에는 environment.ts와 environment.prod.ts 파일이 있습니다. 중간에 prod가 붙은 파일이 릴리스용 환경 설정 파일이고, prod가 없는 파일이 개발용 환경 설정 파일입니다. 각 파일을 열어 보면 prod가 붙은 경우에만 다음과 같이 environment.production이 true로 선언되어 있고, 개발 환경 설정은 false로 선언되어 있습니다.

```
export const environment = {
  production: true
};
```

환경 설정에 따라 릴리스로 배포하면 8번 줄의 enableProdMode 메서드를 호출하는데, 이는 개발 환경에서만 실행하는 불필요한 로직을 앵귤러에서 작동하지 말라는 명령입니다.

다시 부트스트랩의 본론으로 돌아와 11번 줄만 살펴봅시다.

```
platformBrowserDynamic().bootstrapModule(AppModule);
```

11번 줄을 보면 먼저 platformBrowserDynamic 메서드를 호출합니다. 이 메서드는 앵귤러 애플리케이션이 실행될 플랫폼을 브라우저로 지정하는 목적과 함께 애플리케이션의 부트스트랩을 위한 PlatformRef 타입의 객체를 반환합니다. platformBrowserDynamic이 반환하는 PlatformRef 타입은 브라우저에서 하나의 웹페이지상에서 생성되는 객체입니다[1].

PlatformRef의 핵심 역할은 하나입니다. 애플리케이션이 실행될 플랫폼에 맞게 앵귤러 모듈을 부트스트랩하는 것입니다. 11번 줄에서 platformBrowserDynamic 메서드 호출 결과를 받아 실행하는 bootstrapModule 메서드가 바로 모듈을 부트스트랩하는 메서드입니다. bootstrapModule은 최초 실행할 하나의 모듈을 인자로 받습니다. 이때 전달하는 모듈이 루트 모듈입니다. 루트 모듈은 제3장에서 앵귤러 아키텍처를 다룰 때 잠깐 언급하였습니다. 루트 모듈은 앵귤러 애플리케이션에서 사용할 모든 모듈의 베이스가 되는 모듈입니다. 따라서 루트 모듈을 bootstrapModule에 인자로 전달하면 이후부터는 알아서 루트 모듈의 임포트한 다른 모듈까지 순차적으로 부트스트랩합니다.

---

[1] 자명한 이야기이지만 앵귤러는 단일 페이지 애플리케이션이기 때문에 동일한 스크립트 소스로 브라우저에서 새로 페이지를 띄우면 다른 애플리케이션입니다. 즉 애플리케이션을 실행하면 PlatformRef 객체와 함께 다른 앵귤러 애플리케이션이라는 뜻입니다.

9.1.2 JIT 컴파일

JIT 컴파일이란

부트스트랩의 첫 번째 과정은 컴파일입니다. 혼동하지 말아야 할 것은 타입스크립트로 작성한
코드를 컴파일하는 것이 아니라는 점입니다. 타입스크립트로 작성한 소스는 앵귤러 CLI로 빌
드하는 과정에서 이미 자바스크립트로 변환됩니다. 따라서 부트스트랩의 컴파일은 컴포넌트의
템플릿을 자바스크립트 코드로 변환하는 것을 말합니다. 부트스트랩 과정 중 진행되는 컴파일
을 더 정확하게는 JIT 컴파일이라고 부릅니다. JIT는 Just In Time의 약자이며 애플리케이션
실행 과정의 하나로, 브라우저상에서 컴파일하는 과정을 표현하는 용어입니다.

JIT 컴파일한 결과물은 브라우저에서 평가되어 메모리상에만 존재합니다. 이때 컴파일된 소스
를 크롬 개발자 도구의 Sources 탭에서 확인할 수 있습니다. 예를 들어 앵귤러 CLI로 최초 생
성한 프로젝트를 실행한 후 브라우저에서 개발자 도구를 열어 보면 ng:// 영역에 [그림 9-1]
과 같은 정체 불명의 소스가 생성된 것을 확인할 수 있습니다.

그림 9-1 크롬 개발자 도구에서 컴파일 결과물 확인

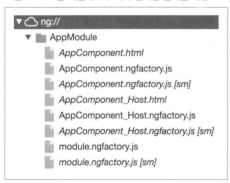

[그림 9-1] ng://₩에 생성된 스크립트의 이름을 보면 알 수 있듯이 앵귤러 애플리케이션의
AppModule이 컴파일된 것입니다. 앵귤러 컴파일러는 컴포넌트 객체를 생성할 팩토리 객
체, 해당 컴포넌트의 뷰를 렌더링할 팩토리 객체 등을 일반적인 자바스크립트 코드로 컴파일
합니다. 그럼 컴파일된 소스 중 하나를 열어서 컴파일 결과를 확인해 봅시다. 처음에 위치한
/AppModule/AppComponent.ngfactory.js는 AppComponent에서 뷰를 담당하는 로직
을 컴파일한 결과입니다. 파일을 클릭하면 개발자 도구 우측에서 소스를 확인할 수 있습니다.

컴파일된 결과를 보면 가독성이 떨어지는 복잡한 변수가 즐비한 자바스크립트 소스입니다. 이는 앵귤러 컴파일러가 AppComponent를 읽어서 VM 친화적인 코드로 변환한 결과입니다. 전체 소스 중에서 View_AppComponent_0(l)이라는 함수가 선언된 부분을 일부 발췌하여 더 살펴보겠습니다.

예제 9-2 AppComponent.ngfactory.js

```
1   function View_AppComponent_0(l) {
-     return jit_viewDef1(0,[
-       (l()(),jit_elementDef2(0,null,null,1,'h1',[],null,null,null,null,null)),
-       (l()(),jit_textDef3(null,[
5         '\n    ',
-         '\n'
-       ]
-       )),
-       (l()(),jit_textDef3(null,['\n']))
10    ]
-     ,null,function(ck,v) {
-       var co = v.component;
-       var currVal_0 = co.title;
-       ck(v,1,0,currVal_0);
15    });
-   }
```

[예제 9-2]는 앵귤러 컴파일러가 AppComponent의 컴포넌트를 컴파일하여 일반적인 자바스크립트 함수로 변환한 것입니다. 예를 들면 [예제 9-2]로 컴파일된 AppComponent에는 title 속성과 함께 '<h1>{{title}}</h1>'과 같은 템플릿이 있습니다. 앵귤러 컴파일러는 이를 컴파일하여 3번 줄과 같이 자바스크립트 코드로 H1 요소를 생성하는 함수로 컴파일하고, 삽입식으로 바인딩된 title이 실제 뷰에 적용되는 로직은 12~14번 줄의 함수로 컴파일합니다. 13번 줄이 현재 컴포넌트의 title 속성을 뷰에 적용하기 위하여 currVal_0으로 꺼내 오는 것을 의미합니다.

JIT 컴파일의 문제점
부트스트랩 과정에서 앵귤러가 모듈을 모두 컴파일한다는 사실은 두 가지 문제를 내포합니다. 첫째는 최초 애플리케이션 실행까지의 지연이 발생한다는 점입니다. 그리고 둘째는 번들링된 결과물의 크기입니다.

먼저 번들링된 결과물의 크기가 문제가 되는 이유부터 알아봅시다. 앵귤러는 브라우저에서 컴파일하기 위하여 번들링된 소스에 최초 컴파일에만 필요한 소스를 모두 포함시킵니다. 바로 다음의 @angular/compiler 패키지가 이에 해당합니다.

```
"@angular/compiler": "^4.0.0",
```

@angular/compiler는 최초 JIT 컴파일 시를 제외하면 실제 애플리케이션 로직과는 아무런 관련이 없는 패키지입니다. 이 패키지가 차지하는 비중이 얼마나 될까요? 4.0.0 버전을 기준으로 앵귤러 CLI로 최초 생성한 프로젝트의 번들링된 결과물에서 @angular/compiler의 비중을 살펴봅시다.

먼저 번들링된 결과물의 크기 비교를 위하여 source-map-explorer[2]라는 도구를 사용할 것입니다. 다음 명령을 실행하여 source-map-explorer를 전역 환경에 패키지로 설치합니다.

```
npm i -g source-map-explorer
```

이어서 ng build 명령을 실행하여 프로젝트를 빌드합니다. 이제 source-map-explorer로 빌드된 결과물의 사이즈를 패키지별로 확인할 수 있습니다. 빌드된 소스 중 vendor.bundle.js 파일에 앵귤러 관련 패키지가 있습니다. 따라서 다음 명령을 실행합니다.

```
source-map-explorer dist/vendor.bundle.js
```

명령을 실행하면 브라우저의 새 창을 통하여 vendor.bundle.js에 번들링된 다양한 소스를 [그림 9-2]와 같이 사이즈별로 한눈에 확인할 수 있습니다. [그림 9-2]에서 @angular/compiler 패키지를 확인하면 vendor.bundle.js 파일의 전체 크기 2.03MB 중 46%인 946KB를 @angular/compiler 패키지가 차지하고 있습니다. 최초 컴파일 시에만 필요한 소스를 1MB 가까운 번들링된 결과물이 포함하고 있는 것입니다.

다음으로 JIT 컴파일은 문자 그대로 브라우저에서 요청 시 소스를 컴파일하는 방법입니다. 따라서 웹 페이지에 접속하면 최초 부트스트랩 과정에서 컴파일하는 시간이 필요합니다. JIT 컴파일 시간은 소스의 양에 따라 적게는 100ms에서 많게는 1초 이상 걸립니다.

....

2 https://www.npmjs.com/package/source-map-explorer

그림 9-2 JIT 컴파일 시 vendor.bundle.js 분석

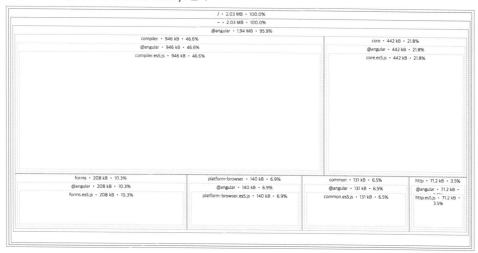

그림 9-3 JIT 컴파일 시 애플리케이션 Timeline

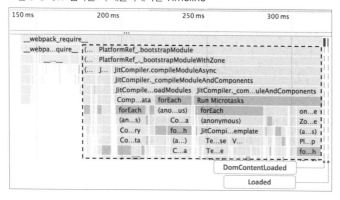

앵귤러 CLI의 최초 프로젝트를 크롬 개발자 도구의 Timeline으로 분석하면 애플리케이션의 초기 로딩 시간을 분석할 수 있습니다. 이를 통하여 JIT 컴파일이 얼마나 큰 비중을 차지하는 지 실감할 수 있습니다. Timeline으로 JIT 컴파일 과정이 초기 로딩 시간에 얼마나 큰 비중을 차지하는지 [그림 9-3]을 살펴봅시다. 가장 우측에 수직으로 나열된 두 선은 브라우저의 DomContentLoaded[3]와 Load 이벤트입니다. 박스로 표시된 JIT 컴파일 과정이 150ms가량 걸린 것을 알 수 있습니다. 이는 애플리케이션이 초기화에 걸린 시간인 약 350ms의 1/3이

---

3 https://developer.mozilla.org/en-US/docs/Web/Events/DOMContentLoaded

조금 넘는 시간입니다. 아무런 소스도 추가하지 않은 최초 프로젝트의 소스만이라는 점을 감안할 때, 코드의 양이 늘어나면 JIT 컴파일 시간도 비례하여 늘어날 것입니다. 따라서 실제 운영 환경에서 JIT 컴파일을 사용하는 것은 적지 않은 부담이라는 것을 알 수 있습니다.

9.1.3 AOT 컴파일

JIT 컴파일의 단점을 극복하기 위한 방안은 두 가지가 있습니다. 이 중 지금 바로 사용할 수 있는 방식은 AOT 컴파일입니다[4]. AOT 컴파일은 Ahead Of Time의 약자로, 번들링하기 전에 템플릿을 컴파일하는 방법입니다. 앵귤러 CLI를 사용하면 특별한 설정 없이 바로 AOT 컴파일을 적용할 수 있습니다. ng serve 또는 ng build 명령어로 번들링할 때 --aot 옵션을 추가하면 됩니다. 예를 들어 AOT로 컴파일 결과물을 빌드하려면 다음 명령을 실행합니다.

```
ng build --aot
```

앵귤러 CLI가 생성한 프로젝트를 AOT로 빌드한 결과물의 크기가 JIT와 비교할 때 얼마나 줄었는지 확인해 봅시다. AOT로 컴파일한 경우 [그림 9-4]와 같이 @angular/compiler 패키지는 번들링된 결과물에서 아예 제외되고 전체 크기가 2.03MB에서 1.07MB로 줄어든 것을 알 수 있습니다. 마찬가지로 AOT 컴파일 시 Timeline에서는 어떤 변화가 있었을지 확인해 봅시다. [그림 9-5]를 보면 [그림 9-3]과 달리 브라우저에서 컴파일하는 과정을 수행하지 않아 전체 로드 시간이 줄어든 것을 확인할 수 있습니다.

모든 면에서 월등히 유리한 것 같지만 AOT 컴파일을 사용하기 위해서는 중요한 전제가 한 가지 있습니다. AOT 컴파일은 애플리케이션이 브라우저에서 실행되기 전에 앵귤러의 소스를 자바스크립트로 변환하기 때문에 플랫폼 의존적인 동적 코드를 사용하면 안 됩니다. 예를 들면 컴포넌트나 서비스에서 현재 페이지의 URL을 window.location.href나 document.URL로 가져온 뒤 이를 기반으로 하는 로직이 있다면 AOT 컴파일을 사용할 수 없습니다. 이는 여러분이 작성한 코드뿐 아니라 외부 패키지 모두에도 해당합니다.

---

4 다른 한 가지 방식은 컴파일을 서버에서 수행하여 클라이언트에 제공하는 방식입니다. 이 방식은 Angular Universal이라는 프로젝트로 진행되었다가 현재 4.0에서 공식 기능으로 포함되어 제공될 예정입니다.

그림 9-4 AOT 컴파일 시 vendor.bundle.js 분석

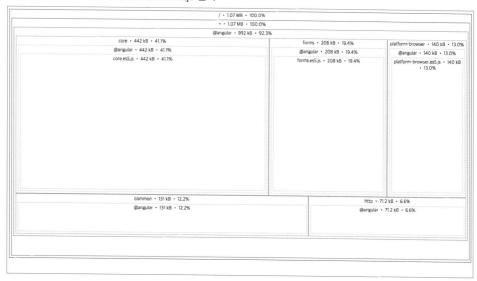

그림 9-5 AOT 컴파일 시 애플리케이션 Timeline

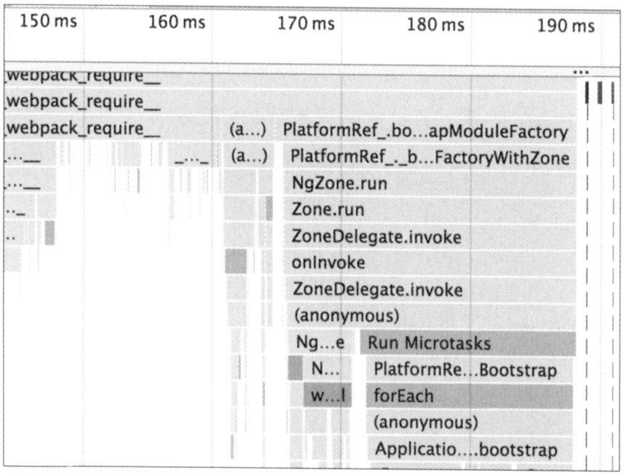

AOT 컴파일은 번들링 전에 컴파일 과정이 이루어지기 때문에 JIT 컴파일 대비 번들링 시간이 당연히 더 소모됩니다. 따라서 개발 환경에서 ng serve를 실행한 채로 변경 사항을 수시로 확인할 때는 JIT 컴파일을 사용하고, 운영 환경에서는 AOT 컴파일을 사용하는 것이 가장 좋은 방법이라고 할 수 있습니다.

9.1.4 부트스트랩 과정 분석

JIT 컴파일로 브라우저에서 컴파일을 하든, AOT 컴파일로 사전에 컴파일을 하든 부트스트랩 과정에서 하는 일이 아직 남아 있습니다. 이제 다시 부트스트랩의 주제로 돌아와서 구체적으로 어떤 과정이 일어나는지는 앵귤러 코드로 확인해 봅시다. 먼저 JIT 컴파일을 적용할 경우에 부트스트랩은 다음 코드로 실행되었습니다.

```
platformBrowserDynamic().bootstrapModule(AppModule);
```

반면 AOT 컴파일로 사전에 컴파일한 소스를 부트스트랩할 경우에는 다음과 유사한 형태의 코드를 실행합니다.

```
platformBrowser().bootstrapModuleFactory(AppModuleNgFactory);
```

JIT 컴파일 시 부트스트랩과 다른 점은 platformBrowserDynamic 메서드가 아닌 platformBrowser 메서드를 호출한다는 것입니다. 동작 방식은 약간 다르지만 두 메서드 모두 결과적으로는 PlatformRef를 반환합니다. 차이는 PlatformRef의 메서드 호출 순간부터 생깁니다. AOT 컴파일의 경우 bootstrapModuleFactory를 호출하면서 컴파일된 루트 모듈을 인자로 받습니다. 반면 JIT 컴파일은 bootstrapModule을 호출하면서 루트 모듈을 컴파일하지 않은 상태로 전달합니다. 그럼 두 메서드가 각기 어떻게 부트스트랩 과정을 실행하는지 소스를 차근히 추적해 봅시다.

예제 9-3 부트스트랩 과정의 앵귤러 소스

```
1    bootstrapModuleFactory<M>(moduleFactory: NgModuleFactory<M>): Promise<NgModuleRef<M>> {
-        return this._bootstrapModuleFactoryWithZone(moduleFactory, null);
-    }
-
5    bootstrapModule<M>(moduleType: Type<M>, compilerOptions:
-        CompilerOptions|CompilerOptions[] = []): Promise<NgModuleRef<M>> {
-        return this._bootstrapModuleWithZone(moduleType, compilerOptions, null);
-    }
```

[예제 9-3]의 1~3번 줄은 AOT 컴파일의 부트스트랩 메서드 구현부이고, 5~8번 줄은 JIT 컴파일 시 부트스트랩 메서드 구현부입니다. 두 메서드 모두 실제 로직의 실행을 다른 메서

드에 위임하고 있음을 확인할 수 있습니다. AOT 컴파일은 _bootstrapModuleFactory
WithZone 메서드를 호출하고 JIT 컴파일은 _bootstrapModuleWithZone 메서드를 호출
합니다. 먼저 JIT 컴파일 시 호출하는 _bootstrapModuleWithZone의 구현 코드를 보면 결
국 AOT 컴파일 시 호출하는 _bootstrapModuleFactoryWithZone을 호출하게 되어 있습
니다. [예제 9–4]를 살펴봅시다.

예제 9-4 _bootstrapModuleWithZone 메서드 구현부

```
1    private _bootstrapModuleWithZone<M>(
-        moduleType: Type<M>, compilerOptions: CompilerOptions¦CompilerOptions[] = [],
-        ngZone: NgZone = null): Promise<NgModuleRef<M>> {
-      const compilerFactory: CompilerFactory = this.injector.get(CompilerFactory);
5      const compiler = compilerFactory.createCompiler(
-          Array.isArray(compilerOptions) ? compilerOptions : [compilerOptions]);
-
-      return compiler.compileModuleAsync(moduleType)
-        .then((moduleFactory) => this._bootstrapModuleFactoryWithZone
10          (moduleFactory, ngZone));
-    }
```

[예제 9–4] 4~6번 줄에서 컴파일러 객체를 불러온 후 8번 줄에서 compiler의 compile
ModuleAsync 메서드를 호출합니다. 바로 이때 브라우저에서 JIT 컴파일을 실행합니다. 메
서드 이름과 같이 비동기로 컴파일을 마친 후에는 프라미스 객체가 반환됩니다. 이에 따라 컴
파일된 결과물을 then으로 받아서 _bootstrapModuleFactoryWithZone을 호출합니다. 즉
이 시점부터는 AOT 컴파일 시 부트스트랩 과정과 동일한 로직을 실행한다는 뜻입니다. 이 호
출 과정을 요약하면 [그림 9–5]와 같이 표현할 수 있습니다.

그림 9-6 JIT 컴파일과 AOT 컴파일 시 부트스트랩 호출 과정

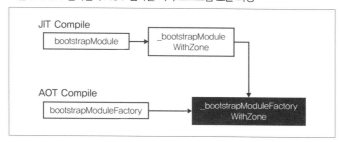

이제 JIT 컴파일과 AOT 컴파일 모두 동일하게 만나는 부트스트랩의 종착점인 _bootstrap ModuleFactoryWithZone 메서드의 코드를 살펴봅시다.

예제 9-5 _bootstrapModuleFactoryWithZone 메서드

```
1    private _bootstrapModuleFactoryWithZone<M>(moduleFactory: NgModuleFactory<M>,
-        ngZone: NgZone):
-          Promise<NgModuleRef<M>> {
-        if (!ngZone) ngZone = new NgZone({enableLongStackTrace: isDevMode()});
5
-        return ngZone.run(() => {
-          const ngZoneInjector =
-              ReflectiveInjector.resolveAndCreate(
-                  [{provide: NgZone, useValue: ngZone}], this.injector);
10            const moduleRef = <NgModuleInjector<M>>moduleFactory.create(ngZoneInjector);
-            const exceptionHandler: ErrorHandler = moduleRef.injector.get(
-              ErrorHandler, null);
-            if (!exceptionHandler) {
-              throw new Error('No ErrorHandler. Is platform module (BrowserModule) included?');
15          }
-          moduleRef.onDestroy(() => ListWrapper.remove(this._modules, moduleRef));
-          ngZone.onError.subscribe({next: (error: any) => {
-            exceptionHandler.handleError (error); }});
-          return _callAndReportToErrorHandler(exceptionHandler, () => {
20            const initStatus: ApplicationInitStatus =
-                moduleRef.injector.get(ApplicationInitStatus);
-            return initStatus.donePromise.then(() => {
-              this._moduleDoBootstrap(moduleRef);
-              return moduleRef;
25          });
-        });
-      });
-    }
```

[예제 9-5]에서 중요한 부분은 굵게 표시하였습니다. 코드를 해석하면 다음과 같습니다.

- **4번 줄:** 메서드의 인자로 ngZone을 받지 않은 경우 NgZone 클래스를 생성합니다.
- **6번 줄:** 생성한 ngZone의 run 메서드에 비동기로 실행할 함수를 인자로 전달하여 호출하고 이를 프라미스 객체로 반환합니다.
- **7~9번 줄:** ngZone을 앵귤러의 의존성 주입기에 등록한 뒤 ngZone을 포함한 의존성 주입기를 받습니다.
- **10번 줄:** moduleFactory가 생성하는 moduleRef를 받습니다.

- **23번 줄**: _moduleDoBootstrap 메서드를 호출하면서 moduleRef 객체를 전달하고 메서드 호출이 끝나면 moduleRef를 반환합니다.

NgZone은 바로 다음 절에서 설명할 Zone.js와 관련된 클래스입니다. 지금은 NgZone에 비동기로 일어나는 이벤트를 캡처하는 기능이 있다는 정도만 이해합시다. 6번 줄에서 ngZone의 run 메서드에 거대한 함수를 전달하면서 _bootstrapModuleFactoryWithZone 메서드는 실행을 마칩니다. 이제 run 메서드 안의 로직이 실행되면서 결국에는 23번 줄의 _module DoBootstrap을 호출한다는 것을 알 수 있습니다. 부트스트랩 과정의 종착역까지 거의 다 왔습니다. 마지막으로 _moduleDoBootstrap 메서드의 코드를 봅시다.

예제 9-6 _moduleDoBootstrap 메서드 구현

```
1   private _moduleDoBootstrap(moduleRef: NgModuleInjector<any>): void {
-       const appRef = moduleRef.injector.get(ApplicationRef);
-       if (moduleRef.bootstrapFactories.length > 0) {
-         moduleRef.bootstrapFactories.forEach((compFactory) =>
5           appRef.bootstrap(compFactory));
-       } else if (moduleRef.instance.ngDoBootstrap) {
-         moduleRef.instance.ngDoBootstrap(appRef);
-       } else {
-         throw new Error( … );
10      }
-       this._modules.push(moduleRef);
-   }
```

[예제 9-6]은 9번 줄에 있는 Error 객체의 에러 메시지를 생략한 것을 제외하고 _moduleDo Bootstrap 메서드 전체 코드입니다. 이 메서드에서는 두 줄만 이해하면 됩니다. 먼저 2번 줄에서 moduleRef 객체의 의존성 주입기로부터 ApplicationRef 타입의 객체 appRef를 주입받습니다. ApplicationRef 타입의 객체인 appRef는 브라우저에서 실행되는 앵귤러 애플리케이션 객체입니다. 4번 줄에서 moduleRef에 임포트된 컴포넌트 팩토리 객체를 forEach로 순회합니다. 이때 moduleRef의 bootstrapFactories에 저장된 컴포넌트 팩토리 객체는 지금까지 실습에서 매번 루트 모듈인 AppModule @NgModule 메타데이터의 bootstrap에 선언한 컴포넌트의 팩토리 객체입니다.

```
1   @NgModule({
-      declarations: [ … ],
-      imports: [ … ],
-      providers: [],
5      bootstrap: [AppComponent]
-   })
```

일반적으로 bootstrap에는 AppComponent만을 선언하기 때문에 bootstrapFactories
에는 AppComponent의 팩토리 객체가 들어 있습니다. 이제 이 팩토리 객체를 appRef의
bootstrap 메서드에 인자로 전달합니다.

마지막으로 ApplicationRef의 bootstrap 메서드에서는 AppComponent에서 순차적으로
컴파일한 결과물을 호출하여 컴포넌트의 객체를 생성하고 뷰를 만드는 일을 하면서 부트스트
랩 과정을 마칩니다.

지금까지 살펴본 부트스트랩 과정을 요약하면 다음 순서와 같이 진행됩니다.

1. AOT 컴파일을 사용할 경우 사전에 컴포넌트, 지시자, 모듈 등을 컴파일하여 팩토리 객체를 생성한다.

2. 애플리케이션을 실행할 PlatformRef 타입의 객체를 요청한 후 bootstrap 메서드를 호출하면서 루트 모듈
   을 전달한다.

3. JIT 컴파일을 사용할 경우 컴포넌트, 지시자, 모듈 등을 컴파일하여 팩토리 객체를 생성한다.

4. 컴파일된 루트 모듈 팩토리 객체를 가지고 _bootstrapModuleFactoryWithZone 메서드를 호출한다.

5. NgZone 객체를 생성한 후 NgZone을 포함한 의존성 주입기를 사용하여 모듈 팩토리 객체로 moduleRef
   객체를 생성한다.

6. NgModule의 bootstrap에 선언한 컴포넌트 팩토리 객체를 ApplicationRef에 전달한다.

7. ApplicationRef에서는 bootstrap에 선언한 루트 컴포넌트부터 시작하여 순차적으로 뷰를 렌더링한다.

지금까지 설명한 부트스트랩의 과정을 보면 그 이후 앵귤러가 어떻게 동작하는지 감이 잘 오지
않을 것입니다. 이 부분에 대한 실마리는 앞에서 잠깐 언급하였던 NgZone에 숨어 있습니다.
다음 절에서 NgZone을 살펴봅시다.

9.2 Zone.js와 변화 감지

'9.1 부트스트랩과 컴파일'에서 우리는 앵귤러 애플리케이션이 어떻게 부트스트랩 과정을 통하여 실행되는지 상세하게 알아보았습니다. 그런데 앞의 내용만 보면 부트스트랩 과정 이후에는 애플리케이션이 어떻게 동작하는지를 가늠하기가 어렵습니다.

9.2.1 앵귤러를 움직이게 만드는 세 가지 이벤트

부트스트랩 이후의 앵귤러 실행 과정을 이해하기 위해서는 자바스크립트의 실행 환경 본연의 내용을 더 돌이켜 보아야 합니다. 브라우저 환경에서 자바스크립트는 워커 스레드를 사용하지 않는 한 기본적으로 단일 스레드로 실행됩니다. 따라서 일반적인 프론트엔드 웹 프로그래밍에서는 사용자의 액션이나 다른 비동기 이벤트가 없는 한 특별히 수행할 로직 없이 대기합니다. 앵귤러도 동일합니다. 최초 부트스트랩 과정을 진행하여 초기 로드를 마친 후 애플리케이션은 정적인 상태로 대기합니다. 이때 웹 환경에서 고요한 적막을 깨는 다음과 같은 세 가지 이벤트가 있습니다.

1. 사용자 액션
2. Ajax와 같은 외부 호출
3. setTimeout, interval 함수

세 가지 이벤트의 공통점은 모두 단일 스레드 흐름에서 우리가 제어할 수 있는 실행 흐름이 아닌 비동기로 호출되는 이벤트라는 점입니다. 세 가지 이벤트는 어떤 방식으로든 우리의 웹 애플리케이션이 대응하여야 할 이벤트입니다. 따라서 앵귤러도 이와 같은 비동기 코드가 언제 호출되는지를 늘 예의 주시하여야 합니다. 이를 위하여 Zone.js라는 패키지를 사용합니다.

9.2.2 Zone.js를 활용한 비동기 코드 감지

Zone.js는 앵귤러의 필수 의존 패키지입니다. Zone.js는 특정 영역에서 일어나는 비동기 코드의 실행 맥락을 후킹할 수 있는 기능을 제공합니다. 따라서 Zone.js를 활용하면 앞에서 말한 세 가지 이벤트가 언제 일어나고 종료하였는지를 파악할 수 있습니다.

앵귤러는 Zone.js를 기반으로 NgZone이라는 클래스를 만들었습니다. 세 가지 이벤트가 발생할 경우 NgZone이 이를 포착합니다. 앞서 부트스트랩 과정에서 ApplicationRef 객체를 의존성 주입기로 주입받을 때 NgZone을 미리 생성하여 의존성 등록하였던 것이 바로 이를 위한 것입니다.

ApplicationRef는 생성자에서 세 가지 이벤트에 따른 코드 수행을 지켜보는 코드가 다음과 같은 방식으로 등록되어 있습니다.

```
this._zone.onMicrotaskEmpty.subscribe({next: () => {
  this._zone.run(() => { this.tick(); }); }});
```

이 코드는 현재 자바스크립트 실행 환경(VM)에서 큐에 쌓여 있는 MicroTask가 없을 경우 RxJS를 사용하여 ApplicationRef의 tick을 실행하는 코드를 구독하는 것입니다. 비유하자면 다른 모든 비동기 코드가 실행되고 나면 이제부터 앵귤러 세상이 도래한다는 뜻입니다. 예를 들어 사용자가 특정 버튼을 클릭한다고 가정합시다. 이때 클릭 이벤트가 발생하면 클릭 이벤트에 등록한 콜백 등 VM의 큐에 쌓여 있는 비동기 코드를 모두 실행합니다. 그리고 나서 앵귤러는 내부적으로 후처리가 필요한 로직을 실행합니다. 이때 후처리 중 가장 중요한 것은 값의 변경 여부를 감지하는 것입니다.

9.2.3 상태 변화를 일으키는 세 가지 이벤트

NgZone으로 세 가지 이벤트가 발생하고 난 뒤 앵귤러는 잠에서 깨어나 중요한 작업을 합니다. 바로 데이터 바인딩한 값의 변경 사항을 감지하는 작업입니다. 따라서 변경 사항을 감지하는 과정은 앵귤러 애플리케이션의 실행 과정에서 상당히 중요한 부분입니다.

앞에서 설명한 세 가지 비동기 이벤트는 한 가지 중요한 가정을 제공합니다. 그것은 바로 '비동기 이벤트가 발생하고 나면 애플리케이션의 상태 중 어딘가가 바뀌었을 것이다'라는 것입니다. 앵귤러는 이 가정을 기반으로 세 가지 이벤트가 발생하고 난 후 ApplicationRef의 tick 메서드를 통해서 모든 컴포넌트의 변경 사항 여부를 점검합니다. 앞서 '6.4 컴포넌트의 생명 주기'에서 DoCheck에 무거운 비즈니스 로직을 작성하지 말라고 권고하였습니다. 바로 DoCheck를 호출하는 출처가 모든 컴포넌트의 부모가 되는 ApplicationRef의 tick이기 때문입니다.

9.2.4 변화 감지 트리와 변화 감지 전략

컴포넌트마다 자신만의 변화 감지기change detector가 있습니다. 이에 따라 컴포넌트 트리에 대응하는 변화 감지 트리change detection tree도 있습니다. 변화 감지 트리는 복수의 컴포넌트를 수십~수백 개 이상 다룰 때 퍼포먼스를 높이기 위해서도 알아야 하는 개념입니다. 간단한 예를 들어 변화 감지 트리 관점에서 변경 사항 감지 과정을 살펴봅시다. 먼저 [그림 9-7]과 같이 컴포넌트가 구성된 애플리케이션이 있다고 가정합니다.

그림 9-7 변화 감지 트리 예제

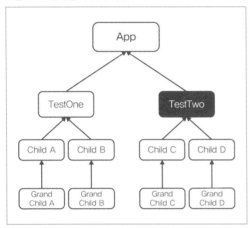

그림 9-8 전체 컴포넌트의 변화 감지

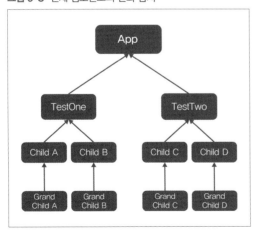

[그림 9-7]의 TestTwo 컴포넌트에서 클릭 이벤트가 발생하면 변화 감지는 어떻게 이루어질까요? 이때 앵귤러는 [그림 9-8]과 같이 루트 컴포넌트인 AppComponent부터 모든 컴포넌트까지 전체에서 변화 감지를 수행합니다.

이 결과가 보여 주는 것은 비동기 이벤트가 발생할 때마다 모든 컴포넌트가 한 번씩 변화 감지 로직을 수행한다는 점입니다. 무언가 다소 비효율적일 것만 같지만 앵귤러는 VM 친화적인 코드를 생성하여 아주 짧은 시간 안에 루트부터 최하위 컴포넌트까지 전체 컴포넌트의 변경 사항 감지 작업을 단방향으로 실행합니다.

그러나 뷰에서 사용하는 컴포넌트가 많고 애니메이션 등 이벤트가 빈번한 애플리케이션에서 전체 컴포넌트의 변경 사항을 감지하는 것은 적절한 방식은 아닙니다. 이 경우에 사용할 수 있는 옵션이 ChangeDetectionStrategy입니다. ChangeDetectionStrategy는 Component 데코레이터에서 [예제 9-7]과 같이 선언합니다.

예제 9-7 변화 감지 전략 설정

```
1   import { Component, OnInit, DoCheck, Input, ChangeDetectionStrategy } from '@angular/core';
-
-   @Component({
-     ...
5     changeDetection: ChangeDetectionStrategy.OnPush
-   })
-   export class TestOne { ... }
```

그림 9-9 변화 감지 설정 후

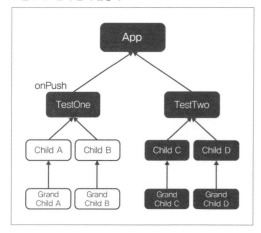

이렇게 선언하면 TestOne 컴포넌트의 자식 컴포넌트는 앞으로 다른 컴포넌트에서 발생한 변경 사항에서 변경을 감지하지 않습니다. 단지 TestOne 컴포넌트에서 이벤트가 발생하거나 상위 컴포넌트에서 바인딩한 객체의 레퍼런스가 바뀐 경우에만 변화 감지 작업을 수행합니다. 따라서 앞의 변화 감지 트리로 표현하면 TestTwo 컴포넌트의 변경 사항은 이제 [그림 9-9]와 같이 OnPush를 선언한 TestOne 컴포넌트 하위에서는 변경 감지 작업을 수행하지 않습니다.

9.3 마치며

이 장에서는 다음 내용을 다루었습니다.

- 앵귤러 애플리케이션은 bootstrapModule 메서드에서 루트 모듈을 전달하면서 시작합니다.
- 부트스트랩 과정은 일반적으로 컴파일부터 시작합니다.
- 컴파일은 앵귤러 컴포넌트 및 지시자 등 뷰를 구성하는 코드를 VM 친화적인 자바스크립트 코드로 변환하는 과정을 말합니다.
- 컴파일은 기본적으로 브라우저에서 최초 1회 실행하는데, 이러한 방식을 JIT(Just In Time) 컴파일 방식이라고 합니다.
- JIT 컴파일은 최초 컴파일 시에만 사용하는 패키지를 번들링 결과물에 포함시켜야 한다는 부분과 애플리케이션 초기 로딩 시간을 지연시킨다는 문제가 있습니다.
- AOT(Ahead Of Time) 컴파일 방식을 사용하면 JIT 컴파일 방식의 문제를 극복할 수 있습니다.
- AOT 컴파일은 번들링하기 전에 컴파일하는 방법입니다. 따라서 번들링 결과물에 컴파일 패키지를 포함시킬 필요도 없고 초기 로딩 시간에 컴파일하는 작업도 없습니다.
- 그러나 AOT 컴파일을 사용하려면 플랫폼 종속적인 코드가 없어야 합니다.
- 컴파일 후에는 NgZone 객체를 생성하고 루트 모듈에 선언한 컴포넌트부터 순차적으로 컴파일한 컴포넌트 팩토리 객체를 사용하여 컴포넌트와 뷰를 그립니다.
- NgZone은 Zone.js 기반의 앵귤러에서 비동기 코드의 실행 시점을 포착하기 위하여 사용하는 기능입니다.
- 앵귤러는 사용자의 이벤트, Ajax, setTimeout류와 같은 비동기 코드가 발생할 경우 상태 변경이 발생할 수도 있다는 가정하에 모든 컴포넌트의 변경 사항을 감지합니다.
- 루트 컴포넌트부터 하위 컴포넌트까지 각자 변경 사항 감지기가 있어서 컴포넌트 트리에 대응하는 변경 사항 감지 트리를 구성합니다.
- 기본적으로 모든 비동기 이벤트에 대하여 모든 컴포넌트에서 변경 사항을 감지합니다.
- 뷰의 컴포넌트가 많거나 이벤트 발생 빈도가 높을 경우에는 ChangeDetectionStrategy를 OnPush로 설정하여 일부 컴포넌트에서 불필요하게 변경을 감지하는 작업을 예방할 수도 있습니다.

Part

III

깊이 들어가기

제3부에서는 지금까지 학습한 앵귤러의 각 요소를 활용하여 예제 프로젝트를 점진적으로 구현합니다. 여기서 우리는 앵귤러를 통합적으로 사용하는 방법을 익힐 것입니다.

제10~13장까지 총 4개 장에 걸쳐 예제 프로젝트로 상품 관리 애플리케이션을 만들어 봅니다. 프로젝트 코드를 구현하면서 파이어베이스, 부트스트랩4 등의 패키지를 사용하는 법도 자연스럽게 배울 것입니다.

Part III

깊이 들어가기

10장 제3부에서 진행할 상품 관리 애플리케이션의 기능 정의와 프로젝트를 준비합니다.

11장 앵귤러의 모듈 개념과 뷰의 전환을 제공하는 라우터를 실습 프로젝트를 통해서 학습합니다.

12장 구글의 클라우드 서비스인 파이어베이스를 활용하여 실습 프로젝트의 데이터베이스와 로그인 기능을 구현합니다.

13장 상품 관리 애플리케이션 프로젝트의 구현을 마무리합니다.

CHAPTER 10

프로젝트: 상품 관리 애플리케이션 구성

- 예제 상품 관리 애플리케이션 프로젝트 설정
- 애플리케이션에서 구현할 기능 정의
- 컴포넌트 트리 설계
- 애플리케이션 기본 레이아웃 구현

이 장에서는 제3부 전반에 걸쳐 사용할 예제 프로젝트인 상품 관리 애플리케이션의 설계와 기본 구현을 다룹니다. 상품 관리 애플리케이션 예제로 앵귤러 기반 웹 애플리케이션을 개발할 때 필요한 기본 개념을 살펴봅시다.

10.1 애플리케이션 설계

실습할 예제 프로젝트는 Simple Commerce Manager라고 정의하고, 앞으로 SCM으로 부르겠습니다. SCM은 기본적인 상품 정보를 관리하기 위한 웹 애플리케이션입니다. SCM의 구현에 앞서 이번 절에서는 애플리케이션의 기본적인 설계를 진행합니다.

10.1.1 기능 정의 및 도메인 모델

SCM은 기본적인 상품 정보product와 상품을 분류할 카테고리category를 등록/수정하는 기능을 제공하여야 합니다. 현실에서는 상품 정보와 카테고리 정보에 복잡한 도메인 모델과 다양한 속성이 있지만 SCM에서는 [그림 10-1]과 같이 간단한 형태의 모델을 사용합니다.

그림 10-1 SCM 모델

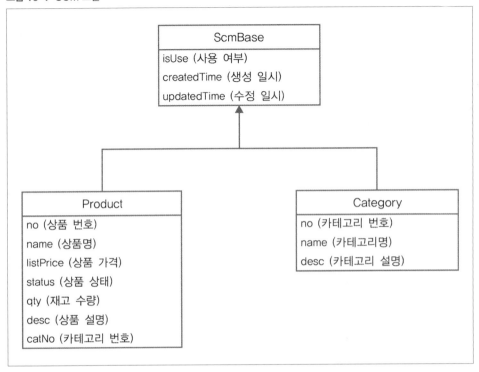

ScmBase는 모든 모델이 공유할 기본 속성을 지니고 있습니다. Product는 상품 판매에 필요한 최소한의 상품 정보인 가격, 재고 수량 등의 속성을 가지는 모델입니다. Category 모델은 카테고리 이름과 카테고리에 대한 설명을 속성으로 가집니다.

10.1.2 컴포넌트 트리

설계에서 중요한 요구 사항과 기본적인 도메인 모델에 대한 이해를 마쳤다면 이제 컴포넌트 트리를 구상하여야 합니다. 실무에서는 구현할 애플리케이션의 전체 디자인 시안 및 마크업 결과물을 바탕으로 뷰의 어느 수준까지 컴포넌트로 모델링할지 결정할 수 있습니다.

이 책에서는 부트스트랩4 기반의 범용 컴포넌트를 사용하여 뷰를 구성하기로 합니다. 준비된 화면 목업이 없기 때문에 SCM에서는 부트스트랩에서 제공하는 샘플 가운데 하나인 [그림 10-2]의 대시보드 예제 UI를 기반으로 하여 뷰를 점진적으로 구성해 나갑시다.

그림 10-2 부트스트랩4 대시보드 UI 예제

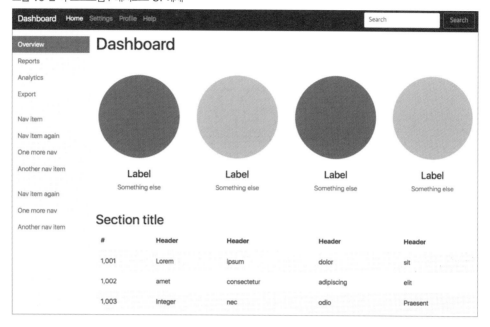

[그림 10-2]의 레이아웃과 기능 정의에 작성된 내용을 바탕으로 SCM에 필요한 뷰를 다음과 같이 도출합니다.

- **전체 레이아웃:** 상단 네비게이션, 왼쪽 사이드바, 하단 푸터 뷰
- **메인 페이지:** 애플리케이션 최초 진입 시 보여 줄 뷰 페이지
- **상품 관리:** 등록된 상품 목록 및 상품 상세 뷰
- **카테고리 관리:** 카테고리 목록 및 상세 뷰

이 목록을 바탕으로 주요 컴포넌트를 설계합니다. 전체 화면 목업이 있으면 뷰를 컴포넌트 단위로 더 상세하게 모델링하고 하나의 트리를 구성할 수 있습니다. 하지만 우리는 실습 프로젝트를 진행하는 것이므로 전체 뷰에 대한 정보가 없습니다. 따라서 지금은 뷰의 단위를 굵직하게 페이지 수준으로 모델링하여 주요 컴포넌트만 먼저 도출합니다.

이제 목록을 바탕으로 컴포넌트 간의 부모-자식 관계를 선언하면 최종적으로 [그림 10-3]과 같은 컴포넌트 트리를 구성할 수 있습니다. 실제 구현 작업에서는 [그림 10-3] 트리의 최하위 말단 컴포넌트가 더 세분화된 컴포넌트 조합으로 구성될 수 있습니다. 현재 시점에서는 [그림 10-3]과 같은 큰 줄기의 컴포넌트 트리면 충분합니다.

그림 10-3 주요 컴포넌트로 구성된 컴포넌트 트리

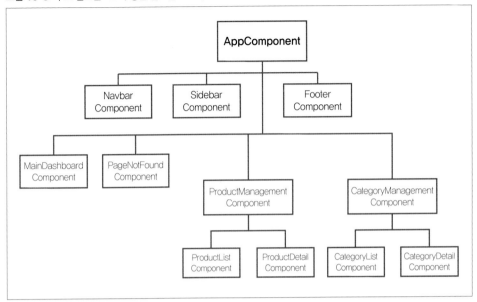

10.2 프로젝트 구성

이제 본격적으로 실제 프로젝트를 구성합니다. 제일 먼저 할 일은 프로젝트 생성입니다. 다음 명령을 실행하여 프로젝트를 생성합니다.

```
ng new simple-commerce-manager --prefix scm
```

프로젝트가 생성된 후 화면 구성에 필요한 패키지를 설치합니다. 지금 설치할 패키지는 부트스 트랩4와 유용한 아이콘 모음을 제공하는 Font Awesome 패키지입니다.

```
npm i --save bootstrap@4.0.0-alpha.6 font-awesome
```

패키지 설치 후 프로젝트 루트 폴더의 .angular-cli.json 파일을 열어서 다음 굵게 표시된 부 분을 추가합니다.

```
1   {
-       ...
-       "apps": [
-         {
5           ...
-             "styles": [
-               "../node_modules/bootstrap/dist/css/bootstrap.css",
-               "../node_modules/font-awesome/css/font-awesome.css",
-               "styles.css"
10          ],
-             "scripts": [
-               "../node_modules/jquery/dist/jquery.js",
-               "../node_modules/tether/dist/js/tether.js",
-               "../node_modules/bootstrap/dist/js/bootstrap.js"
15          ],
-             ...
-         ],
-           ...
-       }
```

[예제 10-1]에 추가한 설정은 프로젝트 빌드 시 부트스트랩과 Font Awesome 패키지에서 사용하는 파일이 포함되도록 한 것입니다. 코드를 보면 7~8번 줄의 styles에 패키지 설치한 부트스트랩 css 파일과 Font Awesome css 파일이 포함되었습니다. 12~14번 줄에서는 scripts에 부트스트랩에서 사용하는 자바스크립트 파일을 선언하였습니다. 이제 부트스트랩을 기반으로 애플리케이션의 뷰를 개발할 준비가 모두 끝났습니다. 그럼 애플리케이션의 전체 화면을 구성할 레이아웃을 구현해 봅시다. 이번 절의 코드는 GIT을 사용하여 final-1 태그를 체크아웃받거나 http://bit.ly/hb-af-final-start을 통해서 변경 내역을 확인할 수 있습니다.

10.3 프로젝트 구현 1: 기본 레이아웃 구현

이 장에서 마지막으로 할 일은 애플리케이션 화면의 전체 구성을 잡는 기본 레이아웃을 구현하는 일입니다. [그림 10-2] 부트스트랩의 대시보드 예제 마크업을 활용하여 상단 네비게이션, 왼쪽 사이드바, 추가로 하단의 푸터 영역을 각각 컴포넌트로 만들 예정입니다. 이번 절에서 구현할 프로젝트의 전체 소스는 GIT을 사용하여 final-2 태그를 체크아웃받거나 http://bit.ly/hb-af-final-2를 통해서 변경 내역을 확인할 수 있습니다.

10.3.1 주요 컴포넌트 생성

먼저 상단 네비게이션, 왼쪽 사이드바, 하단 푸터를 담당할 각 컴포넌트를 차례로 생성합니다.

```
ng g component navbar
ng g component sidebar
ng g component footer
```

생성된 NavbarComponent, SidebarComponent, FooterComponent에 [그림 10-2]의 마크업을 나누어서 템플릿에 반영하여야 합니다. 각 컴포넌트의 전체 소스는 '10.3.2 컴포넌트 구현 코드'에서 확인할 수 있습니다. 각 컴포넌트의 템플릿을 포함한 기본 구현을 완료한 뒤 AppComponent의 템플릿에 지금까지 생성한 컴포넌트 3개를 다음과 같이 각각 1번 줄, 4번 줄, 마지막 줄에 선언하였습니다.

예제 10-2 app.component.html

```
1  <scm-navbar></scm-navbar>
-  <div class="container-fluid">
-    <div class="row">
-      <scm-sidebar></scm-sidebar>
5      <main class="col-10 offset-2 pt-3"></main>
-    </div>
-  </div>
-  <scm-footer></scm-footer>
```

기본 구현을 모두 완료하였다면 SCM은 [그림 10-4]와 같은 레이아웃이 됩니다. ng serve 명령을 실행하여 현재 구현된 코드를 로컬에서 확인해 봅시다.

그림 10-4 SCM 기본 레이아웃 구현 화면

10.3.2 컴포넌트 구현 코드

[예제 10-3]부터 [예제 10-5]는 각각 NavbarComponent의 템플릿, 스타일과 컴포넌트 클래스의 전체 코드입니다.

예제 10-3 navbar.component.html

```
1   <nav class="navbar navbar-toggleable fixed-top scm-navbar">
-     <a class="navbar-brand text-white" href="/">{{appTitle}}</a>
-     <div class="collapse navbar-collapse d-flex justify-content-end" id="nav-bar">
-       <button class="btn btn-warning mr-2"><i class="fa fa-plus"></i> 상품 등록</button>
5       <form class="form-inline">
-         <input class="form-control mr-2" type="text" placeholder="상품 번호" #searchInput>
-         <button class="btn btn-warning" type="button"
-                 (click)="searchProduct(searchInput.value)">상품 조회</button>
-       </form>
10    </div>
-   </nav>
```

예제 10-4 navbar.component.css

```
.scm-navbar {
  border-bottom: 1px solid darkgray;
  background-color: #3d4752;
}
```

```
1    import { Component, OnInit } from '@angular/core';
-
-    @Component({ … })
-    export class NavbarComponent implements OnInit {
5      appTitle = '상품 관리 시스템';
-
-      constructor() {}
-      ngOnInit() {}
-
10     searchProduct(no: number) {
-        console.log(`search: ${no}`);
-      }
-    }
```

[예제 10-3] 6번 줄에서 searchInput을 템플릿 참조 변수로 선언한 후 8번 줄에서 상품 조회 버튼 클릭 시 searchProduct 메서드를 호출하면서 searchInput.value를 넘기도록 구현한 부분을 제외하고는 모두 마크업과 CSS입니다. [예제 10-5] 10~12번 줄과 같이 searchProduct 메서드도 아직 구현 코드 없이 인자로 전달받은 상품 번호만 출력합니다.

[예제 10-6]부터 [예제 10-8]은 SidebarComponent의 템플릿, CSS, 컴포넌트 클래스입니다. 현재 SidebarComponent에는 오로지 템플릿과 기본 스타일 정보만 구현되어 있습니다.

예제 10-6 sidebar.component.html

```
1    <nav class="col-2 bg-faded sidebar">
-      <ul class="nav nav-pills flex-column">
-        <li class="nav-item">
-          <a class="nav-link" href="#"><i class="fa fa-list-ul"></i> 상품 관리</a>
5        </li>
-        <li class="nav-item">
-          <a class="nav-link" href="#"><i class="fa fa-hashtag"></i> 카테고리 관리</a>
-        </li>
-      </ul>
10   </nav>
```

예제 10-7 sidebar.component.css

```
1    .sidebar {
```

```
  -       position: fixed;
  -       top: 51px;
  -       bottom: 0;
  5       left: 0;
  -       z-index: 10;
  -       padding: 20px;
  -       overflow-x: hidden;
  -       overflow-y: auto;
 10       border-right: 1px solid #eee;
  -     }
  -
  -     .sidebar {
  -       padding-left: 0;
 15       padding-right: 0;
  -     }
  -
  -     .sidebar .nav {
  -       margin-bottom: 20px;
 20     }
  -
  -     .sidebar .nav-item {
  -       width: 100%;
  -     }
 25
  -     .sidebar .nav-item + .nav-item {
  -       margin-left: 0;
  -     }
  -
 30   .sidebar .nav-link {
  -       border-radius: 0;
  -     }
```

예제 10-8 sidebar.component.ts

```
1  import { Component, OnInit } from '@angular/core';
-
-  @Component({ ⋯ )
-  export class SidebarComponent implements OnInit {
5    constructor() {}
-    ngOnInit() {}
-  }
```

[예제 10-9]부터 [예제 10-11]이 FooterComponent 구현 코드입니다. 푸터 영역에는 연도를 표기하기 위하여 컴포넌트에서 Date 객체를 생성하여 연도를 조회한 것을 제외하고 역시 기본 마크업만 구현된 상태입니다.

예제 10-9 footer.component.html

```
<footer class="scm-footer bg-faded fixed-bottom">
  © {{thisYear}} Simple Commerce Manager in 한빛미디어 앵귤러 첫걸음
</footer>
```

예제 10-10 footer.component.css

```
1  .scm-footer {
-    padding: 1rem;
-    text-align: center;
-    z-index: 1000;
5    border-top: 1px solid darkgray;
-  }
```

예제 10-11 footer.component.ts

```
1  import { Component, OnInit } from '@angular/core';
-
-  @Component({ ⋯ })
-  export class FooterComponent implements OnInit {
5    thisYear: number = new Date().getFullYear();
-
-    constructor() {}
-    ngOnInit() {}
-  }
```

마지막으로 AppComponent의 스타일과 컴포넌트 클래스 코드입니다. 템플릿은 [예제 10-2]와 동일합니다.

예제 10-12 app.component.css

```
  .container-fluid {
```

```
    padding-top: 55px;
    padding-bottom: 57px;
  }
```

예제 10-13 app.component.ts

```
import { Component } from '@angular/core';

@Component({ ⋯ })
export class AppComponent {}
```

10.3.3 라우터 없이 사이드바 기능 구현

SCM의 기본 레이아웃 구현을 마쳤습니다. 하지만 화면에 각 컴포넌트를 배치한 것 외에 아무런 기능도 갖추지 않은 상태입니다. 기본 레이아웃 구현을 마치기 전에 SidebarComponent의 각 메뉴를 클릭하였을 때 해당하는 뷰 페이지를 오른쪽 영역에 보여 줄 수 있도록 기능까지 구현해 봅시다. 지금 구현할 기능은 다음 장에서 다룰 라우터를 사용하기 전 시범적인 구현입니다. 라우터를 사용하지 않고도 기본적인 화면의 구성 및 전환이 가능함을 알아보는 것이 목표입니다. 이번 절의 코드는 GIT을 사용하여 final-3 태그를 체크아웃받거나 http://bit.ly/hb-af-final-3을 통해서 변경 내역을 확인할 수 있습니다.

먼저 SidebarComponent에서 각 메뉴를 클릭하였을 때 이벤트를 발생시켜 AppComponent로 클릭한 메뉴를 전달하도록 코드를 추가하여야 합니다.

예제 10-14 sidebar.component.html 수정 코드

```
1    ⋯
-  <a class="nav-link" href="#" (click)="clickedMenu('product')"
-    [ngClass]="{'active': 'product' === currentMenu}"><i class="fa fa-list-ul"></i> 상품 관리</a>
-    ⋯
5  <a class="nav-link" href="#" (click)="clickedMenu('category')"
-    [ngClass]="{'active': 'category' === currentMenu}"><i class="fa fa-hashtag"></i> 카테고리 관리</a>
-    ⋯
```

[예제 10-14]에는 SidebarComponent의 템플릿에서 추가로 선언한 코드 부분만 있습니다.

각 a 태그에 클릭 이벤트를 clickedMenu 메서드로 바인딩하였습니다. 메서드의 인자는 어떤 메뉴가 선택되었는지 알 수 있도록 각각 product, category, coupon 값을 전달합니다.

ngClass 지시자를 사용한 부분은 현재 선택된 메뉴에 스타일 속성을 주기 위하여 사용한 것입니다. currentMenu는 clickedMenu 메서드에서 전달받은 현재 선택된 메뉴 상태를 보관할 변수입니다. currentMenu 값을 각 메뉴와 비교하여 현재 선택된 메뉴에 해당할 경우 active 클래스가 a 태그에 포함됩니다.

이제 SidebarComponent의 컴포넌트 클래스를 확인해 봅시다.

예제 10-15 sidebar.component.ts 수정 코드

```
1    import { Component, OnInit, Output, EventEmitter } from '@angular/core';

-    export declare type SidebarMenu = 'not_selected' | 'product' | 'category';

5    @Component({ ... })
-    export class SidebarComponent implements OnInit {
-      currentMenu: SidebarMenu;
-      @Output() changedMenu: EventEmitter<string> = new EventEmitter();

10     constructor() {}
-      ngOnInit() {}

-      clickedMenu(menu: SidebarMenu) {
-        this.currentMenu = menu;
15       this.changedMenu.emit(menu);
-      }
-    }
```

[예제 10-15] 3번 줄을 보면 사이드바에서 선택할 수 있는 메뉴의 값을 한정하여 Sidebar Menu라는 임의의 타입을 선언하였습니다. 현재 선택된 메뉴를 저장할 currrentMenu는 7번 줄에 선언하였습니다. 사이드바 메뉴를 변경할 때마다 이를 SidebarComponent 외부에 알리기 위하여 changedMenu를 EventEmitter 타입으로 선언하였습니다. 이제 changed Menu는 clickedMenu 메서드에서 currrentMenu 값이 변경될 때 15번 줄과 같이 변경된 메뉴 값을 외부에 이벤트로 알려 줄 수 있습니다.

이제 AppComponent를 수정해 봅시다.

예제 10-16 app.component.html 수정 코드

```
1   ...
-       <scm-sidebar (changedMenu)="currentMenu = $event"></scm-sidebar>
-       <main class="col-10 offset-2 pt-3" [ngSwitch]=" currentMenu">
-         <div *ngSwitchCase="'product'">상품 관리 뷰</div>
5         <div *ngSwitchCase="'category'">카테고리 뷰</div>
-         <div *ngSwitchDefault>기본 뷰</div>
-       </main>
-   ...
```

[예제 10-16] 2번 줄에서 SidebarComponent가 전달하는 이벤트를 받아서 AppComponent 의 currentMenu 변수에 바로 할당하도록 코드를 추가하였습니다. 또한 3~7번 줄과 같이 ngSwitch를 사용하여 currentMenu의 값에 따라 뷰를 전환하는 코드가 추가되었습니다.

예제 10-17 app.component.ts 수정 코드

```
1   import { Component } from '@angular/core';
-   import {SidebarMenu} from './sidebar/sidebar.component'
-
-   @Component({ ... })
5   export class AppComponent {
-     currentMenu: SidebarMenu;
-   }
```

AppComponent 컴포넌트 클래스에는 현재 선택된 메뉴를 저장할 currentMenu 속성만 추가하였습니다. 이제 예제를 실행하면 [그림 10-5]와 같이 왼쪽 사이드바 메뉴를 변경할 때마다 다른 뷰를 오른쪽에서 확인할 수 있습니다.

그림 10-5 사이드바 메뉴 기능이 적용된 SCM

10.4 마치며

이 장에서는 다음 내용을 다루었습니다.

- 제3부에서 점진적으로 발전시켜 나갈 예제 프로젝트 Simple Commerce Manager 애플리케이션의 기본 설계 과정을 진행하였습니다.
- 프로젝트 생성 및 전체 레이아웃이 될 컴포넌트를 구성하였습니다.
- 앵귤러 기본 기능만을 사용하여 사이드바 메뉴 선택에 따른 뷰 전환 기능을 구현하였습니다.

CHAPTER 11

모듈과 라우터

- 앵귤러의 여러 요소를 구조적으로 관리할 수 있도록 돕는 모듈 소개
- 모듈이 필요한 이유와 모듈을 만들어야 할 상황
- 뷰 전환을 위한 라우터의 기본 구성 및 활용 방법
- 라우터를 활용한 뷰 전환 전후의 액션을 후킹하는 가드
- 모듈 단위 라우터의 지연 로딩 설정

앵귤러에는 필요한 컴포넌트, 서비스, 지시자, 파이프를 하나로 묶어서 제공할 수 있는 모듈 기능이 있습니다. 앵귤러 또한 이미 기능과 관심사에 따라 BrowserModule, HttpModule, FormsModule 등 연관이 있는 요소가 모인 모듈 단위로 구성되어 있습니다.

이 장에서 다룰 첫 번째 주제는 우리가 작성한 앵귤러의 각 요소를 모듈로 구성하는 방법입니다. 두 번째로 살펴볼 주제는 라우터입니다. 라우터는 뷰의 전환과 이동을 담당합니다. 브라우저에서 뷰의 이동은 URL로 이루어집니다. URL이 변경되면 브라우저는 서버에 변경한 URL로 자원을 요청하여 새로운 뷰의 정보 전체를 받아 옵니다. 앵귤러의 라우터도 기본적으로 URL 기반으로 동작합니다. 그러나 브라우저와 달리 앵귤러의 라우터는 각 URL을 컴포넌트와 매핑합니다. URL이 변경되면 라우터는 매핑된 컴포넌트의 뷰로 전환시킵니다.

이 장에서 연관 없어 보이는 모듈과 라우터를 함께 다루는 이유가 여기에 있습니다. 라우터에서 URL에 매핑된 컴포넌트로 전환할 때 컴포넌트만 필요한 것이 아닙니다. 뷰에 필요한 고유의 지시자, 파이프, 서비스도 함께 사용됩니다. 각 뷰마다 필요한 컴포넌트, 지시자, 서비스, 파이프가 다른 경우가 많습니다. 이러한 상황이 모듈화하기 좋은 예입니다. 따라서 이 장에서 우리는 모듈과 라우터의 개념을 각각 살펴본 후 두 개념이 어우러져서 어떻게 애플리케이션이 효율적으로 개선될 수 있는지 알아볼 것입니다.

11.1 모듈의 분리

'3.2.5 모듈'에서 루트 모듈인 AppModule을 설명하였습니다. 지금까지 특별한 언급 없이 우리는 AppModule에 우리가 생성한 여러 요소를 등록하였습니다. 하지만 AppModule 하나로 구성된 단일 모듈 애플리케이션에는 근본적으로 몇 가지 취약한 점이 있습니다.

첫째는 AppModule의 크기입니다. 애플리케이션의 요구 사항이 늘어나면 필요한 컴포넌트, 지시자, 파이프, 서비스도 함께 늘어나기 마련입니다. 서로 간의 관련도가 떨어지는 여러 요소가 모두 AppModule에 등록되어 관리하기 어려워집니다.

둘째는 네임 스페이스 문제입니다. 예를 들어 어떤 뷰에서 사용하기 위한 SomeDirective가 있다고 합시다. 그런데 애플리케이션이 사용하는 외부 라이브러리에서 동일한 이름으로 SomeDirective라는 지시자를 사용하고 있습니다. 이 경우 우리의 애플리케이션과 라이브러리는 동일한 이름의 지시자를 가지고 있어 서로 충돌을 일으킵니다.

마지막으로 단일 모듈 애플리케이션은 앵귤러가 지원하는 모듈 단위 지연 로딩을 할 수 없습니다. 애플리케이션의 구성 요소를 여러 모듈로 분리하지 않으면 애플리케이션을 부트스트래핑할 때 최초 화면 렌더링에 필요하지 않는 요소까지 모두 컴파일하게 됩니다. 이는 당연히 사용자에게 제공할 최초 화면 렌더링이 늦어지는 결과를 초래합니다. 이러한 이유로 컴포넌트, 지시자, 서비스, 파이프를 목적에 따라 모듈로 분리하는 일은 규모가 큰 웹 애플리케이션 개발 시 반드시 필요한 작업입니다.

모듈은 역할에 따라 크게 세 가지 유형으로 정리할 수 있습니다.

표 11-1 모듈의 종류

분류	설명
기능 모듈	관련된 기능 및 목적 혹은 특정 페이지를 기준으로 요소를 구성한 모듈
공유 모듈	여러 모듈에서 공통으로 사용되는 요소로 구성한 모듈
핵심 모듈	최초 부트스트래핑에서 사용할 요소를 AppModule에서 분리하여 관리할 용도로 만든 모듈

이제 SCM 프로젝트 예제로 모듈을 분리하여 개발하는 방법을 알아봅시다. 이번 절의 코드는 GIT을 사용하여 final-4 태그를 체크아웃받거나 http://bit.ly/hb-af-final-4를 통해서 변경 내역을 확인할 수 있습니다.

11.1.1 기능 모듈

기능 모듈을 구성하는 출발점은 페이지 혹은 화면입니다. 일반적으로 화면을 구성하는 데 필요한 컴포넌트, 지시자가 다른 화면에 필요한 경우는 많지 않습니다. 서비스나 모델 클래스 또한 마찬가지입니다. 서로 다른 모듈에서 이를 공유할 일은 많지 않습니다. 따라서 가장 기본적으로 기능 모듈을 분할하는 기준은 화면입니다. 기능 모듈이라는 것이 특별한 개념은 아니기 때문에 바로 SCM 예제를 활용하여 기능 모듈을 구성해 보기로 합니다.

이 프로젝트의 도메인은 상품, 카테고리입니다. 도메인을 기준으로 뷰와 컴포넌트가 분리되어 있음을 [그림 10-3] 컴포넌트 트리 그림을 통하여 확인할 수 있습니다. 따라서 이 기준으로 기능 모듈을 구성할 수 있습니다.

그럼 앵귤러 CLI를 사용하여 각각 Product, Category 모듈을 생성합니다.

```
ng g module product
ng g module category
```

명령을 실행하면 src/app 폴더 밑에 각각 product, category 폴더가 생성되고 Product Module, CategoryModule 클래스가 생성됩니다. 앵귤러 CLI로 생성한 모듈 중 예제로 ProductModule의 코드를 살펴봅시다.

예제 11-1 product.module.ts

```
1   import { NgModule } from '@angular/core';
-   import { CommonModule } from '@angular/common';
-
-   @NgModule({
5     imports: [
-       CommonModule
-     ],
-     declarations: []
-   })
10  export class ProductModule { }
```

생성된 ProductModule의 코드를 보면 기본으로 CommonModule을 임포트하고 있습니다. CommonModule은 템플릿에서 빈번하게 사용되는 ngIf, ngFor와 같은 기본 지시자와 내장 파이프를 담고 있습니다. 대부분의 모듈에서 이와 같은 요소를 사용하기 때문에 일반적으로 CommonModule은 기본으로 임포트하여야 하는 모듈입니다.

그런데 지금까지 작성한 예제를 보면 AppModule에서 CommonModule을 임포트하지 않고 문제없이 사용하였습니다. CommonModule을 임포트하지 않아도 문제가 없는 이유는 BrowserModule이 CommonModule을 임포트하고 있기 때문입니다.

기존의 AppModule에서는 BrowserModule을 임포트하였습니다. BrowserModule에는 웹 브라우저에서 애플리케이션을 구동시키는 데 필요한 기능이 있습니다. 따라서 AppModule은 반드시 BrowserModule을 임포트하여야 합니다. 하지만 기능 모듈은 순수하게 연관된 기능을 중심으로 구성한 모듈이기 때문에 BrowserModule을 임포트할 필요는 없습니다. 대신 기본 제공되는 지시자와 파이프를 사용하기 위하여 CommonModule을 임포트합니다.

이제 생성한 Product, Category 모듈을 AppModule에 임포트합시다.

예제 11-2 기능 모듈 임포트

```
1   // 임포트 생략
-   import { ProductModule } from './product/product.module';
-   import { CategoryModule } from './category/category.module';
-
5   @NgModule({
-     ...
-     imports: [
-       /* Angular Modules*/
-       BrowserModule, FormsModule, HttpModule,
10
-       /* App Modules */
-       ProductModule, CategoryModule
-     ],
-     ...
15  })
-   export class AppModule { }
```

[예제 11-2]를 보면 imports 배열 안에 앵귤러에서 제공하는 모듈과 SCM 애플리케이션에서

사용할 모듈을 명확하게 분리하여 임포트한 것을 확인할 수 있습니다. 아직 구체적인 기능을 구현하지 않았지만 앞으로 각 기능 모듈과 연관된 요소를 생성할 때 더 이상 AppModule을 수정하지 않아도 됩니다. 오로지 해당 기능에 연관된 모듈만 수정하면 됩니다.

11.1.2 핵심 모듈

앵귤러 공식 매뉴얼에서 표현하는 핵심 모듈은 사실 특별한 모듈이 아닙니다. AppModule을 더 깔끔하게 관리할 수 있도록 어떤 기능 모듈에도 포함되지 않는 요소를 AppModule에서 분리하여 하나로 묶는 것이 핵심 모듈의 역할입니다. 핵심 모듈을 도입하면 AppModule은 순수하게 루트 모듈로서, 앵귤러 제공 모듈, 외부 라이브러리 모듈과 애플리케이션에서 생성한 모듈을 임포트하는 역할로 한정할 수 있습니다. 그럼 SCM 프로젝트의 AppModule에서 핵심 모듈로 분리할 수 있는 대상이 무엇인지 알아봅시다.

예제 11-3 AppModule에서 핵심 모듈로 분리할 대상 요소

```
1    // 임포트 생략
-
-    @NgModule({
-      declarations: [
5        AppComponent,
-        NavbarComponent,
-        SidebarComponent,
-        FooterComponent
-      ],
10       …
-      providers: [],
-      bootstrap: [AppComponent]
-    })
-    export class AppModule { }
```

[예제 11-3]을 보면 어떤 요소를 AppModule에서 핵심 모듈로 분리할지 알 수 있을 것입니다. 최초 애플리케이션의 진입점이 될 AppComponent를 제외하고 전역적으로 사용되는 모든 컴포넌트와 서비스가 바로 핵심 모듈로 분리할 대상입니다. [예제 11-3]에서는 Navbar Component, SidebarComponent, FooterComponent를 핵심 모듈로 옮길 수 있습니다. 향후 애플리케이션에서 공통으로 사용할 서비스를 생성한다면 이제 AppModule에 선언할 필

요 없이 핵심 모듈에 선언하면 됩니다.

그럼 SCM의 AppModule이 더 복잡해지기 전에 핵심 모듈을 하나 만듭시다. 모듈의 이름은 무엇이어도 상관없습니다. 여기서는 핵심 모듈로 ScmMainModule을 만듭니다.

```
ng g module scm-main
```

이제 ScmMainModule로 NavbarComponent, SidebarComponent, FooterComponent를 옮겨야 합니다. 먼저 navbar, sidebar, footer 폴더를 통째로 scm-main 폴더 밑으로 이동시킵니다. 폴더를 옮긴 뒤에는 세 컴포넌트를 ScmMainModule에 등록하여야 합니다. declarations에 컴포넌트를 포함시킵니다.

예제 11-4 SCM의 핵심 모듈이 될 ScmMainModule

```
1   // 임포트 생략
-   import { NavbarComponent } from './navbar/navbar.component';
-   import { SidebarComponent } from './sidebar/sidebar.component';
-   import { FooterComponent } from './footer/footer.component';
5
-   @NgModule({
-     imports: [CommonModule],
-     declarations: [NavbarComponent, SidebarComponent, FooterComponent]
-   })
10  export class ScmMainModule { }
```

이제 AppModule에서는 핵심 모듈로 옮긴 컴포넌트를 모두 제거하고 대신 ScmMainModule을 임포트합니다. 그러면 AppModule은 [예제 11-5]와 같이 변경됩니다.

예제 11-5 핵심 모듈을 적용한 AppModule

```
1   // 다른 임포트 생략
-   import { ScmMainModule } from './scm-main/scm-main.module'
-
-   @NgModule({
5     declarations: [AppComponent],
-     imports: [
-       /* Angular Modules*/
```

```
-        BrowserModule, FormsModule, HttpModule,
-
10       /* App Modules */
-        ScmMainModule, ProductModule, CategoryModule, CouponModule
-      ],
-      providers: [],
-      bootstrap: [AppComponent]
15 })
-   export class AppModule { }
```

기존에 AppModule에 선언하였던 모든 컴포넌트를 핵심 모듈인 ScmMainModule로 분리하였기 때문에 AppModule이 훨씬 더 간결해졌습니다. 이제 애플리케이션 전반에 사용할 지시자나 서비스가 생기면 AppModule을 수정하지 않고 ScmMainModule만 수정하면 됩니다.

11.1.3 모듈의 imports, exports

지금까지 코드 변경 없이 기능 모듈과 핵심 모듈을 새로 만들고 AppModule에 선언된 요소를 분리하여 다른 모듈로 이동하기만 하였습니다. 따라서 SCM 애플리케이션도 정상 실행되어야 합니다. 하지만 애플리케이션을 실행하면 에러가 발생합니다. 에러의 원인은 AppModule에서 핵심 모듈인 ScmMainModule로 컴포넌트의 선언을 분리하였기 때문입니다. 더 정확하게는 AppModule에서 ScmMainModule에 선언된 컴포넌트를 참조할 수 없어서 에러가 발생한 것입니다.

모듈에 imports로 선언한 지시자, 파이프, 모듈은 오로지 해당 모듈에서만 사용할 수 있습니다. 모듈에서 선언된 요소 중 일부를 외부의 다른 모듈에서 사용하려면 이를 반드시 exports에 선언하여야 합니다. 따라서 모듈의 imports와 exports는 외부에 노출할 요소와 오로지 내부에서만 사용할 요소를 구분하여 선언할 때 사용합니다. 주로 라이브러리 모듈을 만들 때 외부에 공개할 API와 내부 로직을 구분할 경우 imports, exports로 노출할 요소를 유용하게 관리할 수 있습니다.

이제 에러를 수정하기 위하여 [예제 11-4]에서 exports만을 다음과 같이 추가하면 애플리케이션이 정상 실행됩니다.

예제 11-6 ScmMainModule에 exports로 컴포넌트 노출

```
1   // 생략

-   @NgModule({
-     imports: [CommonModule],
5     declarations: [NavbarComponent, SidebarComponent, FooterComponent],
-     exports: [NavbarComponent, SidebarComponent, FooterComponent]
-   })
-   export class ScmMainModule { }
```

지금까지 기능 모듈과 핵심 모듈의 개념과 역할을 설명하고 SCM 프로젝트에 적용하였습니다. 모듈을 분리하는 목적은 결과적으로 AppModule이 순수하게 다른 모듈을 임포트하는 역할만 하도록 하여 구조를 안정화시키며, 요소를 추가·삭제할 때 다른 모듈에 영향을 주지 않는 것 입니다.

11.1.4 프로젝트 구현 2: 도메인별 기본 구현

'11.1 모듈의 분리'에서 우리는 각 도메인을 기준으로 SCM 프로젝트를 기능 모듈과 핵심 모듈로 분리하는 작업을 미리 하였습니다. 이를 바탕으로 [그림 10-3]의 컴포넌트 트리에서 설계하였던 주요 컴포넌트 가운데 각 도메인의 메인 뷰를 담당할 컴포넌트를 생성할 것입니다. 이번에 구현할 컴포넌트는 라우터를 실습하는 데 사용합니다.

전체 소스는 GIT을 사용하여 final-5 태그를 체크아웃받거나 http://bit.ly/hb-af-final-5를 통해서 변경 내역을 확인할 수 있습니다. 먼저 상품 관리 뷰를 담당할 최상위 컴포넌트인 ProductManagement Component를 생성합니다.

이제부터 앵귤러 CLI를 사용할 때 주의할 점이 있습니다. 이전과 달리 도메인별로 기능 모듈이 분리되어 있기 때문에 컴포넌트 생성 명령을 실행할 위치를 잘 확인하여야 합니다. 이전과 같이 프로젝트 루트에서 컴포넌트 생성 명령을 실행하면 컴포넌트가 AppModule에 등록되기 때문에 먼저 루트 폴더에서 ProductModule이 위치를 이동하여야 합니다. 프로젝트 루트 폴더에서 다음 명령을 실행하여 현재 위치를 옮깁니다.

```
cd src/app/product
```

product 폴더로 이동한 뒤에 다음 명령을 실행하면 AppModule이 아닌 ProductModule에 ProductManagementComponent가 자동으로 등록됩니다.

```
ng g component product-management
```

이제 ProductModule의 코드를 보면 [예제 11-7]과 같이 ProductManagementComponent 가 선언되어 있음을 확인할 수 있습니다.

예제 11-7 ProductManagementComponent가 추가된 ProductModule

```
1  // 임포트 생략
-
-  @NgModule({
-    … 생략 …
5    declarations: [ProductManagementComponent]
-  })
-  export class ProductModule { }
```

이제 화면 왼쪽 사이드바에서 상품 관리 메뉴를 선택하였을 때 ProductManagement Component의 뷰가 보이도록 코드를 수정합시다. '11.1.3 모듈의 imports, exports'에서 설명한 것처럼 AppModule에 선언된 AppComponent의 템플릿에서 ProductManage mentComponent를 사용하려면 이 컴포넌트를 exports로 외부에 공개하여야 합니다. [예제 11-7]에서 다음과 같이 exports만 추가하여 ProductManagementComponent를 공개로 선언합니다.

```
1  @NgModule({
-    …
-    declarations: [ProductManagementComponent]
-    exports: [ProductManagementComponent]
5  })
-  export class ProductModule { }
```

이제 AppComponent의 템플릿에서 현재 메뉴가 product일 때 다음과 같이 코드를 추가하 여 ProductManagementComponent를 보이도록 합니다.

```
<div *ngSwitchCase="'product'">
    <scm-product-management></scm-product-management>
</div>
```

이제 상품 관리 뷰에서 진행하였던 과정을 카테고리에 적용합니다. 하여야 할 일은 Category ManagementComponent를 생성하고 각 모듈의 exports를 추가하는 것입니다. 컴포넌트 생성 후 AppComponent의 템플릿에 생성한 컴포넌트의 태그를 선언합니다.

지금까지 상품 관리, 카테고리 관리 메인 뷰 컴포넌트를 생성하고, 이를 AppComponent에서 사이드바 메뉴에 따라 활성화하도록 구현하는 작업을 하였습니다. 이 과정에서 중요한 것은 각 도메인별로 기능 모듈을 분리한 덕분에 각 도메인의 메인 뷰 컴포넌트를 생성하는 과정에서 AppModule의 코드를 조금도 수정하지 않았다는 점입니다.

이제 추가로 10장의 컴포넌트 트리에 선언된 컴포넌트 가운데 도메인과 상관없는 최초 메인 대시보드 뷰 컴포넌트와 찾을 수 없는 페이지를 나타내는 컴포넌트를 생성합시다. 두 컴포넌트 모두 어떤 도메인에도 포함되지 않는 컴포넌트입니다. 따라서 별도의 기능 모듈이 아닌 핵심 모듈인 ScmMainModule에 두 컴포넌트를 등록합니다. 터미널의 현재 위치가 프로젝트 루트 폴더라는 전제하에 다음 명령을 실행하여 scm-main 폴더로 이동합니다.

```
cd src/app/scm-main
```

scm-main 폴더로 이동한 후 다음 명령을 차례로 실행하여 MainDashboardComponent 와 PageNotFoundComponent 클래스를 생성합니다.

```
ng g component main-dashboard
ng g component page-not-found
```

ScmMainModule의 컴포넌트는 모두 declarations와 exports에 동일하게 선언되어 있기 때문에 ScmMainModule의 파일을 열어서 [예제 11-8]과 같이 두 CORE_COMPONENTS 라는 배열로 공통 컴포넌트를 선언하고 이 배열을 각각 declarations, exports에 선언합니다.

예제 11-8 ScmMainModule에 새 컴포넌트 등록

```
1    // 임포트 생략
```

```
    -    import { MainDashboardComponent } from './main-dashboard/main-dashboard.component';
    -    import { PageNotFoundComponent } from './page-not-found/page-not-found.component';
    -
    5    const CORE_COMPONENTS = [NavbarComponent, SidebarComponent, FooterComponent,
    -        MainDashboardComponent, PageNotFoundComponent];
    -
    -    @NgModule({
    -      imports: [CommonModule],
    10      declarations: CORE_COMPONENTS,
    -      exports: CORE_COMPONENTS
    -    }
    -    export class ScmMainModule { }
```

[예제 11-8]을 보면 신규로 추가된 컴포넌트를 임포트한 후 CORE_COMPONENTS 배열에
포함시킨 것이 전부입니다. 이때도 마찬가지로 AppModule을 수정할 필요가 전혀 없습니다.

마지막으로 애플리케이션이 최초 실행될 때 MainDashboardComponent가 노출될 수 있도
록 AppComponent의 템플릿을 수정합니다. AppComponent 템플릿 가운데 사이드바 메뉴
선택에 따라 ngSwitch로 뷰가 전환되는 코드는 최종적으로 [예제 11-9]와 같이 변경됩니다.

예제 11-9 각 도메인 별 메인뷰 컴포넌트가 선언된 AppComponent 템플릿

```
    1    <main class="col-10 offset-2 pt-3" [ngSwitch]="currentMenu">
    -        <div *ngSwitchCase="'product'">
    -            <scm-product-management></scm-product-management>
    -        </div>
    5        <div *ngSwitchCase="'category'">
    -            <scm-category-management></scm-category-management>
    -        </div>
    -        <div *ngSwitchDefault>
    -            <scm-main-dashboard></scm-main-dashboard>
    10       </div>
    -
    -    </main>
```

11.2 라우터 기본

현재 SCM의 구현은 사이드바의 메뉴를 선택할 때 이벤트 바인딩과 ngSwitch를 사용하는 코드를 통하여 뷰의 전환을 직접 핸들링하였습니다. 기능상 문제는 없지만 더 효율적인 방법으로 개선할 여지가 남아 있습니다. 이를 위하여 이제 라우터를 사용하여야 합니다.

라우터는 뷰의 전환을 위한 기능을 제공합니다. 라우터는 브라우저의 URL을 사용하여 어떤 뷰를 보여 줄지 결정합니다. 앵귤러 기반 웹 애플리케이션에서 뷰가 컴포넌트를 통하여 만들어진다는 점을 생각하면 브라우저의 URL을 컴포넌트에 매칭할 수 있다는 아이디어를 끌어낼 수 있습니다.

그림 11-1 사전에 정의된 Routes

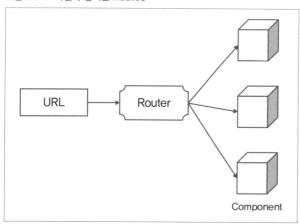

결론적으로 라우터는 URL과 컴포넌트의 관계 설정을 바탕으로 URL이 주어지면 여기에 매칭되는 컴포넌트를 선택하는 일을 한다고 말할 수 있습니다. 우리가 이 절에서 다룰 내용은 URL과 컴포넌트 사이의 관계를 정의하는 일입니다.

11.2.1 라우터 설정: Route

앵귤러는 URL과 컴포넌트의 관계에 필요한 정보를 Route 인터페이스로 정의하고 있습니다. [예제 11-10]은 실제 앵귤러에서 제공하는 Route 인터페이스 코드입니다.

예제 11-10 Route 인터페이스

```
1    export interface Route {
-        path?: string;
-        pathMatch?: string;
-        matcher?: UrlMatcher;
5        component?: Type<any>;
-        redirectTo?: string;
-        outlet?: string;
-        canActivate?: any[];
-        canActivateChild?: any[];
10       canDeactivate?: any[];
-        canLoad?: any[];
-        data?: Data;
-        resolve?: ResolveData;
-        children?: Routes;
15       loadChildren?: LoadChildren;
-    }
```

[예제 11-10]의 인터페이스를 보면 URL과 컴포넌트의 관계를 정의하는 데 정보가 많이 필요한 것처럼 보입니다. 복잡한 듯 보이지만 Route는 세 가지 정보를 바탕으로 작동합니다.

1. URL 경로
2. URL 매칭 시 할 일
3. URL 매칭 방법

이 중 세 번째인 URL 매칭 방법은 기본 방법이 설정되어 있습니다. 하지만 독자적인 URL 매칭 방법을 사용하지 않는 이상 반드시 필요한 정보는 아닙니다. 최소한 첫 번째와 두 번째 정보만 Route에 선언하면 됩니다. URL 매칭 시 할 일은 기본적으로 Route에 컴포넌트가 선언되어 있는 경우 이 컴포넌트를 활성화하는 일입니다. 따라서 Route를 선언하는 출발은 path와 component입니다. 예를 들어 '/abc/test'의 경로가 주어졌을 때 AComponent를 뷰로 사용한다고 가정합시다. path와 component 속성으로 이 정보를 Route로 정의하면 됩니다. path에 경로를 선언할 때 맨 앞에 '/'은 받지 않는다는 사실만 주의합니다[1].

---

1 라우터 패키지의 소스를 보면 Route로 선언한 path를 split(/)으로 나누어서 매칭합니다. 따라서 '/abc/test'로 선언한 path는 path. split(/)의 결과가 ['', 'abc', 'test']가 되므로 URL 매칭에 불필요한 요소가 배열의 첫 번째에 들어가게 되어 path의 맨 앞에 /를 허용하지 않습니다.

이제 이 예를 Route로 표현하면 다음과 같은 JSON 객체로 표현할 수 있습니다.

```
{path: 'abc/test', component: AComponent}
```

이 Route 정보를 Router에 등록하면 라우터는 이제 '/abc/test' 경로가 주어질 때 ACom
ponent를 활성화할 것입니다. path, component 외에 Route를 정의할 때 children,
redirectTo, pathMatch도 자주 사용합니다. children은 Route 설정을 계층적으로 할 때 사
용하는데, [예제 11-10]을 보면 children의 타입이 Routes인 것을 알 수 있습니다. 따라서
children에 Route의 배열을 등록합니다. 예를 들어 '/abc/test'에 대하여 다음 두 Route는
동일하게 AComponent를 매칭합니다.

```
1  {path: 'abc', children: [
-    {path: 'test', component: AComponent}
-  ]}
-
5  {path: 'abc/test', component: AComponent}
```

redirectTo는 주어진 URL에 path가 매칭될 때 redirectTo에 경로가 있을 경우 이 경로로 다
시 매칭하도록 리다이렉트할 때 씁니다. pathMatch는 문자열로 prefix 혹은 full 값을 받습니
다. 설정하지 않으면 기본값이 prefix이므로 명시적으로 선언할 필요는 없습니다. full을 사용
할 때는 Route에 주어진 전체 path에 정확하게 매칭하라는 의미입니다.

redirectTo와 pathMatch는 주로 다음 Route 설정처럼 함께 쓰입니다. 다음 Route의 의미
는 루트 경로일 경우 'default' 경로로 리다이렉트하라는 설정입니다.

```
{path: '', redirectTo: 'default', pathMatch: 'full'}
```

마지막으로 path에는 와일드카드로 '**'를 설정할 수 있습니다. path의 와일드카드는 보통
어디에도 매칭되지 않는 경로가 주어지는 경우에 매칭할 컴포넌트를 선언할 때 사용합니다. 예
를 들면 어디에도 매칭하는 경로가 없을 경우 페이지를 찾을 수 없다는 내용의 뷰를 띄우기 위
하여 Route를 다음과 같이 설정할 수 있습니다.

```
{path: '**', component: PageNotFoundComponent}
```

11.2.2 Routes 등록

정의한 Route 정보는 RouterModule에 등록하여 사용합니다. RouterModule은 단일 Route를 받지 않고 Route[ ] 타입, 즉 배열로 받습니다. 라우터 패키지에서는 Route[ ]를 편의상 Routes로 타입명을 선언하여 제공하고 있습니다.

```
export type Routes = Route[];
```

Route[ ]나 Routes나 동일한 타입일 뿐 중요한 건 RouterModule에 Route를 등록하려면 Route의 배열을 전달하여야 한다는 점입니다. 예를 들면 각 Route 설정을 배열로 정의한 Routes는 다음과 같은 형태가 될 것입니다.

예제 11-11 Route 배열인 Routes 선언

```
1   const routes: Routes = [
-     {path: 'hello', component: HelloComponent},
-     {path: 'data-list', children: [
-       {path: '', component: DataListComponent},
5       {path: ':id', component: DataComponent},
-     ]},
-     {path: 'main-page', component: MainComponent},
-     {path: '', redirectTo: 'main-page', pathMatch: 'full'},
-     {path: '**', component: PageNotFoundComponent}
10  ];
```

이제 이 Routes를 RouterModule에 등록하는 방법을 봅시다. [예제 11-12]와 같이 Router Module을 루트 모듈인 AppModule의 imports에 선언하면서 forRoot 메서드의 인자로 전달합니다.

예제 11-12 RouterModule에 Routes 등록

```
1   @NgModule({
-     imports: [
-       // 생략
-       RouterModule.forRoot(routes)
5     ]
-   })
-   export class AppModule {}
```

라우터 설정과 등록으로 특정 URL이 주어질 때 어떤 컴포넌트를 뷰로 사용할지 선언하였습니다. 이제 다음은 활성화된 컴포넌트의 뷰를 어느 위치에 렌더링할 것인지를 설정할 차례입니다. 라우터에 의해서 매칭된 컴포넌트를 보여 줄 위치를 지정할 때 사용하는 것이 Router Outlet 지시자입니다. RouterOutlet 지시자 또한 RouterModule에서 제공합니다. router outlet이라는 선택자가 선언된 바로 아래에 라우터가 매칭한 컴포넌트의 뷰가 렌더링됩니다. 예를 들어 SCM의 AppComponent 템플릿에서 라우터가 매칭한 컴포넌트의 뷰를 렌더링한다고 합시다. 그럼 [예제 11-13] 5번 줄과 같이 템플릿 내에 router-outlet 선택자를 선언하면 됩니다.

예제 11-13 RouterOutlet을 선언한 SCM의 AppComponent 템플릿

```
1   ...
-   <div class="main-section">
-     <scm-sidebar×/scm-sidebar>
-     <main class="col-10 offset-2 mt-5 mb-5 p-5">
5       <router-outlet×/router-outlet>
-     </main>
-   </div>
-   ...
```

11.2.3 RouterLink, RouterLinkActive

라우터의 설정과 등록, 매칭된 컴포넌트의 뷰를 렌더링할 위치까지 선언하였다면 이제 어떻게 뷰를 전환할 것인지를 알아보아야 할 차례입니다. 이해를 돕기 위하여 앞에서 예로 들었던 Route를 다시 살펴봅시다.

```
{path: 'abc/test', component: AComponent}
```

이 Route가 라우터에 등록되었다면 AComponent를 활성화하기 위하여 다음과 같이 a 태그를 어딘가에 사용할 수 있지 않을까요?

```
<a href="/abc/test">A 컴포넌트로 이동!</a>
```

물론 이와 같이 링크를 선언하여도 앵귤러는 정상적으로 URL을 읽어서 우리가 router-outlet 을 선언한 위치에 AComponent의 뷰를 렌더링합니다. 하지만 여기에는 치명적인 단점이 있습니다. 앵귤러는 단일 페이지 애플리케이션입니다. 최초 페이지 호출 시 빌드된 자바스크립트 파일 안에 애플리케이션에서 사용할 뷰를 동적으로 생성할 로직이 담겨 있습니다. 앵귤러의 라우터는 URL이 주어지면 서버에 새로운 뷰의 리소스를 요청하는 것이 아니라 Routes에 등록된 정보를 바탕으로 매칭된 컴포넌트의 뷰를 보여 줍니다.

그런데 이와 같이 a 태그를 사용하여 브라우저 본연의 기능으로 "/abc/test"의 링크를 클릭하면 브라우저는 다시 서버에 리소스를 요청합니다. 이는 결국 앵귤러 애플리케이션을 다시 초기화한 후 라우터에 Routes가 등록되고 나서 "/abc/test"에 매칭하는 컴포넌트를 찾아 뷰를 렌더링하는 작업이 반복되는 결과를 낳습니다. 따라서 라우터를 사용하여 뷰를 전환할 경우 RouterModule에서는 RouterLink 지시자를 사용합니다. RouterLink의 사용법은 간단합니다. href 속성 대신 다음과 같이 routerLink 속성으로 치환하는 것입니다.

```
<a routerLink="/abc/test">A 컴포넌트로 이동!</a>
```

이제 링크를 클릭하면 실제 브라우저의 URL을 변경하여 더 이상 서버에 새로운 요청을 하지 않습니다. 대신 내부에서 라우터가 브라우저의 history.pushState API를 사용하여 URL을 변경합니다.

RouterLink 지시자는 보통 RouterLinkActive 지시자와 함께 사용합니다. routerLink Active는 현재 브라우저의 URL 경로가 routerLink에 선언된 경로와 동일할 때 routerLink Active가 선언된 DOM에 추가할 클래스 속성을 선언할 때 씁니다.

```
<a routerLink="/abc/test" routerLinkActive="active">A 컴포넌트로 이동!</a>
```

이 예제에서는 routerLinkActive="active"와 같이 표현하여 현재 경로와 routerLink에 선언한 경로가 같으면 DOM의 클래스에 active를 자동으로 추가합니다. routerLinkActive 에 전달한 클래스는 이와 같이 직접 하나의 문자열을 전달할 수 있을 뿐 아니라 복수의 클래스명을 전달할 수도 있습니다. 복수의 클래스를 전달하려면 routerLinkActive="active abc test"처럼 공백으로 구분할 수도 있고, 프로퍼티 바인딩으로 [routerLinkActive]="['active', 'abc', 'test']"처럼 사용할 수도 있습니다.

11.2.4 프로젝트 구현 3: 라우터 설정

지금까지 라우터의 기본적인 개념을 살펴보았습니다. 이제 SCM 예제를 활용하여 구체적으로 라우터를 사용하는 실습을 합시다. 라우터를 사용하지 않고 ngSwitch로 구현한 SCM의 사이드바 메뉴 전환 기능을 라우터를 사용하는 코드로 개선합니다. 이번 절에서 구현하는 전체 코드는 GIT을 사용하여 final-6 태그를 체크아웃받거나 http://bit.ly/hb-af-final-6를 통해서 변경 내역을 확인할 수 있습니다.

먼저 라우터에 등록할 Routes를 선언합니다. 이를 위하여 Routes의 선언과 등록 설정만 담을 모듈을 별도로 생성합니다. 이는 앞에서 설명한 것과 같이 AppModule을 순수하게 다른 모듈을 관리하는 역할로 한정하기 위한 목적입니다. 라우팅 정보를 포함한 모듈은 관례적으로 RoutingModule이라고 표기합니다.

지금은 애플리케이션의 루트 레벨에 해당하는 라우팅 모듈로 AppRoutringModule을 생성하기로 합니다. AppModule이 위치한 폴더에 app-routing.module.ts 파일을 생성합니다. 이제 이 파일에는 앞서 설명한 Routes와 함께 RouterModule을 선언합니다.

예제 11-14 SCM의 AppRoutingModule 라우터 선언부

```
1   // import 생략
-   const routes: Routes = [
-       { path: 'product-list', component: ProductManagementComponent },
-       { path: 'category-list', component: CategoryManagementComponent },
5       { path: 'total-summary', component: MainDashboardComponent },
-       { path: '', redirectTo: 'total-summary', pathMatch: 'full' },
-       { path: '**', component: PageNotFoundComponent }
-   ];
-
10  @NgModule({
-       imports: [RouterModule.forRoot(routes)],
-       exports: [RouterModule],
-   })
-   export class AppRoutingModule { }
```

[예제 11-14]에서 선언한 라우팅 정보를 봅시다. 3~6번 줄에서는 프로젝트 구현 2에서 생성한 각 도메인별 메인 뷰 컴포넌트의 Route를 선언하였으며, 6번 줄의 Route 설정을 통하여 루트 경로로 진입 시 무조건 최초에 MainDashboardComponent를 활성화하도록 선언하였습니다. 마지막으로 7번 줄에서 정의되지 않은 경로를 입력 시 PageNotFoundComponent로 매칭되도록 선언하였습니다.

이제 [예제 11-15]와 같이 AppRoutingModule을 AppModule에 등록합니다.

예제 11-15 AppModule에 AppRoutingModule 임포트

```
1    // 생략
-    import { AppRoutingModule } from "./app-routing.module";
-
-    @NgModule({
5      declarations: [AppComponent],
-      imports: [
-        …
-        AppRoutingModule
-      ],
10       …
-    })
-    export class AppModule { }
```

이제 기본적인 라우터 설정과 등록이 끝났습니다. 다음으로 라우터에 의하여 활성화된 컴포넌트의 뷰를 렌더링할 위치를 RouterOutlet을 사용하여 선언합니다. SCM 예제에서 우리는 사이드바 메뉴 선택에 따라 ngSwitch를 통하여 직접 오른쪽 메뉴의 뷰를 전환하였습니다. 이제 AppComponent의 템플릿에서 ngSwitch로 작성된 코드를 지우고 router-outlet 선택자만 남깁니다.

예제 11-16 RouterOutlet을 사용한 SCM의 AppComponent 템플릿

```
1    <scm-navbar></scm-navbar>
-    <div class="container-fluid">
-      <div class="row">
-        <scm-sidebar></scm-sidebar>
5        <main class="col-10 offset-2 pt-3">
-          <router-outlet></router-outlet>
-        </main>
```

```
 -      </div>
 -    </div>
10  <scm-footer></scm-footer>
```

SidebarComponent에서 선택된 메뉴를 전달받기 위하여 이벤트 바인딩하였던 부분을 포함하여 ngSwitch를 사용한 코드를 모두 제거하고 대신 6번 줄과 같이 RouterOutlet 지시자 선택자인 router-outlet만을 선언하였습니다. 템플릿 수정과 함께 AppComponent도 더 이상 현재 선택된 메뉴의 상태를 속성으로 관리할 필요가 없습니다. 따라서 다음과 같이 수정합니다.

예제 11-17 현재 선택된 메뉴 속성을 제거한 SCM의 AppComponent

```
import { Component } from '@angular/core';

@Component({ ⋯ })
export class AppComponent { }
```

이제 SidebarComponent의 코드도 수정하여야 합니다. 템플릿을 다음과 같이 수정합니다.

예제 11-18 routerLink를 적용한 SidebarComponent의 템플릿

```
1  ⋯
 -       <a class="nav-link" routerLink="/product-list" routerLinkActive="active">
 -         <i class="fa fa-list-ul"></i> 상품 관리
 -       </a>
5  ⋯
 -       <a class="nav-link" routerLink="/category-list" routerLinkActive="active">
 -         <i class="fa fa-hashtag"></i> 카테고리 관리
 -       </a>
 -  ⋯
```

이전에 ngClass를 사용하고 클릭 이벤트를 바인딩하여 AppComponent로 선택된 메뉴 정보를 전달하였던 복잡한 코드를 모두 없애고 routerLink와 routerLinkActive라는 지시자를 사용하여 동일한 기능을 간결하게 바꾸었습니다.

SidebarComponent의 템플릿이 라우터를 사용하도록 수정하였으니 컴포넌트에서 불필요한 로직을 모두 제거하고 [예제 11-19]와 같이 간단하게 템플릿만 가진 컴포넌트로 변경할 수 있습니다.

예제 11-19 라우터로 개선된 SidebarComponent

```
import { Component } from '@angular/core';

@Component({ ⋯ })
export class SidebarComponent { }
```

추가로 현재 상단 NavbarComponent의 템플릿에서 '상품 관리 시스템'에 적용된 a 태그와 상품 등록 버튼인 button 태그의 속성도 다음과 같이 routerLink로 변경합니다.

예제 11-20 라우터 기능으로 개선한 NavBarComponent 템플릿

```
1  <a class="navbar-brand text-white" routerLink="">{{appTitle}}</a>
-  ⋯
-  <button class="btn btn-warning mr-2"
-    routerLink="/product-list/product/0" [queryParams]="{action: 'create'}" >
5      <i class="fa fa-plus"></i> 상품 등록
-  </button>
```

[예제 11−18]과 [예제 11−20]에서 라우터의 기능을 사용하고 있기 때문에 ScmMainModule에 RouterModule을 등록하여야 합니다. 지금까지 수정한 템플릿 중 SidebarComponent, NavBarComponent가 ScmMainModule에 등록된 컴포넌트이기 때문입니다. Router Module을 ScmMainModule에 임포트한 뒤에는 템플릿에서 routerLink, routerActive Link 등의 지시자를 정상적으로 사용할 수 있습니다.

마지막으로 ProductModule, CategoryModule에서 exports로 각 컴포넌트를 공개하였던 부분을 제거합니다. 왜냐하면 라우터를 사용하면 라우터에서 직접 각 컴포넌트의 뷰를 렌더링 하므로 더 이상 컴포넌트를 외부로 노출할 필요가 없어졌기 때문입니다.

11.2.5 라우터 사용의 장점

여기서는 라우터를 사용하지 않고 사이드바의 메뉴 선택에 따라 뷰 전환을 하였던 코드를 라우터를 사용한 코드로 변경하였습니다. 라우터를 사용하였을 때와 사용하지 않았을 때의 코드를 보면서 어떤 차이를 느꼈나요?

뷰 전환 시 라우터를 사용하면 장점이 많습니다. 먼저 설계상으로는 기존 컴포넌트 로직에서 뷰 전환과 관련된 기능을 라우터에 위임하여 컴포넌트의 코드가 뷰의 렌더링과 이벤트 핸들링에만 집중할 수 있도록 도와줍니다.

기능상으로는 각 뷰의 상태를 컴포넌트의 속성이 아닌 URL로 정의할 수 있습니다. 이는 Deep Linking이라는 개념과 맞닿아 있습니다. 앵귤러 라우터는 내부적으로 HTML5에 추가된 history.pushState API를 사용하여 이를 지원하고 있습니다. 또한 앞으로 SCM 예제를 발전시켜 나가면서 라우터가 제공하는 고급 기능을 설명하면 뷰의 전환과 관련하여 라우터의 장점을 더욱 확실히 느낄 수 있을 것입니다.

11.3 라우터 활용

'11.2 라우터 기본'에서는 라우터의 기본 설정 방법을 설명하고, SCM 프로젝트의 세 번째 구현 단계로 간단한 뷰의 전환을 다루었습니다. 여기서는 라우터가 제공하는 다양한 기능을 알아 봅니다. 이 절에서 다룰 뷰의 전환과 관련된 라우터의 다양한 고급 기능은 다음 장에서 SCM 프로젝트를 구현할 때 사용할 것입니다.

11.3.1 상태 관리

브라우저는 URL로 상태 정보를 관리합니다. URL은 특정 리소스의 위치를 나타내는 일차 정보가 되지만 파라미터, 쿼리 스트링, 프래그먼트(# 정보)fragment를 사용하여 추가적인 정보를 관리할 수도 있습니다.

앵귤러 라우터는 브라우저가 제공하는 URL의 기능을 활용하여 현재 뷰의 상태를 저장 및 조회할 수 있는 API를 제공합니다. 이를 활용하여 애플리케이션 안에서 직접 브라우저의 URL을 다루지 않고 상태를 관리할 수 있습니다.

URL 경로

먼저 URL 경로를 살펴봅시다. URL은 이미 그 자체로 훌륭한 상태 관리 수단입니다. 예를 들어 RESTful을 준수하는 URL이 다음과 같이 있다고 해 봅시다.

```
'/products/123/options/····.'
```

이 URL 경로는 '/'을 기준으로 각 패스마다 고유한 상태를 이미 나타내고 있습니다. 이 중 두 번째 패스에 해당하는 123은 보통 RESTful에 따라 특정 리소스의 고유 키 값을 의미합니다. 이 패스는 가변적으로 서버로부터 특정 리소스를 조회하기 위하여 사용합니다.

이와 같이 라우터를 활용하면 URL의 가변적인 특정 패스를 쉽게 조회할 수 있습니다. 라우터는 URL에서 패스 값을 params로 부릅니다. URL에서 가변적인 패스를 params로 조회하기 위하여 Route 등록 시 특정 패스를 콜론(:)으로 선언하여야 합니다. 다음 예제 Route를 봅시다.

```
const routeA = {path: 'products/:prodNo/options/:optionNo',
component: OptionDetailComponent};
```

path에 선언한 경로 가운데 콜론을 접두어로 붙인 prodNo, optionNo는 params로 사용할 상태 값이 됩니다. 'products/1234/options/0001'과 같은 URL이 주어질 경우 params 에는 prodNo에 1234가 optionNo에 0001이 저장됩니다. 콜론을 붙인 패스는 더 이상 고정 값이 아닙니다. 따라서 다음과 같이 콜론으로 선언된 패스가 어떠한 값이라도 OptionDetail Component에 매칭됩니다.

```
1  products/1001/options/0001
-  products/1001/options/0002
-  products/1001/options/0003
-  products/1011/options/0005
5  ···
```

params로 선언된 패스에 값을 전달하는 방법은 두 가지입니다. 첫 번째 방식은 템플릿에서 RouterLink 지시자로 패스를 통해 값을 전달하는 방식입니다. 다음 예를 봅시다.

```
<a routerLink="product/{{prod.no}}/options/{{prod.options[0].no}}">옵션 보기</a>
```

가변적인 패스 부분에 보간법으로 특정 모델의 값을 바인딩하여 routerLink 지시자로 URL 을 전달하는 것을 확인할 수 있습니다. 이제 prod라는 변수에 저장된 prod.no와 prod. options[0].no 값은 URL을 통하여 라우터의 params에 prodNo와 optionNo로 전달됩니다.

두 번째 방법은 컴포넌트에서 Router 클래스를 활용하는 방법입니다. 컴포넌트에서 Router를 주입받은 후 뷰 전환이 필요한 지점에 Router의 navigate 메서드를 호출합니다. 다음 예를 봅시다.

```
this.router.navigate(['products' , prod.no, 'options', prod.options[0].optNo]);
```

이 코드는 컴포넌트에서 주입받은 Router의 navigate 메서드를 사용하는 예입니다. Navigate 메서드는 배열에 URL 경로의 각 패스를 인자로 받습니다. navigate 메서드 호출 시 인자로 받은 경로로 Router가 뷰를 전환합니다. Router 클래스가 제공하는 API의 활용법은 '11.3.2 Router'에서 알아보기로 합니다.

params로 전달한 패스를 컴포넌트에서 조회할 때는 ActivatedRoute를 주입받아 사용합니다. ActivatedRoute의 snapshot에 라우터가 관리하는 상태 정보의 값이 있습니다. [예제 11-21]을 봅시다.

예제 11-21 ActivatedRoute 사용

```
1    // 임포트 생략
-
-    @Component({ /* 생략 */ })
-    export class OptionDetailComponent {
5    // 생략
-
-    constructor( private route: ActivatedRoute ) { }
-
-    ngOnInit() {
10    const params = this.route.snapshot.params;
-    const prodNo = params.prodNo;
-    const optionNo = params.optionNo;
-    }
-    // 생략
15    }
```

ActivatedRoute를 주입받은 후 OnInit 생명 주기에서 패스의 params는 10번 줄과 같이 snapshot 속성의 params에서 얻을 수 있습니다. params에 패스에서 추출한 각 값이 들어 있습니다. 11~12번 줄과 같이 params에서 필요한 값을 조회할 수 있습니다. Activated Router에 대한 자세한 내용은 '11.3.3 ActivatedRoute'에서 살펴봅니다.

쿼리 스트링

쿼리 스트링을 사용하는 방법을 봅시다. 라우터는 쿼리 스트링 정보를 queryParams로 정의합니다. RouterLink를 사용할 경우 쿼리 스트링을 전달할 상태를 객체로 queryParams에 프로퍼티 바인딩으로 전달하면 됩니다. 다음 코드를 봅시다.

```
<a routerLink="product" [queryParams]="{key: prod.$key}">{{prod.name}}</a>
```

템플릿에서 RouterLink와 함께 queryParams에 직접 prod.$key 값을 key로 전달하였습니다. 컴포넌트 코드에서 뷰를 전환하여야 한다면 Router 클래스의 navigate 메서드를 활용할 수 있습니다.

```
this.router.navigate(['product'], {queryParams: {key: $key}});
```

queryParams는 ActivatedRoute를 사용하여 다음과 같이 조회할 수 있습니다.

```
ngOnInit() {
  const queryParams = this.route.snapshot.queryParams;
  const $key = queryParams.$key;
}
```

11.3.2 Router

Router는 뷰의 전환, URL과 관련된 여러 기능을 제공하는 클래스입니다. Router에서 가장 많이 사용하는 경우는 컴포넌트 클래스 안에서 뷰의 전환이 필요할 때입니다. Router에서 뷰의 전환과 관련된 기능을 제공하는 API는 다음 두 메서드입니다.

```
navigateByUrl(url: string|UrlTree, extras?: NavigationExtras) : Promise<boolean>
navigate(commands: any[], extras?: NavigationExtras) : Promise<boolean>
```

naviagteByUrl과 navigate 메서드는 첫 번째 인자로 받은 URL로 뷰를 전환합니다. 두 메서드는 URL 정보를 어떤 타입으로 받는지를 제외하고 동일한 기능의 API입니다. naviagte ByUrl은 이 코드의 인터페이스에서 알 수 있듯이 문자열로 전체 URL 경로를 입력하면 해당

URL로 뷰를 전환합니다[2].

navigate 메서드는 배열로 URL 경로를 받습니다. 이때 배열에는 앞에서 살펴본 것처럼 패스를 구성할 값을 순차적으로 전달합니다. 또는 다음과 같이 전체 경로를 하나의 문자열로 선언하여 배열에 담아 전달하여도 됩니다. 어떤 방법을 사용하든 Router에서 내부적으로 하나의 URL로 변환합니다.

```
this.router.navigate(['`product/${prod.no}/options/${prod.options[0].optNo}`']);
```

컴포넌트에서 Router의 navigate를 활용할 경우, 예를 들어 [예제 11-22]와 같이 작성할 수 있습니다.

예제 11-22 컴포넌트 클래스에서 Router 사용

```
1    // 임포트 생략
-    import { Router } from "@angular/router";
-
-    export class SomeComponent {
5      constructor(router: Router) { }
-
-      moveToOtherView( ) {
-        // 뷰 전환 전에 작업할 로직
-        this.router.navigate(['products', prod.no, 'test']);
10     }
-      // 생략
-    }
```

먼저 5번 줄과 같이 반드시 Router를 생성자에 선언하여 주입받습니다. 7번 줄의 moveToOtherView는 사용자의 클릭 이벤트에 바인딩된 메서드이거나 다른 메서드에서 호출하는 메서드가 될 수 있습니다. 중요한 점은 컴포넌트 클래스의 moveToOtherView에서 일련의 로직을 수행한 뷰를 전환하도록 9번 줄과 같이 Router의 navigate 메서드를 호출할 수 있다는 것입니다. 대표적인 활용 예는 POST 호출로 서버에 어떤 데이터를 저장한 후 성공할 경우 메인 화면으로 되돌아가도록 구현할 때 Router를 활용할 수 있습니다.

---

2 물론 UrlTree 타입도 지원하지만 UrlTree는 주로 앵귤러 내부에서 사용하는 타입으로, 굳이 UrlTree 형태로 URL 정보를 입력할 필요는 없습니다.

```
1   this.someApiService
-     .postData(/* 생략 */)
-   .subscribe(
-     () => {
5       /* API 호출 성공 후 처리 로직 */
-       this.router.navigate([ /* API 호출 성공 후 리다이렉트할 URL */]);
-     },
-     () => { /* 실패 처리 */}
-   );
```

11.3.3 ActivatedRoute

ActivatedRoute는 현재 활성화된 컴포넌트의 라우터 상태 정보를 제공하는 클래스입니다. URL에 전달된 상태 정보는 window 객체로부터 직접 브라우저 주소창의 URL을 얻어서 파싱할 수도 있습니다. 하지만 이 방식은 이 책에서 계속 강조한 바와 같이 앵귤러가 애플리케이션이 실행되는 호스트를 추상화한 것을 깨뜨리는 일이기 때문에 권장하지 않습니다. 대신 라우터가 제공하는 URL의 상태 정보는 ActivatedRoute를 주입받으면 손쉽게 접근할 수 있습니다.

ActivatedRoute에서 제공하는 상태 정보 중 다음 5가지를 살펴봅시다.

- params
- queryParams
- data
- fragment
- url

params와 queryParams는 '11.3.1상태 관리'에서 살펴본 패스와 쿼리 스트링에 해당합니다. data는 뷰가 렌더링되기 전에 필요한 데이터를 다룹니다. data는 '11.3.4 가드의 설정'에서 자세히 살펴봅시다. fragment는 앞에서 다루지 않았지만 URL 뒤에 붙는 # 정보입니다. 마지막으로 url은 현재 브라우저 주소창에 기재된 URL 경로입니다.

ActivatedRoute는 위 데이터를 모두 Observable로 제공합니다. 따라서 각 상태를 얻기 위해서는 다음과 같이 subscribe 메서드에서 상태를 조회하는 코드를 작성하여야 합니다.

예제 11-24 ActivatedRoute 상태 조회

```
1   // 생략
-     constructor(private route: ActivatedRoute) {}
-
-     ngOnInit() {
5       this.route.params.subscribe(p => { … });
-       this.route.queryParams.subscribe(q => { … });
-       this.route.fragment.subscribe(f => { … });
-       this.route.data.subscribe(d => { … });
-       this.route.url.subscribe(url => { … });
10    }
-   // 생략
```

ActivatedRoute의 상태를 Observable로 제공하는 이유는 컴포넌트가 소멸되지 않고 Route 가 변경되는 경우 상태가 바뀔 수 있기 때문입니다. 라우터는 URL이 변경되어도 매칭된 컴포넌트가 변경되지 않을 경우에는 기존의 컴포넌트 인스턴스를 소멸시키지 않고 재사용합니다. 따라서 ActivatedRoute로 제공하는 데이터는 값이 바뀔 수 있기 때문에 Observable로 제공합니다.

Observable이 아닌 특정 시점의 상태를 조회할 때는 ActivatedRoute의 snapshot 속성을 사용할 수 있습니다. ActivatedRoute의 snapshot은 ActivatedRouteSnapshot을 갖고 있습니다. 이 타입은 ActivatedRoute가 제공하는 상태에서 Observable을 제거하고 현재 시점의 상태를 바로 제공하는 것을 제외하면 ActivatedRoute와 동일한 상태를 가지고 있는 클래스입니다. 예를 들면 다음과 같은 시점부터 URL의 상태 정보를 조회할 수 있습니다.

예제 11-25 ActivatedRoute의 ActivatedRouteSnapshot 사용

```
1   // 생략
-     constructor(private route: ActivatedRoute) { }
-
-     ngOnInit() {
5       console.log(this.route.snapshot.params['prodId']);
-       console.log(this.route.snapshot.queryParams['key']);
-     }
-   // 생략
```

ActivatedRoute는 기본적으로 현재 URL에 매칭되어 활성화된 컴포넌트마다 하나씩 생성됨

니다. 라우터에 의하여 활성화된 컴포넌트는 컴포넌트 트리 구조에 따라 루트 컴포넌트부터 말단의 컴포넌트까지 [그림 11-2]처럼 하나의 활성화된 컴포넌트 경로로 표현됩니다.

[그림 11-2]와 같이 현재 뷰에 보이는 컴포넌트마다 고유의 ActivatedRoute가 존재하고, 각 컴포넌트에서 이를 주입받으면 자신의 ActivatedRoute를 주입받습니다. ActivatedRoute에는 parent, children, root 속성을 통하여 ActivatedRoute 트리를 자유롭게 탐색하여 필요한 URL 상태 정보를 손쉽게 사용할 수 있도록 기능을 제공합니다.

그림 11-2 컴포넌트 경로와 1:1로 대응하는 ActivatedRoute

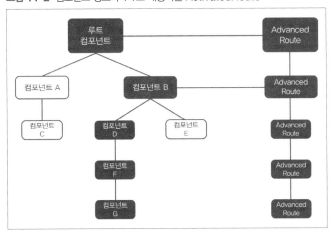

11.3.4 가드의 설정

라우터에서 제공하는 고급 기능의 마지막은 뷰의 전환을 컨트롤하는 가드입니다. 가드는 뷰의 전환 전후에 필요한 로직을 포함할 수 있도록 제공된 인터페이스입니다. 다섯 가지 종류의 가드를 설정할 수 있는데, 기능상으로는 라우터가 새로운 뷰로 전환하여 화면에 노출하기 전에 실행하는 가드와 새로운 뷰로 전환되기 전 현재의 뷰를 화면에서 감추기 전에 실행하는 가드로 분류할 수 있습니다. 새로운 뷰가 실행되기 전에 실행할 수 있는 인터페이스에는 CanActivate, CanActivateChild, Resolve, CanLoad가 있습니다. 각 가드의 용도를 하나씩 살펴봅시다.

CanActivate 가드

CanActivate는 접근 권한을 다룰 때 사용하는 가드입니다. CanActivate 인터페이스에서 구현하여야 할 메서드는 다음과 같습니다.

```
canActivate(route: ActivatedRouteSnapshot, state: RouterStateSnapshot):
Observable<boolean> | Promise<boolean> | boolean;
```

반환 타입이 세 종류이지만 Observable, Promise는 비동기 호출 로직을 지원하기 위하여 있을 뿐 핵심은 일련의 접근 권한 로직을 수행하여 true 혹은 false를 반환하는 것입니다. true로 반환되지 않을 경우에는 Router를 통하여 다른 뷰로 리다이렉트를 시켜야 합니다. 예를 들면 [예제 11-26]과 같이 CanActivate를 구현하여 사용할 수 있습니다.

예제 11-26 CanActivate 인터페이스 활용

```
1    // 임포트 생략
-
-    @Injectable()
-    export class SampleAuthGuard implements CanActivate {
5
-        constructor(private router: Router) {}
-
-        canActivate(route: ActivatedRouteSnapshot, state: RouterStateSnapshot) {
-            // 인증 혹은 인가에 성공하면 true 반환
10          // 인증 실패할 경우 Router로 화면 전환
-            this.router.navigate(['some/other/page']);
-            return false;
-        }
-
15   }
```

가드 서비스를 구현한 후 접근 제한이 필요한 Route에 해당 서비스를 선언합니다. Route에 선언하는 방법은 다음과 같습니다.

```
{path: 'category-list', canActivate: [CategoryAuthGuard], component:
CategoryManagementComponent},
```

이와 같이 접근 제한 처리가 필요한 Route에 canActivate 속성으로 가드를 선언합니다.

CanActivateChild 가드

CanActivateChild는 CanActivate와 함께 사용하여 접근 권한을 더 세밀하게 처리할 수 있는 기능을 제공하는 가드입니다. CanActivate와 달리 CanActivateChild는 선언된 Route의 모든 하위 Route까지 접근 제한을 할 수 있는 인터페이스입니다. 사용 방법은 CanActivate와 동일합니다. 서비스 클래스에서 CanActivateChild 인터페이스의 메서드 canActivateChild를 구현하여 불리언 타입을 반환합니다. 그리고 다음과 같이 Route에서 canActivateChild에 가드를 선언합니다.

```
{path: 'category/:id', canActivateChild: [CategoryAuthGuard], component:
CategoryDetailComponent},
```

따라서 Route의 계층을 만들고 CanActivate와 CanActivateChild 가드를 적절히 활용하면 뷰 단위로 접근 제한 관리를 세밀하게 할 수 있습니다.

CanLoad 가드

CanLoad는 모듈이 로드되기 전에 접근 제한을 확인하는 가드입니다. 모듈의 최상위 Route에서 접근 제한을 확인하는 것을 제외하면 CanActivate 가드와 동일합니다. 앵귤러는 최초 실행 시 브라우저상에서 모든 요소를 모듈 단위로 컴파일하여 자바스크립트 VM에 최적화된 코드로 변환합니다. 이때 기능이 모듈 단위로 나뉘어 있다면 최초 실행 시 모든 모듈을 컴파일하지 않고 호출 시점에 컴파일하는 방식으로 변경할 수 있습니다. 이 방식을 게으른 로딩 혹은 지연 로딩^{lazy loading}이라고 합니다.

CanLoad 가드는 모듈이 지연 로딩 방식으로 호출될 때 적용하면 CanActivate 가드를 사용할 때보다 더 효율적입니다. CanActivate와 달리 모듈의 요소를 컴파일하기 전에 권한 여부를 확인하여 접근할 권한이 없을 경우 모듈을 컴파일하지 않기 때문입니다.

Resolve 가드

Resolve는 각 Route의 뷰가 실행되기 전에 뷰에서 필요한 데이터를 미리 로딩할 때 쓰는 가드입니다. 뷰가 화면에 렌더링되기 전에 반드시 응답을 받아야 하는 데이터가 있을 때 사용합니다. Resolve 가드는 앞서 살펴본 세 가드와 용도의 차이는 있지만 사용 방법은 유사합니다. 서비스 클래스를 하나 생성하여 Resolve 가드의 resolve 메서드만 구현하면 됩니다. 다만 다른 가드와 달리 불리언 값이 아닌 뷰에서 필요한 데이터를 반환하는 것이 다릅니다.

다음 예제로 Resolve 가드를 구현하는 방법을 살펴봅시다.

예제 11-27 SCM 프로젝트에 Resolve 가드 적용

```
1   @Injectable()
-   export class ProductDetailResolverService implements Resolve<Product> {
-
-     constructor(private productService: ProductService, private router: Router) {}
5
-     resolve(route: ActivatedRouteSnapshot, state: RouterStateSnapshot): Observable<Product> {
-       const key = route.queryParams['key'];
-       return this.productService.get(key).map(product => {
-           if (product) return product;
10
-           this.router.navigate(['/product-list']);
-           return null;
-       });
-     }
15  }
```

이 코드는 SCM 프로젝트에서 상품 상세 뷰를 렌더링하기 전에 상품 정보를 서버에서 가져오
는 가드의 예시 구현입니다. 8~13번 줄을 보면 서버로부터 상품 정보를 호출하여 상품 정보가
있을 경우에는 상품 정보를 반환하고, 없을 경우에는 다른 페이지로 이동하도록 구현하였음을
알 수 있습니다.

Resolve 가드를 생성한 후에는 이를 적용할 Route에 다음과 같이 선언합니다.

```
{path: 'product', resolve: {product: ProductDetailResolverService}, component:
ProductDetailComponent}
```

Route를 선언할 때 다른 가드와의 차이점은 resolve에 배열이 아닌 객체 형태의 키-밸류로
선언하였다는 점입니다. 여기서는 product를 키로 하여 ProductDetailResolverService를
선언하였습니다. 이때 전달할 product는 Resolve가 컴포넌트에 데이터를 전달할 때 키 값으
로 씁니다.

그럼 뷰가 렌더링되기 전에 Resolve 인터페이스로 데이터를 전달받는 방법을 알아봅니다.

Resolve 가드가 전달해 준 데이터는 ActivatedRoute에 있습니다. 다음 예제를 봅시다.

예제 11-28 컴포넌트에서 Resolve 가드의 데이터 사용

```
1    export class ProductDetailComponent implements OnInit {
-      product: Product;
-
-      constructor(private route: ActivatedRoute) {}
5
-      ngOnInit() {
-        this.route.data.subscribe((data: {product: Product}) => {
-          console.dir(data.product);
-          this.product = data.product;
10       });
-    }
```

코드의 7번 줄과 같이 ActivatedRoute의 data로 선언된 곳 안에서 Resolve 가드가 전달한 데이터를 받을 수 있습니다.

CanDeactivate 가드

마지막으로 남은 가드는 지금까지 설명한 가드와 달리 화면을 떠날 때 호출되는 가드인 Can Deactivate입니다. CanDeactivate는 현재 Route로 매칭되어 노출되고 있는 뷰에서 다른 뷰로 전환하기 전에 실행됩니다. 컴포넌트의 생명 주기 중 OnDestroy와 유사합니다. 앞서 CanActivate, CanActivateChild와 키워드만 다를 뿐 동일하게 서비스 클래스에서 CanDe activate 인터페이스의 메서드를 구현하고 Route의 canDeactivate에 서비스를 선언합니다.

11.4 모듈별 라우터

11.4.1 컴포넌트 경로

앞서 라우터는 주어진 URL에 따라 매칭되는 컴포넌트를 선택하는 도구라고 설명하였습니다. 더 정확하게 표현하면 라우터는 컴포넌트 트리의 루트 컴포넌트에서 출발하여 말단 컴포넌트까지 뷰를 구성하는 데 필요한 모든 컴포넌트를 선택합니다. 이때 각 뷰마다 [그림 11-3]과 같이 활성화된 컴포넌트 경로를 가지게 됩니다.

[그림 11-3]은 임의의 애플리케이션을 구성하는 컴포넌트 트리를 표현한 것입니다. 컴포넌트 트리에서 실제 화면에 렌더링될 뷰를 다루는 컴포넌트는 [그림 11-3]과 같이 트리의 루트부터 말단까지 하나의 경로를 가집니다. 라우터가 하는 일은 이와 같이 현재 화면에 노출할 컴포넌트 경로를 브라우저 주소창의 URL을 기준으로 선택하는 것입니다.

그림 11-3 화면에 노출되는 현재 컴포넌트 경로 예

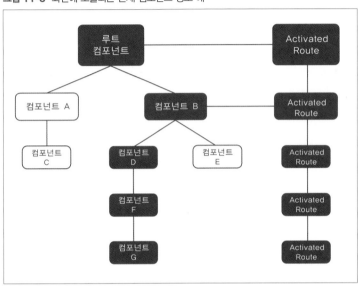

11.4.2 라우팅 설정 분리하기

앵귤러의 모든 요소가 모듈 단위로 구성되는 것과 동일하게 라우터 설정도 모듈 단위로 할 수 있습니다. 라우터 설정을 모듈 단위로 분리하는 것은 고유한 뷰를 구성하는 요소를 기능 모듈로 분리하는 것과 같은 이치입니다. 이는 컴포넌트 트리와 실제 화면에 노출되는 컴포넌트의 경로만 보아도 알 수 있습니다. 뷰의 전환을 다루는 라우팅 설정이 일반적으로 기능 모듈 단위로 나뉘기 때문입니다.

앞서 '11.2 라우터 기본'에서는 AppRoutingModule로 전체 라우팅 정보를 관리하였습니다. 루트에 해당하는 AppRoutingModule에서 다음과 같이 Routes를 forRoot 메서드의 인자로 전달하였습니다.

```
1   const routes: Routes = [ /* 생략 */ ];
-   @NgModule({
-       …
-       imports: [ RouterModule.forRoot(routes) ],
5       …
-   })
-   export class AppRoutingModule {}
```

기능 모듈 단위로 라우팅 설정을 분리한다면 AppRoutingModule에서 forRoot 메서드로
Routes를 등록한 것과 달리 forChild 메서드로 Routes를 등록합니다. 예를 들어 기능 모듈에
서 사용할 라우팅 설정은 다음과 같이 등록합니다.

```
imports: [ RouterModule.forChild(routes) ]
```

11.4.3 프로젝트 구현 4: 라우터 설정 분리

실제 프로젝트 코드로 라우터 설정을 분리하는 방법을 알아봅시다. 이번에 구현할 전체 코드는
GIT을 사용하여 final-7 태그를 체크아웃받거나 http://bit.ly/hb-af-final-7을 통해서 변
경 내역을 확인할 수 있습니다.

상품 도메인 라우터 설정 분리

먼저 AppRoutingModule의 routes에서 다음 ProductModule의 Route 설정을 제거하여
야 합니다.

```
{ path: 'product-list', component: ProductManagementComponent }
```

이제 제거한 Route를 ProductModule의 라우팅 정보로 옮겨야 합니다. 그러려면 라우팅 정
보를 담을 ProductRoutingModule이 필요합니다. Product 폴더에 product-routing.
module.ts라는 이름으로 파일을 생성합니다. 생성된 파일을 열어 [예제 11-30]과 같이 코드
를 작성합니다.

```
1   // import 생략
-
-   const routes: Routes = [{ path: 'product-list', component: ProductManagementComponent }];
-
5   @NgModule({
-     imports: [RouterModule.forChild(routes)],
-     exports: [RouterModule],
-   })
-   export class ProductRoutingModule { }
```

[예제 11-30] ProductRoutingModule은 3번 줄과 같이 AppRoutingModule에서 분리한 Route를 선언합니다. AppRoutingModule을 선언할 때와의 차이는 6번 줄과 같이 Router Module.forChild() 메서드를 사용하는 것입니다. 마지막으로 ProductRoutingModule을 ProductModule에 등록합니다.

예제 11-31 ProductRoutingModule을 추가한 ProductModule

```
1   // import 생략
-   import { ProductRoutingModule } from './product-routing.module';
-
-   @NgModule({
5     imports: [ CommonModule, ProductRoutingModule ],
-   declarations: [ProductManagementComponent]
-   })
-   export class ProductModule { }
```

카테고리 도메인 라우터 설정 분리

카테고리 도메인의 라우터 설정 분리 과정도 동일합니다. 먼저 다음 AppRoutingModule에 선언되어 있던 Route를 제거합니다.

```
    { path: 'category-list', component: CategoryManagementComponent },
```

이제 category 폴더에 category-routing.module.ts 파일을 생성하고 AppRoutingModule 에서 제거한 Route를 등록합니다. [예제 11-32]는 카테고리의 라우팅 모듈 코드입니다.

예제 11-32 CategoryRoutingModule 클래스 코드

```
1   // import 생략
-
-   const routes: Routes = [{ path: 'category-list', component: CategoryManagementComponent }];
-
5   @NgModule({
-       imports: [RouterModule.forChild(routes)],
-       exports: [RouterModule],
-   })
-   export class CategoryRoutingModule { }
```

마지막으로 CategoryModule에 CategoryRoutingModule을 등록합니다.

예제 11-33 CategoryRoutingModule을 추가한 CategoryModule

```
1   // import 생략
-   import { CategoryRoutingModule } from './category-routing.module';
-
-   @NgModule({
5     imports: [ CommonModule, CategoryRoutingModule ],
-     declarations: [CategoryManagementComponent],
-   })
-   export class CategoryModule { }
```

라우터 설정 분리의 장점

상품, 카테고리의 라우팅 설정을 별도로 분리하고 남은 최종 AppRoutingModule의 코드를
살펴봅시다.

예제 11-34 라우터 설정 분리 후 AppRoutingModule

```
1   import { NgModule } from '@angular/core';
-   import { Routes, RouterModule } from '@angular/router';
-
-   import { MainDashboardComponent } from './scm-main/main-dashboard/main-dashboard. component';
5   import { PageNotFoundComponent } from "./scm-main/page-not-found/page-not-found.component";
-
-   const routes: Routes = [
-       { path: 'total-summary', component: MainDashboardComponent },
```

```
-        { path: '', redirectTo: 'total-summary', pathMatch: 'full' },
10       { path: '**', component: PageNotFoundComponent }
-    ];
-
-    @NgModule({
-      imports: [RouterModule.forRoot(routes)],
15      exports: [RouterModule],
-    })
-    export class AppRoutingModule { }
```

라우팅 설정을 모두 모듈 단위로 분리하면 얻는 장점은, 첫째로 AppRoutingModule에서 다른 모듈의 컴포넌트를 참조할 필요가 없어집니다. [예제 11-34]를 보면 알 수 있듯이 Scm MainModule을 제외하고 다른 모듈의 컴포넌트 클래스를 임포트한 코드가 모두 사라졌습니다. 둘째로 각 모듈별로 라우터 설정의 변경 사항이 다른 모듈이나 라우터 설정에 영향을 주지 않습니다. 이는 기능 모듈을 나눌 때의 장점과 동일합니다.

11.5 마치며

이 장에서는 다음 내용을 다루었습니다.

- 모든 앵귤러 요소를 루트 모듈인 AppModule에만 등록하면 AppModule이 복잡해지고, 요소명 간의 충돌이 발생할 수 있으며, 지연 로딩을 사용할 수 없다는 구조적인 단점이 있습니다.
- 모듈은 관련 요소의 성격에 따라 기능 단위로 요소를 묶는 기능 모듈, 애플리케이션 전역에서 공유할 요소를 담는 공유 모듈, 애플리케이션의 주요 요소를 담는 핵심 모듈로 나눌 수 있습니다.
- 라우터는 URL과 컴포넌트를 매칭하는 도구입니다. URL이 주어지면 사전에 등록한 URL과 컴포넌트의 관계 정보를 바탕으로 라우터는 매칭하는 컴포넌트를 뷰로 렌더링합니다.
- 라우터의 매칭 정보는 Route 타입으로 path에 URL 경로와 component에 매칭할 컴포넌트를 선언한 후 RouterModule에 배열로 등록합니다.
- 라우터는 표준 브라우저의 URL이 갖는 패스, 쿼리 스트링, 프래그먼트와 같은 여러 상태 정보의 저장 및 조회 API를 제공합니다.
- 라우터는 매칭된 컴포넌트를 렌더링하기 전에 실행할 CanActivate, CanActivateChild, CanLoad 가드 인터페이스와, 매칭된 다른 컴포넌트로 렌더링하기 전에 실행할 CanDeactivate 가드 인터페이스를 제공합니다.
- 라우터의 매칭 정보도 모듈과 마찬가지로 모듈 단위로 분리하여 설정할 수 있습니다.

CHAPTER 12

프로젝트: 파이어베이스 사용

- 파이어베이스 CLI 도구 활용과 앵귤러 프로젝트의 연동 방법
- 예제 프로젝트의 도메인 모델 구현 및 유틸 클래스 구현
- 파이어베이스 인증 기능을 활용한 로그인 구현
- 파이어베이스의 실시간 데이터베이스 기본 개념
- 파이어베이스를 기반으로 한 데이터 저장소 서비스 구현

이 장에서는 제11장에서 SCM 프로젝트의 설계 및 기본 레이아웃을 구현한 내용을 바탕으로 실제 API 서버와 연동하여 남은 기능을 구현합니다. 서버 측 코드의 구현은 구글의 클라우드 서비스인 파이어베이스를 사용합니다.

파이어베이스는 모바일 앱 및 웹 애플리케이션 개발에 필요한 서버 관련 기능을 제공하는 클라우드 서비스입니다. 실습에서는 여러 서비스 중 세 가지를 사용합니다. 사용자 인증 기능, 프로젝트 결과물을 실행하기 위한 정적 호스팅, 데이터 저장 및 조회 등을 위한 실시간 데이터베이스를 사용합니다.

실습에서 파이어베이스를 사용하는 이유는 AngularFire2 패키지를 사용하여 백엔드 코드 구현 없이 기본적인 CRUD 서비스를 사용할 수 있기 때문입니다. 본래 파이어베이스는 유료 서비스입니다. 하지만 호스팅과 실시간 데이터베이스 모두 1GB의 스토리지와 월 10GB의 트래픽까지는 무료입니다.

이 장에서 다루는 내용의 초점은 앵귤러를 사용한 애플리케이션의 전체 구현을 이해하는 것입니다. 따라서 파이어베이스를 포함한 외부 패키지에 종속된 내용보다는 지금까지 학습한 각 주제가 어떻게 유기적으로 활용되는지를 이해하는 데 목적을 둡니다.

12.1 파이어베이스 사용

먼저 파이어베이스를 사용하기 위해서는 구글 계정이 필요합니다. 아직 구글 계정이 없거나 신규 계정으로 실습하기 원하면 https://accounts.google.com/SignUp에 접속하여 계정을 생성합니다.

12.1.1 프로젝트 생성

구글 계정이 준비되었으면 이제 파이어베이스 프로젝트를 생성하여야 합니다. 프로젝트의 생성을 포함하여 파이어베이스가 제공하는 모든 기능은 웹 콘솔로 관리할 수 있습니다. 브라우저를 실행하여 웹 콘솔 https://console.firebase.google.com/?hl=ko에 접속합니다.

그림 12-1 파이어베이스 콘솔 화면

[그림 12-1]과 같은 웹 콘솔 첫 화면의 새 프로젝트 만들기 버튼을 클릭합니다. 버튼을 클릭하면 화면 내에 팝업창이 하나 뜹니다.

그림 12-2 프로젝트 생성 팝업

팝업창에 프로젝트명을 입력합니다. 프로젝트 이름은 추후 호스팅 사용 시 (프로젝트이름).
firebaseio.com과 같이 도메인에서도 사용됩니다. 이미 프로젝트 이름이 존재하는 경우에는
(프로젝트이름)-(임의코드).firebaseio.com으로 주어집니다. 프로젝트 이름과 국가를 선택
한 후 [그림 12-2]와 같이 프로젝트 만들기 버튼을 누릅니다. 약간의 로딩 후 프로젝트가 정상
적으로 생성되면 [그림 12-3]과 같은 화면으로 이동합니다. 이제 SCM 프로젝트에서 사용할
파이어베이스 프로젝트 준비가 되었습니다.

그림 12-3 프로젝트 생성 후 첫 화면

12.1.2 파이어베이스 CLI

파이어베이스에서 제공하는 파이어베이스 CLI 도구를 사용하면 로컬 환경에서 프로젝트를 손
쉽게 관리하고 배포할 수 있습니다. 다음 명령어를 수행하여 파이어베이스 CLI 도구를 설치합
니다.

```
npm i -g firebase-tools
```

파이어베이스 CLI가 정상적으로 설치되었다면 터미널에서 firebase 명령을 실행해 봅니다.
firebase 명령을 실행하면 현재 터미널에서 사용할 수 있는 명령어가 출력됩니다. 명령어가 출
력되는 것을 확인하였으면 이제 다음 명령을 실행합니다.

```
firebase login
```

명령을 실행하면 파이어베이스 CLI 도구 사용 정보 수집에 대한 수락 여부가 뜨는데 Y 또는 N

과 함께 엔터를 입력합니다. 이제 브라우저가 열리고 구글 계정 로그인창이 활성화됩니다. 구글 계정으로 파이어베이스 CLI를 사용할 수 있도록 계정을 허용하면 다음과 같이 터미널에 인증 성공 메시지가 출력됩니다.

```
Waiting for authentication...

✔  Success! Logged in as (우리의 Gmail 계정)
```

이제 SCM 프로젝트를 파이어베이스와 연동합시다. 앵귤러 CLI 도구를 사용하려면 .angular-cli.json 설정 파일이 필요한 것처럼 파이어베이스 CLI 명령을 실행하려면 기본적인 설정을 포함한 firebase.json 파일이 필요합니다. 다음 명령을 실행하여 프로젝트 기본 설정을 수행합니다.

```
firebase init
```

명령을 실행하면 최초에 어떤 서비스를 연동할지 다음과 같은 질문이 뜹니다.

```
? What Firebase CLI features do you want to setup for this folder? (Press <space> to select)
✔◉ Database: Deploy Firebase Realtime Database Rules
 ◉ Functions: Configure and deploy Cloud Functions
 ◉ Hosting: Configure and deploy Firebase Hosting sites
```

우리는 실시간 데이터베이스와 호스팅만 사용할 것이기 때문에 Functions는 스페이스로 체크를 해제하고 엔터를 입력하여 넘어갑니다. 그 다음에는 파이어베이스 프로젝트를 선택하는 질문이 나옵니다. 앞의 웹 콘솔에서 생성한 프로젝트가 보일 것입니다. 미리 생성한 프로젝트를 선택하고 엔터를 입력합니다.

```
? What Firebase project do you want to associate as default? (Use arrow keys)
✔ [don't setup a default project]
  (우리가 생성한 프로젝트 목록)
```

다음으로 실시간 데이터베이스와 관련된 설정 파일의 이름을 묻습니다. 기본 설정인 database.rules.json을 그대로 사용할 것이므로 엔터를 입력하고 넘어갑니다. 이 파일과 관련된 내용은 '12.3.4 파이어베이스 보안 규칙 설정'에서 살펴볼 것입니다.

```
? What file should be used for Database Rules? (database.rules.json)
```

이제 호스팅할 파일이 위치한 폴더를 묻는 질문이 나옵니다. 엔터를 입력하면 기본값인 public이 설정됩니다. 우리는 앵귤러 CLI에서 빌드된 결과물을 dist 폴더에 저장하였으므로 dist와 함께 엔터 입력 후 다음 질문으로 넘어갑니다.

```
? What do you want to use as your public directory? (public) dist
```

호스팅 시 단일 페이지 애플리케이션 설정 여부를 묻습니다. y와 함께 엔터를 입력하고 넘어갑니다.

```
? Configure as a single-page app (rewrite all urls to /index.html)? y
```

아직까지 앵귤러 CLI로 프로젝트를 빌드하지 않아 dist 폴더가 없다면 더 이상 추가적인 질문 없이 프로젝트 설정이 끝나고, 빌드된 결과물이 있는 경우에는 다음과 같이 dist 폴더의 index.html을 덮어 쓸 것인지 묻는 질문이 나옵니다. N을 선택 후 엔터를 입력합니다.

```
? File dist/index.html already exists. Overwrite? N
```

모든 설정을 마치고 나면 SCM 프로젝트 폴더에 firebase.json과 .firebaserc, database.rules.json이 생성되고 다음과 같은 화면이 보입니다.

```
i  Writing configuration info to firebase.json...
i  Writing project information to .firebaserc...

✔  Firebase initialization complete!
```

이제 파이어베이스 프로젝트를 SCM 프로젝트와 연동하는 기본 설정을 마쳤습니다. 테스트를 위하여 현재까지 구현한 SCM 프로젝트를 파이어베이스 CLI로 실행합니다. 먼저 SCM 프로젝트 루트 폴더로 이동한 다음 프로젝트를 빌드합니다.

```
ng build
```

프로젝트를 빌드하면 dist 폴더에 빌드된 결과물이 저장됩니다. 앵귤러 CLI의 ng serve 명령으로 테스트 서버를 실행한 것처럼 파이어베이스 CLI가 제공하는 테스트 서버를 다음 명령으로 실행합니다.

```
firebase serve
```

파이어베이스 CLI는 이제 5000번 포트로 로컬에 웹 서버를 실행하여 우리가 빌드한 SCM 프로젝트를 정상 실행할 것입니다. 브라우저를 열고 localhost:5000으로 접속하여 제9장에서 구현한 프로젝트의 기본 레이아웃이 정상적으로 보이는지 확인합니다.

호스팅 서비스를 활용하여 빌드된 결과물을 원격에 배포해 봅시다. 다음 명령을 실행합니다.

```
firebase deploy
```

명령을 실행하면 dist 폴더의 결과물이 바로 우리가 웹 콘솔에서 생성한 파이어베이스 프로젝트로 배포됩니다.

```
1    === Deploying to '(프로젝트명)'...
-
-    i deploying database, hosting
-    ✔ database: rules ready to deploy.
5    i hosting: preparing dist directory for upload...
-    Uploading: [====================================  ] 94%
-    ✔ hosting: dist folder uploaded successfully
-    ✔ hosting: 17 files uploaded successfully
-    i starting release process (may take several minutes)...
10
-    ✔ Deploy complete!
-
-    Project Console: https://console.firebase.google.com/project/(프로젝트명)/overview
-    Hosting URL: https://(프로젝트명).firebaseapp.com
```

배포가 끝나고 터미널의 마지막에 보이는 호스팅 URL을 브라우저 주소창에 입력하면 우리의 프로젝트가 로컬이 아닌 실제 클라우드 서버에 배포된 것을 확인할 수 있습니다. 배포된 결과는 웹 콘솔의 Hosting 메뉴에서도 확인할 수 있습니다.

그림 12-4 파이어베이스 웹 콘솔 Hosting 결과

12.1.3 파이어베이스 연동

SCM 프로젝트와 파이어베이스 프로젝트를 연동하려면 먼저 firebase 패키지와 Angular Fire2 패키지를 SCM 프로젝트 로컬에 설치하여야 합니다. 이번 절의 파이어베이스 연동 코드는 GIT을 사용하여 final-8 태그를 체크아웃받거나 http://bit.ly/hb-af-final-8을 통해서 변경 내역을 확인할 수 있습니다.

다음 명령어를 실행하여 두 패키지를 설치합니다.

```
npm i firebase angularfire2 --save
```

이제 SCM 프로젝트에 AngularFireModule을 임포트하여야 합니다. AppModule 파일을 열어서 다음 코드를 추가합니다.

예제 12-1 AppModule에 AngularFireModule 등록

```
1    // 다른 임포트 문 생략
-    import { AngularFireModule } from 'angularfire2';
-
-    @NgModule({
5      declarations: [AppComponent],
-      imports: [
-        // 다른 모듈 생략
-        /* 3rd Modules */
-        AngularFireModule.initializeApp(environment.firebase)
10     ],
-      providers: [],
```

```
-    bootstrap: [AppComponent]
-    })
-    export class AppModule { }
```

[예제 12-1] 2번 줄 AngularFireModule의 임포트 선언과 함께 9번 줄에서 initializeApp 메서드를 실행하면서 AngularFireModule을 임포트한 것을 알 수 있습니다. 하지만 initialize App 메서드를 호출할 때 environment.firebase 객체를 아직 선언하지 않았습니다.

AngularFireModule은 initializeApp의 인자로 파이어베이스 프로젝트의 설정 정보를 전달 하여야 합니다. 설정 정보는 '9.1.1 애플리케이션의 최초 진입점'에서 살펴본 environment 파 일에 넣어서 관리하는 것이 관례입니다.

src/environments 폴더에 있는 environemnt.ts 파일을 수정합시다. 파일을 열어 다음과 같 이 production 설정 밑에 firebase 설정을 추가로 선언합니다.

```
export const environment = {
  production: false,
  firebase: {}
};
```

현재는 아무런 설정 정보 없이 firebase 객체만 만들었습니다. 이제 AppModule 소스 상단에 다음과 같이 environment 임포트를 추가합니다.

```
// 생략
import { AngularFireModule } from 'angularfire2';
import { environment } from '../environments/environment';
// 생략
```

AppModule에서 할 작업은 마쳤습니다. 이제 environment.ts에 빈 객체로 선언한 firebase에 실제 파이어베이스 프로젝트의 설정 정보를 입력하여야 합니다. 설정 정보는 웹 콘솔에서 확인할 수 있습니다. 웹 콘솔에 접속한 후 우리의 파이어베이스 프로젝트를 선택합니다. [그림 12-5]와 같이 최초 개요overview 메뉴의 중앙에 있는 '웹 앱에 Firebase 추가'를 클릭합니다.

그림 12-5 파이어베이스 설정 정보 확인

버튼을 클릭하면 팝업창에 프로젝트의 설정 정보가 다음과 같이 보입니다.

예제 12-2 파이어베이스 설정 정보

```
1  // Initialize Firebase
-  var config = {
-    apiKey: "프로젝트 고유 설정정보 ",
-    authDomain: "프로젝트 고유 설정정보",
5    databaseURL: "프로젝트 고유 설정정보 ",
-    storageBucket: "프로젝트 고유 설정정보 ",
-    messagingSenderId: "프로젝트 고유 설정정보 "
-  };
-  firebase.initializeApp(config);
```

[예제 12-2]에서 config의 설정 정보를 복사하여 앞에서 environment에 추가한 firebase에
붙여 넣습니다.

```
1  export const environment = {
-    production: false,
-    firebase: {
-      apiKey: "복사한 프로젝트 설정정보",
5      authDomain: "복사한 프로젝트 설정정보",
-      databaseURL: "복사한 프로젝트 설정정보",
-      projectId: "복사한 프로젝트 설정정보",
-      storageBucket: "복사한 프로젝트 설정정보",
-      messagingSenderId: "복사한 프로젝트 설정정보",
10   }
-  };
```

이제 파이어베이스 연동을 위한 기본 준비를 마쳤습니다. 이제부터 차근차근 프로젝트를 구현해 봅시다[1].

12.2 프로젝트 구현 5

12.2.1 도메인 모델 클래스 구현

타입스크립트의 장점을 적극 활용하기 위하여 도메인 모델 클래스를 생성합니다. 객체의 속성이 고정된 도메인 모델을 타입으로 선언하면 에디터의 도움으로 개발이 용이합니다. 그럼 [그림 10-1]에서 설계한 도메인 모델을 클래스로 생성해 봅시다. 이번 절의 코드는 GIT을 사용하여 final-9 태그를 체크아웃받거나 http://bit.ly/hb-af-final-9을 통해서 변경 내역을 확인할 수 있습니다.

ScmBase

상품, 카테고리 모델이 공통으로 공유할 속성을 위하여 부모 클래스인 ScmBase를 선언합니다. 먼저 어떤 도메인에도 속하지 않는 모델이므로 shared라는 폴더를 만듭니다.

```
mkdir src/app/shared
```

생성된 폴더에 ScmBase 클래스 파일을 생성합니다. 도메인 모델은 앵귤러에서 제안하는 관례상 (모델명).model.ts 파일로 생성합니다. 모델 클래스의 경우 앵귤러 CLI에서 제공하는 명령이 없습니다. shared 폴더에 직접 scm-base.model.ts 파일을 생성한 후 [예제 12-3]과 같이 ScmBase 클래스 코드를 작성합니다.

예제 12-3 ScmBase 클래스 코드

```
1    export class ScmBase {
-      isUse: boolean;
-      createdTime: string;
```

---

[1] 여기까지 설정한 것은 개발 환경에서의 파이어베이스 설정입니다. 운영 환경을 위한 파이어베이스 설정은 src/environments/environment.prod.ts 파일에 추가합니다.

```
 -      updatedTime: string;
 5
 -      constructor(isUse: boolean, createdTime: string, updatedTime: string) {
 -        this.isUse = isUse;
 -        this.createdTime = createdTime;
 -        this.updatedTime = updatedTime;
10      }
 -    }
```

ScmBase 클래스의 속성을 하나씩 살펴봅시다. isUse는 모델의 사용 여부를 의미하며 불리언 값을 가집니다. createdTime과 updatedTime은 각각 모델의 생성/수정 여부입니다.

공용 유틸 클래스

도메인 클래스를 생성하기 전에 SCM 프로젝트에서 사용할 공용 유틸 클래스를 생성합니다. 공용 유틸 클래스에서 date-fns[2]를 사용하여 날짜와 관련된 공용 API를 만들 예정입니다. 먼저 프로젝트에 date-fns를 사용하기 위하여 패키지 설치를 합니다.

```
npm i date-fns --save
```

이제 shared 폴더로 위치를 이동한 후 ScmSharedUtil 클래스를 생성합니다.

```
cd src/app/shared
ng g class scm-shared-util
```

생성된 scm-shared-util.ts 파일을 열어 다음과 같이 수정합니다.

예제 12-4 ScmSharedUtil 클래스 코드

```
 1   import * as format from 'date-fns/format';
 -
 -   export class ScmSharedUtil {
 -     static getCurrentDate() {
 5       return format(new Date(), 'YYYY-MM-DD');
 -     }
 -
```

----
2 https://date-fns.org

```
-     static getCurrentDateTime() {
-         return format(new Date(), 'YYYY-MM-DD HH:mm:ss');
10    }
-   }
```

[예제 12-4] 1번 줄에서 date-fns의 format 메서드를 임포트하였습니다. 이후 5번 줄, 9번 줄의 현재 날짜와 타임 스탬프를 찍는 메서드에서 format 메서드를 사용하였습니다.

도메인별 클래스 생성

상품, 카테고리 도메인 클래스를 각각 생성할 차례입니다. 각각 product, category 폴더에 도메인 모델 클래스 product.model.ts, category.model.ts 파일을 생성합니다. 먼저 product.model.ts 파일을 열어 다음과 같이 작성합니다.

예제 12-5 상품 도메인 모델 Product 클래스 코드

```
1   import { ScmBase } from "../shared/scm-base.model";
-   import { ScmSharedUtil } from "../shared/scm-shared-util";
-
-   export enum ProdStatus { WAIT_FOR_SALE, ON_SALE, NOT_FOR_SALE }
5   export declare type Products = Product[];
-
-   export class Product extends ScmBase {
-     no: number;
-     name: string;
10    listPrice: number;
-     status: ProdStatus;
-     qty: number;
-     desc?: string;
-     catNo?: number;
15
-     constructor(no: number, status: ProdStatus) {
-       super(true, ScmSharedUtil.getCurrentDateTime(), '');
-       this.no = no;
-       this.name = '';
20      this.listPrice = 0;
-       this.status = status;
-       this.qty = 0;
-       this.desc = '';
-       this.catNo = 0;
```

```
25    }
-    }
```

[예제 12-5] 7번 줄을 보면 Product 클래스에서 앞에서 생성한 ScmBase 클래스를 상속받은 것을 확인할 수 있습니다. 또 17번 줄을 보면 생성자 메서드 안에서 상속받은 ScmBase 클래스의 생성자를 super로 호출한 것을 알 수 있습니다. 4번 줄은 상품의 상태를 Enum을 활용하여 ProdStatus로 정의하였고 5번 줄에서 상품의 배열을 Products로 정의하였습니다.

다음으로 category.model.ts 파일을 열어 다음과 같이 코드를 작성합니다.

예제 12-6 카테고리 도메인 모델 Category 클래스 코드

```
1    import { ScmBase } from "../shared/scm-base.model";
-    import { ScmSharedUtil } from "../shared/scm-shared-util";
-
-    export declare type Categories = Category[];
5
-    export class Category extends ScmBase {
-      no: number;
-      name: string;
-      desc: string;
10
-      constructor(no: number) {
-        super(true, ScmSharedUtil.getCurrentDateTime(),  '');
-        this.no = no;
-      }
15 }
```

카테고리 모델 클래스는 상품 모델 클래스와 속성을 제외하고는 특별한 차이가 없습니다.

12.2.2 사용자 세션 기능 구현

파이어베이스를 활용하면 이메일 기반 인증부터 구글, 페이스북 등 SNS를 사용한 사용자 인증 처리를 손쉽게 연동할 수 있습니다. 이 프로젝트에서는 구글 계정으로 인증 처리를 하도록 기능을 구현합시다. 이번 절의 코드는 GIT을 사용하여 final-10 태그를 체크아웃받거나 http://bit.ly/hb-af-final-10을 통해서 변경 내역을 확인할 수 있습니다.

파이어베이스 인증 서비스 사용 설정

코드를 구현하기에 앞서 파이어베이스 웹 콘솔에 접속합니다. 웹 콘솔 좌측 Authentication 메뉴를 클릭하면 보이는 오른쪽 메뉴에서 [그림 12-6]과 같이 로그인 방법을 선택합니다.

그림 12-6 파이어베이스 Authentication 메뉴

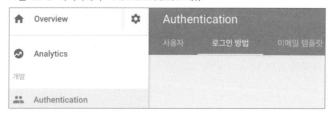

로그인 방법을 선택하면 다양한 인증 제공 방식을 선택할 수 있습니다. 인증 제공 업체 중 구글을 클릭하고 [그림 12-7]과 같이 오른쪽 상단의 사용 설정을 활성화한 후 저장합니다. 이제 파이어베이스를 통하여 구글 계정으로 인증할 수 있도록 설정되었습니다.

그림 12-7 구글 인증 사용 설정

파이어베이스 인증 모듈 추가

사용자 인증 기능을 사용하기 위해서는 AngularFireAuthModule을 AppModule에 등록하여야 합니다. [예제 12-7]을 살펴봅시다. 2번 줄과 같이 AngularFireAuthModule을 먼저 임포트한 후 추가로 NgModule의 imports 메타데이터도 등록합니다. 파이어베이스의 인증 서비스를 사용하기 위한 코드 설정은 끝났습니다. 이제 파이어베이스에서 제공하는 signIn / signOut API를 사용하면 간단하게 구글 계정 기반 인증을 할 수 있습니다.

```
1    // 생략
-    import { AngularFireAuthModule } from 'angularfire2/auth';
-
-    @NgModule({
5      declarations: [AppComponent],
-      imports: [
-        // 생략
-        /* 3rd Modules */
-        AngularFireModule.initializeApp(environment.firebase),
10       AngularFireAuthModule
-        // 생략
-      ],
-      providers: [],
-      bootstrap: [AppComponent]
15   })
-    export class AppModule { }
```

NavbarComponent 로그인/로그아웃 기능 구현

사용자 로그인/로그아웃 기능을 상단 네비게이션 바에 버튼으로 구현해 봅시다. 먼저 Navbar Component의 템플릿 파일을 열고 다음과 같이 로그인/로그아웃을 위한 버튼을 하나 추가합니다.

예제 12-8 로그인/로그아웃 버튼을 추가한 NavbarComponent 템플릿

```
<form class="form-inline">… </form>
<button class="btn btn-warning ml-2" (click)="checkSession()">{{sessionBtnName}}</button>
```

버튼 클릭 시 로그인/로그아웃 처리를 할 checkSession 메서드를 바인딩하였습니다. 또한 현재 사용자 세션 여부에 따라 버튼의 텍스트를 로그인 혹은 로그아웃으로 변경하기 위하여 sessionBtnName을 선언하였습니다.

이제 컴포넌트에서 로그인과 로그아웃 기능을 구현합시다. 파이어베이스의 사용자 세션 기능은 AngularFireAuth 클래스를 사용합니다. AngularFireAuth를 사용하려면 여느 서비스와 마찬가지로 컴포넌트에서 다음과 같이 AngularFireAuth를 주입받아야 합니다.

```
constructor(private afAuth: AngularFireAuth) {}
```

이제 AngularFireAuth의 auth를 통하여 파이어베이스의 인증 API 중 firebase.auth.Auth를 직접 사용할 수 있습니다. 따라서 주입받은 AngularFire의 객체명이 afAuth라면 다음과 같이 로그인, 로그아웃 기능을 사용할 수 있습니다.

```
this.afAuth.signInWithRedirect( /* 인증제공자 객체 */)
this.afAuth.signOut()
```

그럼 NavbarComponent에서 AngularFireAuth를 주입받은 후 로그인/로그아웃 기능을 구현한 코드를 살펴봅시다.

예제 12-9 로그인/로그아웃 기능이 구현된 NavbarComponent 클래스 코드

```
1  import { Component, OnInit } from '@angular/core';
-  import { AngularFireAuth } from 'angularfire2/auth';
-  import * as firebase from 'firebase/app';
-  import { Observable } from 'rxjs/Observable';
5
-  @Component({ … })
-  export class NavbarComponent implements OnInit {
-    appTitle = '상품관리 시스템';
-    session$: Observable<boolean>;
10   sessionBtnName = '로그인';
-
-    constructor(private afAuth: AngularFireAuth) { }
-
-    ngOnInit() {
15     this.session$ = this.afAuth.authState.map(user => !!user);
-      this.session$.subscribe(auth => this.sessionBtnName = auth ? '로그아웃' : '로그인');
-    }
-
-    checkSession() {
20     this.session$.take(1).subscribe(s => s ? this.afAuth.auth.signOut() :
-        this.afAuth.auth.signInWithRedirect(new firebase.auth.GoogleAuthProvider()));
-    }
-
-    searchProduct(no: number) { /* … */ }
25 }
```

[예제 12-9]에서 추가로 선언한 속성은 다음 용도로 사용합니다.

- **session$:** 현재 세션 정보가 있는지를 저장하는 Observable
- **sessionBtnName:** 현재 세션 유무에 따라 사용자에게 보여 줄 버튼 텍스트

AngularFireAuth는 RxJS를 사용하여 authState 객체를 Observable로 제공합니다. 따라서 subscribe 메서드로 인증 정보의 변경 사항을 확인합니다. OnInit 생명 주기를 보면 주입받은 AngularFireAuth의 authState를 조회하여 값이 있는지 여부를 확인하는 session$을 선언하였습니다. 더불어 session$을 바로 구독하여 현재 세션 유무에 따라 사용자에게 보여 줄 버튼의 텍스트를 할당합니다.

checkSession 메서드는 템플릿의 로그인/로그아웃 버튼의 클릭 이벤트에 바인딩된 메서드입니다. 이 메서드는 take 연산자를 사용하여 현재 시점의 세션 유무를 획득한 후 로그인/로그아웃 여부를 결정합니다. 사용자 세션이 없을 경우 파이어베이스가 제공하는 로그인 메서드 중 signInWithRedirect를 사용하여 로그인을 구현합니다. 이때 앞서 파이어베이스 콘솔에서 구글 인증을 설정하였으므로 구글 인증 객체를 생성하여 전달합니다. 로그아웃 시에는 signOut 메서드만 호출하면 됩니다.

[예제 12-9]에서 RxJS의 map 연산을 사용하였기 때문에 에디터에서 map, take 연산을 임포트하지 않아서 오류가 뜰 것입니다. RxJS의 경우에는 다양한 연산자를 제공하고 있어서 필요한 연산자마다 선택적으로 임포트하는 것이 좋습니다. src/polyfills.ts를 열어 다음 내용을 하단에 추가합니다.

```
import 'rxjs/add/operator/map';
import 'rxjs/add/operator/take';
```

구글 계정을 이용한 인증이 모두 끝났습니다. 파이어베이스와 AngularFire2를 사용한 덕분에 설정과 코드 몇 줄로 구글 계정을 활용한 인증을 빠르게 마칠 수 있었습니다. 이 예제에서 제시한 기능 외 다른 로그인 방법 및 인증 수단을 설정하기 위해서는 공식 매뉴얼을 참고합니다.

12.3 프로젝트 구현 6

여기서부터는 프로젝트에 파이어베이스의 데이터베이스를 사용합니다. 먼저 파이어베이스가 제공하는 실시간 데이터베이스의 기본적인 개념 및 사용 방법을 가볍게 확인합니다. 이후 SCM 프로젝트에서 사용할 데이터베이스 서비스 클래스를 구현합니다. 여기서서 구현한 전체 코드는 GIT을 사용하여 final-11 태그를 체크아웃받거나 http://bit.ly/hb-af-final-11을 통해서 변경 내역을 확인할 수 있습니다.

12.3.1 실시간 데이터베이스 사용

실시간 데이터베이스의 개념

실시간 데이터베이스는 파이어베이스가 제공하는 JSON 객체 기반의 NoSQL 데이터베이스 서비스입니다. 실시간 데이터베이스는 클라우드에 존재하는 하나의 거대한 JSON 도큐먼트라고 쉽게 생각하여도 됩니다. 예를 들어 SCM 프로젝트에서는 실시간 데이터베이스를 사용하여 다음과 같은 형태의 JSON 객체로 모든 데이터를 저장합니다.

예제 12-10 실시간 데이터베이스 데이터 구조

```
{
  'products': { ⋯ }
  'categories': { ⋯ },
}
```

기존의 관계형 데이터베이스의 관점으로 보면 products, categories를 각각 논리적인 데이터 베이스라고 할 수도 있고, 하나의 테이블이라고 생각할 수도 있습니다. 중요한 점은 products, categories가 새로운 JSON 객체를 가리키는 키라는 점입니다.

파이어베이스는 객체의 각 키 값을 패스로 하여 저장된 데이터에 접근할 수 있는 URL과 매핑합니다. 예를 들어 설명해 보겠습니다. 현재 파이어베이스에 다음과 같은 데이터가 저장되어 있다고 가정해 봅시다.

```
1   {
-     'animals': {
-        'dogs': { 1: { breed: 'Pug', origin: 'China', … }, 2: { … }, 3: { … }, … },
-        'cats': { … }
5     }
-   }
```

이때 animals의 dogs에 포함된 객체 중 1번에 해당하는 객체의 품종^{breed}은 다음 URL에 대응됩니다.

```
/animals/dogs/1/breed.json
```

우리의 파이어베이스 프로젝트 도메인이 실제로 주어진다면 위 URL 앞에 도메인을 포함하여 실제 브라우저에 접속하거나 GET으로 호출하였을 때 Pug라는 문자열을 받을 수 있습니다. 따라서 파이어베이스에서는 이와 같이 URL 기반으로 특정 객체를 참조합니다.

파이어베이스의 또 다른 특징 중 하나는 배열 타입을 지원하지 않는 것입니다. 관계형 데이터베이스는 상품, 카테고리 데이터가 생성될 때마다 하나의 Row를 증가시킬 것입니다. 따라서 이를 JSON 객체로 변환한다면 배열이 됩니다. 예를 들면 상품 정보만 JSON으로 표현한다면 다음과 같이 나타낼 수 있습니다.

```
{
   'products': [ { … } , { … } , { … }, … ]
}
```

하지만 파이어베이스는 배열을 지원하지 않기 때문에 products는 배열이 아닌 JSON 객체를 가집니다. [예제 12-10]의 products, categories를 JSON 객체로 선언한 것도 이 때문입니다. 파이어베이스에 배열을 저장하면 배열의 인덱스 값을 키로 바꾼 뒤 객체로 저장합니다. 예를 들어 ['hello', 'angular', 'firebase']를 파이어베이스에 저장하면 이 배열은 {'0': 'hello', '1': 'angular', '2': 'firebase'}로 변환하여 저장합니다.

파이어베이스는 자동 증가하는 ID도 없습니다. 대신 직접 키 값을 지정하거나, 키 값을 지정하지 않을 경우 파이어베이스가 고유한 키 값을 생성하여 데이터를 저장합니다. 예를 들면 파이어베이스는 현재 시간 등을 기준으로 다음과 같은 임의의 키를 생성합니다. 이 값이 파이어베이스에 저장된 데이터를 조회하는 키가 됩니다.

```
-KbIvgXzM6PWZVFnOw5P
```

마지막으로, 자명한 이야기지만 파이어베이스는 관계형 데이터베이스와 같은 쿼리나 조인 기능이 없습니다. 따라서 이러한 특성을 고려하여 파이어베이스에 저장할 데이터를 주의하여 모델링하여야 합니다[3].

AngularFire2로 실시간 데이터베이스 사용하기

앞에서 파이어베이스의 인증 기능을 사용할 때 AngularFireAuth를 사용한 것과 마찬가지로, 데이터베이스도 AngularFire2를 사용하면 앵귤러에서 파이어베이스의 기능을 쉽게 사용할 수 있습니다. 데이터베이스를 사용하려면 AngularFireDatabaseModule을 임포트한 후 접근할 서비스에서 다음과 같이 생성자에 AngularFireDatabase를 인자로 선언한 후 주입받아야 합니다.

```
constructor(private angularFire: AngularFireDatabase) {}
```

AngularFireDatabase는 Observable 타입의 값을 반환하는 list와 object 두 개의 메서드를 제공합니다. list는 데이터베이스에 저장된 객체 목록을 조회할 때 사용합니다. 앞서 파이어베이스는 배열을 지원하지 않는다고 하였습니다. 여기서 말하는 객체 목록은 예를 들면 다음과 같은 형태의 데이터입니다.

예제 12-11 데이터베이스에 저장될 번호의 데이터 구조

```
1  {
-    'sample': {
-      'myDog': { 'age': 3, 'name': 'mori' },
-      'firebase': { 'hello': 'angularFire' },
5      829: { 'foo': 'bar' }
-    }
-  }
```

---

3 파이어베이스에 모델링과 관련해서는 다음 공식 매뉴얼을 참조하기 바랍니다.
https://firebase.google.com/docs/database/server/structure-data

데이터베이스에 이와 같은 데이터가 저장되어 있다고 할 때 sample이라는 키의 값으로 포함된 객체를 list로 조회하면 myDog, firebase, 829 객체가 리스트의 각 요소로 반환됩니다. 그리고 myDog, firebase, 829와 같은 키는 $key라는 속성에 포함됩니다. [예제 12-11]의 데이터를 list로 조회하여 결과가 콘솔에 출력되면 다음과 같이 코드를 작성합니다.

```
this.angularFire.database.object('/sample').subscribe(o =>
console.log(JSON.stringify(o));
```

list, object의 반환 값이 Observable이기 때문에 반드시 subscribe를 통하여 값을 받아 와야 합니다. 위 코드를 실행하면 다음 값이 콘솔에 출력됩니다.

```
[{"foo":"bar","$key":"829"}, {"hello":"angularFire","$key":"firebase"},
{"age":3,"name":"mori","$key":"myDog"}]
```

sample 객체의 키에 속한 값이 모두 리스트의 요소가 되고 키가 $key로 포함된 것을 알 수 있습니다. object는 데이터베이스에 저장된 데이터를 한 건의 객체로 조회할 때 사용합니다. [예제 12-11]의 데이터를 객체로 조회하여 결과가 콘솔에 출력되면 다음과 같이 코드를 작성합니다.

```
this.db.object('/sample').subscribe(o => console.log(JSON.stringify(o));
```

앞서 list를 호출한 것을 object로 변경한 것 외에는 차이가 없지만 결과는 다음과 같이 출력됩니다.

```
{"829":{"foo":"bar"}, "firebase":{"hello":"angularFire"}, "myDog":{"age":3,"name":"mori"},
"$key":"sample"}
```

list로 조회할 때와 달리 파이어베이스에 저장된 객체 그대로 출력되었습니다. 또한 list 조회 시 각 요소의 객체에 $key가 포함된 것과 유사하게 object로 조회할 때는 조회한 객체의 키가 $key에 포함된 것을 알 수 있습니다.

파이어베이스의 실시간 데이터베이스를 사용하기 위하여 필요한 기본적인 내용을 살펴보았습니다. 자세한 내용은 온라인 매뉴얼에서 상세하게 확인할 수 있습니다[4].

----

4 https://firebase.google.com/docs/database/web/start

12.3.2 NoCounterService 구현

본격적으로 파이어베이스와 AngularFire2 패키지를 사용하여 SCM 프로젝트에 실시간 데이터베이스를 적용합시다. 앞에서 파이어베이스는 키를 자동으로 생성한다고 설명하였습니다. 명시적으로 키 값을 활용할 필요가 없는 경우에는 파이어베이스가 제공하는 키를 사용하는 것이 좋습니다. 하지만 파이어베이스가 제공하는 키를 사용하면 키를 기준으로 데이터를 조회하려고 할 때 키의 길이가 길고 의미를 유추할 수 없는 임의의 문자열이라서 불편한 점이 많습니다. SCM 프로젝트에서는 데이터베이스에 저장할 데이터를 기존의 관계형 데이터베이스처럼 번호로 관리하고자 합니다. 다음과 같은 형태로 상품, 카테고리 각 번호가 파이어베이스에 저장될 것입니다.

```
1  {
-    'numbers': {
-      'product': 320,
-      'category': 12
5    }
-  }
```

그럼 새로운 번호를 요청할 때마다 상품, 카테고리에 따라 번호를 하나씩 증가시켜 반환하는 서비스를 실시간 데이터베이스로 구현해 봅시다. 실시간 데이터베이스로 번호를 관리할 서비스는 NoCounterService입니다. 먼저 다음 명령을 실행하여 파일을 생성합니다.

```
cd src/app/shared
ng g service no-counter
```

명령 실행 후 생성된 no-counter.service.ts 파일을 열어서 단계적으로 기능을 구현합시다. 먼저 클래스 생성자에 AngularFireDatabase 타입의 인자를 선언하여 db를 속성으로 주입받습니다.

```
constructor(private db: AngularFireDatabase) {
```

다음으로 데이터베이스에 저장된 product, category 값을 각각 조회하기 위하여 사용할 메서드 _getNumber$을 구현합니다.

```
    private _getNumber$(domain: ScmDomain) {
      return this.db.object(`/numbers/${domain}`);
    }
```

메서드의 인자 domain은 numbers 객체에 저장된 번호에서 product, category 중 하나를 선택하기 위한 정보입니다. ScmDomain으로 선언한 타입은 실제 다음과 같이 선언한 타입입니다.

```
export declare type ScmDomain= 'product' | 'category';
```

위 내용을 앞서 생성한 ScmSharedUtil의 상단에 선언한 후 NoCounterService에서 다음과 같이 임포트합니다.

```
import { ScmDomain } from "./scm-shared-util";
```

다음으로 현재 저장된 번호를 조회할 메서드를 구현합니다. 다음 내용을 _getNumber$ 위에 작성합니다.

```
get(domain: ScmDomain): Observable<number> {
  return this._getNumber$(domain).map(o  => o.$value || 0);
}
```

코드에서 2번 줄의 map 연산자에서 $value의 값을 반환하거나 $value가 없을 경우 0을 반환하도록 하였습니다. $value는 조회하려는 파이어베이스의 데이터가 객체가 아닌 단순한 값인 경우 값을 담은 객체의 키에 해당합니다. get은 결과적으로 파이어베이스에서 target에 따라 product, category 중 하나의 값을 가져온 뒤 map 연산자를 사용하여 값을 유효하게 치환한 후 Observable<number>를 반환합니다.

번호를 증가시켜 반환하는 코드는 다소 복잡합니다. 파이어베이스는 여러 사람이 동시에 수정할 수 있으므로 트랜잭션 처리가 필요하기 때문입니다. 트랜잭션 처리를 위하여 파이어베이스는 transaction 메서드를 제공합니다. 먼저 메서드의 전체 코드를 다음과 같이 작성합니다.

예제 12-12 번호 증가 트랜잭션 메서드 incAndGet

```
1    incAndGet(domain: ScmDomain): Observable<number> {
```

```
-     const id$ = new EventEmitter<number>();
-
-     const onComplete = (err, comitted, dataSnapshot) => {
5       if ( err ) throw new Error(`failed to increase number`);
-
-       if ( comitted ) {
-         id$.emit(dataSnapshot.val());
-         id$.complete();
10      }
-     };
-     this._getNumber$(domain).$ref.transaction(num => (num || 0) + 1, onComplete);
-
-     return id$;
15  }
```

코드의 핵심은 12번 줄입니다. 먼저 _getNumber$ 메서드를 호출하여 조회할 번호 객체의 Observable을 가져옵니다. 그리고 $ref 속성의 transaction 메서드를 호출하여 트랜잭션 처리를 한 것입니다. $ref는 파이어베이스가 제공하는 API를 직접 사용하기 위한 것입니다[5].

transaction 메서드는 2개의 콜백 함수를 인자로 받습니다. 첫 번째 인자는 트랜잭션 처리할 함수이고, 두 번째 인자는 트랜잭션 처리 결과 콜백 함수입니다. 코드를 보면 첫 번째 인자에서는 데이터베이스의 저장된 번호를 전달받아 값을 증가시키는 콜백을 전달하였습니다. 두 번째 인자의 콜백 함수는 4~11번 줄의 화살표 함수로 구현한 onComplete입니다. 트랜잭션이 실패하면 첫 번째 인자로 err에 오류 객체가 전달됩니다. 트랜잭션이 정상적으로 수행되었다면 err는 null 값을 가지며, 두 번째 인자인 committed가 true로, 세 번째 인자인 dataSnapshot에 트랜잭션 결과 값을 담은 객체가 전달됩니다. 이에 따라 onComplete는 err가 있을 경우 에러를 던지고 err가 없는 경우 committed가 true인 것을 확인한 뒤 dataSnapshot.val( )을 호출하여 트랜잭션의 결과 값을 id$이라는 EventEmitter의 emit을 호출하여 전달합니다.

이 메서드의 2번 줄에 id$을 EventEmitter로 생성하고 트랜잭션 성공 후 생성된 번호를 emit으로 전달하는 이유는 4~11번 줄의 과정이 비동기로 진행되기 때문입니다. 12번 줄을 실행하면 update 메서드는 14번 줄의 id$을 바로 반환합니다. 따라서 update 메서드는 트랜잭션 처리가 성공할 경우 생성된 번호가 전달된 Observable<number>를 반환합니다. 트랜잭션이 성

---

5 AngularFire2는 자바스크립트용 파이어베이스 패키지를 앵귤러 프레임워크에서 사용하기 쉽게 일부 API를 제공하고 있습니다. 파이어베이스의 모든 API를 제공하지 않기 때문에 AngularFire2가 제공하지 않는 기능은 $ref 속성을 통해서 직접 파이어베이스의 API를 사용하도록 권장하고 있습니다.

공하면 emit 메서드를 실행하면서 Observable<number>를 구독하고 있는 쪽에서 트랜잭션의 결과를 전달받아 사용할 수 있습니다.

[예제 12-13]은 NoCounterService의 전체 코드입니다.

예제 12-13 NoCounterService 클래스 코드

```
1   import { Injectable, EventEmitter } from '@angular/core';
-   import { AngularFireDatabase } from 'angularfire2/database'
-   import { Observable } from 'rxjs/Observable';
-   import { ScmDomain } from "./scm-shared-util";
5
-   @Injectable()
-   export class NoCounterService {
-     constructor(private db: AngularFireDatabase) { }
-
10    get(domain: ScmDomain): Observable<number> {
-       return this._getNumber$(domain).map(o => o.$value || 0);
-     }
-
-     incAndGet(domain: ScmDomain): Observable<number> {
15      const id$ = new EventEmitter<number>();
-
-       const onComplete = (err, comitted, dataSnapshot) => {
-         if (err) throw new Error(`failed to increase number`);
-
20        if (comitted) {
-           id$.emit(dataSnapshot.val());
-           id$.complete();
-         }
-       };
25      this._getNumber$(domain).$ref.transaction(num => (num || 0) + 1, onComplete);
-       return id$;
-     }
-
-     private _getNumber$(domain: ScmDomain) {
30      return this.db.object(`/numbers/${domain}`);
-     }
-   }
-
```

NoCounterService는 공용으로 사용할 서비스 클래스이므로 shared 폴더에 SharedModule을 만들어서 이 모듈에 NoCounterService를 등록합시다. shared 폴더에 shared.module.ts 파일을 생성하여 다음 코드를 작성합니다.

예제 12-14 SharedModule 클래스 코드

```
1  import { NgModule } from '@angular/core';
-  import { NoCounterService } from "./no-counter.service";
-
-  @NgModule({ providers: [ NoCounterService ] })
5  export class SharedModule { }
```

AppModule에 모듈을 추가로 등록하여야 합니다. 등록할 모듈은 바로 위에서 생성한 Shared Module과 AngularFireDatabaseModule입니다. [예제12-15]와 같이 두 모듈의 임포트문을 상단에 추가한 뒤 NgModule 메타데이터의 imports에 추가합니다.

예제 12-15 신규 모듈이 추가된 AppModule 클래스 코드

```
1   // 다른 임포트 생략
-   import { AngularFireDatabaseModule } from 'angularfire2/database';
-   import { SharedModule } from "./shared/shared.module";
-
5   @NgModule({
-     declarations: [AppComponent],
-     imports: [
-     ...
-     /* 3rd Modules */
10    AngularFireModule.initializeApp(environment.firebase),
-     AngularFireAuthModule,
-     AngularFireDatabaseModule,
-     SharedModule
-   ],
15    providers: [],
-     bootstrap: [AppComponent]
-   })
-   export class AppModule { }
```

12.3.3 DataStoreService 구현

파이어베이스의 실시간 데이터베이스를 활용하여 SCM의 데이터를 관리하기 위한 서비스인 DataStoreService를 구현합시다. 먼저 다음 명령을 실행하여 서비스 클래스를 생성합니다.

```
cd src/app/shared
ng g service data-store
```

객체 조회 메서드

생성된 data-store.service.ts 파일을 열어 단계적으로 기능을 구현해 봅시다. 제일 먼저 서비스의 생성자를 다음과 같이 작성합니다.

```
constructor(
  private db: AngularFireDatabase,
  private counter: NoCounterService) {
}
```

이 생성자 코드에서는 AngularFireDatabase를 주입받아 DataStoreService의 db 속성으로 바인딩하였습니다. 또한 앞서 구현한 NoCounterService도 모델 생성 시 번호를 받기 위하여 주입받았습니다. 객체 단건을 조회하는 메서드를 다음과 같이 작성합니다.

예제 12-16 DataStoreService 객체 조회 구현

```
1   findObject$(domain: ScmDomain, no: number) {
-     return this._findObject(domain, no, false);
-   }
-
5   findObjectSnapshot(domain: ScmDomain, no: number) {
-     return this._findObject(domain, no, true).take(1);
-   }
-
-   private _findObject(domain: ScmDomain, no: number, isSnapshot: boolean) {
10    if ( isSnapshot ) {
-       return this.db.object(`/${domain}/${no}`, {preserveSnapshot: true});
-     }
-     return this.db.object(`/${domain}/${no}`);
-   }
```

객체 조회를 구현한 위 코드에 findObject$과 findObjectSnapshot 두 개의 메서드가 있습니다. 두 메서드의 차이점은 서버에서 객체의 변경 사항을 실시간으로 전달받을지의 차이입니다. findObject$이 변경 사항을 전달받는 용도로, 메서드명 뒤에 $을 붙여 스트림 형태의 이벤트가 지속된다는 의미를 부여합니다.

파이어베이스는 기본적으로 실시간 데이터베이스입니다. 웹 소켓을 사용하여 데이터베이스의 원본이 변경되었을 때 이를 수신하고 있는 모든 서비스에 변경 사항을 전달해 줍니다. 따라서 스트림 형태의 코드를 손쉽게 다루기 위하여 object나 list의 결과를 AngularFire2에서는 Observable로 반환하는 것입니다.

코드를 더 살펴봅시다. findObject$과 findObjectSnapshot 메서드 모두 내부적으로는 동일하게 _findObject를 호출하도록 구현되어 있음을 알 수 있습니다. _findObject의 세 번째 인자 isSnapshot이 호출 시점의 데이터만 스냅샷으로 받을지를 결정하는 인자 값입니다. 추가로 findObjectSnapshot 메서드는 _findObject 메서드에 take 연산자를 붙였습니다. take 연산자는 인자로 전달받은 수만큼만 데이터를 가져옵니다. 따라서 take(1)은 파이어베이스에서 한 건의 데이터를 가져온 뒤에 연결을 끊습니다.

목록 조회 메서드

다음은 목록 데이터를 조회하는 메서드를 추가합시다.

예제 12-17 DataStoreService 목록 조회 구현

```
1   findList$(domain: ScmDomain) {
-     return this.db.list(`/${domain}`);
-   }
-
5   findList$ByQuery(domain: ScmDomain, queryKey: string, queryVal: any) {
-     const option: FirebaseListFactoryOpts = {query: {orderByChild: queryKey,
-       equalTo: queryVal}};
-     return this._findListByOpt(domain, option).take(1);
-   }
10
-   findList$ByPage(domain: ScmDomain, pageNo, pageSize, totalCnt) {
-     const offset = totalCnt - pageSize * (pageNo - 1);
-     const option: FirebaseListFactoryOpts = {
-       query: {
```

```
15        orderByChild: 'no',
 -        endAt: offset,
 -        limitToLast: pageSize
 -      }
 -    };
20    return this._findListByOpt(domain, option);
 -  }
 -
 -  private _findListByOpt(domain: ScmDomain, option: FirebaseListFactoryOpts) {
 -    return this.db.list(`/${domain}`, option);
25  }
```

[예제 12-17] 2번 줄과 같이 기본적으로 목록 조회는 조회할 객체의 URL을 인자로 전달하면서 list 메서드를 호출하였습니다.

findList$ByQuery와 findList$ByPage는 앞에서 다루지 않은 데이터베이스의 옵션을 사용하여 목록을 조회하는 코드입니다. 파이어베이스는 간단한 형태의 쿼리 기능을 옵션으로 설정할 수 있습니다. 옵션은 list 메서드의 두 번째 인자로 옵션을 줄 경우에만 전달하면 됩니다.

findList$ByQuery에서 6, 7번 줄의 옵션은 목록의 객체 중 특정 키(queryKey)에 특정 값(queryVal)을 가진 객체만 필터링하는 설정입니다. findList$ByPage는 메서드 이름과 인자를 보면 유추할 수 있듯이 페이징 기능을 위한 목록 조회 메서드입니다. 13~19번 줄의 옵션은 번호를 내림차순으로 정렬한 목록에서 페이지 단위로 끊어서 가져오기 위한 설정입니다.

모델 생성/수정 메서드

먼저 모델의 생성 메서드를 봅시다.

예제 12-18 모델 생성 메서드

```
create(domain: ScmDomain, modelCreatorFn: (number) => any) {
  return this.counter.incAndGet(domain)
    .switchMap(no => this.findObject$(domain, no).set(modelCreatorFn(no)));
}
```

생성 메서드에서 드디어 앞에서 구현한 NoCounterService를 사용합니다. 모델 생성에 앞서 새로운 번호가 필요하기 때문에 incAndGet 메서드를 호출합니다. incAndGet 메서드를 호출하면 서버에서 번호를 증가시키는 트랜잭션을 수행하여 성공하였을 경우 증가한 번호를 반환합니다.

switchMap은 incAndGet이 반환한 새 번호를 받아 인자로 받은 함수를 실행합니다. 신규로 생성된 번호로 findObject$을 호출하면 아무런 값이 없습니다. 하지만 파이어베이스에서는 요청한 객체의 URL 정보를 갖고 있기 때문에 set 메서드와 함께 새로운 모델을 전달하면 해당 경로로 객체를 생성합니다. switchMap 안의 다음 로직이 바로 이 과정을 수행합니다.

```
this.findObject$(domain, no).set(modelCreatorFn(no));
```

modelCreatorFn은 create 메서드의 두 번째 인자로 받는 함수입니다. 모델 생성 시 번호를 비동기로 호출하여 받기 때문에 create를 호출하는 쪽에서 번호를 받아 새 모델 객체를 반환하는 함수를 전달합니다.

마지막으로 create에서 switchMap의 역할을 살펴봅시다. switchMap은 incAndGet 메서드가 비동기로 트랜잭션 처리를 한 후 반환된 번호를 받아 새로운 비동기 처리로 스위칭하는 RxJS의 연산자입니다. map 연산자가 현재 비동기 흐름 안에서 전달받은 데이터를 다른 데이터로 치환할 때 사용한다면 switchMap 연산자는 새로운 비동기 흐름으로 치환할 때 사용합니다. 따라서 map 연산자의 인자에는 다른 데이터로 변환하는 함수를 전달하지만 switchMap은 새로운 Observable을 반환하는 함수를 전달하여야 합니다.

switchMap을 사용한 비동기 코드의 흐름은 마치 여러 명의 선수가 한 팀으로 계주를 하는 것에 비유할 수 있습니다. 하나의 비동기 호출 코드가 끝나기를 대기하였다가 호출 결과와 함께 새로운 비동기 코드로 바톤을 넘기는 것과 유사하기 때문입니다. switchMap을 사용하지 않는다면 다음과 같이 콜백 형태로 작성하여야 합니다.

```
1    create() {
-        this.counter.incAndGet('category', no => {
-            this.findObject$(no).set(new Category(no))
-                .then(() => {
5    // 카테고리 생성이 정상 수행하였음
-                })
-                .catch( (e) => {
-                    // 카테고리 생성 실패하였음
-                });
10    });
-    }
```

수정 메서드는 생성 메서드에서 set 호출한 것을 update로 변경하면 됩니다. 다음 코드를 봅시다.

```
1  update(domain: ScmDomain, model: any) {
-    return this.findObject$(domain, model.no).update(model);
-  }
-
5  count(domain: ScmDomain) {
-    return this.counter.get(domain);
-  }
```

update 메서드에서는 findObject$으로 변경할 객체의 참조를 가져온 뒤 update 메서드를 호출하였습니다. 추가로 현재 모델의 전체 수량을 조회하기 위하여 count 메서드를 NoCounterService를 통하여 구현하였습니다.

파이어베이스 객체 수 확인

파이어베이스의 데이터베이스에는 아직 특정 객체의 전체 수를 카운트하는 기능을 제공하지 않습니다. 보통 다음과 같은 방법으로 전체 객체를 조회한 뒤 수량을 체크할 수도 있습니다.

```
this.db.list(`/${domain}`).$ref.once("value", (snapshot:  DataSnapshot) => {
  const  count = snapshot.numChildren();
});
```

이 방식은 전체 목록을 다 가져오기 때문에 목록의 사이즈가 큰 경우에는 권장하는 방식이 아닙니다. 대안적으로 REST로 데이터를 조회하여 쿼리 스트링에 shallow=true를 입력하면 목록 객체의 전체 데이터를 조회하지 않고 존재하는 키 값만 가져올 수 있어 상대적으로 작은 사이즈로 전체 객체의 수를 파악할 수도 있습니다.

예를 들어 특정 객체의 목록 수를 조회한다고 가정하고 (데이터 경로)?shallow=true 주소로 REST 호출하면 다음과 같이 key에는 실제 목록의 키 값이, 값에는 true로 전달이 됩니다.

```
{"12":true,"8":true,"19":true,"4":true,"15":true,  …}
```

따라서 REST로 전달받은 객체의 Object.keys(REST 결과 객체).length로도 전체 수를 파악할 수 있습니다.

필요한 기능을 모두 구현하였습니다. 이제 DataStoreService를 사용할 수 있도록 Shared Module의 providers에 등록합니다.

```
@NgModule({ providers: [ NoCounterService, DataStoreService ] })
export class SharedModule { }
```

마지막으로 [예제 12-18] 모델 생성 메서드에서 RxJS의 switchMap 연산자를 사용하였기 때문에 src/polyfills.ts 파일을 열고 제일 밑에 다음 임포트문을 추가합니다.

```
import 'rxjs/add/operator/switchMap';
```

이제 다음 장에서 각 도메인별 컴포넌트를 구현할 때 DataStoreService를 사용하여 실제로 값을 저장하는 부분을 구현하게 될 것입니다. 다음은 DataStoreService의 전체 코드입니다.

예제 12-19 DataStoreService 기본 구현

```
1   import { Injectable } from '@angular/core';
-   import { AngularFireDatabase } from 'angularfire2/database';
-   import { NoCounterService } from './no-counter.service';
-   import { ScmDomain } from './scm-shared-util';
5   import { FirebaseListFactoryOpts } from 'angularfire2/interfaces';
-
-   @Injectable()
-   export class DataStoreService {
-     constructor(
10      private db: AngularFireDatabase,
-       private counter: NoCounterService) {
-     }
-
-     create(domain: ScmDomain, modelCreatorFn: (number) => any) {
15      return this.counter.incAndGet(domain)
-         .switchMap(no => this.findObject$(domain, no).set(modelCreatorFn(no)));
-     }
-
-     findObject$(domain: ScmDomain, no: number) {
20      return this._findObject(domain, no, false);
-     }
-
-     findObjectSnapshot(domain: ScmDomain, no: number) {
```

```
 -        return this._findObject(domain, no, true).take(1);
25    }
 -
 -    findList$(domain: ScmDomain) {
 -      return this.db.list(`/${domain}`);
 -    }
30
 -    findList$ByQuery(domain: ScmDomain, queryKey: string, queryVal: any) {
 -      const option: FirebaseListFactoryOpts = {query: {orderByChild: queryKey,
 -        equalTo: queryVal}};
 -      return this._findListByOpt(domain, option).take(1);
35    }
 -
 -    findList$ByPage(domain: ScmDomain, pageNo, pageSize, totalCnt) {
 -      const offset = totalCnt - pageSize * (pageNo - 1);
 -      const option: FirebaseListFactoryOpts = {
40        query: {
 -          orderByChild: 'no',
 -          endAt: offset,
 -          limitToLast: pageSize
 -        }
45      };
 -      return this._findListByOpt(domain, option);
 -    }
 -
 -    update(domain: ScmDomain, model: any) {
50      return this.findObject$(domain, model.no).update(model);
 -    }
 -
 -    count(domain: ScmDomain) {
 -      return this.counter.get(domain);
55    }
 -
 -    private _findObject(domain: ScmDomain, no: number, isSnapshot: boolean) {
 -      if ( isSnapshot ) {
 -        return this.db.object(`/${domain}/${no}`, {preserveSnapshot: true});
60      }
 -      return this.db.object(`/${domain}/${no}`);
 -    }
 -
 -    private _findListByOpt(domain: ScmDomain, option: FirebaseListFactoryOpts) {
65      return this.db.list(`/${domain}`, option);
 -    }
 -  }
```

12.3.4 파이어베이스 보안 규칙 설정

파이어베이스의 실시간 데이터베이스는 JSON 문법을 사용하여 선언적으로 보안 규칙을 설정합니다. '12.1.2 파이어베이스 CLI'에서 firebase init 명령을 실행할 때 database.rules.json 파일을 생성하였습니다. 이 파일이 파이어베이스 실시간 데이터베이스의 보안 규칙을 설정하는 파일입니다. 프로젝트 루트 폴더에 저장된 database.rules.json 파일은 다음과 같이 설정되어 있습니다.

예제 12-20 최초 database.rules.json

```
1  {
-    "rules": {
-      ".read": "auth != null",
-      ".write": "auth != null"
5    }
-  }
```

이 설정의 의미는 auth로 표현되는 세션 정보가 null이 아닌 경우에만 읽기(.read)와 쓰기(.write)를 허용한다는 설정입니다. 이제 이 설정에서 읽기는 전체 공개로 변경합니다. 전체 공개로 변경하는 방법은 간단합니다. ".read"에 true를 선언하는 것입니다. 추가로 database.rules.json에는 데이터 검색 효율을 높이기 위한 인덱스 설정도 가능합니다. 상품과 카테고리에서 검색 인덱스 설정을 포함하여 다음 내용을 database.rules.json에 작성합니다.

예제 12-21 SCM의 실시간 데이터베이스 보안 규칙

```
1  {
-    "rules": {
-      ".read": true,
-      ".write": "auth != null",
5      "product": {
-        ".indexOn": ["no", "status", "catNo"]
-      },
-      "category": {
-        ".indexOn": ["no", "isUse"]
10     }
-    }
-  }
```

database.rules.json에 설정한 규칙은 두 가지 방법으로 파이어베이스에 적용할 수 있습니다. 첫째는 현재 프로젝트를 배포하는 방법입니다. 프로젝트를 배포할 때 서버에 적용된 보안 규칙을 배포 시점에서 database.rules.json에 선언된 보안 규칙으로 갱신합니다.

두 번째는 웹 콘솔의 규칙rules에 직접 수정하는 방법입니다. 웹 콘솔의 실시간 데이터베이스 메뉴로 이동한 후 규칙 탭을 클릭하면 [그림 12-8]과 같이 현재 파이어베이스에 적용된 보안 규칙을 확인할 수 있습니다.

그림 12-8 웹 콘솔의 데이터베이스 규칙

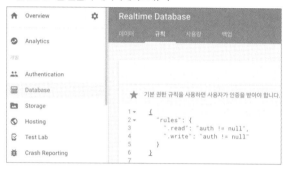

물론 웹 콘솔에 직접 수정한 보안 규칙과 현재 로컬의 database.rules.json이 다를 경우 프로젝트를 배포하면 로컬의 database.rules.json으로 갱신됩니다. 따라서 웹 콘솔에서 직접 수정한 경우에는 로컬의 database.rules.json도 동일하게 수정하여야 합니다.

파이어베이스의 보안 규칙 설정은 더 세밀한 권한 처리도 가능합니다. 자세한 내용은 온라인 매뉴얼[6]에서 확인할 수 있습니다.

12.4 마치며

이 장에서는 다음 내용을 다루었습니다.

- 이 책의 제3부 예제 프로젝트 SCM에서 사용할 파이어베이스 프로젝트를 웹 콘솔에서 생성하였습니다.
- 파이어베이스 CLI 도구를 설치한 후 SCM 프로젝트와 파이어베이스를 연동하여 최초 배포하였습니다.

....
6 https://firebase.google.com/docs/database/security

- SCM 프로젝트의 도메인별 클래스 구현과 파이어베이스를 활용한 세션 기능을 사용하였습니다.

- 클라우드의 JSON 문서라고 할 수 있는 실시간 데이터베이스의 기본 개념을 살펴보았습니다.

- 파이어베이스의 실시간 데이터베이스는 자동 증가하는 id와 전체 목록 수를 직접 조회하는 기능을 제공하지 않으므로 트랜잭션 API를 사용하여 데이터의 수를 직접 관리하는 서비스를 구현하였습니다.

- 또한 실시간 데이터베이스에 데이터를 저장 및 조회하기 위한 범용 서비스 클래스를 구현하였습니다.

CHAPTER 13

프로젝트: 상품 관리 애플리케이션 구현 최종

- 프로젝트 카테고리 관리 메뉴 세부 구현
- 프로젝트 상품 관리 메뉴 세부 구현
- 프로젝트에서 커스텀 파이프, 지시자 실습
- 라우터의 이벤트를 활용한 로딩 화면 구현

13.1 프로젝트 구현 7

여기서는 먼저 카테고리 관리 페이지를 구현합니다. 이번 절의 카테고리 관리 페이지 구현 코드는 GIT을 사용하여 final-12 태그를 체크아웃받거나 http://bit.ly/hb-af-final-12를 통해서 변경 내역을 확인할 수 있습니다.

13.1.1 카테고리 관리 뷰

우리가 작업할 카테고리 관리 페이지의 기본 화면은 다음과 같은 모습입니다. [그림 13-1] 카테고리 관리 페이지의 전체 뷰는 앞에서 생성한 CategoryManagementComponent가 담당합니다.

추가로 다음 컴포넌트를 생성하여 뷰를 구현해 나갈 예정입니다.

- **CategoryDetailComponent**: 카테고리 생성/조회/수정을 위한 폼을 가지는 뷰
- **CategoryItemComponent**: CategoryManagementComponent의 자식 컴포넌트, 카테고리 목록에서 카드 형태의 항목을 담당할 뷰

코드를 구현하기 전에 새로운 패키지를 설치하고 간단한 설정을 추가합니다. 이번에 추가할 패키지는 ng2-toastr[1]입니다. 이 패키지는 일정 시간 화면에 나타났다가 사라지는 [그림 13-2]

---

1 https://www.npmjs.com/package/ng2-toastr

와 같은 토스트 메시지 기능을 제공합니다.

그림 13-1 카테고리 관리 메뉴

그림 13-2 토스트 메시지 예시

SCM 프로젝트에서는 여러 작업 후에 브라우저의 alert 대신 토스트 메시지를 사용하기로 합시다. ng2-toastr는 브라우저의 애니메이션 기능을 사용하기 때문에 @angular/animations 패키지도 설치하여야 합니다. 다음 명령을 실행하여 animations 패키지와 ng2-toastr를 설치합니다.

```
npm i --save @angular/animations ng2-toastr
```

토스트 메시지는 현재 뷰와 상관없이 보이는 모달 형태이기 때문에 AppComponent에 간단한 설정을 추가하여야 합니다. 먼저 AppModule에 설치한 패키지의 모듈부터 추가합니다.

예제 13-1 AppModule에 ToastsModule 추가

```
1    // 임포트 생략
-    import { BrowserAnimationsModule } from '@angular/platform-browser/animations';
-    import { ToastModule, ToastOptions } from 'ng2-toastr';
```

```
-   import { CustomToastOptions } from './custom-toast-options'
5
-   @NgModule({
-     declarations: [AppComponent],
-     imports: [
-       /* Angular Modules*/
10      BrowserModule, FormsModule, HttpModule, BrowserAnimationsModule,
-
-       /* 3rd Modules */
-       ...
-       ToastModule.forRoot(),
15      ...
-     ],
-     providers: [{ provide: ToastOptions, useClass: CustomToastOptions }],
-     ...
```

AppModule에 추가한 ToastModule의 설정 중에서 CustomToastsOptions 클래스를 생성하여야 합니다. AppModule이 위치한 폴더(app)에서 custom-toast-options.ts 파일을 생성하여 다음 내용을 작성합니다.

```
1   import { ToastOptions } from "ng2-toastr";
-
-   export class CustomToastOptions extends ToastOptions {
-     enableHTML: true;
5     positionClass: 'toast-top-center';
-   }
```

AppComponent를 [예제 13-2]와 같이 수정합니다. 이 코드의 의미는 AppComponent가 관리하는 뷰의 참조 값을 토스트 메시지 서비스에 바인딩하여 현재 뷰와 상관없이 토스트 메시지를 사용할 때 모달 형태의 메시지를 띄우기 위한 것입니다.

예제 13-2 ng2-toastr 설정을 추가한 AppComponent

```
1   import { Component, ViewContainerRef } from '@angular/core';
-   import { ToastsManager } from "ng2-toastr";
-
-   @Component({ ... })
5   export class AppComponent {
-     constructor(private toastr: ToastsManager, vRef: ViewContainerRef) {
```

```
-       this.toastr.setRootViewContainerRef(vRef);
-     }
-   }
```

마지막으로 토스트 메시지에서 사용할 CSS 파일을 .angular-cli.json에 등록하여야 합니다.
다음과 같이 수정하여 빌드 시 ng2-toastr의 CSS 파일도 포함할 수 있도록 설정합니다.

```
1   "styles": [
-       "../node_modules/bootstrap/dist/css/bootstrap.css",
-       "../node_modules/font-awesome/css/font-awesome.css",
-       "../node_modules/ng2-toastr/bundles/ng2-toastr.min.css",
5       "styles.css"
-     ],
```

13.1.2 CategoryDetailComponent

CategoryDetailComponent의 역할은 카테고리의 등록 및 수정 기능을 제공하는 것입니다.
구현할 카테고리 상세 뷰는 [그림 13-3]과 같습니다.

그림 13-3 카테고리 상세 뷰

다음 명령을 실행하여 CategoryDetailComponent의 파일을 생성합니다.

```
cd src/app/category
```

```
ng g component category-detail
```

이제 CategoryDetailComponent의 코드를 나누어 살펴봅시다.

예제 13-3 CategoryDetailComponent 속성 및 생성자

```
1    subTitle: string;
-    actionMode: ActionMode;
-    categoryForm: FormGroup;
-
5    constructor(private router: Router,
-                private route: ActivatedRoute,
-                private database: DataStoreService,
-                private fb: FormBuilder,
-                private toastr: ToastsManager) {
10     this.initForm();
-    }
```

[예제 13–3]에 선언한 속성은 다음 용도로 사용합니다.

- **subTitle :** 템플릿에서 '등록', '수정' 문구 바인딩
- **actionMode :** 카테고리의 신규 생성, 수정, 조회를 나타내는 커스텀 타입
- **categoryForm :** 카테고리 정보를 담을 FormGroup

두 번째 속성의 타입으로 선언한 ActionMode는 커스텀 타입입니다. 다음 내용을 Scm SharedUtil의 상단에 선언하고 CategoryDetailComponent에 임포트합니다.

```
export declare type ActionMode = 'create' | 'read' | 'edit';
```

생성자에서는 5가지 서비스를 주입받았습니다. 각각 다음 용도로 사용합니다.

- **Router :** 카테고리 생성/수정 후 카테고리 목록 뷰로 이동
- **ActivatedRoute :** 카테고리 상세 조회 시 Resolve 가드에서 데이터 조회 및 쿼리 스트링 데이터 조회
- **DataStoreService :** 카테고리 생성/수정 파이어베이스에 저장
- **FormBuilde :** 카테고리 반응형 폼 기반으로 FormGroup 구성
- **ToastsManage :** 카테고리 생성/수정 후 안내 메시지 제공

생성자에서는 FormBuilder를 사용하여 categoryForm을 구성할 initForm 메서드를 호출합니다. 또한 기존의 카테고리 정보를 조회할 때는 resetForm 메서드를 호출합니다. 두 메서드를 다음과 같이 구현합니다.

예제 13-4 initForm, resetForm 메서드 구현

```
1   initForm() {
      this.categoryForm = this.fb.group({
        no: [0],
        name: ['', Validators.required],
5       desc: ['', Validators.compose([Validators.required, Validators.minLength(5),
          Validators.maxLength(100)])],
        isUse: [true, Validators.required],
        createdTime: [ScmSharedUtil.getCurrentDateTime()],
        updatedTime: [''],
10      });
    }


    resetForm(cat: Category) {
      this.categoryForm.reset({
15      no: { value: cat.no, disabled: true },
        name: { value: cat.name, disabled: true },
        desc: { value: cat.desc, disabled: true },
        isUse: { value: cat.isUse, disabled: true },
        createdTime: { value: cat.createdTime, disabled: true },
20      updatedTime: { value: cat.updatedTime, disabled: true },
      });
    }
```

이제 OnInit 생명 주기의 로직과 카테고리 저장 부분과 관련된 남은 구현부를 살펴봅시다.

예제 13-5 CategoryDetailComponent OnInit 및 카테고리 저장 구현

```
1   ngOnInit() {
      this.route.queryParams.filter(q => q['action'] !== undefined)
        .do(q => this._setActionMode(q))
        .switchMap(q => this.route.data)
5       .filter((data: { category: Category }) => data.category !== null)
        .map((data: { category: Category }) => data.category)
        .subscribe(cat =>
          this.actionMode === 'read' ? this.resetForm(cat) : this.categoryForm.patchValue(cat)
```

```
-           );
10    }
-
-     submit() {
-       const category: Category = this.categoryForm.value;
-
15      if (this.actionMode === 'create') {
-         const categoryFn = (no) => {
-           category.no = no;
-           return category;
-         };
20        this.database.create('category', categoryFn).subscribe
-           (this._onSuccess(), this._onError());
-         return;
-       }
-
25      category.updatedTime = ScmSharedUtil.getCurrentDateTime();
-       this.database.update('category', category).then(this._onSuccess(), this._onError());
-     }
-
-     cancel() {
30      this.redirectToCategoryList();
-     }
-
-     private _setActionMode(q) {
-       this.actionMode = q['action'];
35      switch (this.actionMode) {
-         case 'create':
-           this.subTitle = '등록';
-           break;
-         case 'edit':
40          this.subTitle = '수정';
-           break;
-         case 'read':
-         default:
-           this.subTitle = '조회';
45      }
-     }
```

OnInit 생명 주기는 ActivatedRoute가 제공하는 데이터를 RxJS로 구현합니다. 먼저 2번 줄
에서 쿼리 스트링의 action 키 값을 꺼낸 후 3번 줄과 같이 _setActionMode 메서드를 호출
합니다. _setActionMode 메서드는 33번 줄에서 쿼리 스트링으로 전달받은 action 값을 저

장합니다. 그리고 현재 actionMode에 따라 subTitle을 결정합니다. do 연산자에서 action
Mode를 처리한 후 4번 줄에서 switchMap 연산자를 사용하여 Resolve 가드가 전달하는 데
이터를 구독합니다. 8번 줄에서는 현재 actionMode에 따라 initForm을 폼을 초기화하거나
resetForm을 이용하여 Resolve 가드로 받은 카테고리 데이터로 폼을 갱신합니다.

12번 줄의 submit은 템플릿에서 저장 버튼을 누를 때 실행할 제출 메서드입니다. action
Mode가 create인 경우에는 DataStoreService의 create 메서드로 카테고리를 생성합니다.
그렇지 않으면 update 메서드를 호출하여 카테고리 정보를 수정합니다.

여기서 한 가지 눈여겨 보아야 할 부분은 DataStoreService를 통하여 모델의 생성/수정
을 요청할 때 20번 줄과 25번 줄에서 각각 subscribe와 then을 호출하고 있다는 점입니
다. subscribe는 RxJS에서 Observable로 구성한 코드를 실제 실행할 때 사용하는 메서드
이고, then은 프라미스로 이미 실행된 비동기 코드의 콜백을 등록할 때 사용합니다. RxJS는
subscribe가 호출되기 전까지 어떠한 코드도 실행되지 않는 지연 연산을 하지만 프라미스 코
드는 바로 실행됩니다. 따라서 여기서는 파이어베이스가 제공하는 API와 AngularFire2를 혼
용하여 사용하고 있으므로 두 가지 경우를 분리해 구현하였음을 이해하고, RxJS와 프라미스의
실행 타이밍이 다르다는 것을 알고 사용하여야 합니다.

마지막으로 DataStoreService를 통하여 생성 및 수정한 카테고리의 값을 파이어베이스에 저
장한 뒤 결과에 따라 _onSuccess, _onError 메서드를 호출하도록 하였습니다. 또한 cancel
메서드는 redirectCategoryList 메서드를 호출하고 있습니다. 세 메서드 모두 아직 구현하지
않은 코드입니다. 바로 이어서 남은 구현 코드를 봅시다.

예제 13-6 CategoryDetailComponent의 기타 구현부

```
1   private redirectToCategoryList() {
-     this.router.navigate(['category-list']);
-   }

5   private _onSuccess() {
-     return () => {
-       this.toastr.success(`카테고리 ${this.subTitle} 완료`, '[카테고리 관리]');
-       this.redirectToCategoryList();
-     };
10  }
-
```

```
-   private _onError() {
-     return e => {
-       this.toastr.error(`카테고리 ${this.subTitle} 실패`, '[카테고리 관리]');
15        this.redirectToCategoryList();
-     };
-   }
```

[예제 13-6]의 _onSuccess, _onError에서는 앞에서 신규로 설치한 ng2-toastr 패키지를 사용합니다. 카테고리가 정상적으로 저장되었거나 실패하였을 때 [그림 13-2]와 같이 안내 메세지를 띄웁니다.

추가로 [예제 13-5]에서 RxJS의 do, filter 연산자를 사용하였습니다. src/polyfills.ts 파일 제일 밑에 다음 코드를 추가합니다.

```
import 'rxjs/add/operator/do';
import 'rxjs/add/operator/filter';
```

다음으로 템플릿 코드를 살펴봅시다. 템플릿은 컴포넌트에 선언된 categoryForm을 사용하여 카테고리 폼을 구성합니다. 템플릿의 전체 코드는 이 장의 마지막에서 한 번에 확인하고 지금은 컴포넌트 구현부와 연관이 있는 부분만 살펴보겠습니다.

예제 13-7 CategoryDetailComponent 템플릿 일부

```
1   <h4>카테고리 {{subTitle}}</h4>
-   <form (ngSubmit)="submit()" [formGroup]="categoryForm" novalidate>
-       …
-       <div class="input-group">
5         <span class="input-group-addon" id="category-no">번호</span>
-         <input type="number" class="form-control" formControlName="no" readonly/>
-       </div>
-       …
-       <div class="input-group">
10        <span class="input-group-addon" id="category-name">카테고리 명</span>
-         <input type="text" class="form-control" formControlName="name"/>
-       </div>
-       …
-     <div class="col-12 text-right">
15      <button type="submit" class="btn btn-info btn-sm mr-2"
-             [disabled]="!categoryForm.valid">
```

```
-              <i class="fa fa-check">X/i> 저장
-          </button>
-          <button type="reset" class="btn btn-info btn-sm mr-2">
20             <i class="fa fa-trash">X/i> 초기화
-          </button>
-          <button type="button" class="btn btn-warning btn-sm" (click)="cancel()">
-             <i class="fa fa-times">X/i> 돌아가기
-          </button>
25      </div>
-      …
```

코드를 보면 [예제 13-7]의 2번 줄에 formGroup으로 categoryForm을 전달한 것을 알 수 있습니다. 6, 11번 줄과 같이 각 폼의 요소를 FormControlName 지시자를 사용하여 category Form과 바인딩하였습니다. 하단에 있는 세 개의 버튼 요소는 각각 폼의 제출 및 초기화와 목록 페이지로 돌아가는 용도로 사용할 것입니다.

CategoryDetailComponent에서 반응형 폼을 사용하기 때문에 CategoryModule에 ReactiveFormsModule이 필요합니다. 다음과 같이 카테고리 모듈에 ReactiveFormsModule을 추가합니다.

예제 13-8 카테고리 모듈에 ReactiveFormsModule 추가

```
1   // 임포트 생략
-   import { ReactiveFormsModule } from "@angular/forms";
-
-   @NgModule({
5     imports: [CommonModule, CategoryRoutingModule, ReactiveFormsModule],
-     declarations: [ … ]
-   })
-   export class CategoryModule { }
-
```

13.1.3 CategoryDetailResolverService

CategoryDetailResolverService는 CategoryDetailComponent의 뷰가 화면에 렌더링되기 전에 카테고리 정보를 서버로부터 가져오기 위하여 사용할 서비스입니다. 다음 명령을 실행하여 관련 파일을 생성합니다.

```
cd src/app/category/category-detail
ng g service category-detail-resolver
```

생성된 category-detail-resolver.service.ts 파일을 열어 다음과 같이 코드를 작성합니다.

예제 13-9 CategoryDetailResolverService 코드

```
1    // 임포트 생략
-
-    @Injectable()
-    export class CategoryDetailResolverService implements Resolve<Category> {
5
-      constructor(private database: DataStoreService, private router: Router) {
-      }
-
-      resolve(route: ActivatedRouteSnapshot, state: RouterStateSnapshot) {
10       if ( route.queryParams['action'] === 'create' ) return null;
-
-        return this.database
-          .findObjectSnapshot('category', route.params['no'])
-          .map((snapshot: firebase.database.DataSnapshot) => {
15          if ( snapshot.exists() ) {
-             return snapshot.val();
-          }
-
-          this.router.navigate(['/category-list']);
20          return null;
-        });
-      }
-    }
```

[예제 13-9]는 '11.3.4 가드의 설정'에서 설명한 Resolve 가드를 카테고리 상세 뷰에 적용하기 위한 코드입니다. 이 서비스는 라우터 설정을 통하여 카테고리 상세 뷰가 화면에 렌더링되기 전에 resolve 메서드를 실행하여 필요한 데이터를 로드합니다. resolve 메서드의 내용을 살펴보면 먼저 10번 줄에서 쿼리 스트링으로 'action'의 값이 'create'면 카테고리를 생성하는 경우이기에 null을 반환합니다. 그렇지 않을 경우 12~17번 줄 코드에서 패스에서 no 값을 가져온 후 파이어베이스로부터 카테고리 데이터의 스냅샷을 불러옵니다. 서버에도 데이터가 없는 경우 19~20번 줄과 같이 카테고리 목록으로 이동하고 null을 반환합니다.

이제 카테고리 라우터 설정 파일인 CategoryRoutingModule 클래스에서 카테고리 상세 뷰의 라우터 설정을 다음과 같이 변경합니다.

```
1   const routes: Routes = [{
-     path: 'category-list', children: [
-       {path: '', pathMatch: 'full',  component: CategoryManagementComponent},
-       {path:'category/:no', resolve: {category: CategoryDetailResolverService},
5         component: CategoryDetailComponent}
-     ]
-   }];
```

'category-list'에 CategoryManagementComponent가 매칭한 Route만 있던 기존 코드에 CategoryDetailComponent의 Route를 새롭게 추가하였습니다. 'category-list'에 매칭되는 Route의 children에 Route로 'category/:no' 경로에 CategoryDetailComponent를 매칭하였습니다. 이는 결과적으로 'category-list/category/:no' 경로에 매칭됩니다. 또한 resolve 속성에 {category: CategoryDetailResolverService}를 선언하였습니다. 이 설정은 'category-list/category/:no'의 경로가 매칭될 때 CategoryDetailResolverService에서 resolve 메서드를 통하여 반환되는 값을 'category' 키의 값으로 넣습니다.

이제 앞에서 CategoryDetailComponent의 ngOnInit 메서드에 추가하였던 다음 코드를 다시 봅시다.

```
1   this.route.queryParams.filter(q => q['action'] !== undefined)
-     .do(q => this._setActionMode(q))
-     .switchMap(q => this.route.data)
-     .filter((data: {category: Category}) => data.category !== null)
5     .map((data: {category: Category}) => data.category)
-     .subscribe(cat =>
-       this.actionMode === 'read' ? this.resetForm(cat) : this.categoryForm.patchValue(cat)
-     )
-     .subscribe(cat => this.categoryForm.patchValue(cat));
```

CategoryDetailResolverService가 resolve 메서드에서 'category' 키의 값으로 null이나 파이어베이스에서 가져온 데이터를 반환하기 때문에 위와 같이 CategoryDetailComponent에서 route의 data 속성 Observable을 구독하여 값을 가져옵니다.

마지막으로 CategoryDetailResolverService 역시 서비스 클래스이기 때문에 Category
RoutingModule의 providers에 다음과 같이 등록하여야 합니다.

```
providers: [CategoryDetailResolverService]
```

13.1.4 CategoryItemComponent

다음으로 구현할 컴포넌트는 카테고리 목록에서 카테고리 항목 정보를 카드 형태로 보여 줄 때
사용할 CategoryItemComponent입니다. CategoryItemComponent는 자식 컴포넌트로
CategoryManagementComponent의 템플릿에서 사용할 컴포넌트입니다. 따라서 관례상
category-management 폴더의 하위로 CategoryItemComponent 폴더를 생성합니다.

다음 명령을 실행하여 관련 파일을 생성합니다.

```
cd src/app/category/category-management
ng g component category-item
```

CategoryItemComponent는 부모 컴포넌트인 CategoryManagementComponent에서
카테고리 정보를 프로퍼티 바인딩으로 받아 화면에 보여 줄 것입니다. 따라서 컴포넌트에는 다
음 속성만 선언하면 됩니다.

```
@Input() category: Category;
```

템플릿 코드는 프로퍼티 바인딩으로 받은 카테고리 값을 뷰에 반영하도록 구현합니다. 전체 템
플릿 코드에서 화면을 구성하는 마크업 정보를 제외하고 일부 코드만 살펴봅시다.

예제 13-10 CategoryItemComponent 템플릿 일부

```
1       <div class="col-6">
-         <label class="card-title mr-2">이름:</label>
-         <span class="btn-link" routerLink="/category-list/category/{{category.no}}"
-               [queryParams]="{action: 'read'}">{{category.name}}</span>
5       </div>
-       <div class="col-3">
```

```
  -           <label class="card-title mr-2">사용 여부:</label>
  -           <span class="badge badge-pill badge-primary">{{category.isUse}}</span>
  -         </div>
 10         <div class="col-2 text-right">
  -           <button type="button" class="btn btn-sm btn-outline-warning"
  -                   routerLink="/category-list/category/{{category.no}}"
  -                   [queryParams]="{action: 'edit'}">
  -             <i class="fa fa-edit"></i> 수정
 15         </button>
  -         </div>
```

3~4번 줄을 보면 카테고리의 이름을 포함하는 SPAN 요소에 카테고리 상세 뷰로 이동할 링크를 routerLink로 선언하였습니다. 마찬가지로 11~15번 줄에서도 BUTTON 요소를 추가하여 클릭 시 카테고리 상세 뷰로 이동하기 위한 routerLink가 선언되었습니다. 또한 각각 queryParams에 프로퍼티 바인딩으로 'action' 값도 선언하여 조회 및 수정 모드를 구분하여 줍니다.

13.1.5 CategoryManagementComponent

CategoryManagementComponent는 왼쪽 사이드바의 카테고리 관리 메뉴를 선택할 때 카테고리 도메인의 루트 뷰를 담당하는 컴포넌트입니다. 이 컴포넌트에서는 앞서 [그림 13-1]의 뷰를 구현할 것입니다.

CategoryManagementComponent를 구성하는 관련 파일은 이미 '11.1.4 프로젝트 구현 2: 도메인별 기본 구현'에서 생성하였습니다. 대신 이 컴포넌트의 뷰에서는 카테고리 목록을 위한 페이지네이션 기능이 필요합니다. 이를 위하여 앵귤러에서 사용할 수 있는 부트스트랩 4용 UI 컴포넌트 패키지인 ng-bootstrap[2]을 설치합니다. 다음 명령을 실행하여 ng-bootstrap 패키지를 먼저 설치합니다.

```
npm install --save @ng-bootstrap/ng-bootstrap
```

이제 컴포넌트 코드를 단계적으로 살펴봅시다. 먼저 컴포넌트의 속성과 생성자는 다음과 같이 작성합니다.

----

2 https://ng-bootstrap.github.io

예제 13-11 CategoryManagementComponent 속성 및 생성자

```
1   categories: Categories;
-   totalItemCnt: number = 0;
-   pageSize: number;
-   pageNo: number = 1;
5
-   constructor(private route: ActivatedRoute,
-               private database: DataStoreService,
-               @Inject(CAT_LIST_PAGE_SIZE) pageSize: number) {
-     this.pageSize = pageSize;
10  }
```

[예제 13-11]의 각 속성은 다음 용도로 사용합니다.

- **categories**: 카테고리 목록 데이터
- **totalItemCnt**: 전체 카테고리 수 정보 제공 및 페이징 계산에 사용
- **pageSize**: 페이지당 보여 줄 카테고리 수 및 페이징 계산에 사용
- **pageNo**: 현재 페이지 정보 및 페이징 계산에 사용

생성자에서는 인자 3개를 선언하여 주입받습니다. 각 인자는 다음 용도로 사용합니다.

- **ActivatedRoute**: 최초 페이지의 카테고리 목록 데이터를 Resolve 가드로부터 받아 오기 위하여 사용
- **DataStoreService**: 페이지 전환에 따른 카테고리 목록 정보를 파이어베이스에서 조회할 때 사용
- **pageSize**: 페이지당 보여 줄 카테고리 목록의 수는 설정 상수로 모듈에서 주입

인자 3개 중 pageSize는 9번 줄과 같이 주입받은 pageSize를 컴포넌트 속성의 pageSize로 바인딩합니다. @Inject로 주입받은 pageSize를 위하여 토큰을 하나 생성하여야 합니다. category 폴더에 category.tokens.ts 파일을 생성하여 다음 코드를 작성합니다.

```
import { InjectionToken } from "@angular/core";

export const CAT_LIST_PAGE_SIZE = new InjectionToken<number>('CAT_LIST_PAGE_SIZE');
```

토큰 생성 후 CategoryModule에 다음과 같이 pageSize를 값으로 지정합니다.

```
providers: [ {provide: CAT_LIST_PAGE_SIZE, useValue: 3} ]
```

이제 메서드 구현부를 살펴봅시다.

예제 13-12 CategoryManagementComponent 메서드 구현부

```
1    ngOnInit() {
-      this.database.count('category').subscribe(cnt => this.totalItemCnt = cnt);
-      this.fetchResolvedData();
-    }
5
-    pageNoChanged(pageNo) {
-      this.pageNo = pageNo;
-      this.getPagedList();
-    }
10
-    getPagedList() {
-      this.database.findList$ByPage('category', this.pageNo, this.pageSize, this.totalItemCnt)
-        .do((list: Categories) => list.sort((p1, p2) => p2.no - p1.no))
-        .subscribe(cats => this.categories = cats);
15   }
-
-    private fetchResolvedData() {
-      const resolvedData = <{list: Categories}>this.route.snapshot.data;
-      this.categories = resolvedData.list;
20   }
```

ngOnInit 메서드에서는 데이터베이스에서 전체 수량 정보를 조회하고 fetchResolvedData 메서드를 호출하여 Resolve 가드에서 전달한 최초 페이지 목록 데이터를 가져옵니다. 17~20번 줄의 fetchResolvedData 메서드는 ActivatedRoute에서 현재 시점의 스냅샷으로 Resolve 가드가 전달한 카테고리 목록 데이터를 categories에 바인딩합니다.

6~9번 줄의 pageNoChanged는 페이지네이션 기능에서 페이지가 변경되었을 때 호출할 이벤트 리스너로, 페이지 번호가 변경되었기 때문에 새로운 목록 데이터를 불러오고자 getPagedList를 호출합니다. getPagedList는 현재 페이지를 기준으로 database에서 새로운 목록을 불러와서 categories에 바인딩합니다.

템플릿 코드는 카테고리 등록 버튼, CategoryItemComponent를 사용한 카테고리 목록과 ng-bootstrap에서 제공하는 페이지네이션까지 구현합니다. 그럼 템플릿 코드를 살펴봅시다.

```
1   <div class="container-fluid">
-     <div class="row">
-       <div class="col-12">
-         <button type="button" class="btn btn-outline-primary btn-sm"
5           routerLink="/category-list/category/0"
-           [queryParams]="{action: 'create'}">카테고리 등록
-         </button>
-       </div>
-     </div>
10  </div>
-   <div class="container-fluid my-4">
-     <h4>카테고리 목록</h4>
-     <div class="row">
-       <div class="col-12 text-right">
15        <span>전체 카테고리: {{totalItemCnt}}</span>
-       </div>
-     </div>
-     <div class="row">
-       <div class="col-12">
20        <scm-category-item *ngFor="let category of categories" [category]="category">
-         </scm-category-item>
-       </div>
-     </div>
-     <div class="row justify-content-center mt-4">
25      <ngb-pagination [pageSize]="pageSize" [collectionSize]="totalItemCnt"
-                       [maxSize]="10" [ellipses]="false" [page]="pageNo"
-                       (pageChange)="pageNoChanged($event)"></ngb-pagination>
-     </div>
-   </div>
```

4~6번 줄의 카테고리 등록 버튼에 routerLink를 사용하여 카테고리 생성을 위한 상세 뷰로 이동하도록 선언하였습니다.

20번 줄에서는 categories를 ngFor로 순회하여 category-item에 각 카테고리 정보인 category를 프로퍼티 바인딩으로 전달합니다. 이제 앞에서 구현한 CategoryItemComponent의 템플릿 코드가 categories 배열의 요소만큼 뷰에 보이게 됩니다.

마지막으로 25~27번 줄의 ngb-pagination은 ng-bootstrap에서 제공하는 페이지네이션

컴포넌트입니다[3]. ngb-pagination 지시자에 바인딩된 여러 요소는 ng-bootstrap에서 정의하는 문서에 따라 작성한 페이지네이션의 설정입니다.

주요한 설정은 pageSize, collecitonSize, page, pageChange입니다. pageSize, collection Size, page는 페이징 처리에 필요한 정보로, 컴포넌트의 속성에서 선언하였던 값에 바인딩합니다. pageChange는 페이지 번호가 변경되었을 때 이벤트 바인딩으로 컴포넌트의 pageNo Changed를 호출하여 새로운 목록을 가져옵니다.

ng-bootstrap의 페이지네이션 컴포넌트도 외부 패키지이므로 사용하려면 모듈을 임포트하여야 합니다. 먼저 AppModule을 열어서 NgbPaginationModule을 임포트하고 forRoot 메서드를 실행합니다. 다음은 AppModule 코드에서 외부 패키지의 모듈을 임포트한 부분의 코드입니다.

```
/* 3rd Modules */
...
ToastModule.forRoot(toastOptions),
NgbPaginationModule.forRoot(),
```

다음으로 CategoryModule에서는 forRoot 호출 없이 NgbPaginationModule만 임포트합니다.

```
1  imports: [
-    CommonModule,
-    ReactiveFormsModule,
-    NgbPaginationModule,
5    CategoryRoutingModule
-  ],
```

13.1.6 CategoryListResolverService

CategoryListResolverService는 CategoryManagementComponent의 뷰가 화면에 렌더링되기 전에 서버에서 카테고리 목록 정보를 가져오기 위하여 사용할 서비스입니다. 카테고리 목록의 첫 페이지에 해당하는 카테고리 정보를 파이어베이스에서 가져오도록 구현해 봅시다.

----

3 https://ng-bootstrap.github.io/#/components/pagination

다음 명령을 실행하여 관련 파일을 생성합니다.

```
cd src/app/category/category-management
ng g service category-list-resolver
```

생성된 category-list-resolver.service.ts 파일을 열어 다음과 같이 코드를 작성합니다.

예제 13-14 CategoryListResolverService 코드

```
1    // 임포트 생략
-
-    @Injectable()
-    export class CategoryListResolverService implements Resolve<any> {
5
-      constructor(private database: DataStoreService,
-                  @Inject(CAT_LIST_PAGE_SIZE) private pageSize: number) {
-      }
-
10     resolve(route: ActivatedRouteSnapshot, state: RouterStateSnapshot) {
-        return this.database.count('category')
-          .switchMap(cnt => this.database.findList$ByPage('category', 1, this.pageSize, cnt))
-          .do((list: Categories) => list.sort((p1, p2) => p2.no - p1.no))
-          .take(1);
15     }
-    }
```

11번 줄을 보면 먼저 데이터베이스에서 counter 메서드를 호출하여 카테고리 목록의 전체 수를 가져옵니다. count 호출에 이어서 switchMap 연산자를 통하여 카테고리 목록의 전체 수를 전달받은 후 findList$ByPage를 호출합니다. 이때 두 번째 인자에 1을 전달하여 목록의 첫 번째 페이지를 조회합니다.

마지막으로 14번 줄에서 take 연산자를 호출하여 파이어베이스와의 커넥션을 종료합니다. Resolve 가드는 resolve 메서드의 반환 값이 스트림 형태가 되면 화면이 전환되지 않고 가드에서 계속 멈추어 있습니다. 따라서 파이어베이스를 사용할 때 Resolve 가드를 사용한다면 take 연산자로 변경 사항을 받지 않도록 커넥션을 닫아야 합니다.

이제 이 CategoryListResolverService를 라우터 정보에 등록하고 CategoryRoutingModule의 providers에 등록하여야 합니다. 라우터의 Route는 다음과 같이 수정합니다.

```
1   {
-       path: '',
-       pathMatch: 'full',
-       resolve: {list: CategoryListResolverService},
5       component: CategoryManagementComponent
-   }
```

CategoryRoutingModule에 추가로 다음과 같이 providers에 CategoryListResolver Service를 등록합니다.

```
providers: [ CategoryDetailResolverService, CategoryListResolverService]
```

지금까지 구현된 코드를 실행하면 카테고리 목록에서 정상적으로 파이어베이스를 사용하여 카테고리 정보의 등록/수정 및 조회를 할 수 있습니다. ng serve 명령을 실행한 후 카테고리를 생성하여 [그림 13-4]와 같이 기능이 정상적으로 동작하는지 확인합니다.

데이터베이스의 조회 권한은 모두에게 열려 있지만 현재 저장 권한은 세션이 있는 경우에만 가능하기 때문에 먼저 로그인을 하여야 카테고리를 정상적으로 저장할 수 있습니다.

그림 13-4 카테고리 메뉴 페이지 구현 후 실행 화면

테스트로 몇 가지 카테고리 정보를 생성하였다면 이제 파이어베이스 웹 콘솔에 접속해 봅시다. 웹 콘솔 왼쪽 Database 메뉴를 선택하면 오른쪽에 트리 형태로 현재 저장된 JSON 객체를 볼 수 있습니다.

그림 13-5 실시간 데이터베이스 웹 콘솔

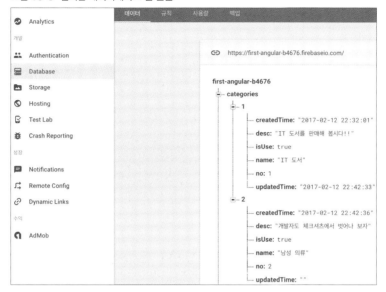

13.2 프로젝트 구현 8

여기서는 상품 관리 페이지를 구현합니다. 이 절은 뷰의 구조상 앞에서 구현한 카테고리 페이지와 유사한 부분이 많습니다. 구현 코드를 다루면서 유사한 부분은 추가로 설명하여야 할 부분 외에는 다루지 않습니다. 전체 구현 코드는 GIT을 사용하여 final-13 태그를 체크아웃받거나 http://bit.ly/hb-af-final-13을 통해서 변경 내역을 확인할 수 있습니다.

13.2.1 상품 관리 뷰

여기서 구현할 상품 관리 페이지의 기본 화면은 [그림 13-6]과 같습니다.

[그림 13-6]의 뷰를 담당하는 컴포넌트로는 기존에 생성한 ProductManagementComponent를 사용합니다. 추가로 다음 컴포넌트를 생성하여 코드를 구현합니다.

- **ProductDetailComponent**: 상품 생성/조회/수정을 위한 폼을 가지는 뷰
- **ButtonGroupComponent**: 상품 목록에서 일괄로 처리할 액션을 가지는 버튼 그룹 뷰

• **ProductListComponent**: 상품 목록 테이블 뷰

그림 13-6 상품 관리 뷰 예시

13.2.2 ProductDetailComponent

ProductDetailComponent의 역할은 상품의 등록 및 수정 기능을 제공하는 것입니다. 구현할 상품의 상세 뷰는 [그림 13-7]과 같습니다.

그림 13-7 상품 상세 뷰

다음 명령을 실행하여 ProductDetailComponent의 관련 파일을 생성합니다.

```
cd src/app/product
ng g component product-detail
```

그럼 ProductDetailComponent의 컴포넌트 클래스를 구현해 봅시다. ProductDetail Component의 생성자는 [예제 13-3] CategoryDetailComponent의 생성자와 동일한 서비스를 주입받습니다. 속성은 다음과 같이 선언합니다.

예제 **13-15** ProductDetailComponent 속성

```
subTitle;
actionMode: ActionMode;
productForm: FormGroup;
usedCats: Categories;
private prodNo: number;
private totalItemCnt;
```

[예제 13-15] 속성 중 1~3번 줄은 CategoryDetailComponent의 속성과 동일한 상태를 담습니다. 차이가 있는 부분은 4~6번 줄의 속성입니다. 이 속성은 다음 용도로 사용합니다.

- **useCats:** 상품 등록/수정 시 카테고리 선택을 위한 카테고리 목록
- **prodNo:** 현재 상품의 번호, 이전/다음 상품을 탐색할 때 사용
- **totalItemCnt:** 상품의 전체 수, 이전/다음 상품을 탐색할 때 사용

다음으로 ngOnInit 메서드의 코드를 구현합니다.

예제 **13-16** ProductDetailComponent ngOnInit 구현부

```
1  ngOnInit() {
-      this.route.queryParams.filter(q => q['action'] !== undefined)
-        .do(q => this._setActionMode(q))
-        .switchMap(q => this.route.data)
5        .map((data: {detail: any}) => data.detail)
-        .subscribe(data => {
-          const prod: Product = data[0];
-          this.prodNo = prod.no;
-          this.productForm.patchValue(prod);
10         this.usedCats = data[1];
-        });
-
-      this.database.count('product').subscribe(cnt => this.totalItemCnt = cnt);
-    }
```

[예제 13-16]의 ngOnInit은 [예제 13-5] CategoryDetailComponent의 ngOnInit 메서드와 유사하지만 subscribe 로직에 차이가 있습니다. 7~10번 줄을 보면 Resolve 가드가 제공할 데이터를 배열로 받는 것을 알 수 있습니다. 첫 번째 요소로 상품 정보를 받아 patchValue 메서드로 폼을 갱신합니다. 두 번째 요소는 카테고리 정보를 받아 usedCats에 저장합니다.

이제 폼을 초기화하는 initForm 메서드를 구현합시다.

예제 13-17 ProductDetailComponent의 initForm 메서드 구현부

```
1    initForm() {
-        this.productForm = this.fb.group({
-          no: [0],
-          name: ['', Validators.required],
5      listPrice: [0,
-          Validators.compose([
-            Validators.required,
-            NumberRangeValidator.min(1000),
-            NumberRangeValidator.max(1000000),
10           Validators.pattern('[1-9]\\d*')
-          ])],
-        status: [ProdStatus.NOT_FOR_SALE],
-        catNo: ['0', Validators.required],
-        couponNo: [0],
15      isUse: [true, Validators.required],
-        qty: [0,
-          Validators.compose([
-            Validators.required,
-            NumberRangeValidator.min(1),
20           NumberRangeValidator.max(1000),
-            Validators.pattern('[1-9]\\d*')
-          ])
-        ],
-        desc: ['',
25          Validators.compose([
-            Validators.required,
-            Validators.minLength(10),
-            Validators.maxLength(1000)
-          ])
30        ],
-        createdTime: [ScmSharedUtil.getCurrentDateTime()],
-        updatedTime: [''],
-      });
```

```
-    }
```

initForm 메서드에서 FormBuilder를 활용하는 것은 CategoryDetailComponent와 동일합니다. 다만 상품 상세 뷰에는 더 많은 입력 항목과 검증 규칙이 포함되어 있습니다. 검증 규칙에서 8~9번 줄과 18~19번 줄에서 사용한 NumberRangeValidator의 min, max는 기본 제공 검증기가 아닙니다. 이는 제8장에서 사용하였던 코드입니다.

shared 폴더 밑에 custom-validators.ts 파일을 생성하여 코드를 작성합니다. 템플릿 주도 폼을 사용하지 않기 때문에 불필요하게 지시자까지 만들 필요 없이 다음과 같이 간단하게 검증기만 구현하여도 됩니다.

예제 13-18 NumberRangeValidator 코드

```
1    import { AbstractControl } from '@angular/forms';
-
-    export class NumberRangeValidator {
-      static min(min: number) {
5        return (control: AbstractControl): {[key: string]: any} => {
-          return control.value >= min ? null : {'min': `${min} 이상의 값을 입력하세요`};
-        };
-      }
-
10       static max(max: number) {
-        return (control: AbstractControl): {[key: string]: any} => {
-          return control.value <= max ? null : {'max': `${max} 이하의 값을 입력하세요`};
-        }
-      }
15   }
```

나머지 저장 및 취소와 관련된 submit, cancel과 _setActionMode, _onSuccess, _onError 메서드는 거의 동일한 코드입니다. 마지막으로 이전, 다음 상품 탐색과 관련된 메서드를 구현합니다.

예제 13-19 ProductDetailComponent 상품 탐색 관련 메서드 구현부

```
1    isFirstItem() {
-      return this.prodNo === 1;
-    }
```

```
-
5   isLastItem() {
-     return this.prodNo === this.totalItemCnt;
-   }
-
-   goPrevItem() {
10      this.router.navigate(['product-list', 'product', this.prodNo - 1]);
-   }
-
-   goNextItem() {
-     this.router.navigate(['prodcut-list', 'product', this.prodNo + 1]);
15  }
```

[예제 13-19]의 메서드는 모두 템플릿에서 사용할 메서드입니다. 이전, 다음 상품을 탐색할 때
더 탐색할 수 있는지를 확인하기 위하여 isFirstItem, isLastItem 메서드를 사용합니다. 상품
번호 앞뒤로 탐색에 문제가 없을 때 goPrevItem, goNextItem 메서드를 호출하여 뷰를 전환
합니다.

이제 템플릿 코드를 구현합니다. ProductDetailComponent의 템플릿은 반응형 폼을 마크업
코드로 구성합니다. 마찬가지로 CategoryDetailComponent 템플릿과 유사한 코드 구조이
기 때문에 다른 부분의 코드 일부를 발췌하여 살펴봅니다.

예제 13-20 ProductDetailComponent 템플릿 일부

```
1   <select type="number" formControlName="catNo">
-     <option [value]="0">선택해 주세요</option>
-     <option *ngFor="let cat of usedCats" [value]="cat.no">{{cat.name}}</option>
-   </select>
5   …
-   <button type="button" class="…" [disabled]="isFirstItem()" (click)="goPrevItem()">
-     <i class="fa fa-arrow-left"></i> 이전 상품
-   </button>
-   <button type="button" class=" … " [disabled]="isLastItem()" (click)="goNextItem()">
10    <i class="fa fa-arrow-right"></i> 다음 상품
-   </button>
```

1~4번 줄은 카테고리 선택을 위하여 SELECT 요소를 사용한 것입니다. SELECT 요소에서
formControlName 지시자로 catNo 키를 바인딩한 것 외에 특이한 부분은 없습니다. 6번 줄

과 9번 줄은 컴포넌트에서 살펴본 것처럼 이전, 다음 상품 탐색을 위한 버튼입니다. disabled 에 isFirstItem, isLastItem 메서드의 반환 값을 바인딩하여 현재 번호를 기준으로 탐색할 수 없을 때 버튼을 비활성화합니다. 버튼이 활성화되었을 때는 goPrevItem, goNextItem을 클 릭 이벤트에 바인딩하여 해당 상품의 페이지로 이동하도록 구현하였습니다.

ProductDetailComponent도 반응형 폼을 사용하므로 ProductModule에 Reactive FormsModule이 필요합니다. 다음과 같이 카테고리 모듈에 ReactiveFormsModule을 추가 합니다.

예제 13-21 상품 모듈에 ReactiveFormsModule 추가

```
1  // 임포트 생략
-  import { ReactiveFormsModule } from "@angular/forms";
-
-  @NgModule({
5    imports: [CommonModule, ProductRoutingModule, ReactiveFormsModule],
-    declarations: [ … ]
-  })
-  export class ProductModule { }
```

13.2.3 ProductDetailResolverService

ProductDetailResolverService는 ProductDetailComponent의 뷰가 화면에 렌더링되기 전에 필요한 정보를 서버에서 가져오기 위하여 사용할 서비스입니다. 이전 CategoryDetail ResolverService와 달리 하나의 데이터가 아닌 상품 정보와 사용 카테고리 목록을 함께 Resolve 가드에서 받도록 구현합니다.

먼저 다음 명령을 실행하여 관련 파일을 생성합니다.

```
cd src/app/product/product-detail
ng g service product-detail-resolver
```

생성된 ProductDetailResolverService도 DataStoreService와 Router를 생성자에서 주입 받는 것은 동일합니다. 지금은 resolve 메서드의 구현 코드만 확인합니다.

```
1    resolve(route: ActivatedRouteSnapshot, state: RouterStateSnapshot): Observable<any> {
-      const objectSnapshot$ = this.database.findObjectSnapshot('product', route.params['no'])
-        .map((snapshot: firebase.database.DataSnapshot) => snapshot.exists() ? snapshot.val() : null);
-      const usedCat$ = this.database.findList$ByQuery('category', 'isUse', true);
5
-      const action = route.queryParams['action'];
-      if ( action === 'create' ) {
-        return usedCat$.map(cats => [new Product(0, ProdStatus.WAIT_FOR_SALE), cats]);
-      }
10
-      return Observable.zip(objectSnapshot$, usedCat$).map(data => {
-        if ( data[0] === null ) {
-          this.router.navigate(['/product-list']);
-          return null;
15       }
-
-        return data;
-      })
-    }
20   }
```

2번, 4번 줄은 각각 상품 정보의 현재 스냅샷과 사용하는 카테고리만 필터링한 Observable 을 선언하였습니다. 다시 강조하지만 2, 4번 줄의 선언은 실제 데이터를 조회하지 않습니다. Resolve 가드의 resolve 메서드를 호출하면서 내부적으로 subscribe할 때까지 실제 데이터 를 가져오지 않고 지연 평가됩니다.

7~9번 줄에서 상품 상세 뷰가 생성 모드일 때는 서버에서 4번 줄에 선언해 둔 카테고리 값만 가져오고 상품은 새 모델을 생성하여 반환합니다.

11번 줄에서는 앞서 제7장에서 잠깐 살펴보았던 zip 연산자를 사용합니다. zip 연산자는 복수 의 Observable을 실행하여 결과를 동기적으로 한 번에 받을 때 사용하기 좋습니다. 11번 줄 과 같이 zip 연산자에 복수의 Observable을 포함시키면 인자로 전달한 각 Observable의 호 출 결과를 하나로 모아 배열로 받을 수 있습니다. 이 구현 코드가 앞의 ngOnInit 메서드에서 배열의 첫 번째 요소에서는 상품 정보를 꺼내고, 두 번째 요소에서는 카테고리를 꺼낼 수 있었 던 이유입니다.

[예제 13-22]의 11번 줄에서 RxJS Observable의 zip 메서드를 사용합니다. 따라서 src/

polyfills.ts 파일을 열어서 다음 내용을 제일 밑에 추가합니다.

```
import 'rxjs/add/observable/zip';
```

이제 ProductRoutingModule에 이 서비스를 등록합니다.

```
providers: [
  ProductDetailResolverService,
]
```

라우터 설정 또한 CategoryDetailComponent와 유사합니다. ProductRoutingModule을 열어서 다음 Routes로 선언하면 됩니다.

```
1  const routes: Routes = [
-    {
-      path: 'product-list', children: [
-      {path: '', pathMatch: 'full', component: ProductManagementComponent},
5      {path: 'product/:no', resolve: {detail: ProductDetailResolverService},
-        component: ProductDetailComponent}
-    ]
-    }
-  ];
```

마지막으로 src/styles.css 파일을 열어서 상품 등록 폼의 검증 결과를 시각적으로 보여 주기 위하여 다음 스타일 정보를 넣습니다.

```
1  input.ng-valid:not([readonly]), textarea.ng-valid:not([readonly]),
-    select.ng-valid:not([readonly]) {
-      border-bottom: 2px solid lightgreen;
-  }
5
-  input.ng-invalid:not(form), textarea.ng-invalid:not(form), select.ng-invalid:not(form) {
-      border-bottom: 2px solid lightsalmon;
-  }
```

13.2.4 ProductListComponent

ProductListComponent는 상품 목록 테이블 뷰를 담당하는 컴포넌트입니다. 테이블 형태로 상품 목록을 조회하는 기능을 포함하여 페이지당 상품 수를 동적으로 변경하는 기능도 넣습니다. 또한 목록에서 여러 상품을 체크하는 기능도 함께 구현할 예정입니다.

먼저 다음 명령을 실행하여 ProductListComponent 구성에 필요한 관련 파일을 생성합니다.

```
cd src/app/product/product-management
ng g component product-list
```

컴포넌트 클래스의 속성과 생성자를 봅시다.

예제 13-23 ProductListComponent 속성 및 생성자

```
1    products: Products;
-    @Input() totalItemCnt: number = 0;
-    pageNo: number = 1;
-    pageSize: number;
5    checkedStatus: boolean[];
-
-    constructor(private route: ActivatedRoute,
-                private prodSet: CheckedProductSetService,
-                private database: DataStoreService,
10               @Inject(PROD_LIST_PAGE_SIZE) pageSize: number) {
-      this.pageSize = pageSize;
-    }
```

[예제 13-23]의 각 속성은 다음 용도로 사용합니다.

- **products:** 상품 목록 데이터
- **totalItemCnt:** 전체 카테고리 수 정보 제공 및 페이징 계산에 사용
- **pageSize:** 페이지당 보여 줄 카테고리 수 및 페이징 계산에 사용
- **pageNo:** 현재 페이지 정보 및 페이징 계산에 사용
- **checkedStatus:** 현재 상품 목록의 상품별 체크 여부를 불리언으로 저장

생성자는 앞서 살펴본 내용의 목적과 동일합니다. 다만 8번 줄의 CheckedProductSet Service는 아직 구현하지 않은 서비스입니다. 이 서비스는 현재 상품 테이블에 체크한 항목의

상태를 관리하기 위한 서비스입니다. 구현은 잠시 후에 봅니다.

10~11번 줄에서 @Inject로 상품의 pageSize를 주입받고 있기 때문에 토큰을 생성하여야 합니다. 앞서 카테고리 관리 뷰 구현 시 생성한 것과 동일하게 product 폴더에 products. tokens.ts를 열어서 다음과 같이 토큰을 생성합니다.

```
import { InjectionToken } from "@angular/core";

export const PROD_LIST_PAGE_SIZE = new InjectionToken<number>('PROD_LIST_PAGE_SIZE');
```

토큰 생성 후 ProductModule에 다음과 같이 pageSize를 값으로 지정합니다.

```
providers: [ {provide: PROD_LIST_PAGE_SIZE, useValue: 6}]
```

다음으로 컴포넌트가 초기화될 때 작업할 로직을 구현해 봅시다. 초기화 시점에 할 일은 먼저 Resolve 가드가 전달해 준 데이터를 불러오는 것입니다. 상품 목록을 조회하는 Resolve 가드는 잠시 후 코드를 살펴볼 것입니다. 또한 상품 목록의 체크 상태 역시 초기화하여야 합니다. 그럼 코드를 작성해 봅시다.

```
1   ngOnInit() {
-     this.fetchResolvedData();
-     this.initCheckedProducts();
-   }
5
-   private fetchResolvedData() {
-     const resolvedData = <{list: Products}>this.route.snapshot.data;
-     this.products = resolvedData.list;
-   }
10
-   private initCheckedProducts() {
-     this.prodSet.initProdNos();
-     this.setAllProductsCheckedStatusTo(false);
-   }
15
-   private setAllProductsCheckedStatusTo(v: boolean) {
-     this.checkedStatus = [];
-
-     const curItem = this.pageSize > this.totalItemCnt ? this.totalItemCnt : this.pageSize;
```

```
20    Observable.range(0, curItem).subscribe(i => this.checkedStatus[i] = v);
-    }
```

ngOnInit 메서드는 fetchResolvedData와 initCheckedProducts 메서드를 호출합니다. fetchResolvedData는 Resolve 가드에서 상품 목록 데이터를 가져오는 메서드입니다. init CheckedProducts는 뷰의 상품별 체크 박스 체크 유무를 false로 일괄 초기화합니다. 코드 마지막에 RxJS의 range 연산자를 사용하였기 때문에 polyfills.ts에 아래 임포트문을 추가합니다.

```
import 'rxjs/add/observable/range'
```

컴포넌트의 구현 코드를 더 보기 전에 이번에는 템플릿의 전체 코드를 먼저 봅시다. 템플릿은 간단하게 테이블 요소로 다음과 같이 구현되어 있습니다.

예제 13-24 ProductListComponent 템플릿 코드

```
1    <table class="table table-bordered">
-      <thead>
-      <tr>
-        <th class="text-center">
5          <button type="button" class="btn btn-sm btn-outline-info"
-                    (click)="toggleAllItem()">전체 {{ isCheckedAnyOne() ? '해제' : '선택'}}</button>
-        </th>
-        <th class="text-center">#</th>
-        <th class="text-center">상품명</th>
10         <th class="text-center">상품가격</th>
-        <th class="text-center">상품 상태</th>
-      </tr>
-      </thead>
-      <tbody>
15     <tr *ngFor="let prod of products; let i = index">
-        <td class="text-center"><input type="checkbox" [(ngModel)]="checkedStatus[i]"
-          (click)="checkProduct(i, prod.$key)"></td>
-        <td>{{prod.no}}</td>
-        <td><a [routerLink]="['product', prod.no]" [queryParams]="{action: 'edit'}">
20         {{prod.name}}</a></td>
-        <td>{{prod.listPrice}}</td>
-        <td>{{prod.status}}</td>
-      </tr>
-      </tbody>
25   </table>
```

템플릿에서 살펴볼 만한 부분은 테이블의 상품 목록 체크 박스 기능입니다. [예제 13-24] 5~6번 줄의 버튼 요소를 봅시다. isCheckedAnyOne 메서드의 반환 값에 따라 전체 해제 혹은 전체 선택 기능을 제공하고 있으며, 이 버튼을 toggleAllItem 메서드에 바인딩하였습니다.

16~17번 줄은 개별 상품의 체크 박스 코드입니다. 양방향 바인딩으로 checkedStatus의 불리언 값이 바인딩됩니다. 체크 박스를 클릭할 때 checkProduct 메서드를 실행합니다. 그럼 이 템플릿의 코드와 관계 있는 컴포넌트의 메서드 구현부를 봅시다.

예제 13-25 ProductListComponent 체크 박스 관련 메서드

```
1    toggleAllItem() {
-      if ( this.isCheckedAnyOne() ) {
-        this.prodSet.initProdNos();
-      }
5      else {
-        this.products.map(p => p.no)
-          .forEach(no => this.prodSet.addNo(no));
-      }

10     this.setAllProductsCheckedStatusTo(!this.isCheckedAnyOne());
-    }
-
-    checkProduct(idx: number, no: number) {
-      this.checkedStatus[idx] = !this.checkedStatus[idx];
15
-      if ( this.checkedStatus[idx] ) {
-        this.prodSet.addNo(no);
-      }
-      else {
20       this.prodSet.removeNo(no);
-      }
-    }
-
-    isCheckedAnyOne() {
25     return this.checkedStatus.reduce((acc, cur) => cur || acc, false);
-    }
```

13~22번 줄의 checkProduct 메서드가 상품의 개별 체크 박스를 클릭할 때 실행하는 코드입니다. 현재 체크된 상태이면 체크를 해제하고 체크되지 않았다면 체크한 뒤에 checkedProductContainer에 상품 번호를 넣습니다.

24~26번 줄의 isCheckedAnyOne은 배열의 reduce 메서드를 호출하여 모든 불리언 값을 순차적으로 돌면서 하나라도 true면 결과도 true를 반환하도록 구현하였습니다. 이 메서드를 활용하여 toggleAllItem 메서드에서는 isCheckedAnyOne이 true면 현재 선택된 체크 박스를 모두 해제하고 반대면 모든 항목의 체크 박스를 체크하도록 수정합니다.

이 밖에 목록의 메서드 구현부는 앞서 카테고리 목록을 구현할 때와 거의 동일한 코드입니다.

13.2.5 ProductListResolverService

ProductListResolverService는 ProductManagementComponent의 뷰가 화면에 렌더링 되기 전에 서버에서 카테고리 목록 정보를 가져오기 위하여 사용할 서비스입니다. 카테고리 목록의 첫 페이지에 해당하는 카테고리 정보를 파이어베이스에서 가져오도록 구현해 봅시다.

다음 명령을 실행하여 관련 파일을 생성합니다.

```
cd src/app/product/product-management/product-list
ng g service product-list-resolver
```

ProductListResolverService는 [예제 13-14] CategoryListResolverService와 생성자에서 주입받는 인자가 같습니다. 첫 번째 인자로 DataStoreService를 선언하고, @Inject로 상품 목록의 pageSize를 주입받습니다. 다음은 ProductListResolverService의 구현 코드 중 resolve 메서드 부분입니다.

예제 13-26 ProductListResolverService resolve 메서드 코드

```
1  resolve(route: ActivatedRouteSnapshot, state: RouterStateSnapshot) {
-    return this.database.count('products')
-      .switchMap(cnt => this.database.findList$ByPage('product', 1, this.pageSize, cnt))
-      .do((list: Products) => list.sort((p1, p2) => p2.no - p1.no))
5      .take(1);
-  }
```

[예제 13-26] resolve 메서드 코드는 상품 목록의 첫 번째 페이지를 조회하여 반환합니다. 구현한 CategoryListResolverService를 라우터 정보에 등록하고 ProductRoutingModule의 providers에 등록하여야 합니다. 라우터의 Route는 다음과 같이 수정합니다.

```
1  {
-    path: '',
-    pathMatch: 'full',
-    resolve: {list: ProductListResolverService},
5    component: ProductManagementComponent
-  }
```

추가로 다음과 같이 providers에 ProductListResolverService를 등록합니다.

```
providers: [ProductDetailResolverService, ProductListResolverService]
```

13.2.6 CheckedProductSetService

CheckedProductSetService는 상품 테이블에서 체크한 항목의 데이터를 관리하는 서비스입니다. 앵귤러에서 여러 컴포넌트가 별도로 상태를 관리하고 있기 때문에 다른 컴포넌트에 상태를 쉽게 공유하기 위한 용도의 서비스입니다.

다음 명령을 실행하여 CheckedProductSetService를 구성하는 관련 파일을 생성합니다.

```
cd src/app/product/product-management
ng g service checked-product-set
```

CheckedProductSetService는 ProductListComponent의 각 상품을 체크 및 해제할 때마다 번호를 add, remove할 기능을 제공하여야 합니다. 또한 추가로 보관하고 있는 번호가 있는지 여부도 Observable로 제공합니다. 먼저 CheckedProductSetService의 속성 및 생성자 코드를 봅시다.

예제 13-27 CheckedProductSetService 속성 및 생성자

```
1  prodNoSet = new Set();
-  hasNo$: Observable<boolean>;
-  private hasNoSubject: Subject<boolean> = new BehaviorSubject(false);
-
5  constructor() {
-    this.hasNo$ = this.hasNoSubject.asObservable();
-  }
```

[예제 13-27]에서 선언한 속성은 다음 용도로 사용합니다.

- **prodNoSet:** 현재 체크한 상품의 번호를 저장할 세트
- **hasNo$:** 체크한 번호가 있는지 여부를 전달할 Observable
- **hasNoSubject:** 체크한 번호가 있거나 혹은 없을 경우 이를 전달하기 위한 Subject

속성과 생성자에 따라 체크한 번호를 추가·삭제 및 초기화하는 메서드를 구현합니다. 그럼 코드를 작성해 봅시다.

예제 13-28 CheckedProductSetService 메서드 코드

```
1    initProdNos() {
-      this.prodNoSet = new Set();
-      this._notifyExistence();
-    }
5
-    addNo(no: number) {
-      this.prodNoSet.add(no);
-      this._notifyExistence();
-    }
10
-    removeNo(no: number) {
-      this.prodNoSet.delete(no);
-      this._notifyExistence();
-    }
15
-    nos$() {
-      return Observable.from(Array.from(this.prodNoSet));
-    }
-
20   private _notifyExistence() {
-      const hasNo = this.prodNoSet.size > 0;
-      this.hasNoSubject.next(hasNo);
-    }
```

[예제 13-28]의 initProdNos, addNo, removeNo 메서드는 각각 상품 번호 세트의 초기화, 체크한 번호 추가·삭제 기능을 구현한 메서드입니다. 각 메서드는 공통적으로 마지막에 _notifyExistence를 호출합니다. _notifyExistence는 21번 줄과 같이 현재 prodNoSet의 size를 기준으로 현재 체크한 번호의 존재 여부를 결정합니다. 그리고 이 값을 hasNoSubject

의 next로 전달하여 hasNo$을 구독자에게 전파합니다.

17번 줄에서 RxJS Observable의 from 메서드를 사용합니다. 역시 src/polyfills.ts 파일 제일 밑에 다음 내용을 작성합니다.

```
import 'rxjs/add/observable/from';
```

마지막으로 구현을 완료한 CheckedProductSetService를 ProductModule의 providers에 선언합니다.

```
providers: [CheckedProductSetService]
```

13.2.7 ButtonGroupComponent

ButtonGroupComponent는 상품 목록 테이블 위에 위치하는 버튼 그룹을 관리합니다. 상품 목록 테이블에서 복수로 체크한 상품의 상태를 일괄 변경할 때 사용합니다. 다음 명령을 실행하여 ButtonGroupComponent를 구성하는 관련 파일을 생성합니다.

```
cd src/app/product/product-management
ng g component button-group
```

이번에는 ButtonGroupComponent의 템플릿 코드를 먼저 구현해 봅시다. 템플릿은 판매, 판매 중지 버튼의 요소와 버튼 클릭에 따른 이벤트 핸들러를 구현하여야 합니다.

예제 13-29 ButtonGroupComponent 템플릿 코드

```
<button class="btn btn-info btn-sm" [disabled]="noneNo$ | async"
        (click)="onClicked.emit('sell')">판매</button>
<button class="btn btn-danger btn-sm" [disabled]="noneNo$ | async"
        (click)="onClicked.emit('stop')">판매중지</button>
```

버튼은 모두 disabled의 프로퍼티 바인딩과 click 이벤트 속성 바인딩으로 구현합니다. disabled는 noneNo$ Observable에 async 파이프를 붙였습니다. 이 바인딩 선언은 Observable

의 불리언 값을 async 파이프를 통하여 구독하고 현재 번호가 없어 true인 경우 버튼을 비활성화합니다.

클릭 이벤트는 컴포넌트의 속성 onClicked의 emit 메서드를 바로 호출하여 현재 클릭한 버튼 정보를 부모 컴포넌트로 전달합니다. 그럼 이제 컴포넌트의 코드를 구현합시다.

예제 13-30 ButtonGroupComponent 주요 코드

```
1    // 임포트 생략
-
-    @Component({ ⋯ })
-    export class ButtonGroupComponent implements OnInit {
5      noneNo$: Observable<boolean>;
-      @Output() onClicked: EventEmitter<string> = new EventEmitter();
-
-      constructor(private router: Router, private prodSet: CheckedProductSetService) {
-      }
10
-      ngOnInit() {
-        this.mapNoneKeyObservable();
-      }
-
15     private mapNoneKeyObservable() {
-        this.noneNo$ = this.prodSet.hasNo$.map(hasNo => !hasNo);
-      }
-    }
```

5번 줄의 속성 noneNo$ 번호가 없을 때 true를 반환하는 Observable입니다. 이 Observable은 CheckedProductSetService의 hasNo$ 값을 변환한 Observable입니다. 16번 줄을 보면 hasNo$에 map 연산자로 불리언 값을 반대로 치환하여 noneNo$ Observable은 체크한 번호가 없을 경우 true, 번호가 있을 때 false를 가지는 Observable이 됩니다.

13.2.8 ProductBulkUpdaterService

ProductBulkUpdaterService는 상품 목록 테이블에서 복수로 선택한 상품의 정보를 일괄로 변경할 때 사용하는 서비스입니다. 앞서 ProductListComponent의 상품 테이블에서 복수의 상품을 선택할 수 있는 기능을 추가하였습니다. 그리고 CheckedProductService, Button

GroupComponent를 구현하여 복수 상품의 상태를 변경하는 기능을 구현하였습니다. 이제 ProductBulkUpdaterService에 파이어베이스에 복수의 상품 정보를 변경하는 기능을 구현할 예정입니다.

다음 명령을 실행하여 ProductBulkUpdaterService를 구성하는 관련 파일을 생성합니다.

```
cd src/app/product/product-management
ng g service product-bulk-updater
```

먼저 ProductBulkUpdaterService에서 필요한 서비스를 주입받기 위하여 생성자를 구현합니다. 주입받을 서비스는 DataStoreService, CheckedProductSetService입니다.

예제 13-31 ProductBulkUpdaterService 생성자 코드

```
constructor(private database: DataStoreService, private prodSet: CheckedProduct
SetService) { }
```

DataStoreService는 파이어베이스에 벌크로 상품을 저장하기 위하여 주입받습니다. 또한 벌크로 상품 정보를 변경할 때 현재 체크한 번호를 얻기 위하여 CheckedProductSetService를 주입받았습니다.

이제 ButonGroupComponent에서 실행할 상품 판매, 중단의 벌크 업데이트 메서드를 구현합니다. 코드는 다음과 같습니다.

예제 13-32 ProductBulkUpdaterService의 판매/판매중지 메서드 코드

```
1   updateProductsToSell() {
-     return this.updateStatus(ProdStatus.ON_SALE);
-   }
-
5   updateProductsToStop() {
-     return this.updateStatus(ProdStatus.NOT_FOR_SALE);
-   }
-
-   private updateStatus(status: ProdStatus) {
10    const modifyProductFn = (prod: Product) => {
-       prod.status = status;
```

```
-       return prod;
-     };
-
15    return this._bulkUpdate(modifyProductFn);
-   }
```

updateProductToSell, updateProductToStop 메서드는 9번 줄의 updateStatus 메서드를 사용합니다. updateStatus는 상품의 상태 정보를 변경하는 함수 modifyProductFn을 선언한 후 _bulkUpdate 메서드를 호출합니다. 따라서 실제 벌크 업데이트의 실행은 _bulkUpdate 메서드에서 이루어집니다. 그럼 남은 메서드 코드를 구현해 봅시다.

예제 13-33 ProductBulkUpdaterService의 벌크 저장 메서드 코드

```
1    private _bulkUpdate(updateFn: (Product) => Product) {
-      const update$ = this.prodSet.nos$()
-        .mergeMap(no => this.database.findObjectSnapshot('product', no))
-        .map((d: firebase.database.DataSnapshot) => {
5          if(d.exists()) return d.val();
-          throw new Error('failed to fetch value');
-        })
-        .do(updateFn)
-        .mergeMap(prod =>
10          this.database.update('product', prod)
-            .then(() => [true, prod.no])
-            .catch((e) => [false, prod.no])
-        );
-      return this.handleBulkUpdate$(update$);
15   }
-
-    private handleBulkUpdate$(update$: Observable<UpdateResult>) {
-      return update$.reduce((acc, r: UpdateResult) => {
-        if ( r[0] ) {
20          acc.success.push(r[1])
-        } else {
-          acc.fail.push(r[1]);
-        }
-        return acc;
25      }, {success: [], fail: []})
-        .do(result => {
-          if ( result.fail.length > 0 ) {
-            throw new Error(`${result.fail.join(', ')}`);
```

```
-              }
30        })
-         .map(result => result.success);
-     }
```

_bulkUpdate 메서드의 코드는 Observable과 연산자를 활용하여 메서드 체인으로 구현되어 있습니다. 코드의 의미는 다음과 같습니다.

- **2번 줄:** CheckedProuctSetService의 nos$를 호출하여 체크된 상품 번호의 Observable을 Observable의 데이터 소스로 사용합니다.
- **3번 줄:** 번호를 하나씩 받아서 파이어베이스로부터 상품 번호에 해당하는 상품 정보의 스냅샷을 받아옵니다. 이때 mergeMap은 nos$이 연속해 전달하는 값과 findObjectSnapshot의 Observable을 하나의 Observable로 연결시켜 주는 역할을 합니다[4].
- **4~7번 줄:** 파이어베이스로부터 전달받은 상품 스냅샷 정보를 꺼내서 반환합니다.
- **8번 줄:** _bulkUpdate에서 인자로 받은 상품 변경 함수를 실행하여 상품의 상태를 바꿉니다.
- **9~13번 줄:** 파이어베이스에 변경한 상품 정보로 update를 호출합니다. 업데이트 성공 시에는 배열의 첫 번째 요소에 true, 두 번째 요소에는 상품 번호를 담아서 반환합니다. 실패할 경우 첫 번째 요소에 false, 두 번째 요소에 역시 변경 실패한 상품 번호를 담아서 반환합니다.
- **14번 줄:** 앞에서 생성한 Observable 코드를 handleBulkUpdate 메서드에 전달합니다.

앞에서 설명한 것과 같이 _bulkUpdate 메서드에서도 상품 번호에 따라 상품을 조회하여 변경하는 Observable을 선언만 한 상태일 뿐 호출한 것이 아닙니다. 최종적으로는 handleBulkUpdate 메서드에서 각 변경 결과를 취합하는 로직까지 마친 후에야 하나의 벌크 업데이트 Observable이 구현됩니다. 18~25줄의 reduce 연산은 모든 벌크 업데이트 후에 반환된 결과 값을 성공 케이스와 실패 케이스로 분류하여 두 배열에 각각 상품 번호를 담아서 반환합니다.

26~30번 줄에서는 reduce 연산 결과 반환된 객체 fail 키의 상품 번호 배열 값이 있을 경우 Error를 던집니다. 모든 상품이 성공적으로 업데이트되었을 경우 31번 줄과 같이 성공한 상품 번호 목록으로 치환합니다.

_bulkUpdate부터 handleBulkUpdate$ 메서드는 사실 일련의 Observable 연산자를 순차적으로 조립한 것과 같습니다. 실제 이 Observable의 실행은 updateProductToSell,

---

4 mergeMap은 RxJava의 flatMap과 동일한 연산자입니다. RxJS에는 flatMap을 mergeMap으로 이름을 변경하였습니다.

updateProductToStop을 호출할 때 이루어집니다.

[예제 13-33]도 RxJS의 mergeMap, reduce 연산자를 사용하므로 다음 내용을 src/poly fills.ts에 포함시킵니다.

```
import 'rxjs/add/operator/mergeMap';
import 'rxjs/add/operator/reduce';
```

마지막으로 구현을 완료한 ProductBulkUpdaterService를 ProductModule의 providers 에 선언합니다.

```
1  providers: [
-    CheckedProductSetService,
-    ProductBulkUpdaterService,
-    {provide: PROD_LIST_PAGE_SIZE, useValue: 6}
5  ]
```

13.2.9 ProductManagementComponent

이제 SCM 프로젝트의 기본 구현을 위한 마지막 컴포넌트인 ProductManagementCom ponent입니다. 지금까지 앞에서 구현한 ProductListComponent, ProductDetailCom ponent, CheckedProductSetService, ProductBulkUpdaterService를 활용하여 이 절의 처음에 보았던 [그림 13-6]의 완성된 뷰를 구현합니다.

ProductManagementComponent를 구성하는 관련 파일은 이미 '11.1.4 프로젝트 구현 2: 도메인별 기본 구현'에서 생성하였습니다. 먼저 템플릿부터 구현합니다. 다음은 뷰의 레이아웃 을 구성하는 마크업을 생략하고 주요한 부분만 발췌한 코드입니다.

예제 13-34 ProductManagementComponent 템플릿 코드

```
1  <div class="col-12">
-    <scm-button-group (clickedBtn)="clickedBtn($event)"></scm-button-group>
-  </div>
-  ...
5  <div class="col-12">
```

```
   -              <span>전체 상품: {{totalItemCnt}}</span>
   -            </div>
   -            ...
   -            <div class="col-12">
  10              <scm-product-list [totalItemCnt]="totalItemCnt"></scm-product-list>
   -            </div>
   -            ...
   -            <div class="col-12 text-right">
   -              <label for="cur-page-size">최대 상품: </label>
  15              <input type="number" id="cur-page-size" #pageSizeInput [value]="pageSize">
   -              <button class="btn btn-info btn-sm" type="button"
   -                (click)="pageSizeChanged(pageSizeInput.value)">변경</button>
   -            </div>
   -            ...
  20          <ngb-pagination [pageSize]="pageSize" [collectionSize]="totalItemCnt"
   -                          [maxSize]="10" [ellipses]="false" [page]="pageNo"
   -                          (pageChange)="pageNoChanged($event)"></ngb-pagination>
   -            ...
```

템플릿의 2번 줄에서 ButtonGroupComponent를 선언하였고 clickedBtn 이벤트에 clickedBtn 메서드를 바인딩하였습니다. 10번 줄에서는 ProductListComponent를 선언하고 전체 항목 수를 프로퍼티 바인딩으로 전달하였습니다. 15~17번 줄은 현재 상품 목록 테이블에 보이는 페이지당 수를 변경하기 위한 입력 요소입니다. 페이지 크기를 변경하고 버튼 클릭 이벤트를 pageSizeChanged 메서드에 바인딩하였습니다. 마지막으로 상품 목록에서도 ng-bootstrap의 페이지네이션 컴포넌트를 사용하였습니다.

이제 컴포넌트 코드를 작성합니다. 컴포넌트에서는 페이지 번호 및 페이지 크기가 바뀌었을 때 상품 목록 변경을 위한 처리 로직과 상단 버튼 클릭 시 벌크로 상품 상태를 변경하는 것과 관련된 기능을 구현하여야 합니다. 다음은 컴포넌트 클래스 전체 코드입니다.

예제 13-35 ProductDetailComponent 클래스 코드

```
1    // 임포트 생략
   -
   -  @Component({ ... })
   -  export class ProductManagementComponent implements OnInit {
  5      totalItemCnt: number = 0;
   -      pageNo: number = 1;
   -      pageSize: number;
```

```
    clickedHandler: {sell: () => void, stop: () => void};
    @ViewChild(ProductListComponent) productListComponent: ProductListComponent;
10
    constructor(private counter: NoCounterService,
                private productBulkUpdater: ProductBulkUpdaterService,
                private toastr: ToastsManager,
                @Inject(PROD_LIST_PAGE_SIZE) pageSize: number) {
15     this.pageSize = pageSize;
    }

    ngOnInit() {
      this.counter.get('product').subscribe(cnt => this.totalItemCnt = cnt);
20     this.setBtnClickHandler();
    }

    pageNoChanged(pageNo) {
      this.pageNo = pageNo;
25     this.productListComponent.pageNoChanged(this.pageNo);
    }

    pageSizeChanged(pageSize) {
      this.pageSize = +pageSize;
30     this.productListComponent.pageSizeChanged(this.pageSize);
    }

    clickedBtn(btnEvent: string) {
      this.clickedHandler[btnEvent]();
35    }

    private setBtnClickHandler() {
      const clickedSell = () => {
        this.productBulkUpdater.updateProductsToSell()
40         .subscribe(
            (successIds) => {
              this.productListComponent.getPagedList();
              this.toastr.success(`상품 판매 변경 성공<br>ID: ${successIds.join(', ')}`,
                '[상품관리]');
45           },
            (e: Error) => this.toastr.error(`상품 판매 변경 실패<br>ID: ${e.message}`, '[상품관리]')
          );
      };
      const clickedStop = () => {
50       this.productBulkUpdater.updateProductsToStop()
          .subscribe(
```

```
 -                (successIds) => {
 -                    this.productListComponent.getPagedList();
 -                    this.toastr.success(`상품 판매중지 변경 성공<br>ID: ${successIds.join(', ')}`,
55                      '[상품관리]');
 -                },
 -                (e: Error) => this.toastr.error(`상품 판매중지 변경 실패<br>ID:${e.message}`,
 -                    '[상품관리]')
 -            );
60        };
 -
 -        this.clickedHandler = {
 -          sell: clickedSell,
 -          stop: clickedStop
65        };
 -      }
 -    }
```

8번 줄의 속성 clickedHandler는 버튼 클릭 시 실행할 함수를 담은 객체입니다. 9번 줄에서는 @ViewChild를 사용하여 자식 컴포넌트인 ProductListComponent 객체의 인스턴스를 바인딩하였습니다. 부모 컴포넌트인 ProductManagementComponent에서 자식 컴포넌트 ProductListComponent의 인스턴스를 바인딩한 이유는 페이지 크기 및 번호 변경 시 ProductListComponent에 이를 전달하기 위한 목적입니다.

25번 줄과 30번 줄을 보면 페이지 크기와 페이지 번호가 변경되면 ProductListComponent에도 변경 사항을 전달하기 위하여 자식 컴포넌트의 pageSizeChanged, pageNoChanged 메서드를 호출한 것을 알 수 있습니다.

37번 줄 setBtnClickHandler는 20번 줄 OnInit에서 호출합니다. setBtnClickHandler는 버튼 클릭 시 실행할 함수를 생성하여 clickedHandler 속성에 클릭한 버튼의 키 값으로 바인딩합니다. 이제 33~35번 줄과 같이 버튼이 클릭되었을 때 해당 버튼의 타입에 따라 clickedHandler에 등록된 로직이 실행되어 벌크 업데이트 연산을 수행합니다.

ProductModule에 추가할 모듈이 있습니다. 먼저 상품 목록의 상품별 체크 박스를 NgModel을 사용하여 앙방향 바인딩하였습니다. 따라서 NgModel을 제공하는 FormsModule을 추가하여야 합니다. 또한 부트스트랩의 페이지네이션 컴포넌트를 추가하였기 때문에 모듈을 임포트하여야 합니다. 앞서 카테고리와 마찬가지로 ProductModule도 forRoot 호출 없이 NgbPaginationModule만 임포트합니다.

```
1  imports: [
-    CommonModule,
-    FormsModule,
-    ReactiveFormsModule,
5    NgbPaginationModule,
-    ProductRoutingModule
-  ],
```

13.3 프로젝트 최종 구현

이 절에서는 지금까지 점진적으로 기능을 구현하였던 SCM 프로젝트의 남은 기능을 구현합니다. 추가로 구현할 기능은 다음과 같습니다.

- 최초 메인 대시보드 컴포넌트 구현
- 라우터 이벤트를 활용하여 스피너 구현
- 상품 상태 코드 커스텀파이프 적용
- 상품, 카테고리 생성/수정 뷰에 CanDeactivate 설정
- 라우터에 Session 인증 가드

이 절의 내용을 통하여 SCM 프로젝트를 함께 마무리지어 봅시다. 마지막 전체 코드는 GIT을 사용하여 final-last 태그를 체크아웃받거나 http://bit.ly/hb-af-final-last를 통해서 변경 내역을 확인할 수 있습니다.

13.3.1 MainDashboardComponent

MainDashboardComponent는 최초 애플리케이션 실행 시 현재 상품 및 카테고리의 리포트를 보여 줄 뷰입니다. 이 컴포넌트에서는 상품의 상태별 수량을 보여 줄 Bar 차트와 카테고리별 상품 수를 보여줄 Pie 차트를 구현하려고 합니다. 따라서 뷰의 구현에 앞서 대시보드 컴포넌트에서 사용할 간단한 차트 패키지를 설치하고 사용합니다. 설치할 패키지는 ng2-

charts[5]입니다. ng2-charts는 Chart.js[6]를 앵귤러에서 사용할 수 있도록 지시자를 제공하고 있습니다. 다음 명령을 실행하여 패키지를 설치합니다.

```
npm i ng2-charts chart.js -save
```

패키지 설치 후 Chart.js의 스크립트 파일을 빌드할 때 포함시켜야 합니다. angular-cli.json 파일을 열어서 다음과 같이 scripts에 Chart.js를 포함시킵니다.

```
1  "scripts": [
-          "../node_modules/jquery/dist/jquery.js",
-          "../node_modules/tether/dist/js/tether.js",
-          "../node_modules/bootstrap/dist/js/bootstrap.js",
5          "../node_modules/chart.js/dist/Chart.js"
-          ],
```

대시보드 컴포넌트에서 차트를 사용하기 위하여 ScmMainModule에 ChartsModule을 다음 과 같이 임포트합니다.

```
1  @NgModule({
-    imports: [CommonModule, RouterModule, ChartsModule],
-    ...
-  })
5  export class ScmMainModule { }
```

차트를 사용할 준비가 모두 끝났습니다. MainDashboardComponent 코드는 제10장에서 생성하였습니다. 바로 템플릿에 Bar 차트와 Pie 차트의 템플릿 코드를 작성해 봅시다.

예제 13-36 MainDashboardComponent 템플릿 코드

```
1  <div class="container-fluid">
-    <h4>상품 상태 현황</h4>
-    <div class="row mb-5">
-      <div class="chart" *ngIf="fetchBarChartData">
5        <canvas baseChart [datasets]="barData" [labels]="['상품']" [chartType]="'horizontalBar'"
```

----

5 http://valor-software.com/ng2-charts

6 http://www.chartjs.org/

```
-                     [options]="barChartOptions" width="800"X/canvas>
-         </div>
-       </div>
-       <h4>카테고리 별 상품 현황</h4>
10      <div class="row">
-         <div class="chart" *ngIf="fetchPieChartData">
-           <canvas baseChart [data]="pieData" [labels]="pieChartLabels" [chartType]="'pie'"
-                    width="600"X/canvas>
-         </div>
15      </div>
-    </div>
```

5~6번 줄이 상품의 상태별 수량을 보여 줄 Bar 차트이고, 12~13번 줄이 카테고리별 상품 수를 보여 줄 Pie 차트의 지시자입니다. ng2-charts를 설치하였기 때문에 canvas 요소에 차트에 사용할 데이터와 범주의 값, 옵션을 프로퍼티 바인딩으로 전달하면 손쉽게 차트를 구현할 수 있습니다.

4번 줄과 11번 줄의 DIV 요소에는 각각 ngIf 지시자에 fetchBarChartData, fetchPieChartData를 바인딩하였습니다. 두 변수는 불리언 값으로 서버에서 차트에 뿌릴 데이터를 가져오기 전까지 뷰를 그리지 않기 위하여 선언하였습니다.

이제 차트에 보여 줄 데이터를 가져오기 위하여 컴포넌트 코드를 구현합시다. 먼저 속성과 생성자에 코드를 다음과 같이 구현합니다.

예제 13-37 MainDashboardComponent 속성 및 생성자

```
1  fetchBarChartData = false;
-  barData: any[];
-  barChartLabels = ['판매 대기', '판매 중', '판매 중지'];
-  barChartOptions;
5
-  fetchPieChartData = false;
-  pieData: number[];
-  pieChartLabels: string[];
-
10 constructor(private database: DataStoreService) {
-    this.barData = [];
-    this.pieData = [];
-    this.pieChartLabels = [];
-  }
```

[예제 13-37]의 속성은 각각 Bar 차트와 Pie 차트를 위한 속성입니다. 각 속성은 다음 용도로 사용합니다.

- **fetchBarChartData, fetchPieChartData**: Bar, Pie 차트를 그릴 때 필요한 데이터가 준비되었는 지 여부를 의미하는 불리언 값
- **barData, pieData**: 차트를 그릴 때 사용할 데이터
- **barChartLabels, pieChartLabels**: 차트에 사용할 범주 텍스트
- **barChartOptions**: Bar 차트 생성 시 옵션을 주기 위한 객체

생성자는 대시보드의 차트 생성에 필요한 데이터를 가져오기 위하여 DataStoreService를 주입받았습니다. 이제 Bar, Pie 차트를 그리기 위하여 ngOnInit에 다음과 같이 두 메서드를 호출하는 코드를 작성합니다.

```
ngOnInit() {
  this.makeBarChart();
  this.makePieChart();
}
```

그럼 먼저 makeBarChart 메서드 및 관련된 코드를 작성합니다. [예제 13-38]은 Bar 차트 구현에 필요한 전체 코드입니다.

예제 13-38 MainDashboardComponent의 Bar 차트 구현 코드

```
1   private makeBarChart() {
-     const waitForSale$ = this.database
-       .findList$ByQuery('products', 'status', ProdStatus.WAIT_FOR_SALE)
-       .map(r => r.length);
5     const onSale$ = this.database
-       .findList$ByQuery('products', 'status', ProdStatus.ON_SALE)
-       .map(r => r.length);
-     const notForSale$ = this.database
-       .findList$ByQuery('products', 'status', ProdStatus.NOT_FOR_SALE)
10      .map(r => r.length);
-
-     Observable.zip(waitForSale$, onSale$, notForSale$)
-       .do(statData => this.makeBarChartDataset(statData))
-       .do(statData => this.makeBarChartOptions(statData))
15      .subscribe(() => this.fetchBarChartData = true);
```

```
 -      }
 -
15    private makeBarChartDataset(statData: number[]) {
 -      this.barData.push({data: [statData[0]], label: this.barChartLabels[0]});
 -      this.barData.push({data: [statData[1]], label: this.barChartLabels[1]});
 -      this.barData.push({data: [statData[2]], label: this.barChartLabels[2]});
 -      }
20
 -    private makeBarChartOptions(statData: number[]) {
 -      const maxNum = statData.reduce(function (a, b) {
 -        return Math.max(a, b);
 -      });
25
 -      this.barChartOptions = {scales: {xAxes: [{ticks: {max: maxNum, min: 0, stepSize: 1}}]}};
 -    }
```

2~10번 줄은 각각 판매 대기, 판매 중, 판매 중지 상태의 상품 수를 조회하는 코드입니다. 바로 호출하지 않고 Observable로 waitForSale$, onSale$, notForSale$을 만들었습니다. 이세 Observable은 12번 줄의 zip 연산자로 묶어서 각 상품 수를 서버에서 받아옵니다. 이어서 순차적으로 13번 줄의 makeBarChartDataset와 14번 줄의 makeBarChartOptions를 호출합니다. 마지막으로 Bar 차트 생성에 필요한 데이터와 옵션 세팅이 끝났기 때문에 15번 줄에서 fetchBarChart를 true로 변경합니다.

makeBarChartDataset 메서드는 서버에서 각 상품 상태의 수량을 받아온 것을 Bar 차트에서 요구하는 데이터 구조로 변환하여 barData에 할당합니다. makeBarChartOptions는 Bar 차트의 옵션으로 막대 그래프의 범위를 0부터 현재 상품 수 중 가장 큰 값으로 설정하였습니다. 또한 막대 그래프의 눈금 간격(stepSize)을 1로 설정하였습니다.

다음으로 Pie 차트를 그리기 위한 makePieChart를 구현합니다. Pie 차트에 필요한 데이터는 현재 상품을 카테고리별로 분류하여 카운트한 값입니다. 이 데이터를 얻기 위해서는 먼저 전체 카테고리를 조회한 후 카테고리 번호별로 상품의 목록을 가져옵니다.

다음 코드는 Pie 차트에 필요한 데이터를 가져오기 위한 makePieChart 메서드입니다.

예제 13-39 MainDashboardComponent의 Pie 차트 구현 코드

```
1    private makePieChart() {
 -      this.database.findList$('categories')
```

```
-        .take(1)
-        .mergeMap((cats: Categories) => Observable.from(cats))
5        .filter(cat => cat.isUse)
-        .mergeMap(cat =>
-          this.database.findList$ByQuery('products', 'catNo', cat.no.toString())
-            .map(products => [cat, products.length])
-        )
10       .do(result => {
-          this.pieData.push(result[1]);
-          this.pieChartLabels.push(result[0].name);
-        })
-        .subscribe(null, null, () => this.fetchPieChartData = true);
15   }
```

코드는 하나의 Observable로 연결되어 있습니다. 따라서 14번 줄에서 subscribe를 호출하는 시점에 순차적으로 실행됩니다. 코드의 의미는 다음과 같습니다.

- **2~3번 줄:** 카테고리 목록을 조회한 후 take 연산자로 커넥션을 끊습니다.
- **4번 줄:** 카테고리 목록이 담긴 배열을 하나의 카테고리씩 나누어 사용하도록 from 연산자에 카테고리 목록 배열을 담아서 반환합니다. Observable로 반환하기 때문에 map 연산자가 아닌 mergeMap 연산자를 사용합니다.
- **5번 줄:** 카테고리 데이터에서 isUse가 true인 값만 가져오도록 filter 연산자를 사용합니다.
- **6~9번 줄:** 카테고리 번호를 조건으로 상품의 목록을 조회한 후 카테고리 모델과 상품 목록의 수를 반환하는 Observable을 mergeMap 연산자로 받습니다.
- **10~13번 줄:** pieData와 pieChartLabel에 전달받은 상품 목록 수와 차트의 범주로 카테고리 이름을 푸시합니다.
- **14번 줄:** subscribe를 호출합니다. 매번 실행할 로직이 없어 첫 번째 인자는 null로 넣습니다. 두 번째 인자는 에러가 발생할 때 처리할 로직을 넣습니다. 여기서는 편의상 null을 넣었습니다. 세 번째 인자는 모든 Observable의 데이터를 소비하고 나서 실행할 콜백입니다. 이때 Pie 차트를 그릴 준비가 되었음을 알리기 위하여 fetchPieChartData를 true로 변환합니다.

13.3.2 스피너

현재 구현된 애플리케이션은 파이어베이스에서 데이터를 가져오는 동안 아무런 표시를 하지 않습니다. 서버로부터 받는 데이터의 양이 늘어나서 로딩 시간이 길어지면 문제가 발생할 소지가 있습니다. 서버에서 데이터를 받아 오거나 혹은 화면을 잠시 로딩 화면으로 만들기 위한 스피너를 구현하여 SCM 애플리케이션에 적용해 봅시다.

스피너 구현

다음 명령을 실행하여 스피너를 위한 컴포넌트와 서비스를 생성합니다.

```
cd src/app/shared
ng g component loading-spinner
cd loading-spinner
ng g service spinner
```

명령을 실행하고 나면 LoadingSpinnerComponent의 관련 파일과 Spinner 서비스가 생성됩니다. 컴포넌트는 스피너의 뷰를 담당하는 역할을 하고 Spinner 서비스는 다른 컴포넌트에서 스피너의 실행과 정지를 위한 API를 제공하도록 구현합니다.

로딩 화면의 애니메이션은 Github에 공개된 CSS 애니메이션으로 구현된 SpinKit[7]와 부트스트랩을 활용합니다. 그럼 먼저 LoadingSpinnerComponent의 템플릿 파일 loading-spinner. component.html을 열어서 다음과 같이 작성합니다.

예제 13-40 LoadingSpinnerComponent 템플릿

```
<div class="spinner-container modal-backdrop" *ngIf="loading"
  [ngClass]="{show: loading, fade: !loading}">
  <div class="spinner" [style.backgroundColor]="'#FFF'"></div>
</div>
```

[예제 13-40] 1번 줄을 보면 DIV 요소에 ngIf로 loading을 바인딩하였습니다. loading 은 스피너의 활성화 여부를 결정할 불리언 값입니다. 1번 줄의 클래스에 선언한 spinner -container는 CSS로 스피너 요소를 화면 중앙에 놓기 위한 설정이고, modal-backdrop은 부트스트랩에서 제공하는 CSS입니다.

2번 줄의 spinner는 실제 스피너의 CSS 애니메이션 효과를 주기 위하여 선언한 클래스입니다. 이제 loading-spinner.component.css 파일을 열어서 다음 내용을 입력합니다.

예제 13-41 LoadingSpinnerComponent 스타일 코드

```
1    .spinner-container {
```

---

7 http://tobiasahlin.com/spinkit/

```
   -      display: flex;
   -      justify-content: center;
   -      align-items: center;
   5   }
   -
   -   .spinner {
   -      margin: 25px auto;
   -      width: 40px;
  10      height: 40px;
   -
   -      -webkit-animation: sk-rotateplane 1.2s infinite ease-in-out;
   -      animation: sk-rotateplane 1.2s infinite ease-in-out;
   -   }
  15
   -   @-webkit-keyframes sk-rotateplane {
   -      0% {
   -         -webkit-transform: perspective(120px)
   -      }
  20      50% {
   -         -webkit-transform: perspective(120px) rotateY(180deg)
   -      }
   -      100% {
   -         -webkit-transform: perspective(120px) rotateY(180deg) rotateX(180deg)
  25      }
   -   }
   -
   -   @keyframes sk-rotateplane {
   -      0% {
  30         transform: perspective(120px) rotateX(0deg) rotateY(0deg);
   -         -webkit-transform: perspective(120px) rotateX(0deg) rotateY(0deg)
   -      }
   -      50% {
   -         transform: perspective(120px) rotateX(-180.1deg) rotateY(0deg);
  35         -webkit-transform: perspective(120px) rotateX(-180.1deg) rotateY(0deg)
   -      }
   -      100% {
   -         transform: perspective(120px) rotateX(-180deg) rotateY(-179.9deg);
   -         -webkit-transform: perspective(120px) rotateX(-180deg) rotateY(-179.9deg);
  40      }
   -   }
```

[예제 13-41]의 1~5번 줄은 앞에서 설명한 바와 같이 스피너의 위치를 화면 중앙에 놓기 위

한 CSS 설정입니다. 나머지 코드는 SpinKit[8]의 코드입니다.

컴포넌트의 구현은 간단합니다. 속성과 생성자에 다음 코드만 작성합니다.

예제 13-42 LoadingSpinnerComponent 클래스 코드

```
1  loading: boolean;
-
-  constructor(spinner: SpinnerService) {
-    spinner.getLoading$().subscribe(l => this.loading = l);
5  }
```

스피너의 활성화 여부를 결정할 loading을 속성으로 선언하고 loading 값은 Spinner 서비스의 getLoading$ 메서드를 통하여 구독합니다. 코드를 보면 알 수 있듯이 스피너의 활성화 여부를 결정할 불리언 값은 LoadingSpinnerComponent 컴포넌트가 아닌 SpinnerService에서 관리합니다. 그럼 이제 SpinnerService에서 스핀의 시작과 종료 기능을 구현해 봅시다.

예제 13-43 SpinnerService 클래스 코드

```
1   import { Injectable, EventEmitter } from '@angular/core';
-
-   @Injectable()
-   export class SpinnerService {
5     private _asyncCounter: number = 0;
-     private _loading$: EventEmitter<boolean> = new EventEmitter();
-
-     constructor() {
-       this._loading$.emit(false);
10    }
-
-     getLoading$() {
-       return this._loading$;
-     }
15
-     start() {
-       if(this._asyncCounter === 0) this._loading$.emit(true);
-       this._asyncCounter++;
-     }
```

---

[8] https://github.com/tobiasahlin/SpinKit/blob/master/css/spinners/1-rotating-plane.css

```
20
-     stop() {
-       this._asyncCounter--;
-       if(this._asyncCounter === 0) this._loading$.emit(false);
-     }
25  }
```

스피너 서비스는 스피너의 활성화 여부를 EventEmitter 타입의 _loading$으로 관리합니다. 9번 줄과 같이 최초 생성자에서 false로 설정합니다. 이후에는 17번과 23번 줄에서 외부의 start, stop 요청에 따라 true, false 값으로 전달합니다.

start, stop 메서드는 스피너의 시작과 종료 요청을 전달하는 메서드입니다. 여러 컴포넌트에서 동시다발적으로 스피너 서비스의 시작/종료 요청을 할 경우 정상적으로 작동하지 않을 수 있습니다. 따라서 현재 요청의 수를 관리할 _asyncCounter를 둡니다.

스피너 시작 요청이 오면 먼저 현재 _asyncCounter가 0일 경우 최초 요청이므로 loading$을 true로 전달하고 _asyncCounter 값을 하나 증가시킵니다. 반대로 종료 요청일 경우 _asyncCounter 값을 하나 줄인 후에 값이 0일 경우 loading$을 false로 전달합니다.

이제 스피너 기능을 모두 구현하였습니다. 다른 컴포넌트에서 스피너를 활용할 수 있도록 SharedModule을 다음과 같이 수정합니다.

```
1  @NgModule({
-    imports: [CommonModule],
-    providers: [ NoCounterService, DataStoreService, SpinnerService],
-    declarations: [LoadingSpinnerComponent],
5    exports: [LoadingSpinnerComponent]
-  })
```

수정한 부분은 providers에 SpinnerSerivce를 등록하고 LoadingSpinnerComponent를 declarations와 exports에 등록하여 외부 모듈에서 사용할 수 있도록 한 것입니다. 또한 LoadingSpinnerComponent에서 NgClass 지시자를 사용하고 있기 때문에 Common Module도 임포트합니다.

라우터 이벤트 기반 스피너 적용

그럼 스피너를 SCM 프로젝트에 적용합시다. AppComponent의 템플릿 파일을 열어 적당한 위치에 LoadingSpinnerComponent를 등록합니다. 스피너의 뷰는 다른 뷰 위에서 모달 형태로 동작하기 때문에 위치는 크게 중요하지 않습니다. 예를 들면 다음과 같이 AppComponent 템플릿의 최상단에 선언할 수 있습니다.

```
<scm-loading-spinner></scm-loading-spinner>
<scm-navbar></scm-navbar>
<div class="container-fluid">
  ...
```

라우터는 각 동작 과정 사이에 다양한 이벤트를 Observable로 전달하는데, 이를 구독하면 스피너를 손쉽게 적용할 수 있습니다. 라우터를 통한 뷰의 전환이 일어날 때 스피너를 적용하여 Resolve 가드에서 데이터를 가져오는 시간 동안 로딩 스피너를 활성화하도록 코드를 수정해 봅시다. [예제 13-44]는 AppComponenet에 라우터 이벤트를 활용하여 스피너에 시작/종료 요청을 전달하는 코드입니다.

예제 13-44 라우터 이벤트 처리를 추가한 AppComponent

```
1    // 임포트 생략
-    import { SpinnerService } from './shared/loading-spinner/spinner.service';
-    import {
       Router,
5      Event as RouterEvent,
-      NavigationStart,
-      NavigationEnd,
-      NavigationCancel,
-      NavigationError
10   } from '@angular/router';
-
-    @Component({ ... })
-    export class AppComponent {
-      constructor(toastr: ToastsManager,
15                  vRef: ViewContainerRef,
-                    router: Router,
-                    spinner: SpinnerService) {
-        toastr.setRootViewContainerRef(vRef);
-        router.events.subscribe(e => this.handleRouteEvent(spinner, e));
```

```
20    }
 -
 -      handleRouteEvent(spinner: SpinnerService, e: RouterEvent): void {
 -        if ( e instanceof NavigationStart ) spinner.start();
 -
25        const isNavigationEnd = e instanceof NavigationEnd ||
 -           e instanceof NavigationCancel || e instanceof NavigationError;
 -
 -        if ( isNavigationEnd ) spinner.stop();
 -      }
30    }
```

2~10번 줄은 추가한 코드에서 사용하는 타입을 선언한 것입니다. 모듈 임포트 정보 중에서 라우터의 Event는 브라우저의 Event 타입과 이름이 충돌합니다. 따라서 5번 줄에서 Event as RouterEvent는 모듈의 이름이 중복되는 것 때문에 라우터의 Event를 RouterEvent로 바꾸어서 임포트한 것입니다.

다음으로 16~17번 줄과 같이 생성자에 Router와 SpinnerService를 추가로 선언하여 주입받았습니다. 이어서 19번 줄에서 Router가 제공하는 events를 구독하여 SpinnerService와 이벤트 객체를 handleRouteEvent로 전달합니다.

handleRouteEvent는 Router가 제공하는 이벤트 타입을 instanceof로 확인하여 NavigationStart 타입인 경우에는 spinner.start()를 호출하고 그 밖에 탐색의 종료, 취소, 에러를 의미하는 타입인 경우에는 spinner.stop()을 호출합니다.

이제 애플리케이션을 실행하여 뷰를 전환하면 라우터가 뷰를 전환하는 사이에 스피너가 활성화된 것을 알 수 있습니다.

직접 스피너 적용하기

라우터의 이벤트가 아닌 컴포넌트에서 비동기 로직을 직접 처리할 때 스피너를 적용합시다. 바로 앞에서 구현한 MainDashboardComponent가 좋은 예가 됩니다. MainDashboardComponent의 생성자에 SpinnerService를 추가로 선언한 뒤 makeBarChart와 makePieChart에서 직접 데이터를 호출하기 전후에 SpinnerService의 start, stop 메서드를 호출하도록 수정합니다.

```
1    private makeBarChart() {
-      this.spinner.start();
-      ...
-      Observable.zip(waitForSale$, onSale$, notForSale$)
5        .do(statData => this.makeBarChartDataset(statData))
-        .do(statData => this.makeBarChartOptions(statData))
-        .subscribe(() => {
-          this.spinner.stop();
-          this.fetchBarChartData = true;
10        });
-    }
```

예를 들면 이와 같이 API 호출 전에 start를 호출하고 비동기 작업이 완료된 subscribe 안에서
stop() 메서드를 호출합니다. makePieChart도 이와 유사하게 수정하면 됩니다. makeBar
Chart와 makePieChart는 서로 다른 비동기 코드입니다. 따라서 각자 다른 타이밍으로 start,
stop을 호출하지만 스피너는 둘 중 처음 start가 호출될 때 활성화되었다가 마지막에 stop
을 호출할 때 비활성화됩니다. 이는 스피너 구현 시 start, stop을 복수로 호출할 때 _async
Counter를 통하여 실제 스피너의 활성화 여부를 처리하였기 때문입니다.

makeBarChart와 makePieChart 두 가지 비동기 흐름을 하나로 모아서 관리하고 싶을 경우
Observable.zip을 활용하면 손쉽게 처리할 수 있습니다. 이 부분은 직접 할 수 있도록 남겨
놓겠습니다.

13.3.3 상품 상태 파이프

현재 구현된 애플리케이션은 상품 목록을 보면 상품 상태가 번호로 출력될 것입니다. 코드에서
상품 상태는 다음과 같이 ProdStatus Enum으로 선언하였었습니다.

```
export enum ProdStatus { WAIT_FOR_SALE, ON_SALE,  NOT_FOR_SALE }
```

타입스크립트에서 Enum은 결국 자바스크립트에서는 0부터 시작하는 번호입니다. 따라서 파
이어베이스에 저장되는 값도 0, 1, 2입니다. 상품 목록을 내려 받은 후 0, 1, 2 값을 적절한 내
용의 텍스트로 변환하여야 합니다. 이때가 파이프를 직접 생성하기 좋은 순간입니다. 바로 상
품 상태 번호를 적절한 텍스트로 변환하는 파이프를 구현해 봅시다.

다음 명령을 실행하여 ProductStatusPipe의 파일을 생성합니다.

```
cd src/app/product
ng g pipe product-status
```

이제 파이프에서 Enum의 값을 입력받아 텍스트로 변환하는 transform 메서드를 구현하면 됩니다. 코드를 작성해 봅시다.

예제 13-45 PrdocutStatusPipe 클래스 코드

```
1    private labelMap;
-
-    constructor() {
-      this.labelMap = {};
5      this.labelMap[ProdStatus.WAIT_FOR_SALE] = '판매 대기';
-      this.labelMap[ProdStatus.ON_SALE] = '판매 중';
-      this.labelMap[ProdStatus.NOT_FOR_SALE] = '판매 중지';
-    }
-
10   transform(value: ProdStatus, args?: any): any {
-      if (value !== undefined && this.labelMap.hasOwnProperty(value)) {
-        return this.labelMap[value];
-      }
-
15     return '-';
-    }
```

속성으로 ProdStatus를 키로 하고 이에 대응하는 텍스트를 담은 labelMap 객체를 선언하였습니다. labelMap은 생성자에서 상품 상태에 따른 텍스트로 초기화하였습니다. transform 메서드에서는 인자로 전달받은 value의 적합성을 검증하고 문제가 없을 경우 labelMap을 통하여 적절한 텍스트를 반환하도록 구현하였습니다.

이제 구현한 파이프를 적용합니다. 상품 목록 ProductListComponent의 템플릿 product-list.component.html 파일을 열어서 상품 상태를 바인딩한 코드에 다음과 같이 파이프를 붙여줍니다.

```
<td>{{prod.status | productStatus}}</td>
```

13.3.4 CanDeactivate 가드 설정

CanDeactivate 가드는 제10장에서 설명한 가드로 뷰를 전환하기 전에 실행하는 가드입니다. 여기서는 상품, 카테고리 상세 뷰에서 내용을 수정한 후 저장하지 않고 뷰를 전환할 때 저장하지 않고 돌아갈 것인지 물어보는 기능을 CanDeactivate 가드로 구현합니다. CanDeactivate 가드는 앞서 Resolve 가드를 구현한 것과 동일하게 각 컴포넌트마다 가드를 선언하여 적용할 수 있습니다. 하지만 여기서는 앵귤러 공식 매뉴얼에 있는 가이드를 따라서 CanDeactivate의 로직을 각 컴포넌트 내에서 작성하도록 구현합니다.

CanDeactivateGuardService 구현

먼저 다음 명령을 실행하여 공용으로 사용할 가드 서비스를 생성합니다.

```
cd src/app/shared
ng g service can-deactivate-guard
```

생성된 can-deactivate-guard.service.ts 파일을 열어서 다음과 같이 코드를 작성합니다.

예제 13-46 CanDeactivateGuardService 클래스 코드

```
1   import { Injectable } from '@angular/core';
-   import { CanDeactivate } from "@angular/router";
-   import { Observable } from 'rxjs/Observable';
-
5   export interface CanComponentDeactivate {
-     canDeactivate: () => Observable<boolean> | Promise<boolean> | boolean;
-   }
-
-   @Injectable()
10  export class CanDeactivateGuardService implements CanDeactivate<CanComponentDeactivate> {
-     canDeactivate(component: CanComponentDeactivate) {
-       return component.canDeactivate ? component.canDeactivate() : true;
-     }
-   }
```

5~7번 줄에 선언한 CanComponentDeactivate 인터페이스는 컴포넌트에서 구현하여야 할 인터페이스입니다. CanDeactivate 가드를 사용할 컴포넌트에서는 CanComponentDe activate 인터페이스를 클래스 선언부 implements에 포함시키고 인터페이스의 canDeac-tivate 메서드에 뷰를 떠나기 전에 처리할 로직을 넣습니다. 이 과정은 12번 줄의 로직 때문에 이루어집니다. 실제로는 라우터에서 CanDeactivateGuardService의 canDeactivate 메서드를 실행하면서 12번 줄에 component.canDeactivate 메서드가 구현되어 있으면 component.canDeactivate()를 호출하여 컴포넌트에서 구현한 canDeactivate 메서드를 호출하고 그렇지 않을 경우 true를 반환하기 때문입니다.

CanDeactivateGuardService 적용

가드를 사용하기 위하여 먼저 SharedModule에 CanDeactivateGuardService를 등록합시다.

```
providers: [ NoCounterService, DataStoreService, SpinnerService, CanDeactivateGuardService],
```

가드를 적용할 Route에 CanDeactivateGuardService를 선언하여야 합니다. 상품과 카테고리 상세 뷰 Route에 canDeactivate 설정을 추가합니다. 예를 들어 상품 상세 뷰의 Route는 다음과 같이 코드를 수정합니다. 카테고리의 Route도 동일하게 수정합니다.

```
1 {
- path: 'product/:no',
-     resolve: {detail: ProductDetailResolverService},
-     canDeactivate: [CanDeactivateGuardService],
-     component: ProductDetailComponent
5 }
```

이제 ProductDetailComponent, CategoryDetailComponent에서 CanComponentDeactivate 인터페이스를 구현하여야 합니다. 예를 들어 클래스 선언부에 다음과 같이 CanComponentDeactivate의 구현을 추가합니다.

```
export class CategoryDetailComponent implements OnInit, CanComponentDeactivate {
```

구현을 추가하면 IDE에서 canDeactivate 메서드가 구현되지 않았다고 에러를 일으킵니다. 이제 각 컴포넌트에 canDeactivate 메서드를 구현하면 됩니다. 예를 들어 CategoryDetailComponent라면 다음과 같이 코드를 작성할 수 있습니다.

```
canDeactivate() {
  if (this.submitted || this.categoryForm.pristine) return true;
  return confirm('저장하지 않고 돌아가면 수정사항이 반영되지 않습니다.');
}
```

코드를 보면 2번 줄의 if 조건에서 submitted가 true이거나 categoryForm의 pristine이
true일 경우에는 뷰를 바로 전환하도록 true를 반환합니다. 그렇지 않을 경우에는 confirm 메
서드로 사용자에게 확인을 요청합니다. categoryForm의 pristine은 제8장에서 살펴본 폼의
상태 중 하나로, 한 번도 수정된 적이 없는 상태를 말합니다. submitted는 앞에서 구현할 때
포함하지 않았던 속성입니다. 이 값은 폼이 정상적으로 제출되었을 때 true로 변경됩니다.

컴포넌트의 속성에 새로 다음과 같이 초기값을 false로 한 submitted를 생성합니다.

```
private submitted = false;
```

그리고 폼을 정상적으로 저장한 후 호출하였던 _onSuccess 메서드에 다음과 같이 submitted
를 true로 바꾸는 코드를 추가합니다.

```
1  private _onSuccess() {
-    return () => {
-      this.toastr.success(`카테고리 ${this.subTitle} 완료`, '[카테고리 관리]');
-      this.submitted = true;
5      this.redirectToCategoryList();
-    };
-  }
```

자 이제 그럼 [예제 13-47]은 뷰를 이동할 때 호출되면서 폼이 저장되었거나 수정된 적이 없는
경우가 아닐 때 사용자에게 confirm창을 띄웁니다.

13.3.5 세션 가드

현재 파이어베이스의 데이터베이스는 읽기 권한은 모두에게 주어져 있지만 쓰기 권한은 로그
인한 사용자에게만 주도록 설정하였습니다. 따라서 로그인을 하지 않고 상품이나 카테고리를
수정할 수 없습니다.

여기서는 현재 세션이 없는 경우 로그인하라는 메시지를 출력하는 간단한 세션 가드를 구현해 봅시다. 다음 명령을 실행하여 서비스 클래스를 생성합니다.

```
cd src/app/shared
ng g service session-auth-guard
```

생성된 SessionAuthGuardService 클래스는 이제 파이어베이스를 주입받아 세션 여부를 확인하는 코드를 구현하여야 합니다. 코드를 다음과 같이 작성합니다.

예제 13-48 SessionAuthGuardService 클래스 코드

```
1   import { Injectable } from '@angular/core';
-   import { Router, ActivatedRouteSnapshot, RouterStateSnapshot } from "@angular/router";
-   import { ToastsManager } from "ng2-toastr";
-   import { AngularFireAuth } from 'angularfire2/auth';
5
-   @Injectable()
-   export class SessionAuthGuardService {
-     constructor(
-       private router: Router,
10      private toastr: ToastsManager,
-       private afAuth: AngularFireAuth) { }
-
-     canActivate(route: ActivatedRouteSnapshot, state: RouterStateSnapshot) {
-       return this.af.auth
15        .take(1)
-         .map(user => !!user)
-         .do(authenticated => {
-           if (!authenticated) {
-             this.toastr.warning('로그인 해주세요');
20            this.router.navigate(['/']);
-           }
-         });
-     }
-   }
```

SessionAuthGuardService 또한 SharedModule에 등록하여야 합니다. 등록 후에는 세션 인증이 필요한 Route에 선언하면 됩니다. 여기서는 각 상세 뷰에만 적용해 봅니다. 카테고리 상세 뷰를 예로 확인해 봅시다. 세션 가드가 적용된 최종 CategoryDetailComponent의

Route는 다음과 같습니다.

```
1   {
-       path: 'category/:no',
-       canActivate: [SessionAuthGuardService],
-       resolve: {category: CategoryDetailResolverService},
5       canDeactivate: [CanDeactivateGuardService],
-       component: CategoryDetailComponent
-   }
```

13.4 마치며

이 장에서 우리는 SCM 프로젝트의 구현을 완료하였습니다. 제3부 제9장부터 시작한 SCM 프로젝트 구현에 앵귤러에서 제공하는 다양한 기능을 포함하여 RxJS, AngularFire2 등 실제 프로젝트 개발에 사용될 여러 기술과 패키지를 접목하였습니다.

4개 장에 걸쳐 설명한 SCM 프로젝트는 지면의 제약상 앵귤러에서 제공하는 모든 기능을 구현한 것은 아닙니다. 앵귤러는 여러 패키지에서 정말 다양한 기능을 제공하고 있습니다. 따라서 이 책에서 미처 다루지 못한 앵귤러의 기능은 독자만의 공간에 여백으로 남겨 놓고자 합니다. 지금도 계속하여 발전 중인 앵귤러의 기능을 살펴보면서 필요한 기능을 하나씩 사용해 보고 적재적소에 잘 활용할 수 있기를 바랍니다.

자바스크립트의 진화
: ES6(ECMAScript 6)

모든 것은 예외 없이 시간의 흐름 속에 변화합니다. 이는 무형의 프로그래밍 언어도 마찬가지이며, 자바스크립트 또한 이러한 명제를 비켜가지 못합니다. 조금씩 발전하고 있었지만 우리가 체감할 정도로 변화의 폭이 그리 크지 않았습니다. 그런 자바스크립트가 최근 급격하게 발전하였습니다. 진화된 자바스크립트는 도대체 어떤 모습을 지니고 있을까요? 우리 중 누군가는 ES6, Babel 등의 키워드를 한 번쯤 들어 보았을지도 모르겠습니다. 본격적으로 성숙해진 자바스크립트를 만나기 전 지난 발자취[1]부터 가볍게 복기해 봅시다.

자바스크립트는 브렌던 아이크[2]Brendan Eich라는 인물의 손에서 1995년에 처음 탄생하였습니다. 초기 인터넷 브라우저 시장을 점령하였던 넷스케이프는 웹을 더 동적으로 사용하고자 브렌던 아이크를 고용하여 간단한 스크립트 형태의 언어를 만들었습니다. 10여일 만에 만들어진 이 언어가 바로 최초의 자바스크립트입니다. 이후 1996년 ECMA(유럽컴퓨터제조공업회European Computer Manufacturers Association)에서 ECMA-262[3]라는 이름으로 자바스크립트 표준이 제정되고 관리되기 시작하였습니다.

브라우저에서 간단한 작업을 수행할 명령을 기술할 수 있도록 만든 스크립트 언어이므로 초창기 자바스크립트는 범용적인 언어로 사용하기에는 언어 자체의 한계와 단점이 있었습니다. 표준이 제정되었음에도 브라우저마다 구현 결과도 달라 오랜 기간 개발자들에게 그다지 환영

---

[1] 자바스크립트의 역사에 대해서 좀 더 궁금하신 분은 『자바스크립트를 말하다』(한빛미디어, 2014)의 4~5장을 읽어 보기 바랍니다.

[2] 브렌던 아이크는 모질라 프로젝트를 설립한 사람입니다. 현재 모질라는 Firefox 브라우저를 만들고 있는 재단입니다.

[3] http://www.ecma-international.org/publications/standards/Ecma-262.htm

받지 못하였습니다. 자바스크립트는 이후 중세 암흑기와도 같은 시간을 겪었습니다. 하지만 Ajax, v8 엔진, Node.js와 NPM의 등장과 더불어 웹 기술의 확산은 다시금 자바스크립트가 부흥하는 단초가 되었습니다.

본격적인 변화는 자바스크립트 여섯 번째 표준부터 시작되었습니다. 자바스크립트는 5.1 버전 후 4년 만인 2015년에 여섯 번째 표준으로 돌아왔습니다. 2015년에 공표되었다고 ECMA2015로 부르기도 하며, 새 버전명인 ECMAScript 6, 이를 줄여 ES6라고도 부르는데, 모두 동일한 버전을 말합니다. 자바스크립트의 폭발적인 인기 덕에 현재 향후 표준에 대한 논의도 끊임없이 진행 중입니다. 아직 ES6도 익숙하지 않겠지만 ECMA는 이미 다음 버전인 ECMA2016까지 표준으로 확정한 상태[4]이며, ECMA2017도 착실히 논의하는 중[5]입니다.

이러한 변화 가운데 우리가 관심을 가진 것은 ES6 표준의 자바스크립트입니다. ES6에서 새로이 등장한 신규 기능은 온전히 앵귤러에서 사용하고 있습니다. 이 책을 통하여 앵귤러와 함께 ES6의 새로운 문법과 자연스럽게 친해집시다.

1. ES6 표준의 의미

ES6가 브라우저에서 어느 정도 지원되고 있는지부터 확인합시다. 다음 주소로 접속하면 현재 각 브라우저에서 지원하는 ES6의 기능을 확인할 수 있습니다.

- http://kangax.github.io/compat-table/es6/

[그림 1]은 맥용 크롬 버전 57.0.2987.98(64-bit)에서 확인한 것으로, ES6 지원율 97%를 확인할 수 있습니다. 이 사이트의 각 브라우저별 지원율을 보면 최신 버전 브라우저에서는 ES6에 대한 지원율이 90%를 넘어서고 있습니다. 하지만 국내 웹 사용 환경은 아직 구 버전의 IE 점유율이 높다는 점을 감안하면 최신 브라우저에서만 높은 구현율은 ES6를 당장 쉽게 사용하기 어렵다는 것을 의미합니다. 또한 이 호환성 표에는 ES6 모듈 지원 여부가 빠져 있습니다. 그렇다면 ES6와 앵귤러를 당장 쓸 수 없는 것이 아닌가 질문할 수 있습니다. 그러나 몇 가지 대안이 있습니다.

---

4 http://www.zdnet.co.kr/news/news_view.asp?artice_id=20160627102931
5 http://www.2ality.com/2016/02/ecmascript-2017.html

그림 1 ES6 지원 여부

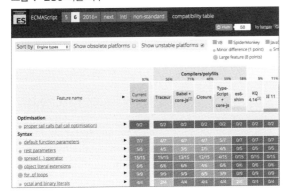

첫 번째 방법은 polyfill, shim류 라이브러리를 사용하는 것입니다. polyfill과 shim의 사전적 정의는 각각 '충전솜', '(두 사물 사이의 틈새 등에 끼우는) 끼움쇠'입니다. 각 단어의 의미에서 유추할 수 있는 것처럼 polyfill과 shim류의 라이브러리는 아직 지원하지 못하는 상위 버전의 기능을 하위 버전의 기능으로 구현하여 상위 버전에 대응하는 역할을 합니다. 예를 들면 HTML5 표준이 제정되었을 때 HTML5를 지원하지 않는 브라우저에서 html5shiv[6]로 HTML5를 지원할 수 있게 한 것도 거의 유사한 기능입니다. ES6의 shim으로 가장 많이 사용하는 것은 주로 es6-shim[7]과 core-js[8]입니다. 앵귤러에서도 core-js를 사용합니다.

두 번째 방법은 자바스크립트용 컴파일러(혹은 Transpiler[9]라고도 부름)를 사용하는 것입니다. 대표적으로 Babel[10]이 있습니다. Babel은 최신 자바스크립트 코드[11]를 다양한 표준 자바스크립트 코드로 변환해 주는 도구입니다.

그럼 ES6에 추가된 새로운 기능을 알아보면서 Babel을 이용하여 ES6의 코드를 ES5의 코드로 변환해 봅시다. 먼저 [예제 1]의 ES5 코드부터 살펴봅니다. 이 코드는 myFunc 함수 안에 myVariable과 함수 안에 '{ }'로 임의의 블록을 생성하여 myVariable을 선언한 후 각각 콘솔로 출력하는 예제입니다.

---

6 https://en.wikipedia.org/wiki/HTML5_Shiv

7 https://github.com/paulmillr/es6-shim

8 https://github.com/zloirock/core-js

9 Transpiler는 Compiler에서 Com이란 접두어를 빼고 Trans라는 접두어를 piler에 붙인 용어로, 어떤 언어를 다른 언어로 변환한다는 의미로 이해할 수 있습니다. Compiler가 하나의 언어를 더 머신 레벨에 가까운 낮은 단계의 언어로 변환하는 것을 강조하는 단어라면 Transpiler는 추상화 단계는 동등하지만 언어의 구문이나 형태를 변환하는 데 초점을 맞춘 용어라고 생각할 수 있습니다.

10 https://babeljs.io/

11 https://babeljs.io/docs/plugins/

```
1    function myFunc() {
-      var myVariable = 1;
-
-      {
5        var myVariable = 2;
-        console.log("if 블록 스코프: " + myVariable);
-      }
-
-      console.log("myfunc 함수 스코프: " + myVariable);
10   }
-
-    myFunc();
```

브라우저에서 이 코드를 실행해 봅시다. 실행은 크롬에서 합니다. 크롬을 실행하고 개발자 도구를 활성화합니다. 개발자 도구는 윈도우에서는 F12 또는 Ctrl + Shift + I 키로, 맥에서는 Opt + Cmd + I 키로 열 수 있습니다. 개발자 도구가 활성화되면 Sources 탭을 클릭합니다. [그림 2]와 같이 하단에 3개의 탭이 보입니다.

그림 2 크롬 개발자 도구 Sources 탭

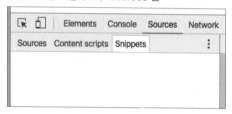

그중 Snippets를 클릭합니다. Snippets 탭 바로 하단의 공란을 마우스 오른쪽 버튼으로 클릭하면 New 메뉴가 활성화됩니다. New를 클릭하면 Script snippet #1이라는 파일이 자동 생성되고, 우측에 Script snippet #1 파일 내용이 활성화됩니다. 이곳에 코드를 [그림 3]과 같이 입력합니다.

입력한 코드를 실행하는 방법은 세 가지입니다. 왼쪽 Snippets 탭에 생성된 Script snippet #1 파일 위에서 마우스 오른쪽 버튼을 클릭하였을 때 팝업된 메뉴에서 Run을 실행하거나 오른쪽 탭의 ▶ 버튼을 클릭합니다. 단축키로 맥은 Cmd + 엔터, 윈도우는 Ctrl + 엔터를 입력합니다.

그림 3 크롬 내 Scripts 탭에 코드를 입력한 결과

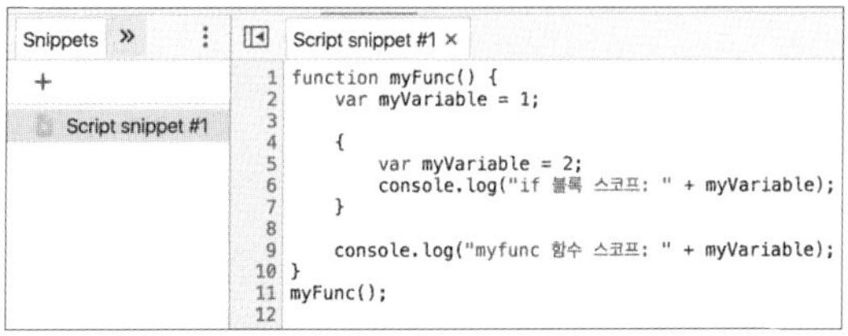

```
1  function myFunc() {
2      var myVariable = 1;
3
4      {
5          var myVariable = 2;
6          console.log("if 블록 스코프: " + myVariable);
7      }
8
9      console.log("myfunc 함수 스코프: " + myVariable);
10 }
11 myFunc();
12
```

```
if 블록 스코프: 2
myfunc 함수 스코프: 2
```

코드를 실행하면 결과를 개발자 도구 하단의 콘솔창에서 확인할 수 있습니다. 예상하였던 결과와 같나요? 이 예제는 자바나 C와 유사한 코드로 실행하였다면 아마 두 번째 줄의 실행 결과는 'myFunc 함수 스코프: 1'이 될 것입니다. 여기서 블록 스코프 기반의 주류 언어와 다른 자바스크립트의 특징이 나타납니다.

스코프는 변수에 접근할 수 있는 유효한 범위입니다. 자바스크립트에서 var로 선언된 변수는 함수 스코프를 가집니다. 즉 함수에서 정의된 변수는 함수라는 영역 안에서 유효하게 접근할 수 있으며, 함수를 벗어나서는 접근할 수 없습니다. 따라서 [예제 1] 5번 줄에서 myVariable의 선언은 2번 줄에서 선언한 myVariable을 재할당합니다. 결과적으로 코드의 실행 결과 두 번째 콘솔 출력이 'myFunc 함수 스코프: 2'가 됩니다.

이번에는 [예제 1]의 var 키워드를 모두 let 키워드로 변경합니다. let 키워드는 변수의 스코프를 블록으로 지정하는 ES6의 신규 기능입니다. var를 let으로 변경한 후 개발자 도구에서 실행합니다. 최신 버전 크롬 브라우저라면 ES6의 let을 지원하기 때문에 오류 없이 실행됩니다. 실행 결과는 이전과 달리 'myFunc 함수 스코프: 1'로 출력되는 것을 확인할 수 있습니다.

그렇다면 ES6 코드가 기존의 ES5로 어떻게 변환되는지 Babel의 도움을 받아 확인해 봅시다. 다행히 우리가 Babel을 설치할 필요 없이 웹에서 사용할 수 있는 REPL이 있습니다. 다음 주소로 접속하면 [그림 4]의 페이지를 확인할 수 있습니다.

• http://bit.ly/hanbit-af-es6-babel

그림 4 Babel로 let 사용 코드 변환

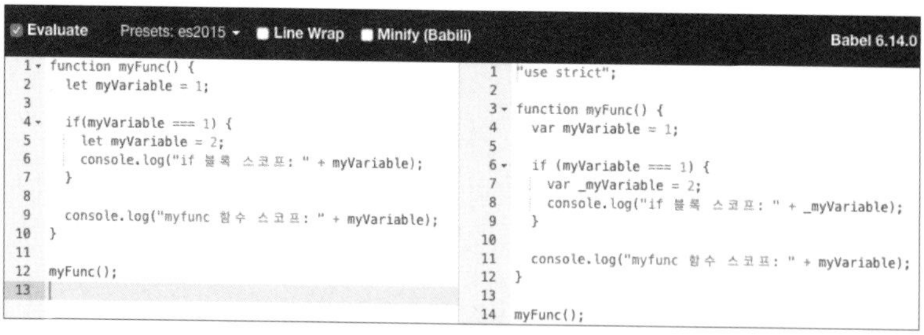

```
1 ▾ function myFunc() {
2      let myVariable = 1;
3
4 ▾   if(myVariable === 1) {
5        let myVariable = 2;
6        console.log("if 블록 스코프: " + myVariable);
7      }
8
9      console.log("myfunc 함수 스코프: " + myVariable);
10 }
11
12   myFunc();
13
```

```
1    "use strict";
2
3 ▾ function myFunc() {
4      var myVariable = 1;
5
6 ▾   if (myVariable === 1) {
7        var _myVariable = 2;
8        console.log("if 블록 스코프: " + _myVariable);
9      }
10
11     console.log("myfunc 함수 스코프: " + myVariable);
12   }
13
14   myFunc();
```

[그림 4]를 보면 왼쪽은 let 키워드를 사용한 코드이고, 오른쪽은 왼쪽의 ES6 코드를 ES5로 변환한 코드입니다. 오른쪽에서는 let 키워드가 모두 var로 변환되었습니다. 그리고 블록 안 myVariable이 상위 myFunc 함수 스코프에 선언된 myVariable과 이름이 중복되므로 블록 스코프를 지원하기 위하여 이름을 _myVariable로 변환하였습니다.

ES6의 let 키워드는 블록 스코프의 도입 정도로 보이지만 기존에 자바스크립트가 지니고 있던 문제와 연관이 깊습니다. ES6 이전에는 자바스크립트 언어가 모호한 탓에 생긴 문제가 많았습니다. 이러한 문제를 극복하고자 자바스크립트 개발자들은 여러 방법을 사용하였습니다. 안티 패턴을 JSLint[12]로 사전 검증하거나 언어의 결점을 방어하거나 회피하는 패턴을 만들어 사용하였습니다. 자바스크립트 5.1에서 생긴 'use strict'로 조금이나마 피하여야 할 오류를 발견하기 쉬워지기는 하였습니다. 같은 맥락에서 볼 때, 기존에는 var를 사용하면 스코프의 오해 및 전역 공간의 네임스페이스 중복 등의 문제가 발생하기 쉬웠습니다. 신중한 자바스크립트 개발자라면 즉시 실행 함수 패턴[13](IIFE)을 이용하여 전역 네임 스페이스를 더럽히지 않는 기술로 해결하였을 것입니다. 그러나 ES6에서 블록 스코프를 지원하면서 이 문제로부터 자유로워졌습니다.

let 하나를 예로 들었지만 ES6는 기존에 자바스크립트가 내포한 결점을 보완하는 측면이 많습니다. 이는 Node.js 기반으로 자바스크립트를 서버 프로그램의 언어로 사용하거나 대규모 웹 애플리케이션을 개발하는 사례가 많아지는 환경에서 필수 불가결한 조치입니다. 그동안 자바스크립트가 지닌 언어적 결함은 오류를 만들 여지가 많았습니다. ES6 표준은 이를 언어 차원에서 해결해 주는 역할을 합니다. 앵귤러나 리액트 등 최근의 프론트엔드 관련 기술들이 ES6를 기준으로 개발된 것도 이와 무관하지 않습니다.

---

12 http://jslint.com/
13 『자바스크립트를 말하다』 1.13.4, 72p

2. 모듈 시스템

ES6부터는 드디어 정식으로 모듈 기능을 지원합니다. 뷰에 간단한 동적 효과를 주기 위하여 자바스크립트를 사용하였을 때는 모듈이 필요하지 않았습니다. 그러나 점차 자바스크립트로 작업할 내용이 늘어나고 여러 라이브러리를 사용하기 시작하면서 모듈의 필요성이 대두하였습니다. 이를 충족시키고자 CommonJS, AMD와 같은 스펙을 통하여 라이브러리 차원에서 모듈 기능을 사용해 왔습니다. 예를 들면, AMD 구현체의 대표로 Require.js나 CommonJS를 근간으로 만든 Node.js의 모듈 시스템[14]이 있습니다. 이처럼 자바스크립트 언어 밖에서의 변화가 이제 ES6에 이르러 정식으로 도입된 것입니다. 앵귤러 역시 웹 애플리케이션 개발을 위하여 모듈 기반으로 코드가 구성되므로 여기서 모듈의 개념을 숙지해 봅시다.

모듈은 하나의 파일을 의미합니다. 예를 들어 범용적으로 재사용할 사칙 연산 함수를 모듈로 만든다고 가정합시다. 이 모듈을 math.js라는 파일에 구현하려고 합니다. 그렇다면 각 사칙 연산 함수를 다음과 같이 math.js에 작성하면 이 파일이 곧 모듈이 됩니다.

예제 2 math.js 코드

```
1    export function add(a, b) {
        return a + b;
     }

5    export function sub(a, b) {
        return a - b;
     }

     export function mul(a, b) {
10      return a * b;
     }

     export function div(a, b) {
        return a / b;
15   }
```

코드에서 새로운 키워드는 'export' 입니다. 모듈에서 외부에 공개할 내용이 있을 때 export를 붙입니다. export를 붙이는 대상에는 특별한 제약이 없습니다. 이 예제처럼 함수뿐 아니라

14 https://nodejs.org/docs/latest/api/modules.html

변수와 ES6에 추가된 클래스와 상수const도 다음과 같이 모듈 외부에 노출할 수 있습니다.

```
export var commonVar1 = 102;
export let commonVar2 = 831;
export const CONST_TRUE = true;
export class MyNewClass {}
```

'const' 키워드는 ES6에서 let 키워드와 함께 추가된 변수 선언 방식입니다. 최초 선언 시 값을 초기화하여야 하고, 이후에는 값을 재할당할 수 없다는 점만 빼면 const는 let과 완전히 동일합니다.

이번에는 const 키워드를 사용하여 math.js 모듈에 PI 상수와 square 함수를 추가해 봅시다.

예제 3 PI와 square가 추가된 math.js 코드

```
1    export function add(a, b) {
-      return a + b;
-    }
-
5    export function sub(a, b) {
-      return a - b;
-    }
-
-    export function mul(a, b) {
10     return a * b;
-    }
-
-    export function div(a, b) {
-      return a / b;
15   }
-
-    export const PI = 3.141592;
-
-    export function square(a) {
20     return a * a;
-    }
```

모듈을 만들어 보았으니 이제는 모듈을 사용하여 새로운 모듈을 area-util.js에 작성합시다.

```
1   import {mul, PI, square} from './math'
-
-   export function areaOfCircle(r) {
-     return mul(PI, square(r));
5   }
-
-   export function areaOfRectangle(w, h) {
-     return mul(w, h);
-   }
```

[예제 4]에서 math 모듈을 사용하여 반지름을 입력받아 원의 넓이를 반환하는 areaOfCircle과 직사각형의 넓이를 반환하는 areaOfRectangle 함수를 가진 모듈을 작성하였습니다. 이 모듈에서는 math.js 모듈에서 export로 공개된 내용을 'import' 키워드로 임포트하여 area-util.js에 사용합니다.

하나의 파일은 하나의 모듈이고, 외부로 노출할 정보는 export로 선언하며, export로 노출된 다른 모듈의 정보를 참조할 때는 import로 선언한다는 것이 ES6에서 추가된 모듈의 전부입니다. 물론 모듈을 선언하고 임포트하는 다양한 방법이 있습니다만 세부 내용은 필요할 때 또 알아가기로 합시다.

math.js 모듈과 area-util.js 모듈을 만들어 보았지만 실제 활용 예는 보여 주지 못하였습니다. 아쉽게도 현재 ES6의 모듈을 지원하는 브라우저가 없기 때문입니다. 그러나 브라우저에서 직접 모듈 기능을 지원하지 않더라도 모듈화된 소스를 사용할 수 있는 방법이 두 가지 있습니다. 하나는 브라우저상에서 동적으로 모듈을 개별 로드하여 브라우저가 이해할 수 있는 코드로 트랜스파일하는 방식이고, 다른 하나는 트랜스파일러와 모듈 번들러를 사용하여 패키징된 결과물을 브라우저에서 실행하는 방식입니다.

만약 앵귤러 매뉴얼 사이트에서 예제를 잠시나마 따라 해 보았다면 SystemJS[15]를 접하였을 것입니다. 이 SystemJS가 범용 동적 모듈 로더입니다. 간단한 예제에는 SystemJS도 나쁘지 않습니다. 하지만 일반적으로 웹 애플리케이션 개발 시 모듈 번들러를 사용합니다. 모듈의 수가 늘어날수록 각 모듈 파일을 다운받기 위한 네트워크 비용과 브라우저상에서 트랜스파일하는 계산 비용이 들기 때문입니다.

....

15 https://github.com/systemjs/systemjs

3. 모듈 번들러

모듈 번들러는 js 소스뿐 아니라 웹상의 모든 리소스를 사용자의 설정에 따라 패키징해 주는 도구입니다. ES6의 모듈은 명시적으로 'import', 'export'를 통하여 모듈 간의 의존 관계가 명확하게 드러나므로 번들러가 이를 인지하여 하나의 파일로 패키징할 수 있습니다. [그림 5]를 예로 들어 번들러가 하는 일이 무엇인지 자세히 살펴봅시다.

그림 5 모듈 간 의존 관계

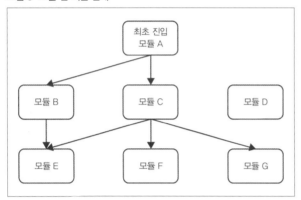

번들러는 모듈을 패키징하기 위하여 모듈을 탐색하는데, 이때 우리의 웹 애플리케이션에서 최초 시작 위치가 되는 진입 모듈이 무엇인지를 알아야 합니다. 진입 모듈은 일반 프로그램의 메인 함수 공간과도 같습니다. [그림 5]에서는 모듈 A가 최초 진입점입니다.

모듈 번들러는 최초 진입점에서 시작하여 순차적으로 'import'한 모듈을 추적해 나갑니다. [그림 5]의 화살표는 자신이 임포트하기 위하여 필요한 모듈을 가리키고 있습니다. 따라서 최초 진입점이 되었던 모듈 A가 가리키는 화살표가 각각 모듈 B, C를 가리키고 있으므로 모듈 A는 모듈 B와 C를 임포트하여 사용하는 의존 관계라는 것을 알 수 있습니다. 이제 번들러는 모듈 A에서 출발하여 모듈 B와 C의 존재까지 확인하였습니다. 모듈 B의 화살표를 따라가 봅시다. 모듈 B는 모듈 E를 사용하고 있습니다. 번들러는 모듈 E의 존재를 파악하였고, 패키징에 모듈 E도 포함시킬 것입니다.

이제 다시 모듈 C로 돌아가서 모듈 C가 가리키는 화살표의 목적지를 봅시다. 모듈 C는 각각 모듈 E, F, G를 사용하고 있습니다. 이 중 모듈 E는 이미 모듈 B를 통하여 그 존재를 파악하였고 새롭게 모듈 F, G가 패키징 대상에 포함되었습니다.

결과적으로 [그림 5]의 애플리케이션은 번들러를 통하여 모듈 A, B, C, E, F, G가 패키징될 것입니다. 우리는 [그림 5]를 통하여 모듈 D의 존재를 알고 있지만 번들러는 진입점에서 이어지는 모듈의 의존 관계에서 모듈 D를 발견하지 못하였기 때문에 최종 결과물에 포함되지 않습니다.

4. 실습: area-calculator

ES6의 let, const 그리고 모듈을 가볍게 살펴보았으니 예제 프로젝트를 통하여 지금까지 학습한 내용을 가볍게 정리합시다. 이번 예제에서는 대표적인 번들링 도구 Webpack[16]을 사용합니다. 예제의 목표는 원의 반지름, 직사각형의 너비와 높이를 입력받아 각 도형의 넓이를 계산하는 웹 애플리케이션(area-calculator)을 만들고 결과물을 Webpack으로 번들링하여 실행하는 것입니다.

먼저, 실습을 위하여 area-calculator 폴더를 생성합니다. 폴더 생성 후 npm init 명령어로 기본 package.json 파일을 생성합니다. 다음으로 src 폴더를 만들고 지난 예제 [예제 3]의 math.js와 [예제 4]의 area-util.js를 src에 담습니다. 그리고 area-calculator 폴더에는 뷰를 담당할 index.html을 다음과 같이 작성합니다.

예제 5 area-calculator의 index.html

```
1    <!doctype html>
-
-    <html lang="ko">
-
5    <head>
-      <title>도형 계산기</title>
-      <meta charset="utf-8">
-      <meta name="viewport" content="width=device-width, initial-scale=1">
-    </head>
10
-    <body>
-      <div class="contents">
-        <h1>도형 넓이 계산기</h1>
-        <div class="row">
15        <h2>원</h2>
```

---

16 https://webpack.github.io/

```
   -              <label for="circle-radius">반지름: </label>
   -              <input type="number" id="circle-radius"/>
   -              <button type="button" id="circle-button">계산</button>
   -              <br>
20              <label for="circle-area">결과: </label>
   -              <input type="number" id="circle-area" readonly/>
   -          </div>
   -

   -          <div class="row">
25              <h2>직사각형</h2>
   -              <label for="rectangle-width">넓이: </label>
   -              <input type="number" id="rectangle-width"/>
   -              <label for="rectangle-height">높이: </label>
   -              <input type="number" id="rectangle-height"/>
30              <button type="button" id="rectangle-button">계산</button>
   -              <br>
   -              <label for="rectangle-area">결과: </label>
   -              <input type="number" id="rectangle-area" readonly/>
   -          </div>
35      </div>
   -  </body>
   -
   -  </html>
```

아직 [예제 5]에 어떠한 스크립트도 포함되지 않았습니다. 남은 작업은 각 도형의 넓이를 계산하기 위하여 계산 버튼에 이벤트 리스너 함수를 등록하는 것입니다. 이벤트 발생 시 수행될 이벤트 리스너 함수는 area-util.js에서 작성한 넓이 계산 함수를 사용하도록 작성할 것입니다. 그러면 이러한 로직을 담을 main.js 파일을 src 폴더 밑에 생성합니다. main.js 파일은 이 애플리케이션의 최초 시작점이자 화면의 로직을 직접 담당하는 역할을 합니다. main.js의 내용은 다음과 같이 구현됩니다.

예제 6 main.js 코드

```
1   import { areaOfCircle, areaOfRectangle } from './area-util';
-
-   document.addEventListener('DOMContentLoaded', function () {
-     registerBtnCbAtfterDomReady();
5   }, false);
-
-   const circleAreaCb = function () {
```

```
-       const radius = document.getElementById("circle-radius").value;
-           document.getElementById("circle-area").value = areaOfCircle(radius);
10  };
-
-   const rectangleAreaCb = function () {
-           const w = document.getElementById("rectangle-width").value;
-           const h = document.getElementById("rectangle-height").value;
15          document.getElementById("rectangle-area").value = areaOfRectangle(w, h);
-   };
-
-   const registerBtnCbAtfterDomReady = function () {
-           document.getElementById('circle-button')
20              .addEventListener('click', circleAreaCb);
-
-           document.getElementById('rectangle-button')
-               .addEventListener('click', rectangleAreaCb);
-   };
```

[예제 6] 1번 줄은 도형 넓이 계산을 위하여 area-util 모듈의 함수를 임포트합니다. 이후 로직은 자바스크립트의 DOM API를 사용하여 버튼에 이벤트 리스너를 등록하고 입력 요소에서 사용자의 값을 조회하여 넓이 계산 결과를 DOM에 다시 넣어 주는 것일 뿐입니다.

이제 지금까지 작성한 스크립트를 임포트하는 일을 남겨 두고 준비가 모두 끝났습니다. 사실 지금부터가 Webpack과 관련된 내용입니다. Webpack도 역시 npm으로 설치할 수 있습니다. '-D' 옵션은 개발용 의존성을 의미하고 '--save-dev'를 써도 동일합니다. 또한 install 키워드를 줄여서 i로 입력할 수 있습니다. 다음 명령을 실행하여 프로젝트의 로컬 환경에 Webpack을 설치합시다.

```
npm i webpack -D
```

개발용 의존 패키지는 개발 단계에서 필요한 패키지로, 실제 실행을 위한 소스에서 사용하지 않는 패키지입니다. Webpack을 설치하고 나면 package.json은 [예제 7]과 같이 구성됩니다. 개발용 패키지는 devDependencies에 선언되었음을 확인할 수 있습니다. Webpack의 버전은 실습 시점에 따라 차이가 날 수 있지만 2.x.x가 정상적으로 설치된 것만 확인합니다.

예제 7 Webpack 설치 후 package.json 코드

```
1  {
     "name": "area-calculator",
     "version": "1.0.0",
     "description": "",
5    "main": "index.js",
     "scripts": {
       "test": "echo \"Error: no test specified\" && exit 1"
     },
     "author": "",
10   "license": "ISC",
     "devDependencies": {
       "webpack": "^2.3.2"
     }
   }
```

Webpack을 실행하려면 최초 진입 모듈, 출력 파일 정보 등의 번들링 메타 정보가 필요합니다. 기본 설정은 webpack.config.js 파일을 작성하면 Webpack이 자동으로 읽어서 해당 파일에 있는 설정대로 번들링합니다. 최초 진입 모듈과 번들링 결과만을 [예제 8]과 같이 선언합니다.

예제 8 webpack.config.js 최초 설정

```
1  module.exports = {
     entry: "./src/main.js",
     output: {
       path: __dirname + 'dist',
5      filename: "app.js"
     }
   };
```

설정까지 끝났으니 바로 번들링합니다. 이미 Webpack을 로컬 환경에 설치하였으므로 web pack 명령을 실행할 수 있습니다. 로컬에 설치된 Webpack을 사용하여 다음 명령을 실행합니다.

```
./node_modules/.bin/webpack
```

정상적으로 실행되었다면 다음과 유사한 내용이 출력됩니다. 내용을 보면 app.js로 번들링되었고 파일 크기가 5.11KB라는 것을 알 수 있습니다.

```
1  Hash: e6f7fa6999048b36c36a
-  Version: webpack 2.2.1
-  Time: 187ms
-    Asset    Size  Chunks            Chunk Names
5  app.js  5.11 kB       0  [emitted]  main
-    [0] ./src/area-util.js 169 bytes {0} [built]
-    [1] ./src/math.js 263 bytes {0} [built]
-    [2] ./src/main.js 846 bytes {0} [built]
```

번들링된 결과물이 dist 폴더에 app.js로 생성되었으니 index.html의 〈body〉 위에 app.js
를 임포트합시다.

```
1  …
-      </div>
-      <script src="./dist/app.js"></script>
-  </body>
5  …
```

모든 것이 완벽하게 끝났으니 http-server를 띄웁니다. 이전 글에서 전역 환경에 http-server를
설치하였으니 현재 작업 폴더에서 'http-server'를 바로 실행하고 'localhost: 8080'에 접속
해 봅니다.

그림 6 area-calculator 실행 화면

실습 과정에 문제가 없다면 도형 넓이 계산기 애플리케이션이 정상적으로 작동하는 것을 확인
할 수 있습니다. 번들링 결과가 궁금한 분은 주저하지 말고 dist/app.js를 열어 보기 바랍니다.
main.js, area-util.js, math.js 소스가 임포트되어 있을 것입니다.